IMPLEMENTATION AND CONSTRUCTION
OF INTERNATIONAL LAW
ON GENETIC RESOURCES

遗传资源国际法的实施与续造

张小勇 著

知识产权出版社
全国百佳图书出版单位
——北京——

图书在版编目（CIP）数据

遗传资源国际法的实施与续造 / 张小勇著 .—北京：知识产权出版社，2022.12
ISBN 978-7-5130-8446-8

Ⅰ.①遗…　Ⅱ.①张…　Ⅲ.①生物资源—种质资源—国际法—研究　Ⅳ.① D996.9

中国版本图书馆 CIP 数据核字（2022）第 209015 号

责任编辑：龚　卫　　　　　　　　责任印制：刘译文
封面设计：张国仓

遗传资源国际法的实施与续造

YICHUAN ZIYUAN GUOJIFA DE SHISHI YU XUZAO

张小勇　著

出版发行：**知识产权出版社** 有限责任公司	网　　址：http://www.ipph.cn
电　　话：010-82004826	http://www.laichushu.com
社　　址：北京市海淀区气象路 50 号院	邮　　编：100081
责编电话：010-82000860 转 8120	责编邮箱：laichushu@cnipr.com
发行电话：010-82000860 转 8101	发行传真：010-82000893
印　　刷：天津嘉恒印务有限公司	经　　销：新华书店、各大网上书店及相关专业书店
开　　本：720mm×1000mm　1/16	印　　张：18.75
版　　次：2022 年 12 月第 1 版	印　　次：2022 年 12 月第 1 次印刷
字　　数：290 千字	定　　价：98.00 元

ISBN 978-7-5130-8446-8

前　　言

　　本书是著者 2017 年出版的《遗传资源国际法问题研究》(以下简称《研究》) 一书的"姊妹作"。《研究》以《生物多样性公约》以及《名古屋议定书》和《粮食和农业植物遗传资源国际条约》作为研究对象，运用历史研究、比较研究和法解释学等研究方法，梳理和考察这三份国际条约的缔结背景，解释和评论它们确立的制度和规则，回顾和总结它们在实施过程中取得的相关进展。实际上，《研究》更多地聚焦于解释和评论这三份国际条约确立的制度和规则，尤其是关于遗传资源的获取和惠益分享问题的规则，而对于这三份国际条约的实施问题给予的关注并不多，此外，《研究》也没有分析和阐述我国实施《名古屋议定书》以及加入和实施《粮食和农业植物遗传资源国际条约》所涉及的有关问题。《研究》还指出，国际社会针对遗传资源问题进行"造法"的活动尚未完结，相关国际论坛正在各自主管领域内推动谈判和构建新的治理遗传资源问题的国际法律规则。显然，非常有必要围绕《名古屋议定书》和《粮食和农业植物遗传资源国际条约》的实施以及相关新的遗传资源国际法律规则的续造问题展开进一步的研究。

　　《名古屋议定书》的实施是一个复杂的进程，会牵涉不同的部门、领域和利益相关者，其面临的挑战也会很多，需要不断采取措施应对这些挑战。虽然我国已于 2016 年加入《名古屋议定书》，但尚未制定全面的实施性法律或法规，后续的立法及其实施任务颇为艰巨。自 2004 年《粮食和农业植物遗传资源国际条约》生效以来，其实施取得显著成果，但也面临若干严峻的挑战，而且其核心制度的改革问题将会对未来实施的前景和成效产生关键的影响。当前，我国还没有加入《粮食和农业植物遗传资源国际条约》，在保障国家粮食安全的背景下，研究我国加入该条约的各种问题具有重要的现实意义。根据 2022 年 8 月政府间大会第五次的最新谈判进展，联合国大会主持下的关于国家管辖范围以外区域海洋生物多样性的养护和可持续利用问题的协定的谈判接近尾声，该协定将对国家管辖范围以外区域海洋遗传资源的获取和惠益分享问题作出规定。从 2004 年联合国大会设立工作组以来，在大约 18 年的时间内各国围绕国家管辖范围以外区域海洋遗传资源应当适用的法律制度、获取和惠益分享等问题进行了深入讨论和谈判，我国全程参与了这些讨论和谈判，尽最大程度维护了我国自身的发展利益。尽管各国在一些争议性问题上仍存在较大分歧，但距离国家管辖范围以外区域海洋遗传资源的获取和惠益分享国际法律规则的出台已经为时不远。

基于以上背景和发展趋势，本书以已有的遗传资源国际法的实施和新的遗传资源国际法的续造问题作为研究对象，采用实证研究、法律逻辑以及规则比较分析等方法，对《名古屋议定书》和《粮食和农业植物遗传资源国际条约》的实施以及国家管辖范围以外区域海洋遗传资源的获取和惠益分享国际法律规则的谈判和构建问题进行深入和细致的介绍、分析及评述，同时结合我国的实际需求，在充分论证相关理由的基础上，对我国应当采取的不同应对措施，包括立法、修法、谈判以及筹备未来实施等提出建议。

除了前言，本书共包括四章内容，其中前三章是关于遗传资源国际法的实施问题的内容，第四章是关于遗传资源国际法的续造问题的内容。

第一章为《名古屋议定书》在微生物领域的实施问题研究。本章改变了国内外学者通常在采集和开发利用植物遗传资源的情景下研究获取和惠益分享问题的做法，而选取微生物这一特定领域研究《名古屋议定书》的实施问题。本章首先考察《名古屋议定书》采用的"双边路径"对原地和异地获取微生物遗传资源所产生的消极影响；其次介绍世界微生物菌种保藏联合会为实施获取和惠益分享要求所发起的倡议，并从四个关键问题入手解释和评论该联合会推出的实施《名古屋议定书》的最佳做法——TRUST 准则；最后对我国如何构建微生物遗传资源的获取和惠益分享法律规则进行深入分析，进而提出立法建议。

第二章为《名古屋议定书》实施背景下的病原体共享问题研究。考虑到新冠肺炎疫情引发了人们对于共享病原体及其遗传序列数据问题的高度关注，以及病原体在《名古屋议定书》的范围之内，本章选择病原体共享这个具体问题作为研究对象，重点分析和评述在《名古屋议定书》实施背景下病原体共享的模式、面临的挑战以及应对的策略。本章前两部分梳理病原体共享多边和双边模式的产生和正式确立的过程，解读《共享流感病毒以及获取疫苗和其他惠益的大流行性流感防范框架》和《名古屋议定书》关于可能引起人间大流行的流感病毒以及其他病原体共享和惠益共享的规则；其次指出并分析在《名古屋议定书》实施的背景下病原体共享所面临的三个方面的挑战；最后就如何应对这些挑战，从国际和国内实施（包括我国的实施）两个层面提出相应的对策。

第三章为《粮食和农业植物遗传资源国际条约》的实施和改革问题研究。本章首先概述了《粮食和农业植物遗传资源国际条约》的核心制度——获取和惠益分享多边系统的法律构造，以便为下文的介绍和分析引入必要的铺垫；其次全面总结获取和惠益分享多边系统的实施进展和成果；接着论述获取和惠益分享多边系统的改革问题，即加强该系统运作的背景、措施和最新谈判情况；最后研究我国加入《粮食和农业植物遗传资源国际条约》的各种问题，包括条约的实施对我国的影响、我国面临的挑战和加入条约的理由、规避加入条约对我国不利之处的建议以及为加入和实施条约应采取措施的建议等。

第四章为国家管辖范围以外区域海洋遗传资源国际法律规则的谈判与构建问题研究。本章研究的是一套新的遗传资源国际法律规则——国家管辖范围以外区域海洋遗传资源的获取和惠益分享国际法律规则的谈判和构建问题。本章首先介绍国家管辖范围以外区域海洋遗传资源议题提出的背景以及2004—2017年的国际讨论和预备谈判的情况；其次对国家管辖范围以外区域海洋生物多样性的养护和可持续利用的协定案文草案第二部分"海洋遗传资源，包括惠益分享问题"的各项要素及其备选案文逐一进行深入解析，揭示不同国家在这些要素上存在的分歧；考虑到发达国家和发展中国家之间在国家管辖范围以外区域海洋遗传资源应当适用的法律制度问题上存在根本分歧，本章基于法律逻辑分析提出解决方案，即《联合国海洋法公约》第十三部分"海洋科学研究"中的相关原则和规定应当作为适用的法律制度，同时展开分析如何构建一套能够促进海洋科学研究的国家管辖范围以外区域海洋遗传资源的获取和惠益分享法律规则；最后基于维护我国深海大洋事业发展利益的考虑，不仅考察了我国深海生物资源的调查、获取、研究和开发的实际状况，总结和评价我国在国家管辖范围以外区域海洋遗传资源议题讨论和谈判中表达的立场和观点，而且提出在协定出台背景下我国参与谈判和筹备未来实施的相关建议。

目录 $\mathcal{C}$ontents

第一章

《名古屋议定书》在微生物领域的
实施问题研究

　　微生物资源是人类赖以生存和发展的一类重要生物资源，它们构成生命科学研究和生物技术产业发展的物质基础。1992 年的《生物多样性公约》明确提出遗传资源（包括微生物来源的遗传资源）的概念，并且建立遗传资源的获取和惠益分享国际法律制度。2010 年通过的《生物多样性公约关于获取遗传资源和公正和公平分享其利用所产生惠益的名古屋议定书》（以下简称《名古屋议定书》）是国际社会专门为落实《生物多样性公约》中关于获取和惠益分享的原则而缔结的一份国际条约。《名古屋议定书》针对遗传资源的跨境获取和利用确立一系列的规则。鉴于科学研究是微生物遗传资源跨境获取和利用的最直接目的，《名古屋议定书》的实施必然会对微生物研究活动产生很大的影响。相应地，从事微生物遗传资源的采集、保藏、交换等活动的主体需要考虑如何在日常操作中符合《名古屋议定书》中的各种要求。就此而言，以世界微生物菌种保藏联合会（World Federation for Culture Collections，WFCC）为代表的国际微生物保藏界对《名古屋议定书》的实施作出积极的回应，并提出在微生物领域实施《名古屋议定书》的倡议和具体建议。

我国已于 2016 年 6 月加入《名古屋议定书》，作为缔约方有义务在国家层面上实施《名古屋议定书》，而这要求我国为实施《名古屋议定书》采取立法、行政或政策措施，即遗传资源的获取和惠益分享（access to genetic resources and benefit-sharing）立法或措施。就微生物遗传资源的获取和惠益分享而言，WFCC 一直在发挥践行《生物多样性公约》相关原则的表率作用，并努力追求不同利益间的平衡。WFCC 关于实施《名古屋议定书》的倡议和建议代表了微生物这一具体领域的获取和惠益分享最佳做法，对我国获取和惠益分享立法具有重要的启示，值得我国在制定遗传资源的获取和惠益分享立法以及起草相关准则和示范性文本的过程中参考和借鉴。基于推动在微生物领域实施《名古屋议定书》的考虑，本章首先阐述《名古屋议定书》在微生物领域实施产生的影响，其次介绍和评论 WFCC 实施《名古屋议定书》的最佳做法，最后在考虑我国实际国情的基础上分析并提出我国遗传资源的获取和惠益分享立法的选择和建议。

第一节 《名古屋议定书》在微生物领域的实施产生的影响

在规制遗传资源的获取和惠益分享的活动上,《名古屋议定书》继受了《生物多样性公约》采取的"双边路径"(又称双边模式)。但由于微生物具有不同于动植物的独特特征,[1]"双边路径"不能完全按照《生物多样性公约》和《名古屋议定书》预设的前提和模式在微生物领域得到实施。一些僵化和被动的措施对微生物研究和开发活动产生了消极的影响。

一、《名古屋议定书》的规制路径

《生物多样性公约》为规制遗传资源的跨境获取和利用建立了一套基本国际法律原则,这就是遗传资源国家主权权利、事先知情同意、共同商定条件和惠益分享。作为《生物多样性公约》的补充协定,《名古屋议定书》继受了这些原则,更重要的是,《名古屋议定书》通过引入具体规则进一步发展了事先知情同意、共同商定条件和惠益分享原则,而且确立了全新的关于遵守(compliance)措施的规则。[2]

需要强调的是,统领这些原则和规则的中心观念是所谓的"双边路径"。根据这一路径,遗传资源的获取和惠益分享发生在遗传资源的提供方和外国利用方之间,寻求获取遗传资源的利用方应向提供方所在国家提出申请,并经其事先知情同意,利用方还应与提供方进行谈判,以便就获取遗传资源以及分享利用这些资源所产生的惠益的事项达成共同商定条件。实际上,这一路径体现的是将遗传资源当作财产而进行交易

---

[1] WFCC, Information Document on Access to *Ex-situ* Microbial Genetic Resources within the Framework of the Convention on Biological Diversity, 1996.

[2] Elisa Morgera, Matthias Buck and Elsa Tsioumani (eds.), *The 2010 Nagoya Protocol on Access and Benefit-Sharing in Perspective: Implications for International Law and Implementation Challenges* (Leiden: Martinus Nijhoff Publishers, 2012), pp. 29–43.

的思维，即提供方以提供遗传资源的获取来交换利用方与其分享利用资源所产生的惠益。这个思维单一型的路径用类市场（market-like）的方法论替换了先前存在的公共物品制度，但未对可能的社会成本和收益进行任何严谨的评估。❶ "双边路径"特别适合于一国特有的具有化学或医药用途的野生植物遗传资源，原产国可基于其独占地位，有权针对获取遗传资源的申请要求事先知情同意，并与利用方订立包括惠益分享在内的共同商定条件。但"双边路径"在微生物领域的实施与动植物领域具有很大的不同。

二、"双边路径"在原地获取中的实施及影响

获取微生物遗传资源是开展微生物研究的前提条件。就原地获取（in situ access）而言，按照《名古屋议定书》的要求，利用方（往往是研究人员）不仅需要就采集样品（如土壤、水、沉积物）取得原产国或提供国主管部门的事先知情同意，而且需要在研究还未展开及惠益尚不能预期之时，与原产国或提供国相关主体就分享惠益进行谈判并达成协议。这对研究人员，尤其是从事上游研究的人员来说是比较沉重的负担，相关的交易成本无疑是高昂的。

对原地获取施加此类要求，特别是逐案谈判并达成惠益分享协议并不符合当前的一些科学认知。首先，期待获取的遗传资源产生一鸣惊人的研究突破并不现实，从事公共研究的科学家对原地和异地遗传资源作出的增加值是有待分享的惠益产出过程中的一个必要条件。其次，遗传资源本身很少拥有市场价值，毋宁说它们典型地构成了基础和应用研究的预先竞争性投入（precompetitive input）。❷ 再者，不同于在动植物上存在的生物多样性热点地区（hotspots）和本地特有分布（endemism）的概念，微生物往往是遍布世界各地的，❸ 与微生物相关的创新过程更加

---

❶❷ Jerome H. Reichman, Paul F. Uhlir and Tom Dedeurwaerdere, *Governing Digitally Integrated Genetic Resources, Data, and Literature: Global Intellectual Property Strategies for a Redesigned Microbial Research Commons* (New York: Cambridge University Press, 2016), p. 96.

❸ Jörg Overman and Amber Harman Scholz, "Microbiological Research under the Nagoya Protocol: Facts and Fiction," *Trends in Microbiology* 25, no 2 (2017).

依赖来自不同区域大量遗传资源的研究利用，例如，为了找到一个先导化合物，需要对多达几万份样品进行高通量筛选。在大多数场合，原地获取首先服务于基础研究，而这距离开发和商业应用还很遥远，要求就这些资源的惠益分享事先进行谈判并达成协议明显会阻碍基础或上游科学研究。

三、"双边路径"在异地获取中的实施及影响

相对于原地获取，研究人员更倾向于从公共异地菌种保藏库（public *ex situ* culture collection）获取微生物遗传资源。这是因为，这些保藏库保藏的资源已经经历了分离、提纯、分类和鉴定等基础研究工作，并且具有稳定的质量保障和可靠的关联数据。如果没有这些支持服务，研究人员不得不经常在每次新的研究开始前从事需要专业技能和昂贵的分离和鉴定工作。❶总体上来说，公共微生物菌种保藏库通常在"公共物品模式"下运作，这个模式强调的是向研究界提供服务而非创收。然而，由于《生物多样性公约》已经改变了个人、科学机构和公司有权获取遗传资源的方式，保藏库意识到了因《生物多样性公约》和《名古屋议定书》的实施引发的遵守获取和惠益分享要求以及自身可能面临的法律责任问题。为了解决这些新出现的问题，公共保藏库尤其是隶属于 WFCC 的保藏库采取了一些带有防御性特点的措施。这就包括：大多数保藏库通过将它们自身定位为只发挥提供方和利用方之间中介角色的"保管方"，拒绝对于异地保藏的微生物材料主张"所有权"；公共保藏库对于新加入的材料往往要求披露地理原产地以及关于事先知情同意和共同商定条件的信息；材料的交换往往根据更为复杂的"材料转让协议"予以安排，此类协议往往限制利用方自身的利用和相关材料的进一步转让，并告知

---

❶ Evanson Chege Kamau, Gerd Winter and Peter-Tobais Stoll (eds.), *Research and Development on Genetic Resources: Public Domain Approaches in Implementing the Nagoya Protocol* (New York: Routledge, 2015), p. 238.

利用方可能的违反获取和惠益分享要求的责任。❶

　　不过必须指出的是，以上相关措施产生了一些对研究不友好的影响。一方面，包括位于发展中国家和发达国家的很多 WFCC 的成员保藏库为跨境交换微生物遗传资源设计了"材料转让协议"，但这些协议不断地限制甚至为了公共研究目的而获取微生物遗传资源的活动，而不论这些资源是否具有商业应用前景。事实上，公共保藏库持有的大量微生物资源并不拥有已知或可能的商业价值，为这些资源的获取设置限制性条件将会使科学研究花费颇高且难以开展。❷另一方面，保藏库为了规避责任将自身界定为提供方和利用方之间的中介（intermediary），并将遵守获取和惠益分享要求的责任转嫁给获取异地保存的资源的研究人员，这种做法在《名古屋议定书》的实施中对各方造成的不利影响已经有所显现。只是忧心被指控不当利用或违规利用遗传资源，这已经成为对研究和生物勘探的一个严重阻碍。❸尽管很多保藏库将履行获取和惠益分享要求的责任转移给利用方，但这种拖延式的做法并不能满足《名古屋议定书》的规定，并且会围绕微生物遗传资源的跨境交换产生更多的法律不确定性，不仅如此，这种体现在材料转让协议中的中介角色冒着随时间推移丧失提供方国家信任的危险。❹由此可见，公共保藏库既有的运作模式已经受到了来自不同方面的质疑，有必要考虑并设计新的模式来回应《名古屋议定书》的实施提出的挑战。

---

❶ Jerome H. Reichman, Paul F. Uhlir and Tom Dedeurwaerdere, *Governing Digitally Integrated Genetic Resources, Data, and Literature: Global Intellectual Property Strategies for a Redesigned Microbial Research Commons* (New York: Cambridge University Press, 2016), p. 114.

❷ Jerome H. Reichman, Paul F. Uhlir and Tom Dedeurwaerdere, *Governing Digitally Integrated Genetic Resources, Data, and Literature: Global Intellectual Property Strategies for a Redesigned Microbial Research Commons* (New York: Cambridge University Press, 2016), p. 255.

❸ Thomas Greiber *et al.*, *An Explanatory Guide to the Nagoya Protocol on Access and Benefit-sharing* (Gland: IUCN, 2012), p. 12.

❹ Jerome H. Reichman, Paul F. Uhlir and Tom Dedeurwaerdere, *Governing Digitally Integrated Genetic Resources, Data, and Literature: Global Intellectual Property Strategies for a Redesigned Microbial Research Commons* (New York: Cambridge University Press, 2016), p. 96.

第二节 《名古屋议定书》在微生物领域实施的最佳做法

WFCC 致力于推动《生物多样性公约》及其《名古屋议定书》在微生物领域的有效实施，并为此制定了相关的行为守则和准则。2016 年 WFCC 推出的 TRUST 准则代表了微生物领域的获取和惠益分享最佳做法，TRUST 准则对微生物遗传资源的原地获取、异地保藏、异地获取以及惠益分享等问题提出了一系列务实的建议。

一、世界微生物菌种保藏联合会实施获取和惠益分享要求的倡议

基于微生物的特有属性，微生物资源只有被保藏和保存在拥有专业设施的异地菌种保藏机构之中，才能保持它们遗传和表型的稳定并用于进一步的系统比较研究。[1] 自从 20 世纪 60 年代以来，世界各国的菌种保藏机构逐渐步入了规范化运行的阶段，进入 21 世纪后，菌种保藏库在"生物资源中心"（Biological Resources Centre）理念的引领下正朝着更加高级的阶段迈进。[2]1970 年 WFCC 的成立是微生物菌种保藏机构发展过程中的一个重大事件。WFCC 的一项使命是，"促进和支持建立菌种保藏库和相关服务，以及提供联络和在保藏库与其用户之间建立一个信息网络"。WFCC 的成员包括分散在不同国家的公共菌种保藏库，这些保藏库在保存微生物资源以及为了研究和开发目的交换或分发这些资源等方面发挥着非常重要的作用。[3]

---

[1] WFCC, Information Document on Access to *Ex-situ* Microbial Genetic Resources within the Framework of the Convention on Biological Diversity, 1996.

[2] Philippe Desmeth, "The Nagoya Protocol Applied to Microbial Genetic Resources," in *Microbial Resources: from Functional Existence in Nature to Applications*, ed. Ipek Kurtböke (London: Academic Press, 2017), p. 206.

[3] 截至 2021 年 10 月，已有 78 个国家的 801 个微生物资源保藏机构在 WFCC 的世界微生物数据中心（World Data Centre of Microorganism）管理的全球微生物保藏机构数据库（Culture Collections Information Worldwide）注册。参见范国梅等：《国家微生物科学数据中心数据资源服务与应用》，《微生物学报》2021 年第 12 期。

考虑到微生物研究人员和菌种保藏库从事的跨国采集和交换微生物遗传资源的活动完全落入了获取和惠益分享法律制度的范围，WFCC在《生物多样性公约》生效后表达了对《生物多样性公约》实施的支持，并且承诺在微生物层面上实施《生物多样性公约》关于遗传资源的获取和惠益分享的规定。WFCC对《生物多样性公约》实施的一大贡献是在 1999 年制定了自愿性行为守则——《微生物可持续利用和获取规制国际行为守则》(Micro-organism Sustainable use and Access regulation International Code of Conduct，MOSAICC)。MOSAICC 是一个在微生物层面上支持《生物多样性公约》实施的工具。制定 MOSAICC 是为了在《生物多样性公约》和其他适用的国际法和国内法的框架下，便利获取微生物遗传资源，并协助相关主体在转让微生物遗传资源时订立适当的协议。❶

在《名古屋议定书》通过后，WFCC 对《名古屋议定书》的实施继续表达了支持，并指出，带着有效的社会经济收益而实现获取和惠益分享的最佳方式是优化已有的程序，适当地将各类主体连接起来，以及给利用方提供必要的激励。基于此，包括菌种保藏库在内的专攻微生物学的多家机构决定联合起来并对它们的程序进行调整，目标是提供一个具有成本效益的、简易的、快捷的、面向多用户和具有多重目的的全球系统。鉴于信任是持续科学合作的前提条件，以及信任可以通过一个透明的微生物材料转让系统部分地得以实现，这些机构决定协调它们的工作，以便真正地和实际地建构一个"透明用户友好转让系统"(TRansparent User-friendly System of Transfer)，这个系统被简称为 TRUST，其表达的正是信任的含义。❷TRUST 旨在管理《生物多样性公约》和《名古屋议定书》对菌种保藏库的科学、技术和行政活动的影响范围，更通俗地说，

---

❶ MOSAICC 主要由两部分内容构成，第一部分"获取微生物遗传资源的条件"处理了七个方面的问题，包括事先知情同意、获取原地微生物遗传资源的程序、获取异地微生物遗传资源的程序、材料转让协议的处理、监测微生物遗传资源的分发和利用、术语的定义以及协议的其他术语，第二部分"示范文件"列出了与获取微生物遗传资源有关的示范性文件，它们是材料转让协议、获取原地微生物遗传资源的事先知情同意申请表、获取原地微生物遗传资源的事先知情同意证明书。

❷ WFCC, Executive Summary of TRUST-Transparent User-friendly System of Transfer, March 2016.

其旨在将法律义务和伦理标准纳入微生物学家的日常活动之中。TRUST的目的是便利微生物材料的获取、转让和可持续利用，同时促成《名古屋议定书》所要求的适当的惠益分享。

建立 TRUST 的倡议于 2012 年 12 月发起，WFCC 联合一些国家的菌种保藏机构及相关国际机构，决定根据最新的法律和科技发展状况修订 MOSAICC，以便有效地回应《名古屋议定书》提出的技术挑战。TRUST 准则于 2016 年 3 月发布，取代了先前的 MOSAICC，其被定位为微生物这个具体领域的获取和惠益分享的最佳做法。TRUST 准则主要协助微生物学家从事与《名古屋议定书》的实施有关的活动，这包括：获得事先知情同意（prior informed consent）；定义用以清楚地鉴别微生物遗传资源的最低限量数据集（minimum data set），并提供永久标识和行政记录；根据材料保藏协议（material deposit agreement），充分地保藏微生物遗传资源；为了转让微生物遗传资源和技术、公正和公平地分享惠益以及技术和科学合作，订立设定了共同商定条件的材料转让协议（material transfer agreement）。TRUST 准则还可以在以下程序问题上为微生物遗传资源原产国的主管部门提供建议，它们是：授予获取微生物遗传资源的事先知情同意；安排微生物遗传资源的便利获取；监测微生物遗传资源的转让，以促使公正和公平地分享其利用所产生的惠益。

根据《名古屋议定书》关于获取和惠益分享的规定，以及结合微生物采集、保藏和交换的已有做法，TRUST 准则区分了微生物遗传资源的原地获取、在异地保存设施中的保藏以及异地获取，并基于实施《名古屋议定书》的需要设计了从事这三种活动的程序。在惠益分享问题上，TRUST 准则将其纳入为异地获取所签订的材料转让协议之中进行了处理。以下分别介绍这四个问题，并作必要的评论。

二、获取原地微生物遗传资源的程序

TRUST 准则首先明确了事先知情同意的定义和内容。事先知情同意被当作批准获取原地微生物遗传资源的记录，它正式确定了微生物遗传资源的原地出处（*in situ* origin），并且是便利获取和转让微生物遗传资源程序的起点。TRUST 准则建议，事先知情同意最好在获取微生物资源之前获得；必须基于申请人提供的在法律上准确和可信赖的信息；必须由获取微生物遗传资源发生地的国家主管部门（"事先知情同意提供方"）并根据国家立法和程序授予。事先知情同意文件或记录可以包括：事先知情同意申请人和"事先知情同意提供方"的姓名或名称和地址；对"事先知情同意提供方"行使的权力的确认；对事先知情同意精确适用范围的确认；提及与事先知情同意有关的国家立法，不论此立法与某个国际公约（例如，《生物多样性公约》和《名古屋议定书》）相关与否；根据《名古屋议定书》第 9 条，有关用于样品异地保护的惠益分配的信息，以及提及显示在材料保藏协议中的保藏条款；如果相关，权利持有人的许可（如土地所有人或用益权人）。

TRUST 准则建议，希望获取原地微生物遗传资源的微生物学家在国家立法要求事先知情同意的国家申请一个事先知情同意。考虑到在寻求获取微生物遗传资源时"事先知情同意提供方"并不总是可以查明的，TRUST 准则因而建议交叉检验信息，同时建议微生物学家，总是尽最大努力在获取微生物遗传资源前查明负责的"事先知情同意提供方"并取得事先知情同意；保留为获得事先知情同意所付出努力和采取措施的证据；总是试图从查明的权利持有人（例如，土地所有人、土地或水域的用益权人）获得书面许可；如缺少正式表格，要求"事先知情同意提供方"使用 TRUST 准则建议的事先知情同意文件清单（check-list）。

TRUST 准则还阐明了与原地获取微生物遗传资源有关的几个问题。其中一个问题是样品和资源的关系，事先知情同意批准的是微生物遗传资源的取样（sampling），而取样意味着多份样品会被提取，因此一个事先知情同意可能涵盖多份样品，从这些样品中可以分离一个或多个微生物遗传资源。第二个问题与全球唯一标识符（global unique identifier）有关，在配发标识符时要对包含许多微生物遗传资源的生态样品和一个微生物菌株的纯培养物加以区分，这个区分被"全球微生物菌种目录"（Global Catalogue of Microorganism）所采用，❶样品的全球唯一标识符在原地采集时配发，菌株的全球唯一标识符在菌种保藏库保藏时配发，而事先知情同意和国际公认的遵守证书（Internationally Recognized Certificate of Compliance）的全球唯一标识符会在事先知情同意被记录在"获取和惠益分享信息交换所"（Access and Benefit-Sharing Clearing-House）时配发。最后一个问题涉及快速通道程序（fast-track procedure），当发生紧急情况（如流行病）时，缔约方可以实施一个快速程序，在此种情形下，全球唯一标识符的使用使逆向程序成为可能，不必在获取前获得事先知情同意，首先准予获取，同时全球唯一标识符在事先知情同意事后被授予的进程中作为一个跟踪物品和追随其转让轨迹的电子标签而发挥作用。❷

从上述有关建议来看，TRUST 准则将事先知情同意的申请和获得确定为实施《名古屋议定书》关于获取和惠益分享规定的重心，其没有在原地获取这个阶段提出惠益分享的有关要求及建议。这表明，就微生物遗传资源而言，并不适于在原地获取时考虑并处理惠益分享的问题，这无疑是因为获取原地微生物遗传资源更多地是为了开展基础或上游研究，样品在原地获取阶段并没有被分离和鉴定，从原地获取到创造出惠益还有相当长的距离，为了便利基础研究，此时不应对原地获取施加严格或不必要的限制条件。

---

❶ 2016 年，世界微生物数据中心（WDCM）发起了"全球微生物菌种目录"的倡议，其旨在为目前分散在全球各个保藏中心和科学家手中珍贵的微生物资源提供一个全球统一的数据门户，它将系统覆盖主要保藏中心的重要微生物资源，并且包括微生物资源在采集、鉴定、保藏和应用方面的详细信息。这一国际合作计划建立起一套统一的全球微生物菌种目录，对主要保藏中心的目录进行标准化整理，提供统一的检索出口。同时，在该目录中集成利用自动化的知识挖掘方法得到关于微生物资源的文献、专利、序列、基因组等其他知识资源，并开发多种途径的数据检索工具以及数据推送、数据定制服务。截至 2021 年 1 月，已有 50 个国家和地区的 146 个国际微生物资源保藏机构正式参加这一计划，整合了超过 47 万株微生物实物资源的详细信息。参见刘柳、马俊才：《国际微生物大数据平台的应用与启示》，《中国科学院院刊》2018 年第 8 期。范国梅等：《国家微生物科学数据中心数据资源服务与应用》，《微生物学报》2021 年第 12 期。

❷ WFCC, TRUST-Transparent User-friendly System of Transfer, March 2016.

三、在异地保存设施中保藏的程序

TRUST 准则首先对保藏的通常做法进行了说明。微生物材料需要保藏在一个特定的异地长期保存设施中，此类设施也被称为菌种保藏库（culture collections）。在保藏库中对菌株进行异地保存便利了它的研究利用。

在接受菌株保藏时，菌种保藏库要求保藏者提供最低限量的基础信息，即最低限量数据集。这些信息是管理微生物菌种保藏库的微生物学家为了科学技术目的所开发的，其类似于《名古屋议定书》根据合理注意（due diligence）原则所要求的最低法律和行政信息。菌种保藏库在保藏时会配发一个附着在微生物遗传资源上的全球唯一标识符，这将使微生物遗传资源转让的发送可以实行，全球唯一标识符将有助于检索与已被标识的菌株相关的必要最低限量数据及更多的数据。这些最低限量的数据被记录在一份"保藏表"（deposit form）中，该表格是与进入菌种库的菌株相关联的第一份文件，也是材料保藏协议的组成部分。

TRUST 准则就材料保藏协议的结构和内容提出了建议。材料保藏协议记录和反映了微生物菌种保藏库受科学、财政和法律方面的考虑所决定的保藏政策，其设立了在菌种保藏库中保藏的具体规则。材料保藏协议由两部分组成。第一部分为"保藏表"，这是材料保藏协议的行政和技术部分，其可以自由地适应菌种保藏库的需要以及材料的类型，只要其记录了必备的数据，即最低限量数据集。该数据集是清楚地鉴别来自一个特定出处的特定菌株所必需的一组数据，其包括与《名古屋议定书》目的相关的信息，它们是：学名（scientific name）、出处（provenance）、取样时间（time of sampling）、保藏者（depositor）。材料保藏协议的第二部分为狭义的材料保藏协议，这是协议的法律部分，同时是保藏者和菌种保藏库之间的合同。材料保藏协议法律部分在内容上由定义和合同条款组成。合同条款将界定保藏者和菌种保藏库各自的权利和责任。

TRUST 准则就材料保藏协议涉及的合同条款提供了若干范例。保藏者的最重要的责任是遵守《名古屋议定书》的责任，并且要确认其已经合法地获得了原始材料。如保藏者在保藏时不拥有事先知情同意的证据，保藏者有责任通知其国家主管部门。菌种保藏库的权利主要是：为保藏的材料分配唯一标识符并将其记录在公共菌种目录中，根据与保藏者的协议使公众可以访问与原始材料相关的数据和信息；根据菌种保藏库的材料转让协议，可以向第三方销售、出租、许可利用、出借、提供或分发材料。菌种保藏库的责任是：如保藏者在保藏时不拥有事先知情同意的证据，菌种库要通知所在国的国家主管部门。[1]

需要强调的是，TRUST 准则就微生物材料的保藏提出了遵守《名古屋议定书》的要求，相对于 MOSIACC 缺少对这个问题的专门处理，TRUST 准则作了必要的改进。实际上，按照有关要求和实际做法（例如"国际细菌命名法典"要求，为了描述新的细菌物种，该物种模式菌株的活性培养物必须保藏于位于不同国家的两个作为 WFCC 成员的公共菌种保藏库），[2] 微生物材料会出现跨国保藏的问题，相应地，在菌种保藏库保藏来自他国的材料时，有必要确定保藏者是否遵守了该国的获取和惠益分享立法或措施，这是《名古屋议定书》在微生物领域实施的具体表现。TRUST 准则通过签订材料保藏协议的方式引入了保藏者遵守微生物原产国关于获取和惠益分享立法或措施的责任。

除了就保藏提出遵守《名古屋议定书》的要求之外，TRUST 准则还在保藏程序中提及和处理了两个问题，即记录最低限量数据集和分配全球唯一标识符，这两个问题虽然属于科学上的常规操作，但它们对实现《名古屋议定书》要求的适当的惠益分享具有非常重要的意义，值得进一步作出说明。

按照 TRUST 准则的设想，隶属于 WFCC 的世界微生物数据中心（WDCM）开发的"全球微生物菌种目录"构成了 TRUST 的支柱。"全球微生物菌种目录"以菌种保藏库建立的菌种目录（catalogue）为基础。现有的菌种目录的制作主要分两步，在"保藏表"中记录最低限量数据集是保藏库建构其数据库的第一步，接着将所有"保藏表"、保存在保藏

---

[1] WFCC, TRUST–Transparent User–friendly System of Transfer, March 2016.

[2] P. Becker *et al.*, "Public Microbial Resource Centers: Key Hubs for Findable, Accessible, Interoperable, and Reusable (FAIR) Microorganisms and Genetic Materials," *Applied and Environmental Microbiology* 85, no 21 (2019).

库中的每个微生物遗传资源的每份独立数据单汇编进一个数据库将会产生一个菌种目录，这些菌种目录通常都可以在线访问。"全球微生物菌种目录"对分散在不同国家的菌种保藏库的菌种目录进行了整合，并将所有针对资源已生成的数据与菌种保藏库的目录连接起来。这意味着，一旦某个微生物遗传资源被保藏在已加入"全球微生物菌种目录"的保藏库中，并被分配了一个全球唯一标识符，这份资源可以通过所有提及它的专利文献、科学出版物和在线数据库等加以跟踪。可见，"全球微生物菌种目录"便利了获取和惠益分享的适用，因为它能检索到所有类型的关于微生物遗传资源的数据（包括核酸、蛋白质、基因组序列、参考文献、衍生专利等），这些数据展示了资源的转让、后续研究和利用的相关状况。❶ 当考虑微生物遗传资源的惠益分享问题时，这些数据将协助追踪源自微生物遗传资源的每份增加值和社会经济收益而至其最初的提供方。

四、获取异地微生物遗传资源的程序

在异地获取的问题上，TRUST 准则提出了便利的、记录的和合法的获取（facilitated，documented and legal access）原则。为此，TRUST 准则建议希望获取异地微生物遗传资源的微生物学家，与实施了质量管理系统（Quality Management System）的保藏库一起工作；与《欧洲议会和理事会关于在联盟内的名古屋议定书利用方遵守措施的第 511/2014 号条例》（Regulation No 511/2014 of European Parliament and of the Council on Compliance Measures for User from the Nagoya Protocol on Access to Genetic Resources and the Fair and Equitable Sharing of Benefits Arising from their Utilization in the Union）界定的 "注册保藏库"（registered collections）和非欧盟国家的类似机构一起工作；当无法在任何 "注册保藏库" 获得正在寻找的微生物材料时，询问提供方的有关信息，至少包括原产国或全球唯一标识符或国际公认的遵守证书；当与异地保藏机构交涉时，保留联络文件，包括任何类型的从这些中心购买材料的材料转让协议以及在

---

❶ Linhuan Wu *et al.*, "World Data Centre for Microorganisms: An Information Infrastructure to Explore and Utilize Preserved Microbial Stains Worldwide," *Nucleic Acids Research* 47, (2017).

保藏库保藏材料的材料保藏协议；总是在他们的科学论文或出版物中提及提供方、全球唯一标识符和原产国；检查有关微生物遗传资源的必要最低限量信息的附加情况或通过全球唯一标识符的可检索性。

与此同时，TRUST 准则建议微生物遗传资源的提供方一并转让微生物遗传资源以及关于这些资源的原地出处的必要最低限量信息，这些信息是：提到初始的事先知情同意或在微生物遗传资源最初被保藏于保藏库时颁发的等同文件；获取微生物遗传资源发生地所在国的名称；识别菌株的物种名称；分离的地点和时间及从原地条件下分离菌株的人员姓名；如有的话，可能纳入材料保藏协议或材料转让协议中的先前的共同商定条件。

TRUST 准则建议必须根据材料转让协议转让所有微生物遗传资源，材料转让协议的条款在提供方（保藏库）和接受方之间共同商定。从形式上看，材料转让协议既可以是简单的文件或通知，也可以是非常详细的合同。这些形式的材料转让协议至少含有：关于原地出处或来源的信息；关于提供方和接受方的身份信息；针对获取和转让微生物遗传资源、获取和转让技术、公正和公平地分享惠益以及技术和科学合作达成的共同商定条件。这些信息和条件可以被纳入示范材料转让协议或标准材料转让协议或订制的材料转让协议之中，前两种材料转让协议可以降低交易成本和节约时间，后一种材料转让协议能够满足当事方的特别需要。

TRUST 准则针对材料转让协议中的三类条款提供了必要建议，它们涉及利用的类型、材料的再分发以及分享货币和非货币惠益。在利用的类型上，TRUST 准则列出的材料转让协议示范条款建议，除了商业利用（为了营利目的而利用微生物遗传资源）以外的所有利用都是允许的，对材料进行商业利用需要由接受方先通知保藏库并取得其书面授权。在材料的再分发问题上，TRUST 准则的建议和示范材料转让协议条款都强调，除了"合法交换"（legitimate exchange）的场合，接受方不能向第三方再分发材料。❶ 关于惠益分享问题，下文将做专门介绍和评论，此处不述。

---

❶ WFCC, TRUST–Transparent User–friendly System of Transfer, March 2016.

　　首先要说明的是，TRUST 准则上述各条建议针对的是实践中常见的一种异地获取情形，即研究人员从公共菌种保藏库获取微生物遗传资源。为了确保这种获取符合《名古屋议定书》的要求并被认定为合法的获取，TRUST 准则对提供微生物遗传资源的保藏库设定了标准，这些保藏库保藏的材料和信息应符合相关的质量标准，如这些保藏库位于欧盟成员国内，它们应当是欧盟第 511/2014 号条例界定的"注册保藏库"。❶ 这一类保藏库应当具备该欧盟第 511/2014 号条例所要求的相关能力，其中的一项能力是，"只附带着文献记录向第三人提供遗传资源和相关信息供其利用，这些文献记录证明遗传资源和相关信息根据适用的获取和惠益分享立法或规制要求，以及相关时根据共同商定条件而获取的"。实际上，欧盟第 511/2014 号条例在遵守提供方国家的获取和惠益分享立法或规制要求方面为欧盟境内的利用方施加了合理注意（due diligence）的义务，但同时规定，利用方如从"注册保藏库"获取资源，将被认定为履行了这一义务。❷

　　如果从这些"注册保藏库"无法获取所需的材料，TRUST 准则建议研究人员问询并了解有关材料的原产国或全球唯一标识符或国际公认的遵守证书的信息，这些信息会引导研究人员发现初始的事先知情同意或材料保藏协议之类的文件，并从非欧盟国家的保藏机构获取。如果异地微生物遗传资源在没有事先知情同意的情况下从原地条件下获得或分离，TRUST 准则建议实施一个"调整程序"（regularising procedure），保藏者

---

　　❶　根据《欧洲议会和理事会关于在联盟内的名古屋议定书利用方遵守措施的第 511/2014 号条例》第 5.3 条规定，保藏库（收集品库）要成为"注册保藏库"，其应该展示具有以下能力：适用标准化程序与其他保藏库交换遗资源样品和相关信息，以及在符合《生物多样性公约》及其《名古屋议定书》的情况下向第三人提供遗传资源样品和相关信息供其利用；只附带着文献记录向第三人提供遗传资源和相关信息供其利用，这些文献记录证明遗传资源和相关信息是根据适用的获取和惠益分享立法或规制要求，以及相关的话根据共同商定条件所获取的；保留提供给第三人供其利用的所有遗传资源样品和相关信息的记录；在可能的情况下，对于提供给第三人的遗传资源创建或使用唯一标识符；针对与其他保藏库交换遗传资源样品和相关信息使用适当的跟踪和监测工具。

　　❷　2017 年 11 月，德国微生物菌种保藏中心（Leibniz Institute German Collection of Microorganisms and Cell Cultures GmbH）向德国自然保护部提交了一份 14 页的申请（包含 11 份支持文件），2018 年 3 月获得正式批准，从而成为欧盟第一个"注册保藏库"。See Andrey Yurkov *et al.*, "DSMZ: the European Union's First Registered Collection under the Nagoya Protocol," *Microbiology Australia* 40, no 3 (2019).

按照该程序要向相关主管部门提供一份已编入索引的培养中菌株的完整目录，不论菌株鉴定与否，只要保留在其设施当中。这个措施通过记录和转移充足的信息满足了查明菌株原地出处的需要。此外，为了确保保藏库提供的获取是合法的获取，TRUST 准则还列出了保藏库应当与微生物遗传资源一并转让的相关信息。从这些建议来看，TRUST 准则明确提倡研究人员从事合法的异地获取活动，同时要求菌种保藏库采取更有效的措施遵守《名古屋议定书》，而不单单扮演原产国和利用方之间的中介角色。

最后还要说明两个问题：其一，TRUST 准则在异地获取上并未提出获得事先知情同意的要求，因为按照 TRUST 准则的设想，在菌种保藏库保藏的程序已经确保了当某个利用方从一个菌种保藏库获得菌株时，不再需要进一步的事先知情同意。其二，TRUST 准则要求研究人员从菌种保藏库获取微生物遗传资源时必须签订材料转让协议，这是实施《名古屋议定书》相关规定的关键措施。材料转让协议中的一个重要内容涉及接受方受到限制的再分发材料的权利。在这个问题上，TRUST 准则借鉴了欧洲菌种保藏组织（European Culture Collections' Organisation，ECCO）"核心材料转让协议"（Core MTA）中关于"合法交换"的条款。❶接受方只有在"合法交换"的情形，即为了非商业目的，当材料的转让发生在同一个实验室的科学家之间或者针对一个明确的联合项目进行协作的不同机构的伙伴之间，才允许再分发材料。随同再分发材料一并转让给接受方的还有先前材料转让协议中的义务。限制再分发主要是为了便利提供方跟踪材料以及确保分发材料的质量和属性而作出的限制。

---

❶ 2009 年，欧洲菌种保藏组织（ECCO）为了实施《生物多样性公约》的需要正式批准采用一份"核心材料转让协议"（Core MTA），其将用于提供 ECCO 在其公共保藏中心持有的生物材料，这份协议处理了公共保藏中心与已提供材料的利用方面对的关键问题，这包括可追溯性、公正和公平的惠益分享、知识产权、质量、安全和防护等。2019 年，为了便利在遵守法律要求（包括《生物多样性公约》及其《名古屋议定书》）的前提下获取生物材料，ECCO 制定了两份新的示范文件——《材料保藏协议》和《材料转让协议》。See Gerard Verkley *et al.*, "New ECCO Model Documents for Material Deposit and Transfer Agreements in Compliance with the Nagoya Protocol," *FEMS Microbiology Letters* 367, no 5 (2020).

五、分享非货币和货币惠益

TRUST 准则建议提供方和接受方在材料转让协议中商定关于惠益分享的安排和条款。尽管使用示范材料转让协议或标准材料转让能够降低交易成本、便利交换和利用以及最终的惠益分享，但它们不能对惠益分享问题作出具体和灵活的安排，TRUST 准则因此提出了补充性共同商定条款（complementary MAT）或其他条款（additional terms）的概念。根据 TRUST 准则，其他条款的存在及其精确的构成将取决于每一个特定的情形（例如，涉及的国家和组织、涉及的微生物遗传资源的性质和价值、商业或非商业利用等）。在启用其他条款的场合，谈判的成功将取决于各个伙伴达成一个总体双赢局面的善意、对彼此利益的共同理解以及各自贡献的增加值。除了提供方和接受方，此类其他条款还可能牵涉本地微生物学家、本地主管部门以及当地和土著社区的代表。为了指导惠益分享的谈判，TRUST 准则将《名古屋议定书》中的"……公正和公平地分享……"解读为，对每个伙伴给予的回报应当与其投资的时间、金钱、智力投入和创造性努力公平地相符合，同时还应反映在执行共同的活动中增加的各个具体价值。

TRUST 准则列举了其他条款要处理的不同主题，并提出了相应的建议。第一个主题是与微生物遗传资源和衍生技术有关的知识产权，TRUST 准则建议，各个伙伴应在投资可能导致商业化利用的研发活动之前商定微生物遗传资源和衍生技术的知识产权；应将知识产权分配给从事发明创造的伙伴；应及时申请专利。第二个主题是培训、技术和科学合作、技术的获取和转让、信息交流和出版政策，TRUST 准则建议各个伙伴探索合作研究项目，这是因为最佳的培训可以通过技术和科学合作而提供，同时建议所有的科学论文应提及提供方、原产国、分离的时间和地点以及鉴定数据。第三个主题是保存微生物遗传资源的场所和方式，TRUST 准则强调，国际合作可以导致在原产国建立保存设施，以及导致在仍不拥有保存设施的原产国和外国微生物遗传资源中心之间订立协议。第四个主题是涉及除提供方和接受方之外的其他利益相关方的伙伴关系，TRUST 准则建议各个伙伴将相关的土著或当地社区作为协议的当事方而将它们接纳进来。第五个主题是货币条款，TRUST 准则建议的货币形式包括首次和预付费（initial and up-front payments）、阶段性付费（milestones payments）以及特许权使用费付费（royalty payments），这三种形式的付费适用于不同的场合，如特许权使用费付费完全取决于相关微生物遗传资源成功的商业利用。❶

总体上来说，TRUST 准则提出的上述建议不仅考虑了微生物领域的实际状况，而且体现出了适用上的广泛性和灵活性。然而，TRUST 准则对于惠益分享问题的处理也存在模糊的地方，特别是没有专门处理原产国惠益分享权利实现的途径和方式。反倒是 MOSAICC 明确提到了与原产国和有资格受惠的主体分享惠益的要求，并且在材料转让协议中为接受方设定了就商业利用微生物遗传资源、衍生技术和相关信息通知提供方和原产国的义务。❷ 实际上，由于原产国在很多情形并不是材料转让协议的当事方，需要专门处理原产国参与分享惠益的问题，但在 TRUST 准则中没有相关的表述。此外，TRUST 准则使用了术语"伙伴签约方"（partners signatory）指称材料转让协议的主体，但伙伴签约方包括哪些主体？不同签约方之间的关系如何？TRUST 准则并没有作出说明，这会影响相关建议的实用性。

第三节　我国遗传资源的获取和惠益分享立法的选择及建议

实施《名古屋议定书》的规定要求各个缔约方在国内采取立法、行政或政策措施。只有在国家层面建立了完善的关于遗传资源的获取和惠益分享法律制度的前提下，《名古屋议定书》的原则和规定才能得到有效的实施。我国已经加入《名古屋议定书》，为实施《名古屋议定书》而制

---

❶ WFCC, TRUST-Transparent User-friendly System of Transfer, March 2016.
❷ MOSAICC 的 "材料转让协议" 相关内容是，根据《生物多样性公约》的原则，为了确保与原产国和有权获得回报的主体的充分惠益分享，接受方将立即向提供方和最初获得微生物遗传资源的国家通知该资源和（或）衍生技术和（或）相关信息的预计商业利用情况。

定全面的遗传资源的获取和惠益分享立法已经成为各界共识。目前我国遗传资源的获取和惠益分享立法已经进入一个关键阶段，需要加大理论研究的力度，以便更充分地支撑我国立法工作。相对于动植物遗传资源，我国现行立法基本上未对微生物遗传资源的获取和惠益分享问题进行规制，❶这要求立法机关构建一套新的规制微生物遗传资源的获取和惠益分享问题的法律规则。作为在微生物领域实施《名古屋议定书》关于获取和惠益分享的规定的最佳做法，TRUST 准则提出的受规制活动的类型和相应建议对我国获取和惠益分享立法具有重要的启示，当然，我国获取和惠益分享立法也要结合我国的实际国情，在借鉴相关建议的基础上充实各项法律规则。具体而言，我国获取和惠益分享立法应该从以下四个方面构建微生物遗传资源的获取和惠益分享法律规则。

一、在我国境内采集微生物遗传资源的要求和程序

为了落实《生物多样性公约》和《名古屋议定书》关于遗传资源国家主权权利以及国家政府享有的获取决定权的规定，我国获取和惠益分享立法需要规定，寻求在我国境内采集微生物遗传资源的外国自然人或法人应当向我国主管部门提出申请，经其同意，并取得主管部门颁发的获取许可证。这个要求实际上就是关于原地获取的事先知情同意制度。我国获取和惠益分享立法中的事先知情同意制度可以包括三项要素，它们是：关于申请人及应提交相关信息的规定，关于国家主管部门的规定，关于获取许可证颁发及其所载内容的规定。

首先来看申请人及应提交相关信息的规定。我国立法中的事先知情同意的申请人按理应该是外国自然人或法人，但基于加强生物遗传资源

---

❶ 关于获取我国遗传资源和分享其利用所产生惠益的规定散见于《种子法》《畜牧法》《专利法》等法律、法规和规章之中。具体来说，《种子法》和《农作物种质资源管理办法》对种质资源的获取（对外提供）和惠益共享问题进行了规定；《畜牧法》和《畜禽遗传资源进出境和对外合作研究利用审批办法》对畜禽遗传资源的出境和对外合作研究利用以及惠益共享问题进行了规定；《专利法》和《专利法实施细则》对违法获取或者利用遗传资源并依赖该资源完成的发明创造的专利授权，以及专利申请人说明其完成的发明创造所依赖的遗传资源的来源等问题进行了规定。在微生物遗传资源的获取和惠益分享问题上，目前尚没有法律或法规或规章就此作出规定。

管理及维护国家利益的需要，我国立法可以考虑要求在我国境内采集微生物遗传资源的活动采取中外合作的形式，并进而要求事先知情同意的申请人为中外合作的双方当事人或中方当事人。我国立法应当明确规定事先知情同意申请人提交的信息，这些信息尤其要包括：申请人的信息、采集目的、寻求获取的样品的类型和数量、采集涉及的地理区域、采集开始日期和持续时间、预计的用途、惠益分享的有关安排。❶

其次来看国家主管部门的设置。我国现行法没有规定管理原地条件下微生物遗传资源采集活动的行政部门及权限，我国获取和惠益分享立法需要明确这个重要问题。科学研究实践显示，如要获取微生物遗传资源，首先需要从特定的地理区域或场所、植物体表面及动物体内外采集土壤、水、沉积物、植物、动物组织等样品，然后自这些样品分离得到微生物遗传资源。因此可以考虑由这些地理区域或场所和相关动植物的行政管理部门行使管理采集样品活动的权力。具体而言，根据目前的行政管理体制，从土地、矿产（如矿井）、森林、草原、湿地、水、海洋采集样品的活动由自然资源部管理，采集含有农作物根瘤菌株、兽医微生物菌株的样品的活动由农业农村部管理。

最后来看获取许可证的颁发及所载的内容。我国获取和惠益分享立法需要对颁发许可证的时限、许可证的形式以及向获取和惠益分享信息交换所的提交问题作出规定。我国立法需要规定许可证所载的内容，TRUST 准则的建议以及《名古屋议定书》第17.4 条的规定可供直接借鉴。❷另外要强调的是，《名古屋议定书》要求的共同商定条件可以反映在许可证中，其可以含有事先知情同意申请人必须接受的其他条件，例如涉及材料保藏和分发利用的条件。许可证还可以含有惠益分享的条件，但考虑到原地获取处在研究和开发链的最前端，此时能够预期并可与事

---

❶ 《关于获取遗传资源并公正和公平分享其利用所产生惠益的波恩准则》第 36 段提供了一个全面的关于申请事先知情同意应提交信息的清单，值得我国立法借鉴。

❷ 根据《名古屋议定书》第 17.2 条规定，要求事先知情同意的缔约方颁发并提供给获取和惠益分享信息交换所的许可证或等同文件应作为国际公认的遵守证书。第 17.4 条列出了国际公认的遵守证书（实际上为许可证或等同文件）应当包括的信息，它们是：证书颁发机构、颁发日期、提供方、证书的唯一标识符、被授予事先知情同意的人或实体、证书涵盖的对象或遗传资源、确认已经订立共同商定条件、确认已获得事先知情同意、商业和（或）非商业用途。

先知情同意申请人分享的惠益是，其将分离和鉴定后的微生物遗传资源保藏在我国的菌种保藏库之中并供分发利用，因此许可证中可以载有这一要求。

二、在我国菌种保藏库保藏非原产于我国的微生物遗传资源的要求和程序

在我国菌种保藏库保藏非原产于我国的微生物遗传资源属于跨国保藏，由于其关系到原产国或提供国的获取和惠益分享立法或规制要求是否得到遵守的问题，为了实施《名古屋议定书》的有关规定，我国获取和惠益分享立法需要对其进行规制。实际上，我国一些菌种保藏库已在实践中要求保藏者在保藏时提供与《名古屋议定书》的实施相关的信息，❶ 立法可以考虑将这些操作规范上升为法律规则。

我国获取和惠益分享立法中的保藏程序可以由两项要素构成。首先，我国立法需要规定，保藏者在我国菌种保藏库保藏非原产于我国的微生物遗传资源时应当与保藏库签订材料保藏协议。其次，我国立法可以借鉴 TRUST 准则关于材料保藏协议内容的建议，将材料保藏协议在内容上区分为作为技术部分的"保藏表"和作为法律部分的材料保藏协议，并列举出这份协议必备的最低限量信息以及保藏者和菌种保藏库的权利义务条款。我国立法也可以指示各菌种保藏库统一或分别拟定并使用示范或标准材料保藏协议，此类材料保藏协议也应包含以上信息和条款。❷ 其中原产国为必备的最低限量信息，而保藏者的一项义务是提交从原产国或提供国取得的证明事先知情同意和共同商定条件的文件。与这一义务相关的问题是，如何处理保藏者无法提交这些证明文件的情形，例如，

---

❶ 例如，中国普通微生物菌种保藏管理中心（China General Microbiological Collection Center）正在使用的"菌种保藏登记表"要求保藏人填写原产国的信息，并额外说明：未注明原产国的菌种，将不被接受；如果该微生物菌株的原产国不是中国，请提供详细的材料转让协议资料以及引进国家和引进时间。

❷ 2011 年，国家微生物资源平台通过科技部和财政部认定，该平台由 9 家国家级微生物资源保藏机构组成，它们是：中国农业微生物菌种保藏管理中心、中国工业微生物菌种保藏管理中心、中国林业微生物菌种保藏管理中心、中国医学细菌保藏管理中心、中国兽医微生物菌种保藏管理中心、中国典型培养物保藏管理中心、中国药用微生物菌种保藏管理中心、中国普通微生物菌种保藏管理中心、中国海洋微生物菌种保藏管理中心。

在原产国尚未制定获取和惠益分享立法或为取得这些文件与该国联络点进行联络但未获回复，可以考虑要求保藏者作出说明或提交为取得这些文件所作努力的证据。

三、我国菌种保藏库对外提供微生物遗传资源的要求和程序

我国菌种保藏库对外提供微生物遗传资源为典型的跨国获取，也是实践中经常和大量发生的获取活动，我国获取和惠益分享立法需要将其作为规制的重点。我国立法中的对外提供微生物遗传资源的程序包括三项要素：菌种保藏库与接受方签订材料转让协议的要求；材料转让协议包含条款的规定；提供非原产于中国的微生物遗传资源的特殊安排。

在展开说明这些要素之前，有必要提出并分析一个重要问题，外国自然人或法人从我国菌种保藏库获取原产于我国的微生物遗传资源前，是否须经我国主管部门的事先知情同意？尽管《名古屋议定书》赋予了缔约方针对获取要求事先知情同意的权利，但同时也给缔约方提供了必要的自主决定的空间，缔约方据此可以针对获取特定类型的遗传资源不提出事先知情同意要求。❶事实上，异地条件下的微生物遗传资源已经经历了采集、分离、鉴定和保藏，保藏库及研究人员也已经掌握了相关基础信息和数据，❷当其被纳入公共菌种目录后应提供给国内外用户研究利

---

❶ Evanson Chege Kamau, Gerd Winter and Peter-Tobais Stoll (eds.), *Research and Development on Genetic Resources: Public Domain Approaches in Implementing the Nagoya Protocol* (New York: Routledge, 2015), p. 323.

❷ 根据国家自然科技资源平台"微生物菌种资源描述规范"，以古菌菌种资源为例，对这种资源进行描述所产生的信息包括基本信息、特征特性信息以及其他信息三大类。基本信息包括以下方面的必备信息（M）和可选信息（O）：平台资源号（M）、菌株保藏编号（M）、拉丁学名（M）、中文名称（M）、资源归类编码（M）、收藏时间（M）、来源历史（M）、原始编号（M）、是否模式菌株（M）、其他保藏机构编号（O）、原产国或地区（M）、鉴定人（O）、分离人（O）、分离时间（O）、分离基物（M）、采集地区（O）、采集地生境（O）、采集时间（O）、培养基（M）、培养温度（M）、生物危害程度（M）、致病对象（O）、传播途径（O）、寄主名称（O）、具体用途（O）、基因元器件（O）。特征特性描述信息包括表型信息和基因型信息，表型信息又分为个体形态特征（M）、培养特征（M）、生理生化特征（M）、细胞化学成分特征（M）等方面的信息，基因型信息又包括 DNA 碱基组成（O）和 16SrRNA 基因序列（M）。其他描述信息包括图像信息（O）和参考文献（O）。以上这些方面的信息数据应当符合一定的数据标准，数据标准规定了微生物菌种资源各描述符（描述要素）的字段名称、字段类型、字段长度、字段小数位、单位、代码等。

用，法律对异地获取进行规制的重心应放在惠益分享上，而非要求事先知情同意上，因此，为了便利获取和交换及推进研究利用，我国立法可以考虑不对异地获取提出事先知情同意要求。TRUST 准则也提出了相同建议。

虽然我国立法可以选择在异地获取上不要求事先知情同意，但我国立法需要规定，菌种保藏库在对外提供微生物遗传资源时应与接受方签订材料转让协议。我国立法可进一步就材料转让协议包含的必备条款作出规定。对于原产于我国的微生物遗传资源，为了保障我国作为原产国的利益，我国立法要将三类条款确定为材料转让协议的必备条款，它们涉及允许进行的利用、向第三方的转让（再分发）以及惠益分享安排。考虑到我国立法无法规定过于具体的条款内容，我国立法可以指示各菌种保藏库统一或分别拟定并使用示范或标准材料转让协议。这些条款可通过借鉴 TRUST 准则的建议以及相关的行业惯常做法进行设计。就允许进行的利用条款而言，接受方只能对我国菌种保藏库提供的材料进行非商业利用，接受方如要进行商业利用应取得我国菌种保藏库的授权。就向第三方转让的条款而言，接受方不能向第三方转让我国菌种保藏库提供的材料，当然也可以考虑引入"合法转让"的概念而允许有限的转让，不过此种转让也需要接受方将材料转让协议中的其他义务移转给第三方。关于惠益分享安排的条款，下文将作分析说明，此处不予展开。还有一个问题涉及国际公认的遵守证书，尽管不再设立事先知情同意程序和颁发许可证，但菌种保藏库可以将其与接受方签订的材料转让协议（如必要再附加一份正式声明）通报给获取和惠益分享信息交换所，从而构成一个国际公认的遵守证书。

如果我国菌种保藏库向国内外利用方提供的是非原产于我国的微生物遗传资源，我国立法可以要求菌种保藏库设计并使用能够保障这些国家利益的材料转让协议。具体而言，对于那些在保藏时提交了完整信息和文件（原产国等基础信息以及证明事先知情同意和共同商定条件的文件）的材料，我国菌种保藏库可以在签订材料转让协议后予以提供，这份材料转让协议要尊重最初获取该资源时原产国就其利用、向第三方转让及惠益分享等所设定的条件。对于那些在保藏时只提交了原产国等基础信息但未提交证明事先知情同意和共同商定条件的文件的材料，我国菌种保藏库也可以在签订材料转让协议后予以提供，但这份材料转让协议只能允许接受方进行非商业利用以及禁止向第三方转让，材料转让协议还要明确，如涉及从非商业利用转为商业利用以及嗣后的惠益分享安排，接受方应联系原产国并与其进行协商和谈判。

四、分享非货币和货币惠益的安排

如上所述，我国获取和惠益分享立法要对我国菌种保藏库与接受方签订材料转让协议的要求及其必备条款作出规定，而惠益分享安排是材料转让协议必不可少的条款。此外，我国立法还需要指示各菌种保藏库统一或个别拟定并使用示范或标准材料转让协议。然而，实践中的惠益分享安排是由菌种保藏库与接受方在逐案基础上谈判所达成的，我国立法无法规定适用于所有场合的惠益分享安排。为了指导双方谈判关于分享利用我国微生物遗传资源所产生惠益的安排，我国立法可以进一步列出惠益分享安排所要处理的不同主题。值得注意的是，《名古屋议定书》第 6.3 条有关规定就采取了这种方式。❶

我国立法可以在区分非货币惠益和货币惠益分享安排的基础上来处理这个问题。对于非货币惠益分享的安排，由于我国菌种保藏库与接受方签订的材料转让协议只允许非商业利用，我国立法要将来自非商业利用的各种非货币惠益分享安排的主题列举出来，以供双方在谈判中作具体化处理。按照 TRUST 准则提出的建议，我国立法需要将以下非货币惠益安排的主题以列举的方式作出规定，它们是：与微生物遗传资源和衍生技术相关的知识产权；能力建设；科学技术合作；技术的获取和转让；信息交流；研究成果的发表；保存微生物遗传资源的场所和方式；伙伴关系。对于货币惠益分享安排，首先，我国立法要将利用类型的转变条件（或改变意向的条件）作为材料转让协议的必备条款，以便与材料转

---

❶ 根据《名古屋议定书》第 6.3 条（g）项的规定，要求事先知情同意的缔约方应当就要求和订立共同商定条件制定明确的规则和程序，这些条件应以书面形式拟定，除其他外，可以包括争端解决条款；关于惠益分享的条件，包括涉及知识产权；关于嗣后第三方利用的条件，如果有第三方的话；在适用的情况下，关于改变意向的条件。

让协议中关于接受方如进行商业利用应取得我国菌种保藏库授权的条款进行衔接。其次，我国立法可以将预付费和阶段性付费列举出来，以供双方在谈判中考虑是否需要处理。最后，我国立法要明确规定，在满足法定条件的情形下，例如，接受方正在商业化的产品利用了我国菌种保藏库提供的原产于我国的微生物遗传资源，其应向我国建立的专门基金支付一定比例的产品商业化销售收入。这个比例可以由我国立法事先规定，无需由双方进行谈判。

最后就惠益分享涉及的两个问题作必要说明：其一，哪些国内主体将会分享我国获取和惠益分享立法中规定和预见的惠益？从上文列举的非货币惠益分享安排的主题来看，能够参与非货币惠益分享的国内主体将会是菌种保藏库、其研究人员及所属的机构，能够参与货币惠益分享的国内主体将会是菌种保藏库、旨在保护和可持续利用我国生物多样性的国家专门基金。取决于相关主体的获取和惠益分享意识，也可能会有其他主体加入到分享惠益的活动当中。其二，考虑到惠益分享的实现在实践中会面临各种障碍，从技术上说，为了推动惠益分享的实现，我国菌种保藏库对外提供的微生物遗传资源可以加入世界微生物数据中心（WDCM）的"全球微生物菌种目录"国际合作计划，这将会有力地支持跟踪我国微生物遗传资源的研究利用状况，从而为实现惠益分享确立强大的数据支持。

第二章

《名古屋议定书》实施背景下的病原体共享问题研究

及时共享病原体（timely sharing of pathogen）对于尽早识别病原体、开展风险评估、启动循证干预措施以及开发诊断工具、疫苗和药品至关重要。[1] 长期以来，病原体主要在提供国和接受国之间通过临时的非正式方式实现共享，还会在一个协作性网络的不同成员之间按照事先确定的条件实现共享。[2] 在 2010 年之前，在国际层面上并不存在规制病原体共享活动的国际条约或其他国际文书。2006 年 12 月，由于印度尼西亚作出了拒绝共享 H5N1 流感病毒样本的决定，世界卫生组织发起了谈判和建立一个关于共享流感病毒和获取疫苗及其他惠益的国际机制的进程。与此同时，《生物多样性公约》框架下关于遗传资源的获取和惠益分享国际制度问题的谈判也纳

---

[1] WHO, The Public Health Implication of Implementation of the Nagoya Protocol, Report by the Director-General, EB148/21.

[2] 病原体包括病毒、细菌、真菌以及其他引起传染病的微生物。

入病原体共享（获取）的问题，2010 年 10 月通过的《生物多样性公约关于获取遗传资源与公正和公平分享其利用所产生惠益的名古屋议定书》（以下简称《名古屋议定书》）对病原体的获取和惠益分享问题进行了规定。2011 年 5 月，第六十四届世界卫生大会（World Health Assembly）通过了不具有法律约束力的国际文书——《共享流感病毒以及获取疫苗和其他惠益的大流行性流感防范框架》。

《名古屋议定书》是目前国际上唯一的规制病原体的获取和惠益分享活动的国际法律文书，而《共享流感病毒以及获取疫苗和其他惠益的大流行性流感防范框架》是一份专门适用于共享可能引起人间大流行的流感病毒（influenza viruses with pandemic potential）及惠益活动的国际文书。在《名古屋议定书》的实施进程开启后，病原体的共享面临着一些不容忽视的挑战，这不利于全球公共卫生防范和应对。当前新冠肺炎全球大流行引发人们对于快速共享病原体（特别是病毒）样本及其遗传序列数据等问题的高度关注。展望未来，为了落实《名古屋议定书》中的公正、公平和保护全球公共卫生的原则，各国应当继续推动相关国际合作，同时，各缔约方应当更加深入地实施《名古屋议定书》涉及病原体的规定，以有效应对病原体共享面临的挑战。只有如此，病原体共享才能助力人类社会战胜各种传染病的威胁。本章首先梳理和介绍病原体共享不同模式的产生和确立的过程，解析不同模式下的具体规则，其次阐明病原体共享在《名古屋议定书》实施的过程中面临的挑战，最后就如何应对这些挑战进行前瞻思考，并提出相关的对策。

第一节 病原体共享的多边模式

众所周知，病原体的传播不受国界限制。为了研究和控制病原体引起的传染病，国家间需要展开协作和合作，这种协作和合作的一个重要内容就是共享病原体。关于病原体共享的国际协作和合作在很长的时间内都是本着科学公开的精神而展开的，各方主要遵循科学上的伦理要求而非各国共同商定的正式规则共享病原体。但自 21 世纪初以来，在诸多复杂和相互交织的因素的共同作用下，流感病毒共享的国际治理率先登场，各国在世界卫生组织这一国际论坛上针对共享流感病毒问题展开磋商和谈判，并最后通过了专门治理共享可能引起人间大流行的流感病毒问题的《共享流感病毒以及获取疫苗和其他惠益的大流行性流感防范框架》，这份国际文书正式认可了多年来一直运作的流感病毒共享的多边模式。

一、流感病毒共享多边模式的形成和发展

1918 年灾难性的西班牙流感大流行给专家和公众带来了难以抹去的影响，很快全球流感监测的重要性得到了认可。尽管 1942 年流感疫苗率先在美国获得批准，但在 1947 年季节性流感疫苗的使用显示其无法提供重要保护以对抗流行性病毒，随后通过鉴定查明了在疫苗病毒和流行性病毒之间存在的重要抗原差异（antigenic differences），从而揭示出流感病毒的快速演变（这些病毒通过演变进行"抗原漂移"）属性，这也进一步确立了对于季节性流感病毒（seasonal influenza viruses）和可能引起人间大流行的流感病毒进行持续全球流感监测及更新疫苗中的病毒的必要性。[1] 随着世界卫生组织（以下简称"世卫组织"）于 1948 年 4

---

[1] Thedi Ziegler *et al.*, "65 Years of Influenza Surveillance by a World Health Organization-coordinated Global Network," *Influenza Other Respi Viruses* 12, no 5 (2018).

月 7 日正式成立，建立一个世卫组织领导和协调下的流感监测网络经过讨论获得了广泛支持，1952 年，"全球流感监测网络"（Global Influenza Surveillance Network，GISN）诞生。

GISN 本质上是一个由不同国家的流感实验室以及其他类型的实验室共同组成的协作网络。从 GISN 成立到其运作的第一个十年期满，世卫组织正式认可了 36 个国家流感中心（National Influenza Centres）和 2 个流感参考和研究合作中心（Collaborating Centres for Reference and Research on Influenza）开展流感监测及相关的活动。❶ 这些实验室开展的一类关键活动是，为了流感病毒的抗原鉴定和挑选合适的疫苗病毒等目的，在不同实验室之间共享流感病毒样本。通常的操作是，国家流感中心会将采集到的病毒样本发送至世卫组织合作中心或 H5 参考实验室用于监测、评估风险和开发疫苗，经过鉴定和分析后，合作中心会向国家流感中心和其他实验室及相关机构提供可用于疫苗生产的候选疫苗病毒。❷

由此可见，流感病毒的共享发生在由世卫组织协调的 GISN 中的不同实验室之间，同时也发生在 GISN 实验室和非 GISN 实验室之间，这是一种多边共享模式。之所以称之为多边共享模式，理由有二：一是凡参与 GISN 的实验室都同意或承诺共享病毒，因此无须就共享病毒进行双边谈判并达成一致；❸ 二是病毒样本及其改变的形式（如候选疫苗病毒）通过共享会被多个实验室获得，世卫组织合作中心首先从国家流感中心获得病毒样本，接下来其他实验室以及 GISN 之外的实体（如疫苗制造商）又

---

❶ 迄今为止，GISN（2011 年起已更名为"全球流感监测和应对系统"）的成员包括 114 个世卫组织成员中的机构，这些机构分为四类：144 个国家流感中心、6 个世卫组织合作中心、4 个世卫组织必要管制实验室（Essential Regulatory Laboratory）、13 个世卫组织 H5 参考实验室（H5 Reference Laboratory）。

❷ WHO, Implementation of the Nagoya Protocol and Pathogen Sharing: Public Health Implication, Study by the Secretariat of the WHO, 2016.

❸ 需要强调的是，GISN 实验室对于共享病毒表达的同意或作出的承诺并没有以法律上义务的形式体现出来。尽管如此，但世卫组织为规范这些实验室的运作制定了各类实验室的职权范围（terms of reference），而国家流感中心和世卫组织合作中心的职权范围列出了共享病毒的要求，就此而言，GISN 实验室的职权范围在一定程度上发挥了关于病毒共享的国际治理规则的作用。至于更具体的有关病毒提供方和接受方及第三方接受方权利义务的内容，这些职权范围都未作出明确的规定。

会从合作中心获得候选疫苗病毒。❶

从 1952 年 GISN 成立到 21 世纪初，流感病毒在 GISN 中的不同实验室之间进行着快速和自由的共享，这使全球公共卫生受益匪浅。❷然而，随着与 H5N1 亚型有关的高致病性禽流感病例的出现和增多（2005 年印度尼西亚（以下简称"印尼"）报道了第一例人感染病例），GISN 中的流感病毒共享遭遇了一次严重危机。2006 年 12 月，印尼政府决定不再和世卫组织合作中心共享 H5N1 流感病毒样本。事实上，印尼方面了解到，未经其同意，世卫组织将其与世卫组织合作中心和 H5 参考实验室共享的样本提供给一家澳大利亚疫苗制造商，供其开发疫苗。正是由于该事件及其他被印尼认定为不公正事件的发生，促使印尼作出了这个激烈的决定。印尼强调了当前 GISN 存在不公平和不公正之处，这主要表现在，受传染病影响的国家，通常为发展中国家遵照 GISN 的惯例与 GISN 实验室共享了病毒样本，但发达国家的制造商免费获取了这些样本，据此开发出相关产品（疫苗和药物等）和技术并申请专利保护，进而以发展中国家负担不起的价格销往这些国家。❸在印尼看来，当前 GISN 突出的仅仅是发展中国家的责任，而在这些国家的权利上留下了一个大洞。同时印尼援引了《生物多样性公约》的规定，主张对其境内发现的病毒样本拥

---

❶ 国家流感中心需要将其收集的病毒样本与一个或多个世卫组织合作中心进行共享，6 个世卫组织合作中心分别位于英国伦敦、美国亚特兰大和孟菲斯、澳大利亚墨尔本、日本东京和中国北京。

❷ 通过 GISN 共享的流感病毒包括季节性流感病毒和可能引起人间大流行的流感病毒。每年国家流感中心与世卫组织合作中心共享大量的季节性流感病毒，从 1968 年开始世卫组织举行年度专家磋商，以便推荐哪个流感病毒应当被纳入下一季的疫苗之中；在 1957 年流感大流行前，被新加坡首先鉴定出的 H2N2 流感病毒通过世卫组织与各国家流感中心进行了共享，引发 1968 年流感大流行的 H3N2 病毒在香港首先被鉴定出来，随后该病毒及时地与世卫组织合作中心进行了共享，世卫组织通过合作中心又将病毒分发给疫苗制造商和各国家流感中心。See Thedi Ziegler *et al.*, "65 Years of Influenza Surveillance by a World Health Organization-coordinated Global Network," *Influenza Other Respi Viruses* 12, no 5 (2018).

❸ 比高价疫苗更糟糕的情况是发展中国家根本就买不到疫苗，这一方面因为全球疫苗生产能力存在很大的不足，据估计 2005 年全球疫苗生产数量仅为 3.5 亿剂，另一方面，90% 的全球疫苗都是由位于西欧和北美的公司生产的，而这些公司生产的疫苗往往通过签订"预先采购协议"（advance purchase agreement）确保在紧急情况下让发达国家优先获得疫苗。See Marie Wilke, "The World Health Organization's Pandemic Influenza Preparedness Framework as a Public Health Resources," in *Common Pools of Genetic Resources: Equity and Innovation in International Biodiversity Law*, eds. Evanson Chege Kamau and Gerd Winter (Abingdon: Earthscan, 2013), p. 318.

有主权权利（sovereign rights），并指出其有权决定是否与世卫组织协调下的 GISN 共享样本。为了解决 GISN 存在的上述问题，印尼紧急呼吁建立一个透明、公正和公平的病毒共享国际机制，该机制旨在确保公正和公平地获取 H5N1 疫苗和其他所得惠益，并考虑到发展中国家的需要。❶

印尼的决定震惊了国际卫生界，而且引起了人们对于可能暴发的大流行性流感的恐慌。很明显，如果无法在共享 H5N1 流感病毒上得到印尼的合作，全球流感监测和疫苗研发肯定会受到相当不利的影响。世卫组织执行委员会（Executive Board）随即将共享流感病毒以及共享利用病毒产生的惠益的问题提到世界卫生大会商讨的议程上，在以印尼为首的一些发展中国家的提议下，各国在 2007 年 5 月召开的第六十届世界卫生大会上就这两个问题进行了审议和商讨，由此启动了通过多边谈判建立关于共享流感病毒和共享惠益的国际机制的进程。由于议题具有高度争议性，谈判进行得较为缓慢和艰难，其间穿插了美国（代表发达国家立场）和印尼（代表发展中国家立场）的双边谈判，以及一系列在专门工作组层面上的正式和非正式讨论。2009 年暴发的 H1N1 大流行性流感（所谓的"猪流感"）对谈判施加了不容忽视的影响，谈判者们经过不懈努力，在 2011 年 5 月召开的第六十四届世界卫生大会上通过了不具有法律约束力的国际文书——《共享流感病毒以及获取疫苗和其他惠益的大流行性流感防范框架》（Pandemic Influenza Preparedness Framework for the Sharing of Influenza Viruses and Access to Vaccines and Other Benefits）（以下简称《框架》）。❷

作为第一份关于共享流感病毒和惠益的国际文书，《框架》代表了全球卫生治理的一个里程碑。❸《框架》很大程度上建立在已有的世卫组织架构之上，首要的就是 GISN——2011 年更名为"全球流感监测和应对系

❶ Endang R Sedyaningsih *et al.*, "Towards Mutual Trust, Transparency and Equity in Virus Sharing Mechanism: The Avian Influenza Case of Indonesia," *Annals Academy of Medicine Singapore* 37, no 6 (2008). David Fidler, "Influenza Virus Samples, International Law, and Global Health Diplomacy," *Emerging Infectious Disease* 14, no 1 (2008).

❷ 关于这一国际文书在谈判中各方争执的焦点及其曲折的谈判过程可参见 Ellen Rosskam、Ilona Kickbusch：《全球卫生谈判与导航——全球卫生外交案例研究》，郭岩等译，北京大学医学出版社，2014，第 55–66 页。

❸ David Fidler and Lawrence Gostin, "The WHO Pandemic Influenza Preparedness Framework: A Milestone in Global Governance for Health," *The Journal of the American Medical Association 306*, no 2 (2011).

统"（Global Influenza Surveillance and Response System，GISRS）。《框架》主要通过两种方式加强了 GISRS，一是在维持现有结构的同时阐明了牵涉的不同公共和私人参与方的权利和义务，二是增加了新的惠益共享义务。❶ 就此而言，《框架》延续了流感病毒共享的多边模式，并且以更加充实的规则补充完善了这一模式，更重要的是，《框架》又创设了惠益共享的多边模式，从而同时构建了共享流感病毒和共享惠益的多边模式。

二、多边模式下的流感病毒共享和惠益共享规则

《框架》是围绕处在防范和应对大流行性流感的核心的两个关键问题，即共享病毒和共享惠益而构造起来的，❷ 相应地，《框架》分别在第 5 节和第 6 节配置了关于这两个问题的详细规则。从内容上看，《框架》前 4 节列出了原则、目标、范围及术语定义的规则，第 7 节提供了关于机构安排及其自身审查问题的规则。此外，《框架》还包含 5 个附件。以下着重解析《框架》关于目标、范围、共享病毒和共享惠益的实体性规则。

《框架》的目标是建立一个公正、透明、公平、高效和有效的系统，从而在同等基础上共享可能引起人间大流行的流感病毒以及获取疫苗和其他惠益。在范围上，《框架》适用于共享 H5N1 病毒以及其他可能引起人间大流行的流感病毒，而且适用于共享惠益；但《框架》不适用于季节性流感病毒或其他非流感病原体或生物物质。❸

在共享病毒的问题上，《框架》要求会员国通过其国家流感中心和其他获批的实验室，迅速、系统和及时地将病毒提供给来源会员国（最初

---

❶ Marie Wilke, "The World Health Organization's Pandemic Influenza Preparedness Framework as a Public Health Resources," in *Common Pools of Genetic Resources: Equity and Innovation in International Biodiversity Law*, eds. Evanson Chege Kamau and Gerd Winter (Abingdon: Earthscan, 2013), pp. 318–319.

❷ 在《框架》中，共享惠益（sharing of benefits）和获取惠益（access to benefits）具有同一含义。

❸ 从适用的规则来看，季节性流感病毒的共享适用的是国家流感中心和世卫组织合作中心的职权范围。尽管可能引起人间大流行的流感病毒和季节性流感病毒适用的规则不同，但它们都通过 GISRS 进行共享。

采集病毒的会员国）选定的世卫组织合作中心或 H5 参考实验室；❶已经提供给世卫组织合作中心和 H5 参考实验室的病毒可以被进一步转让给其他 GISRS 实验室或 GISRS 之外的机构、组织和实体。这一规则基本上继受了先前 GISN 中的要求和做法。但重要的是，《框架》针对病毒的共享提出了适用或签订"标准材料转让协议"的新要求，这就明确了共享病毒当事方的权利和义务。❷具体而言，如果病毒在 GISRS 实验室之间的提供和进一步转让，《标准材料转让协议 1》（Standard Material Transfer Agreement 1，SMTA1）将会自动对提供方和接受方适用；如果病毒从 GISRS 实验室转让给 GISRS 之外的机构、组织和实体，需要由世卫组织与接受方进行谈判并签订《标准材料转让协议 2》（SMTA2）。❸这两份协议属于标准合同，SMTA1 的条款在谈判《框架》的过程中已被商定，不许当事方更改，SMTA2 则混合了已经商定的条款（但还需接受方选择）和有待谈判的条款，这两份协议作为附件 1 和 2 被附在《框架》正文之后。需要强调的是，虽然《框架》中的规则不具有法律约束力，但《框架》利用作为私法的合同法来实施有关共享病毒和共享惠益的规则，❹这意味着，GISRS 实验室和 GISRS 实验室之外的机构、组织和实体将会承担基于 SMTA1 或 SMTA2 的具有法律约束力的合同义务。

《框架》还处理了两个与共享病毒密切相关的问题。一个问题涉及遗

---

❶ 按照《框架》共享的病毒被正式命名为"大流行性流感防范生物材料"（《框架》第 4.1 节），其包括：人类临床标本；野生型的人类 H5N1 病毒及其他可能引起人间大流行的流感病毒的病毒分离物；世卫组织 GISRS 实验室从 H5N1 和（或）其他可能引起人间大流行的流感病毒中开发的经改造的病毒（即候选疫苗病毒）；从野生型 H5N1 病毒及其他可能引起人间大流行的人类流感病毒中提取的核糖核酸和互补脱氧核糖核酸。

❷ 在转让生物材料时签署"材料转让协议"可以说是业界通常的做法，包括商业机构和学术机构在内的研发部门往往采取这种方式转让材料，从内容上来看，"材料转让协议"可分为标准材料转让协议、示范材料转让协议和订制的材料转让协议。

❸ SMTA1 由 11 个条文组成，依次为协议当事方、协议的标的、一般条款、提供方的权利和义务、接受方的权利和义务、知识产权、争端解决、保证、协议期限、接受和适用性、签署。SMTA2 由 14 个条文组成，依次为协议当事方、协议的标的、提供方的义务、接受方的义务、争端解决、责任和赔偿、优惠和豁免、名称和徽标、保证、协议期限、终止、不可抗力、准据法、签署和接受。

❹ Lawrence Gostin *et al*., "The Global Health Trilogy: Towards a Safe, Healthier and Fairer World," *Lancet* 390, (2017).

传序列数据，❶《框架》要求迅速、及时和系统地与来源实验室（最初向 GISRS 实验室发送病毒的国家流感中心或其他获批实验室）并在 GISRS 实验室之间，共享与病毒有关的遗传序列数据和源于此数据的分析结果。在科研实践中，流感病毒遗传序列数据通常在基因库（GenBank）和"全球共享所有流感数据倡议"（GISAID）等公共检索数据库中进行共享。❷ 另一个问题涉及共享病毒的透明度，世卫组织为此建立了一个透明化的利用电子系统的流感病毒可追溯性机制（Influenza Virus Traceability Mechanism），以便实时追踪病毒输入 GISRS、在 GISRS 内以及输出 GISRS 的流动状况。

在共享惠益的问题上，一方面，《框架》认可了一系列已在实践中运作的惠益共享要求。进一步来看，这些要求要么是 GISRS 实验室采取的常规做法，例如，提供大流行风险评估和应对信息、提供候选疫苗病毒、诊断试剂和检测包以及确定疫苗效力的参考试剂，❸ 要么构成有待实现的愿景或目标而对会员国或疫苗和抗病毒药物生产商无任何的拘束力，例如抗病毒药物的储备、能力建设、疫苗的获取、技术转让。❹ 另一方面，《框架》主要面向私营部门创新性地设立了两项多边惠益共享要求，它们是伙伴关系捐款（partnership contribution）和基于 SMTA2 的惠益共享要求，前者尽管不具有法律约束力，但在实现上具有较大的保障力，后者则具有法律上的约束力。

首先解释伙伴关系捐款的问题。《框架》要求从 GISRS 接收病毒的流感疫苗、诊断试剂和药品制造商每年向世卫组织缴纳伙伴关系捐款。从历史上的情况看，世卫组织为产业界免费提供了病毒样本，但并没有因此获得回报。❺ 为了改变这种不公平的利益格局，同时为了确保筹措到可

---

❶ 遗传序列是指在脱氧核糖核酸（DNA）或核糖核酸（RNA）分子中存在的核苷酸序列（碱基的排列顺序），这个序列很重要，以病毒为例，其包含了有关致病性、可传播性以及对于抗病毒药物易感性的信息，实验室可以利用测序技术得到某一生物体的遗传序列，这一过程产生的数据被称为遗传序列数据。

❷ 基因库（GenBank）成立于 1982 年，是由美国国家生物技术信息中心主管和运行一个开放获取的序列数据库，其对所有公开可利用的核苷酸序列进行汇集和注释。GISAID 成立于 2008 年，由全世界一些较权威的医学科学家组建，致力于改善流感数据的共享。

❸ 参见《框架》第 6.1 至 6.5 节。

❹ 参见《框架》第 6.6 至 6.12 节。

❺ Lawrence Gostin, *Global Health Law* (Cambridge: Harvard University Press, 2014), p. 376.

持续的实施《框架》的资金，《框架》要求使用 GISRS 的公司每年向世卫组织缴纳一笔款项。来自这些公司的年度捐款额度必须达到 GISRS 运营成本的 50%。❶收到的资金将被用于改善经过甄选的重点国家的大流行性流感防范和应对，尤其是用于在这些国家开展疾病负担研究，加强实验室和监测能力，提供和有效调配大流行性流感疫苗和抗病毒药物。可见，通过征收和利用伙伴关系捐款，一部分中低收入国家的大流行流感防范和应对将会受益于私营部门的捐款，这体现了多边基础上的惠益共享。值得注意的是，伙伴关系捐款的要求并不具有法律上的约束力，但签署了《框架》的会员国可以责成其本国公司履行捐款义务，这保证了绝大部分捐款能够到位。

再来分析 SMTA2 中的惠益共享要求。SMTA2 是 GISRS 之外的机构、组织和实体从 GISRS 实验室接收病毒时需要签订的文件。根据 SMTA2 的规定，这些机构、组织和实体将会承担有法律约束力的惠益共享义务。SMTA2 按照这些机构、组织和实体的性质和能力的不同，将它们分为三类：疫苗和抗病毒药物的生产商（A 类）、与大流行流感的防范和应对有关产品的生产商（B 类）及生物技术公司、研究和学术机构（C 类）。不同类别的机构承担的惠益共享义务也不同。

SMTA2 为 A 类生产商列出了六项惠益共享方案，其应当就至少两项方案作出承诺。这六项方案是：A1. 将实时生产的大流行流感疫苗至少10% 捐赠给世卫组织；A2. 将实时生产的大流行流感疫苗至少 10% 保留给世卫组织并且价格可负担得起；A3. 将至少 X 个疗程的大流行所需要的抗病毒药物捐赠给世卫组织；A4. 保留至少 X 个疗程的大流行所需要的抗病毒药物并且价格可负担得起；A5. 根据相互商定的条件，包括有关可负担得起的特许权使用费的条件，向发展中国家的制药商发放技术、技能、产品和工艺许可证，以便使用其知识产权生产流感疫苗、佐剂、抗病毒药物和（或）诊断试剂；A6. 向发展中国家的制药商发放免使用费

---

❶ 2010 年 GISRS 的运营成本为 5650 万美元，《框架》将此作为伙伴关系捐款的参考指标。2012~2015 年，世卫组织收到的伙伴关系捐款分别为 1812 万美元、2754 万美元、2696 万美元和1881 万美元。这显示了伙伴关系捐款征收情况良好。但《框架》也指出了这种运营成本可能随时间发生变化，伙伴关系捐款也将发生相应的变化。

的许可证或向世卫组织发放非专属性、免使用费的许可证，以便使用其知识产权生产大流行期间需要的大流行流感疫苗、佐剂、抗病毒药物和诊断试剂。

SMTA2 为 B 类生产商也列出了六项惠益共享方案，其应当就至少一项方案作出承诺。这六项方案是：第一和第二项同上述 A5 和 A6；B1. 向世卫组织至少捐赠 X 个大流行所需要的诊断包；B2. 为世卫组织至少保留 X 个大流行所需要的诊断包并且价格可负担得起；B3. 与世卫组织合作，支持加强发展中国家的特定流感实验室和监测能力；B4. 与世卫组织合作，支持向发展中国家转让技术、专门知识和（或）工艺，以加强大流行性流感的防范和应对。

SMTA2 为 C 类机构列出了酌情考虑的有关惠益共享措施。这些措施是：捐赠疫苗、捐赠大流行性流感前疫苗（pre-pandemic vaccines）、捐赠抗病毒药品、捐赠医疗器械、捐赠诊断包、可负担得起的分层定价、转让技术和工艺、向世卫组织发放分许可证、实验室和监测能力建设。

SMTA2 中的惠益共享是一种多边的惠益共享，这是因为，SMTA2 的提供方由世卫组织充当，上述生产商提供的惠益将通过世卫组织与所有需要疫苗和抗病毒药物的会员国进行共享，而非在生产商和病毒提供方的双边基础上进行共享。❶ 世卫组织在这个场合代表所有需要疫苗和抗病毒药物的会员国（包括没有提供过病毒的会员国）接收惠益，然后根据公共卫生风险和需求将惠益分配给相关的会员国。世卫组织和产业界通过签订和履行 SMTA2，致力于确保在下一次流感大流行暴发时，将会使所有国家，特别是发展中国家能够公正、公平、高效和有效地获取疫苗和抗病毒药物。❷

---

❶ Stephanie Switzer *et al.*, "Biodiversity, Pathogen Sharing and International Law," in *Environmental Health in International and EU Law: Current Challenges and Legal Responses*, ed. Stefania Negri (Abingdon: Routledge, 2020), p. 278.

❷ 根据世卫组织网站发布的信息，截至目前，世卫组织已经与疫苗生产商（包括葛兰素史克、赛诺菲－巴斯德、印度血清研究所、中国生物技术股份有限公司等）签订了 14 份 SMTA2，与诊断试剂生产商签订了 2 份 SMTA2，与学术和研究机构签订了 71 份 SMTA2。这些协议确保了在流感大流行期间获得实时提供的大约 4.2 亿剂大流行性流感疫苗（这代表了世卫组织在 2009 年大流行期间获得疫苗数量的 4 倍），1000 万个抗病毒疗程也得到保证，大多数签约的学术和研究机构承诺提供实验室和监测能力建设。

第二节　病原体共享的双边模式

如上所述，由于流感病毒具有持续演化的属性，各国必须通过及时和有效的国际协作应对季节性和大流行性流感给全球公共卫生造成的威胁，相应地，国际社会在流感病毒的共享上采取了多边模式。然而，对于大多数非流感病毒而言，为了鉴定、分析、公共卫生研究以及开发疫苗等目的，长期以来病毒的共享通过非正式的方式在暴发传染病的国家或受影响的国家与其他国家（尤其是科技发展水平领先的国家）之间展开，这是一种双边模式。由于受到共享流感病毒及其惠益国际谈判和其他因素的影响，2009 年，有关病原体的提议在《生物多样性公约》框架下关于遗传资源的获取和惠益分享国际制度的谈判中出现，发达国家和发展中国家就该国际制度是否适用于病原体产生了激烈的争议，其焦点在于发达国家是否应当与发展中国家分享利用病原体所产生的惠益（如疫苗）。根据 2010 年通过的《名古屋议定书》序言段落的表述，病原体落入了《名古屋议定书》的范围。尽管《名古屋议定书》正文没有明确提及病原体，但《名古屋议定书》关于遗传资源的获取和惠益分享的实体性规定也适用于病原体，同时《名古屋议定书》针对健康紧急情况（health emergency）及此种情况下的获取和惠益分享问题作出了特别规定。从《名古屋议定书》的序言及其有关规定来看，病原体共享的双边模式首次在国际条约中得到了确立。

一、病原体共享双边模式的采行及其在国际条约中的确立

非流感病毒的共享既有可能在临时的双边基础之上（on an *ad hoc*, bilateral basis），也有可能通过现有的机构和研究人员网络而得以实现。在一个临时的双边系统中，某位研究人员与另一个机构的研究人员取得联系，要求共享病毒样本用于研究目的，双方接着会商定共享的条件，有时需要签署一份正式协议。在协调化的机构和研究人员网络中，成员经常同意或被期望根据预先安排的条款与其他成员共享病毒样本，在这

些网络中共享的病毒最有可能是引起过疾病暴发的已知病毒，此类网络旨在为了监测和诊断活动而快速共享样本。例如，作为协调性网络组成部分的国家公共卫生实验室为了确认诊断或监测目的，可能与能够从事更高级测试的专业化实验室共享某些病例的样本。尽管病毒样本可能通过一个实验室网络进行共享，但这还是双边基础上的共享。❶ 不论上述哪种情形，提供方和接受方将会达成"材料转让协议"或"谅解备忘录"，或者商定各自的权限范围。❷ 从这些具体的操作来看，病毒共享双边模式的典型表现是，病毒样本的提供方和接受方在有必要共享时进行双边磋商，并根据各自需求签订条款各不相同的协议。

值得注意的是，自从 20 世纪 90 年代以来，与病毒共享相关的国际法律环境发生了深刻改变，国际社会针对研究和开发生物遗传资源所产生的成果的分配和知识产权保护问题达成了有法律约束力的规则，这对生物遗传资源的利用国及其研发部门和提供国产生了重要的影响。1992 年的《生物多样性公约》基于维护发展中国家正当权益的需要，确立了公正和公平地分享利用遗传资源所产生的惠益的目标。1994 年的 TRIPS 协定将发达国家知识产权保护标准国际化，其中要求对微生物遗传资源的应用（包括基因和其他生物技术产品）授予专利权。伴随着这些规则的提出和实施，病毒领域的研发部门和样本提供国为保障自身权益，开始借助专利制度和生物资源国家主权原则就病毒样本及其组成部分主张独占和控制的权利。在研发部门一侧，2003 年严重急性综合呼吸征（SARS）冠状病毒的出现激起了一些发达国家和地区的机构发现该病毒

---

❶ 在世卫组织协调的实验室网络中，有一个实验室网络中的病毒共享不属于双边基础上的共享，它就是"全球小儿麻痹症实验室网络"。由于该网络中的所有成员实验室都同意彼此共享样本，这更类似于 GISRS 中的多边共享。该网络创建于 1990 年，主要目标是快速检测和应对而诊断小儿麻痹症病例，其由 146 个分处三层结构中的实验室组成。在第一层结构中，国家级实验室及次一级实验室从可能的病例采集的样本中检测小儿麻痹症病毒；第二层结构是区域性参考实验室，它们从位于第一层结构的实验室接收阳性样本，以便确认样本中的病毒是否为野生型或疫苗病毒或疫苗衍生的病毒；如果区域性实验室不具备此种能力，则与第三层全球性专业实验室共享样本，对样本进行测序和鉴定，该层实验室有七家，分别位于芬兰、法国、印度、日本、荷兰、美国和英国。See WHO, Polio Laboratory Manual, Fourth Edition, 2004.

❷ See World Health Organization, Implementation of the Nagoya Protocol and Pathogen Sharing: Public Health Implication, Study by the Secretariat of the WHO, 2016.

基因组的竞赛，以及接着申请并获得与该病毒相关的已分离基因序列专利的竞赛。❶ 在提供国一侧，提供国认定在病毒共享过程中存在对其不公平的地方，包括在很多情况下病毒共享并未经过病毒来源国主管机关的正式许可，接受方经常不对提供国的贡献给予承认和感谢，接受方几乎没有与提供国共享利用病毒所产生的惠益，❷ 基于此，提供国援引《生物多样性公约》中的生物资源国家主权原则主张拥有控制病毒样本的获取的权力，并要求样本的接受方与之共享利用样本所产生的惠益。

2003 年 SARS 病毒基因序列专利申请的出现，以及涉及微生物的基因专利和相关知识产权在发达国家的涌现强化了这样的关切，即遗传材料的持有者如不限制甚至为了公共研究而获取这些材料的活动，那么他们可能拿不到来自下游商业应用的营利性收入。❸ 不仅如此，实践中一直运行的非流感病毒共享的双边模式和 GISN 中流感病毒共享的多边模式都无视发展中国家在惠益共享上的呼吁和要求。这些因素共同起作用，为发展中国家在不同国际论坛上推动创制新的病毒共享国际规则提供了充足的动力。2007 年，以印尼为首的发展中国家成功地在世卫组织发起了关于流感病毒共享和惠益共享国际机制的谈判。在《生物多样性公约》这一重要国际论坛上，发展中国家强烈呼吁有效推进《生物多样性公约》第三项目标——公正和公平地分享利用遗传资源所产生的惠益的实施，2004 年《生物多样性公约》缔约方启动了制定和谈判旨在实施上述目标

---

❶ 2003 年 4 月，美国疾控中心、加拿大大不列颠哥伦比亚癌症研究中心以及两家公司都介入了对已分离的 SARS 冠状病毒基因序列的专利之争，这场竞赛引发了公共卫生方面的关切，因为这些专利可能会对未来研究产生阻塞效应，以及会导致在一个最终的 SARS 危机中保护公众所需信息的囤积。上述美国和加拿大的机构对于它们的专利申请进行了辩护，并声称这是防御性的部署，以便确保科技和医疗界保留了为了研究目的而对于病毒的开放获取。随着 SARS 危机得以平息，相关的专利申请人同意通过建立专利池（patent pool）彼此进行协作。See Jerome H. Reichman, Paul F. Uhlir and Tom Dedeurwaerdere, *Governing Digitally Integrated Genetic Resources, Data, and Literature: Global Intellectual Property Strategies for a Redesigned Microbial Research Commons* (New York: Cambridge University Press, 2016), p. 45.

❷ See WHO, Implementation of the Nagoya Protocol and Pathogen Sharing: Public Health Implication, Study by the Secretariat of the WHO, 2016.

❸ See Jerome H. Reichman, Paul F. Uhlir and Tom Dedeurwaerdere, *Governing Digitally Integrated Genetic Resources, Data, and Literature: Global Intellectual Property Strategies for a Redesigned Microbial Research Commons* (New York: Cambridge University Press, 2016), p. 72.

的关于遗传资源（以及与遗传资源相关的传统知识）的获取和惠益分享的"国际制度"（international regime）的进程。在谈判的后期，病原体的获取和惠益分享问题作为一个主要谈判议题被提了出来，这与世卫组织中流感病毒共享问题的谈判不期而遇。❶发展中国家寻求将病原体纳入"国际制度"的适用范围之中，以便在病原体的获取和惠益分享问题上适用《生物多样性公约》所确立的双边模式。❷

按理说，《生物多样性公约》中的遗传资源概念能够涵盖病毒以及其他病原体，❸《生物多样性公约》确立的双边模式当然也能适用于病毒，但事实上，在《生物多样性公约》谈判及实施的过程中各方并没有关注和处理病毒的获取和惠益分享问题，《生物多样性公约》能否适用于病毒不无疑问。❹重要的是，为实施《生物多样性公约》第三项目标而制定的"国际制度"将会进一步发展和改进《生物多样性公约》中的遗传资源的获取和惠益分享国际法律制度，如果病原体能够明确地落入"国际制度"的范围，这将会为发展中国家实现分享利用病毒所产生的惠益的目标提供有力的法律基础。

---

❶ 需要说明的是，在术语的选择和使用上，《生物多样性公约》使用了遗传资源的获取和惠益分享（access to genetic resources and benefit-sharing）的术语，而《框架》使用了病毒共享（sharing of viruses）和惠益的获取（access to benefits）的术语，看似这两份国际文书在术语的使用上正好颠倒，其实，遗传资源的获取与病毒共享这两个术语的内涵是一致的，惠益分享与惠益的获取以及惠益共享的内涵同样也是一致的。

❷ 《生物多样性公约》建立了遗传资源的获取和惠益分享国际法律制度，而且在获取和惠益分享活动的规制上采取了双边模式。根据这一模式，遗传资源的获取和惠益分享发生在遗传资源的提供方和外国利用方之间，外国利用方应向提供方所在国提出申请，并经其事先知情同意（prior informed consent），利用方还应与提供方进行谈判，以便就获取以及分享利用这些资源所产生的惠益的事项达成共同商定条件（mutually agreed terms）。

❸ 根据《生物多样性公约》的定义，遗传资源是指具有实际或潜在价值的来自动物、植物、微生物或其他来源的任何含有遗传功能单位的材料。病毒通常是指由蛋白质和包裹在其中的 DNA 或 RNA 组成的病原体。按照目前的科学认知，《生物多样性公约》遗传资源定义中的"遗传功能单位"就是指 DNA 或 RNA，因此包含了 DNA 或 RNA 的病毒属于遗传资源。

❹ 有观点指出，将《生物多样性公约》解释为适用于病毒可能背离了《生物多样性公约》的目的，缔结《生物多样性公约》的一部分目的是协助生物多样性丰富的发展中国家控制对这种多样性的获取，以便为可持续发展保护和管理它们，《生物多样性公约》主要关注的生物和遗传资源是本土性的资源，而且政府、社区和个人已经花费时间、精力和资金对这些资源加以保护、培育、理解及利用。See David Fidler, "Influenza Virus Samples, International Law, and Global Health Diplomacy," *Emerging Infectious Disease* 14, no 1 (2008).

发展中国家提出的将病原体纳入"国际制度"范围的建议遭到了发达国家的反对。美国要求将病原体明确地排除在"国际制度"的范围之外，欧盟则变换了一种方式，提议将病原体的获取和惠益分享问题置于其他国际组织（如世卫组织）的管理之下，并遵照这些组织的规则和做法处理获取和惠益分享问题。南北双方在病原体问题的谈判上并未取得各自期望的结果。实际上，"国际制度"的谈判在预期完成的时间节点宣告失败，但时任《生物多样性公约》缔约方大会第十次会议主席的日本环境大臣通过居中协调又打破了谈判的僵局，缔约方在 2010 年 10 月 30 日成功地通过了一份包含了全面折中方案的《名古屋议定书》。作为全面折中方案的组成部分，直接与病原体相关的表述和规定出现在《名古屋议定书》的序言第十六段和正文第 8（b）条。序言第十六段对病原体的提及充分表明，病原体落入了《名古屋议定书》的范围，相应地，《名古屋议定书》关于遗传资源的获取和惠益分享的实体性规定也适用于病原体。不仅如此，《名古屋议定书》还在第 8（b）条处理了健康紧急情况下的获取和惠益分享的问题。至此，病原体共享的双边模式首次在国际条约中得以确立。

二、双边模式下的病原体共享和惠益共享的规则

双边模式下的病原体共享和惠益共享规则，也就是《名古屋议定书》中的病原体的获取和惠益分享规则，由三个方面的规则组成。

首先解析《名古屋议定书》序言第十六段的作用和涵义。该段指出，"本议定书缔约方意识到世界卫生组织《国际卫生条例》（2005）和为了公共健康防范和应对的目的确保获取人类病原体的重要性"。这段表述发挥了将病原体纳入《名古屋议定书》范围的作用。理由有二：一是序言也是《名古屋议定书》的组成部分，其既然提及病原体，那么病原体就在《名古屋议定书》的适用范围之内，否则就没有必要专门提及它；❶

---

❶ Gurdial Singh Nijar, The Nagoya ABS Protocol and Pathogens, Policy Brief No. 4, South Centre, 11 March, 2011.

二是以特殊的一类病原体——病毒为例，其含有可复制的 DNA 或 RNA，而它们正是"遗传功能单位"，病毒当然也具有实际或潜在的价值，这些都使病毒符合《生物多样性公约》中的遗传资源定义。❶ 该序言段落使用的措辞同时反映了发展中国家和发达国家所追求的利益，前者想要确保公共卫生努力的普及性以及由 2005 年新修订的《国际卫生条例》所提供的重要指导，而后者想要加强要求缔约方提供病原体的获取的法律基础，尤其在发生紧急情况期间为了确保及时和高效地开展应对目的的研究和开发活动。还有一点要注意，那就是尽管该序言段用的是人类病原体（human pathogens）的表述，但从文本上以及概念上说，《名古屋议定书》的范围并没有被限定于人类病原体。❷

其次明确对病原体适用的实体性规定。既然病原体落入了《名古屋议定书》的范围，那么《名古屋议定书》第 6 条"遗传资源的获取"和第 5 条"公正和公平的惠益分享"以及其他相关规定就要适用于病原体。第 6.1 条认可了提供遗传资源的缔约方就获取遗传资源要求事先知情同意的权利，即在提供遗传资源的缔约方行使其对自然资源的主权权利时，并在符合获取和惠益分享国内立法或规制要求（domestic access and benefit-sharing legislation or regulatory requirements）的情况下，为了利用而对遗传资源的获取，应经过该缔约方的事先知情同意，除非其另有决定。作为实施《生物多样性公约》的补充协定，《名古屋议定书》重复了《生物多样性公约》关于事先知情同意的规定，但《名古屋议定书》第 6.3 条对《生物多样性公约》作出了重要的发展，该条规定为提供遗传资源的缔约方采取的规制获取遗传资源的立法或其他措施设定了一系列

---

❶ Michelle Rourke, "Viruses for Sale: All Viruses Are Subject to Access and Benefit-sharing Obligations under the Convention on Biological Diversity," *European Intellectual Property Review* 69, no 2 (2017).

❷ Marie Wilke, "The World Health Organization's Pandemic Influenza Preparedness Framework as a Public Health Resources," in *Common Pools of Genetic Resources: Equity and Innovation in International Biodiversity Law*, eds. Evanson Chege Kamau and Gerd Winter (Abingdon: Earthscan, 2013), p. 129.

标准和最低要求。[1] 第 5.1 条规定了与提供遗传资源的缔约方分享惠益的义务，这就是，应当遵照共同商定条件，与提供遗传资源的缔约方公正和公平地分享利用遗传资源以及嗣后应用和商业化所产生的惠益。从内容上来看，第 5 条继受了《生物多样性公约》中关于惠益分享义务的规定，同时在三个方面发展了《生物多样性公约》有关惠益分享的规定。[2]

除了以上第 5 条和第 6 条，《名古屋议定书》中对病原体适用的规定还包括第 15 条"遵守获取和惠益分享的国内立法或规制要求"和第 17 条"监测利用遗传资源"，这两条规定是《名古屋议定书》中最具深远影响的创新规定，也是确保提供遗传资源的缔约方要求事先知情同意和惠益分享的权利得以实现的关键性规定。第 15.1 条旨在阻止遗传资源的"不当利用"（misappropriation），也就是遗传资源的利用者不经提供遗传资源的缔约方的事先知情同意而获取资源，以及不与之订立关于惠益分享的共同商定条件，该条要求遗传资源的利用者所在的缔约方采取立法或其他措施以便规定，在提供遗传资源的缔约方获取和惠益分享国内立法或规制要求对事先知情同意和共同商定条件作出规定的情况下，其管辖范围内利用的遗传资源是按照事先知情同意所获取，并且订立了共同商定条件。为了支持遗传资源的利用者遵守提供资源的缔约方的国内立法以及订立的共同商定条件，第 17.1 条要求缔约方，尤其是在其管辖范围内拥有利用者的缔约方采取监测利用遗传资源的情况并提高此种利用透明度的措施。指定检查点（checkpoints）是第 17.1 条明确提出的一

---

[1] 第 6.3 条着重回应了遗传资源的利用者对于更大的法律确定性的需要。根据该条规定，提供遗传资源的缔约方采取的规制获取遗传资源的立法或其他措施必须符合以下标准和最低要求：对本国的获取和惠益分享立法和规制要求的法律确定性、明晰性和透明性作出规定；规定有关获取遗传资源的公平和非任意性的规则和程序；就如何申请事先知情同意提供信息；规定国家主管当局应在合理时间内，以符合成本效益的方式作出明确和透明的书面决定；规定应在获取时签发获取许可证或等同文件，以证明作出了给予事先知情同意的决定并订立了共同商定条件；就要求和订立共同商定条件制定明确的规则和程序。

[2] 这三个方面的发展是：其一，《名古屋议定书》将《生物多样性公约》第 15.7 条分解为第 5.1 条和第 5.3 条两条规定，并且在第 5.1 条用更强有力的措辞规定了惠益分享的义务；其二，第 5.1 条阐明了触发惠益分享的活动类别，具体包括"利用遗传资源"和"嗣后应用和商业化"，《名古屋议定书》将"利用遗传资源"界定为对遗传资源的遗传和（或）生物化学组成进行研究和开发，包括通过应用《生物多样性公约》第 2 条规定的生物技术；其三，第 5.4 条明确了惠益可以包括货币和非货币惠益，这些具体的惠益形式被列在《名古屋议定书》附件一之中。

类措施。❶

最后解析与病原体的获取和惠益分享问题直接相关的第8（b）条。第8条是关于"特殊考虑"的规定，涉及在谈判中引起过较大争议的三个问题，它们值得区别对待并适用不同于第5条和第6条确立的获取和惠益分享规则的特殊规则。其中第8（b）条处理的明显是健康紧急情况下的获取和惠益分享问题，总体上来说，本条为缔约方创设了规制空间，以便确保正常的获取和惠益分享规则和程序不会妨碍公共健康方面的努力。

第8（b）条包括两句规定，第一句规定要求缔约方在制定和执行获取和惠益分享立法或规制要求时，适当注意根据各国或国际上确定的各种威胁或损害人类、动物或植物健康的当前或迫在眉睫的紧急情况。值得注意的是，缔约方依据本规定负担的只是"适当注意"的义务，缔约方因此拥有在国内法中引入适当规则的决定权。上述规定由三个要素构成，即紧急情况所威胁的对象、紧急情况的原因和紧急情况的管制状态。紧急情况所威胁的对象既包括人类健康，也包括动物或植物健康，事实上，一些传染病是人畜共患的，而且威胁动物或植物的健康紧急情况可以容易地发展为人类健康紧急情况。此外，尽管通向第8（b）条的谈判是由印尼拒绝提供H5N1流感病毒事件和《框架》的谈判所引发的，但将健康紧急情况的考虑限定于威胁人类健康的情形并排除威胁生物多样性的紧急情况显然是不合理的。关于紧急情况的原因，第8（b）条没有明确指出来，但从使用措辞来看，引起紧急情况的原因应作广义解释，包括生物类别的病原体和其他外部原因（例如，工业事故、自然灾害等）。关于紧急情况的管制状态，第8（b）条提到了国家和国际上确定的紧急情况。在国际上，世卫组织将会是基于《国际卫生条例》（2005）和其他相关文件决定一个卫生事件状态的机构，因此如果某个健康紧急情况经发现落入了上述条例中的"国际关注的突发公共卫生事件"

---

❶ "检查点"是指当利用者从事遗传资源研发活动，或就来自研发活动的创新成果寻求法律保护，或对终端产品进行商业化时，根据国内法的规定其需要前往的相关国家主管部门。发展中国家在谈判中提出了一些不同的检查点，如海关、专利局、食品药品监管部门、研究项目资助机构等，但遗憾的是，这些检查点在《名古屋议定书》中并没有被提及。这意味着，指定哪些部门作为检查点应当交由各缔约方来决定。

（public health emergency of international concern），它也就落入了第 8（b）条的范围。国家层面上的紧急情况只能由受影响国确定，因为在国际上不存在一个有约束力的本地或国家健康紧急情况的定义。❶

　　第 8（b）条第二句规定为缔约方实施第一句规定的义务提供了一个选择，即考虑是否需要迅速获取遗传资源以及迅速公正和公平地分享利用此种资源所产生的惠益，包括让有需要的国家，特别是发展中国家获得负担得起的治疗。要说明的是，本规定重点强调了"迅速"获取和惠益分享的需要，这当然是应对健康紧急情况完全所必需的，缔约方有必要在国内法中设置特别程序和安排，如"快速通道程序"（fast-track procedure），以便在授予事先知情同意之前批准获取。另外，本规定还有一个亮点，即迅速的惠益分享涵盖了让有需要的发展中国家获得负担得起的治疗，这里体现了一个朝向多边解决方案的对于获取和惠益分享双边模式的背离。❷ 此种背离也间接说明双边模式未必是解决共享利用病原体所产生惠益的最佳方案。

第三节 《名古屋议定书》实施背景下病原体共享面临的挑战

　　《名古屋议定书》于 2014 年 10 月 12 日正式生效，从此进入了更为重要的实施阶段。《名古屋议定书》的实施将在缔约方国内层面上展开，遗传资源的获取和惠益分享的双边模式对于程序正义的强调和追求与及时和迅速共享病原体的要求存在一定的冲突，缔约方为实施双边模式采取的个性化措施将不可避免地造成延迟或限制病原体共享的结果。尽管共享可能引起人间大流行的流感病毒的活动由《框架》进行规制，然而，

---

❶　Marie Wilke, "The World Health Organization's Pandemic Influenza Preparedness Framework as a Public Health Resources," in *Common Pools of Genetic Resources: Equity and Innovation in International Biodiversity Law*, eds. Evanson Chege Kamau and Gerd Winter (Abingdon: Earthscan, 2013), pp. 127–131.

❷　Elisa Morgera, Elsa Tsioumani and Matthias Buck, *Unraveling the Nagoya Protocol: A Commentary on the Nagoya Protocol on Access and Benefit-sharing to the Convention on Biological Diversity* (Leiden: Brill, 2014), p. 187.

《名古屋议定书》与《框架》的关系并不明确，《名古屋议定书》是否适用于此种病毒在国际上不存在一个权威的解释，这将会对国际社会防范和应对大流行流感带来不利的影响。不仅如此，随着基因测序技术的快速发展，遗传序列数据在研究和开发活动中大有取代有形病毒样本的趋势，而《名古屋议定书》仅适用于有形材料的特点使其无法规制遗传序列数据的利用问题。在《名古屋议定书》实施的背景下，病原体共享面临的上述挑战将会对公共健康产生重要的影响，值得引起各方高度关注。

一、《名古屋议定书》的实施将会延迟或限制病原体的共享

按照《名古屋议定书》的规定，遗传资源的获取和惠益分享应当符合事先知情同意和共同商定条件的要求，而实施这两项要求有赖于缔约方的国内立法。如此一来，共享病原体以及共享相关惠益的活动将会在各缔约方制定的互不相同的或个性化的立法框架下展开，为了实现共享，接受样本的当事方需要按照相关缔约方的立法申请获得事先知情同意，并且需要与提供样本的当事方谈判有关共享样本和共享惠益的条件。这种在个案基础上逐一达成双边安排的要求必然费时费力，牵涉高昂的交易成本。如果某些缔约方国内立法规定的适用范围、程序和要求存在不明确和不清晰的情况，共享病原体将会变得更加复杂和困难。对比于在紧急情况下及时、迅速和高效共享病原体的客观要求，实施《名古屋议定书》将会延迟或限制病原体的共享，而这肯定会影响风险评估和开发疫苗等医疗干预措施的速度。❶

以季节性流感病毒为例对此加以说明。当前季节性流感病毒在世界卫生组织协调的"全球流感监测和应对系统"（GISRS）所属的各实验室之间进行共享，具体的做法是，国家流感中心将病毒样本发送给世界卫生组织流感合作中心，供其鉴定和分析，随后合作中心确定可用于流感疫苗开发的候选疫苗病毒，以便在每年2月和9月举行的流感疫苗成分会议上进行推荐。2018年7月，某国家流感中心在向世界卫生组织流

---

❶ WHO, Implementation of the Nagoya Protocol and Pathogen Sharing: Public Health Implication, Study by the Secretariat of the WHO, 2016.

感合作中心寄送流感病毒分离株之前，其告知合作中心，根据该国实施《名古屋议定书》的立法，共享季节性流感病毒还需满足额外要求，包括合作中心要向该国卫生部和负责实施《名古屋议定书》的国家主管部门出具一封"接受函"，该函件应含有共享病毒的详细信息，以及合作中心不会将样本与第三方共享和用于商业目的的承诺。此外，合作中心还被告知在寄送样本前需要获得国家卫生检疫办公室的批准。这些要求都妨碍了与合作中心及时共享病毒样本，而且对 2018 年 9 月的南半球疫苗成分会议造成了影响。❶事实上，通过 GISRS 共享的季节性流感病毒样本的数量极大，要求就每份样本满足事先知情同意和共同商定条件的要求会耗费大量时间和资源，从而影响到对于季节性流感的公共卫生应对。

2020 年世卫组织的一份报告指出，在过去的两年，落实获取和惠益分享立法（例如那些为实施《名古屋议定书》而制定的立法）也极大地助推了某些国家和世卫组织合作中心之间病毒共享的延迟。大多数情形需要国家流感中心与世卫组织合作中心之间就材料转让协议进行长时间的双边谈判。由于获取和惠益分享或《名古屋议定书》的要求缺少明晰性，新的立法给国家流感中心和国家联络点制造了不确定性。与新的立法和条例有关的病毒共享的延迟花了 6~9 个月才解决，或者截至 2019 年 12 月仍未解决。❷

再来看"寨卡"病毒的例子。2016 年，巴西暴发的"寨卡"病毒病被世界卫生组织宣布为"国际关注的突发公共卫生事件"。但据媒体报道，巴西并没有与国际公共卫生界共享"寨卡"病毒，主要原因在于巴西 2015 年制定的遗传资源的获取和惠益分享立法，该法针对能够共享遗传材料的巴西研究人员和机构设置了特别条件和要求。媒体在当时指出，不愿共享样本可能源于有关终端利用者以何种方式利用样本的不确定性。有评论也提到，巴西立法在其本国和国外引发了很多关于如何及在何时

---

❶ WHO, Approaches to Seasonal Influenza and Genetic Sequences Data under the PIP Framework: Analysis, 2018, p. 30.

❷ WHO, Report on Influenza Virus Sharing (Implementation of Decision WHA 72(12), Paragraph 1(a)), 2020, p. 7.

出口和共享样本的困惑。❶

二、《名古屋议定书》与《共享流感病毒以及获取疫苗和其他惠益的大流行性流感防范框架》的关系不明

如上所述，与《名古屋议定书》谈判同时进行的是世界卫生组织中关于共享流感病毒的政府间谈判，最后的谈判结果是第六十四届世界卫生大会在 2011 年 5 月通过的《框架》。这是一份不具有法律约束力的国际文书，其确立了关于共享（获取）H5N1 病毒和其他可能引起人间大流行的流感病毒以及获取（共享）惠益的规则。显然，《名古屋议定书》与《框架》规制的是同一类活动，而且在适用范围上有重叠之处，关键的问题在于，这两份国际文书具有何种关系？尤其在《名古屋议定书》实施的背景下，考虑到《名古屋议定书》要求在个案基础上获得事先知情同意以及达成共同商定条件，如果《名古屋议定书》也适用于可能引起人间大流行的流感病毒，这很可能削弱甚至损害《框架》构建的多边基础上的共享病毒和惠益系统，从而严重拖延此种病毒的共享，并影响防范和应对未来可能出现的大流行性流感。

《名古屋议定书》其实提供了处理自身与其他国际文书之间关系的相关规则，即如果存在一个符合且不违背《名古屋议定书》目标的专门性获取和惠益分享国际文书（specialized international access and benefit-sharing instrument），就该专门性文书涵盖的特定遗传资源以及为该专门性文书的目的而言，该文书将优先于《名古屋议定书》而适用。那么，《框架》是否是《名古屋议定书》下的一个专门性获取和惠益分享国际文书？由于《名古屋议定书》通过时《框架》尚未产生，从《名古屋议定书》中不可能得到这个问题的答案，不仅如此，《名古屋议定书》也没有提供识别一个国际文书是否为专门性获取和惠益分享国际文书的标准。

---

❶ Maria Julia Marinissen *et al.*, "Sharing of Biological Samples during Public Health Emergencies: Challenges and Opportunities for National and International Action," in *Viral Sovereignty and Technology Transfer: The Changing Global System for Sharing Pathogens for Public Health Research*, eds. Sam Halabi and Rebecca Katz (Cambridge: Cambridge University Press, 2020), p. 169.

此外，尽管在《框架》谈判中提出过相关建议，但《框架》并没有包含处理其与《名古屋议定书》关系的规则。❶可见，《名古屋议定书》与《框架》的关系处于一种不明确的状况。鉴于该状况，实施《名古屋议定书》不可避免地会对共享可能引起人间大流行的流感病毒带来很大的法律上的不确定性。随着更多的缔约方颁布实施《名古屋议定书》的国内立法，解决这种不确定性并减少全球公共卫生安全风险的需要越来越迫切。❷

三、《名古屋议定书》在规制数字序列信息的利用上存在严重漏洞

近年来，随着DNA测序技术的飞速发展，尤其是测序变得更加快捷、低廉以及精确，巨大体量的数字序列信息（例如，遗传序列数据以及其他类型的序列数据）得以生成。❸这些数据被储存在世界各地的各种数据库中，这就包括可公开访问的公共数据库。与此同时，信息技术的进步显著扩展了处理这些序列数据的知识和能力。相关学科的发展更是为遗传序列数据的分析和利用提供了有效的工具。生物信息学作为一个新的跨学科领域，综合应用生物学、计算机科学和信息技术对遗传序列数据和生物学数据进行解释和分析，如序列比对、基因功能预测等。合成生物学让基于某个数字序列合成一个有形的 DNA 片段或分子成为可能，而其在利用上无异于从某个生物体提取到并加以复制的片段或分子。

由此可见，新的技术和研究方法的进步已经改变了研究人员从事研发活动的方式。从各种数据库中提取数据并进行分析利用，就可以实现许多先前需要通过利用有形遗传资源才能实现的目的，相应地，获取有

---

❶ 在通过《框架》的最后时刻，提及《名古屋议定书》的一处细节从通过《框架》的世界卫生大会的决议中被删除了，而《名古屋议定书》其本应该在第 4.4 条的含义内将《框架》确定为一个专门性获取和惠益分享国际文书。See Marie Wilke, "The World Health Organization's Pandemic Influenza Preparedness Framework as a Public Health Resources," in *Common Pools of Genetic Resources: Equity and Innovation in International Biodiversity Law*, eds. Evanson Chege Kamau and Gerd Winter (Abingdon: Earthscan, 2013), pp. 141–143.

❷ WHO, Report of 2016 PIP Framework Review Group, 2017, pp. 96–97.

❸ Sarah Laird and Rachel Wynberg, A Fact-Finding and Scoping Study on Digital Sequence Information on Genetic Resources in the Context of the Convention on Biological Diversity and the Nagoya Protocol, CBD/DSI/AHTEG/2018/1/3, 2018.

形的资源就失去了其必要性。❶以病毒为例，经由这个过程，病毒样本可作为 DNA 和 RNA 序列而得到分析，并作为信息而非材料进行共享。遗传序列数据能够使研究人员通过将病毒的组成成分分解为正确的序列而获得病毒的"指令"，同时在根本无须有形病毒样本的条件下，就可以让研究人员重新组装这些成分以达到数字化检测 DNA 和 RNA 病毒毒株的目的。❷利用遗传序列数据不仅合成病毒容易，而且在某些情况下，遗传序列数据在疫苗和药物等商业产品开发过程中可以替代有形样本。疫苗制造商现在可以使用专门机器，将数字形式的遗传序列数据转化为分子甚至是整个病毒，然后用各种方法将这些分子和病毒用于制造疫苗。❸

需要强调的是，《名古屋议定书》适用于"有形的"遗传资源，而基于这些资源所生成的序列数据并不在适用范围之列。这意味着，如果从公共数据库获取来自某个国家遗传资源的遗传序列数据，并用于研究和开发活动，这将不会触发《名古屋议定书》针对获取和惠益分享所设定的各项义务。正因为如此，发展中国家表达了以下关切，即遗传序列数据的利用很大程度上发生在一个免于负担惠益分享义务的场景之下。换言之，研发机构和人员通过利用序列数据规避了《名古屋议定书》中的惠益分享义务。毫无疑问，这种局面将会对实现《名古屋议定书》公正和公平地分享利用遗传资源所产生的惠益的目标产生相当不利的影响。❹显然，由于《名古屋议定书》只规制为了利用有形材料所进行的获取和惠益分享活动，遗传序列数据的利用处于不受《名古屋议定书》规制的状况，就此而言，《名古屋议定书》在规制遗传序列数据的利用上存在严重的漏洞。

---

❶ Claudia Seitz, "Genetic Material and Sequence Data to Protect Global Health in the Light of Pandemic Outbreaks: Mapping the Legal Landscape under European and International Law," *European Journal of Health Law* 27, no 3 (2020).

❷ Anne Huvos *et al.*, "The Pandemic Influenza Preparedness Framework as an Access and Benefit Sharing Mechanism," , in *Viral Sovereignty and Technology Transfer: The Changing Global System for Sharing Pathogens for Public Health Research*, eds. Sam Halabi and Rebecca Katz (Cambridge: Cambridge University Press, 2020), p. 201.

❸ WHO, New Technologies Using Genetic Sequence Data, 2018.

❹ Elizabeth Karger, Pierre du Plessis and Hartmut Meyer, Digital Sequence Information on Genetic Resources (DSI): An Introductory Guide for African Policymakers and Stakeholders, 2019.

第四节 应对《名古屋议定书》实施背景下
病原体共享面临挑战的对策

世卫组织执行委员会在 2016 年 1 月召开的第 138 次会议上预见了《名古屋议定书》的实施可能对病原体共享以及公共卫生产生重要的影响。《名古屋议定书》在过去几年中的实施情况显示，病原体的共享正在面临一些不容忽视的挑战。为了落实《名古屋议定书》所确立的公正和公平以及保护全球公共卫生的原则，缔约方应当同时在国际和国家层面上采取有效的措施予以应对。只有如此，病原体的共享才能助力人类社会战胜各种传染病的威胁，进而实现与卫生有关的可持续发展目标。

一、《名古屋议定书》后续谈判对策

针对《名古屋议定书》与《框架》关系不明以及《名古屋议定书》在规制数字序列信息的利用上存在严重漏洞的挑战，考虑到它们更多的是因《名古屋议定书》自身的缺陷而引起的，因此必须由所有缔约方在协商一致的基础上推出有效和可行的对策。

（一）在《名古屋议定书》中认可《框架》为专门性获取和惠益分享国际文书

就《名古屋议定书》与《框架》的关系而言，关键是要明确《框架》是否是《名古屋议定书》第 4.4 条提及的专门性获取和惠益分享国际文书，如果是的话，《名古屋议定书》就不适用于可能引起人间大流行的流感病毒，这样就消除了在共享可能引起人间大流行的流感病毒问题上的法律不确定性。根据第 4.4 条规定，要成为一个专门性国际文书应当满足一个重要条件，即符合并且不违背《生物多样性公约》和《名古屋议定书》的目标。《框架》的目标是建立一个公正、透明、公平、高效和有效的系统，从而在同等基础上共享可能引起人间大流行的流感病毒以及获取疫苗和其他惠益。这显然符合且不违背《名古屋议定书》的目标，两者都追求实现公正和公平地分享利用遗传资源所产生的惠益的目标。不

过有观点指出,《框架》是一个支持公共卫生的关于共享病原体和相关惠益的国际文书,而公共卫生努力的一个目标是要根除致病的病原体,因此《框架》的这个远期目标与《生物多样性公约》保护生物多样性的目标难以调和。实际上,《框架》旨在消灭病原体的事实本身并不表明其就违背了保护生物多样性的目标,相反,这两个目标可以相互支持,因为抗击极具攻击性的人畜共患病毒是对生物多样性保护目标的支持,如同其支持了公共卫生的努力。❶ 此外,虽然《框架》不具有法律约束力,但第 4.4 条使用的是"国际文书"的措辞,这完全可以涵盖《框架》。可见,《框架》就是一份专门性获取和惠益分享国际文书。

在明确了以上问题后,接下来需要缔约方集体通过作为《名古屋议定书》缔约方会议的《生物多样性公约》缔约方大会作出决定,以便正式认可《框架》是专门性国际文书。除此之外还有一种认可的途径,由于《框架》归世卫组织管理,可以通过世界卫生大会进行认可。从目前的情况来看,个别缔约方(如欧盟)实施《名古屋议定书》的立法明确认可了《框架》的专门性国际文书地位,❷ 但这显然是不够的,因为这种认可只在该缔约方的管辖区域并为了本立法的范围和目的予以适用,除非所有缔约方做出这一决定,个别缔约方仍然无法提供一个解决法律不确定性和复杂性的完整方案。❸

(二)通过建立一个多边惠益分享机制解决数字序列信息的惠益分享问题

同样地,应对数字序列信息问题的挑战也需要缔约方协调一致地推出各方都能接受的对策。事实上,《生物多样性公约》缔约方大会较早地关注到了因技术的快速发展所引发的数字序列信息的利用问题,并且认

---

❶ Marie Wilke, "A Healthy Look at the Nagoya Protocol–Implications for Global Health Governance," in *The 2010 Nagoya Protocol on Access and Benefit-Sharing in Perspective: Implications for International Law and Implementation Challenges*, eds. Elisa Morgera, Matthias Buck and Elsa Tsioumani (Leiden: Martinus Nijhoff, 2012), p. 144.

❷ Regulation (EU) No 511/2014 of The European Parliament and of the Council of 16 April 2014 on Compliance Measures for User from the Nagoya Protocol on Access to Genetic Resources and the Fair and Equitable Sharing of Benefits Arising from their Utilization in the Union.

❸ WHO, Approaches to Seasonal Influenza and Genetic Sequences Data under the PIP Framework: Analysis, 2018, p. 9.

识到数字序列信息对于《生物多样性公约》和《名古屋议定书》的目标具有重要意义。由于不同缔约方之间在是否和如何分享利用数字序列信息所产生的惠益问题上存在明显的分歧，缔约方大会已经启动了一个基于科学和政策的进程，包括委托开展同行评议研究、设立技术专家工作组进行商讨等，以便为解决上述分歧拟定各种备选方案。

从各方已经表达的立场以及相关的讨论情况看，目前已经提出了至少七种备选方案。第一种方案是维持现状，即缔约方尚未就如何解决数字序列信息的获取和惠益分享问题达成协议。第二种方案是按照《名古屋议定书》采用的"双边模式"处理数字序列信息的获取和惠益分享问题，即数字序列信息由缔约方的获取和惠益分享立法规制，这意味着对数字序列信息的获取必须遵照事先知情同意和共同商定条件，对数字序列信息的利用须按照共同商定的条件，惠益分享也是如此。第三种方案也采用的是"双边模式"，但其区分了获取和惠益分享，在获取上维持开放获取数字序列信息的做法，惠益分享则由某种类型的标准共同商定条件（或许可证或标准材料转让协议或条款和条件）来决定，标准化的共同商定条件意味着不需要为每次使用数字序列信息进行单独的合同谈判，而是需要签订一份或有限数量的标准合同。在这个方案下，惠益分享可以由国家层面上的标准共同商定条件进行规制，也可以由国际层面上的标准共同商定条件进行规制。第四种方案是在规制数字序列信息问题上不采用事先知情同意和共同商定条件，但要为获取和利用数字序列信息付费，此种费用可以是与访问数据库相关联的会员费或预订费、向一个多边基金付费（作为分享利用数字序列信息所产生惠益的要求）以及对与数字序列信息相关的产品或服务征税。第五种方案是促进系统性和经授权的与数字序列信息有关的科学技术合作以及能力建设。通过加强对发展中国家的能力支持，促使数字序列信息的获取和利用民主化和更加公平，以至于每个国家都有经过改善和增大的能力和机会充分发挥其潜力而生成、获取和利用数字序列信息。第六种方案是由国际社会决定，没有必要明确分享通过利用来自序列信息所产生的惠益，因此，不提议建立和实施任何更多的惠益分享机制。第七种方案是在双边事先知情同意和共同商定条件无法实施或不切实际的情况下，将建立一个多边基金，其资金来源是对发达国家因利用遗传资源而产生的商品所有零售额征收

1% 的税。接收到的资金将通过一个竞争性的基于项目的路径，并在科学家的指导和多边治理机构管理之下，被分配用于土著居民和地方社区及其他主体从事的保护和可持续利用活动。❶

根据已有的讨论和谈判情况，就解决数字序列信息的获取和惠益分享问题而言，保持数字序列信息的开放获取和建立一个多边惠益分享机制获得了较多的支持，但这也并不排除采纳一个混合解决方案，即双边模式加多边模式，如上面提到的第二种方案与第三种方案中的有关选项（国际层面上的标准共同商定条件）相结合。❷《生物多样性公约》的 "2020 年后全球生物多样性框架"（Post-2020 Global Biodiversity Framework）仍在谈判之中，其中关于数字序列信息问题的谈判尤为艰难，谈判各方应当释放出解决问题的政治意愿，抓紧可用的谈判时间，在 2022 年 12 月即将召开的《生物多样性公约》缔约方大会第十五次会议第二阶段会议上通过务实和平衡的数字序列信息解决方案。

二、国家实施对策

（一）制定关于病原体共享的自愿性守则或最佳做法

如上所述，为了实施《名古屋议定书》，缔约方应当建立关于获取和惠益分享的国内立法。事实上，一部分缔约方已经制定了实施《名古屋议定书》的国内立法或其他措施，但遗憾的是，相关缔约方并没有充分意识到及时共享病原体对于全球公共卫生的重要性，这就导致国内立

---

❶ CBD, Digital Sequence Information on Genetic Resources, CBD/WG2020/3/4/Add.1, 26 November 2021.

❷ 具体来说，对于来自某个已知的唯一原产国的单条或多条遗传序列，而且该国也作为提取数字序列信息的遗传资源的提供国，事先知情同意和共同商定条件应该直接与提取了数字序列信息的遗传资源的提供国进行谈判；在利用了来自不同但已知原产国的多条遗传序列，而且这些国家也作为提取数字序列信息的遗传资源的提供国，不应该谈判事先知情同意，因利用数字序列信息所产生的惠益由一个国际制度进行处理，该制度会将惠益返回给原产国，在这种情形下，需要使用一个国际性的标准共同商定条件；在利用了单条或多条遗传序列但提取数字序列信息的遗传资源的原产国不明，不应该谈判事先知情同意，但因利用数字序列信息所产生的惠益会由一个国际制度予以处理，并且被用于保护和可持续利用生物多样性的全球性项目。See CBD, Co-Lead's Report on the Work of the Informal Co-Chair's Advisory Group on Digital Sequence Information on Genetic Resources, CBD/WG2020/3/INF/8, 18 November 2021.

法没有对为了公共卫生防范和应对目的的病原体共享进行特别处理，进而在立法的实施中造成了病原体共享的延迟或受限。这在季节性流感病毒的共享上体现得相当充分。在全球公共卫生不断遭遇传染病威胁的背景下，《名古屋议定书》缔约方大会会议可以作出决定，建议已经制定了实施《名古屋议定书》立法的缔约方将《名古屋议定书》第 20 条确立为开展病原体共享活动的规则基础。❶ 第 20 条要求缔约方鼓励本国的相关部门或实体制定和使用有关获取和惠益分享的自愿行为守则或最佳做法，显然，该规定为缔约方实施《名古屋议定书》关于病原体的规则提供了另一条法律途径。对于未在国内立法中为病原体共享设立特殊规则的缔约方而言，它们可以选择推出体现了公共卫生优先考虑的自愿行为守则或最佳做法，以便引导和确保及时、高效地共享病原体并共享相关惠益。

（二）我国的实施对策

尽管我国已经加入《名古屋议定书》，但至今尚未制定实施《名古屋议定书》的国内立法。通过借鉴相关的示范性做法和其他缔约方实施《名古屋议定书》的经验，我国可以考虑采取两个方面的实施对策。

第一个方面的对策是在立法层面设立特殊措施、程序和安排，从而支持为了公共卫生防范和应对目的的病原体共享活动。这里的特殊措施是指立法应区分正常情况下和例外情况下的获取和惠益分享要求，在此基础上将某些病原体的获取和惠益分享问题交由已有的国际机制进行处理，从而达到排除立法对相关病原体适用的效果。这种特殊措施主要适用于当前在 GISRS 中进行共享的季节性流感病毒。GISRS 是一个成功运行了将近七十年的系统，其充分顾及了季节性流感病毒共享的时效性问题，同时也满足了发展中国家共享惠益（如能力建设、信息交流等）的需求。特殊程序和安排是我国为实施《名古屋议定书》第 8（b）条所创设的程序和安排。特殊程序有别于正常情况下申请获得事先知情同意并订立共同商定条件的程序，其适用于国内或国际上确定的各种威胁或损害人类、动物或植物健康的当前或迫在眉睫的紧急情况。迅速获取需要借助于"快速通道程序"而实现，这意味着，在健康紧急情况发生时，

---

❶ WHO, Implementation of the Nagoya Protocol and Pathogen Sharing: Public Health Implication, Study by the Secretariat of the WHO, 2016.

国家主管部门应当立即批准获取遗传资源的请求，而在紧急情况终止后或利用遗传资源开始后的一定期间内要求申请人获得事先知情同意并订立共同商定条件。至于第 8（b）条提到的迅速分享惠益的要求，我国可以在其立法中作出必要的特殊安排，例如，通过捐赠和发展援助，包括通过多边渠道，让有需要的国家，特别是发展中国家获得支付得起的治疗。❶

第二个方面的对策是指在立法完成的时间无法预期的情形下，考虑尽快制定公布关于病原体共享的自愿性行为守则或最佳做法，以满足实践中国内实体与其他国家共享病原体的需要。自愿性行为守则或最佳做法的制定应当体现病原体共享的及时、高效、便利、公平、保护公共卫生安全等原则。

---

❶ Elisa Morgera, Elsa Tsioumani and Matthias Buck, *Unraveling the Nagoya Protocol: A Commentary on the Nagoya Protocol on Access and Benefit-sharing to the Convention on Biological Diversity* (Leiden: Brill, 2014), p. 187.

第三章

《粮食和农业植物遗传资源国际条约》的实施和改革问题研究

　　《粮食和农业植物遗传资源国际条约》（以下简称《国际条约》）是在联合国粮农组织主持下缔结的唯一一份治理粮食和农业植物遗传资源（以下简称粮农植物遗传资源）的保存、可持续利用、获取和惠益分享以及"农民权"保护等问题的国际法律文书。《国际条约》的核心制度是获取和惠益分享多边系统，这是为了便利粮农植物遗传资源的国际交换以及确保公正和公平地分享利用此种资源所产生的惠益而建立的一项法律制度。自2004年6月29日《国际条约》正式生效至今，《国际条约》的实施已经走过了十八年的历程。在这一过程中，《国际条约》缔约方的数量增加到149个，其确立的主要制度的实施取得显著进展。然而，由于受到不同方面因素的影响，获取和惠益分享多边系统的实施面临着相当大的挑战。为了应对这些挑战及加强获取和惠益分享多边系统的运作和实施，《国际条约》管理机构酝酿对获取和惠益分享多边系统进行重大改革。管理机构为此成立特别工作组，在过去的几年当中工作组围绕加强多边系统运作的"一揽子措施"进行深入研究、商讨和谈判，相应地取得一些重要的共识和成果。

我国是植物遗传资源大国，我国政府高度重视粮农植物遗传资源的保护和利用，支持各国在粮农植物遗传资源的保护和利用等方面开展国际合作。尽管我国积极参加了缔结《国际条约》的谈判，但基于对自身利益的关切以及对《国际条约》实施前景抱有的顾虑，至今都没有作出加入《国际条约》的决定。联合国粮农组织和一些国家对于我国加入《国际条约》的问题非常关注。在《国际条约》的实施日益走向深入和我国粮农植物遗传资源保护和利用面临新的挑战的背景下，当前很有必要研究我国加入《国际条约》的相关问题。本章首先概述获取和惠益分享多边系统的法律构造，其次梳理和介绍获取和惠益分享多边系统的实施状况和改革问题，最后分析和阐述我国加入《国际条约》的各种问题。

第一节 获取和惠益分享多边系统的法律构造

考虑到粮农植物遗传资源具有不同于其他类别遗传资源的特殊性和独特特征以及在获取和惠益分享问题上的特殊需要，各国在《国际条约》中建立了获取和惠益分享多边系统，并构造了多边系统的范围、多边系统中的便利获取和惠益分享等具体法律制度。

一、多边系统的建立及其含义

作为全球粮食安全的生物基础，粮农植物遗传资源直接或间接地维持着地球上每一个人的生计，它由包含在传统品种、现代栽培品种、作物的野生近缘种以及其他可食用的野生植物物种中的遗传物质的多样性构成。粮农植物遗传资源是通过农民选育、传统植物育种或现代生物技术等方法进行作物遗传改良不可或缺的原材料，并对于适应无法预测的环境变化以及满足人类未来的需要至为关键。

与其他形式的生物多样性相比，粮农植物遗传资源具有一些特殊性和独特的特征，特别是各国对于粮农植物遗传资源拥有很高程度的相互依赖性（interdependence）。当今地球上没有一个国家在它们利用的粮农植物遗传资源方面能够做到自足，任何一个国家的农业生产活动在很大程度上要依赖于其他国家所提供的粮农植物遗传资源。研究显示，不同国家对于最重要的作物的平均依赖程度高达70%。❶就此而言，有必要确保粮农植物遗传资源在不同国家间的持续流动，以及确保农民和育种者

---

❶ See Collin K. Khoury *et al.*, Estimation of Countries' Interdependence in Plant Genetic Resources Provisioning National Food Supplies and Production Systems, The International Treaty Research Paper 8, FAO, 2015. José Esquinas-Alcázar, "International Treaty on Plant Genetic Resources for Food and Agriculture," *Plant Genetic Resources Newsletter*, no 139 (2004).

继续不费力、低成本地获取广泛的粮农植物遗传资源，包括获取充分利用这些资源所需的信息、技术、资金及能力。不仅如此，考虑到发展中国家和经济转型国家的农民对粮农植物遗传资源的保存和开发已经作出并将继续作出的巨大贡献，有必要确保这些国家的农民能够参与分享利用粮农植物遗传资源所产生的惠益。

然而，在 2001 年之前，国际层面上并不存在能够满足上述需要的法律制度，1992 年《生物多样性公约》框架下的遗传资源的获取和惠益分享法律制度不是解决粮农植物遗传资源的获取和惠益分享问题的妥当和可行方案，这是因为《生物多样性公约》采取的是"双边路径"解决遗传资源的获取（交换）和惠益分享问题。按照"双边路径"，遗传资源利用方应当取得提供国（资源原产国或根据《生物多样性公约》取得资源的国家）的"事先知情同意"，并且与提供国针对获取和惠益分享问题在逐案的基础上进行双边谈判，然后达成"共同商定条件"，即签订包含获取和惠益分享条件和条款的协议。"双边路径"将获取和惠益分享问题交由提供方和利用方通过双边谈判加以解决。对于很多国家的农民和育种者而言，在双边基础上获取粮农植物遗传资源很成问题，其实这对于经济贫困和资源相对匮乏的国家尤为困难。考虑到这些国家并不拥有资金、技术或最初的遗传多样性来源以便谈判双边交换，它们几乎没有通过双边交换获取到遗传资源的希望。❶

针对粮农植物遗传资源具有的特殊性和独特特征以及在获取和惠益分享上的特殊需要，国际社会在谈判的过程中采用了"多边路径"解决粮农植物遗传资源的获取和惠益分享问题。❷具体而言，一方面，各国根据粮农植物遗传资源对粮食安全的重要性和各国在这些资源上的相互依赖性谈判并商定了《国际条约》缔约方相互之间有义务提供便利获取的 64 种作物和饲草的遗传资源，对于这些资源，缔约方同意放弃它们在双边基础上谈判单独的获取和惠益分享条件以及就获取授予"事先知情

---

❶ Cary Fowler, "Regime Change: Plant Genetic Resources in International Law," *Outlook on Agriculture* 33, no 1 (2004).

❷ H. David Cooper, "The International Treaty on Plant Genetic Resources for Food and Agriculture," *Review of European Community & International Environmental Law* 11, no 1 (2002).

同意"的权利；另一方面，各国"在多边基础上"谈判并商定了粮农植物遗传资源的便利获取和惠益分享的条款和条件，这就排除了围绕获取和惠益分享进行双边谈判的可能。在完成以上两个关键问题的谈判后，各国在《国际条约》中建立了一个便利获取粮农植物遗传资源以及公正和公平地分享其利用所产生的惠益的多边系统（Multilateral System of Access and Benefit-sharing）。

根据《国际条约》的规定和相关解释，多边系统被定位成一个作物和饲草的全球基因池（global gene pool）。之所以称多边系统是全球性的，是因为各国政府将其建立在一份具有法律约束力的国际文书之中。《国际条约》面向所有国家开放，截至 2022 年 6 月，《国际条约》共拥有 149 个缔约方。作为一个全球基因池，多边系统涵盖了缔约方、国际机构以及缔约方管辖范围内的自然人和法人持有的 64 种作物和饲草的遗传资源。由于这个全球基因池在物理上并没有被设在世界上的某个单一场所，因此其是一个"虚拟的"（virtual）全球基因池，或者本质上是一个由持有这些资源的国际和国家基因库以及其他实体组成的全球网络（international network）。❶ 不仅如此，持有这些资源的缔约方和国际机构应当遵循各国事先商定的条件向其他缔约方提供便利获取，获取并利用了资源的当事方也应当遵循事先商定的条件分享资源商业化利用所得到的货币惠益。

二、多边系统的范围

《国际条约》适用于所有粮农植物遗传资源，但多边系统只适用于一部分粮农植物遗传资源。根据第 11 条规定，多边系统应包含《国际条约》附件一按照粮食安全和相互依赖性两个标准所列出的粮农植物遗传资源。附件一是一份作物和饲草清单，包括 35 种作物和 29 种饲草，它们是根据对粮食安全的重要性和各个国家在这些作物和饲草上存在的相互依赖性经谈判而被选定的。值得注意的是，这些作物和饲草一般是按

---

❶ FAO, Introduction to the International Treaty on Plant Genetic Resources for Food and Agriculture, Educational Module I, Rome, 2011, p. 105.

照属（genus）加以界定的。多边系统中的便利获取和惠益分享适用于这份清单上的作物和饲草的遗传资源。

考虑到粮农植物遗传资源由不同实体和个人持有和控制的实际情况，第 11 条进一步规定了多边系统所涵盖的不同来源的资源。首先是缔约方管理和控制之下以及处在公共领域之中的附件一所列粮农植物遗传资源，需要强调的是，这一部分资源是"自动地"被纳入多边系统之中；其次是所有其他持有附件一所列粮农植物遗传资源的持有者根据缔约方的请求纳入多边系统的资源；第三个来源是缔约方管辖范围内的持有附件一所列粮农植物遗传资源的自然人和法人自愿性地纳入多边系统的资源；最后一个来源是与《国际条约》管理机构签订了协议的国际农业研究磋商组织（Consultative Group of International Agricultural Research）所属各国际农业研究中心和其他国际机构持有的附件一所列粮农植物遗传资源。

三、多边系统中粮食和农业植物遗传资源的便利获取

便利粮农植物遗传资源的获取是各国建立多边系统的一大目的。为了实现便利获取，《国际条约》主要确立了三个方面的法律规则。

首先，缔约方同意采取必要的法律措施或其他适当措施，通过多边系统向其他缔约方以及任何缔约方管辖范围内的自然人和法人提供便利获取。缔约方因此负担了一项国际法上的义务，即采取措施提供便利获取。

其次，缔约方应当按照《国际条约》第 12.3 条列出的条件提供多边系统中的粮农植物遗传资源的便利获取。如上所述，这些条件是在多边基础上谈判并商定的，它们涉及提供便利获取的目的、时间和费用、数据和信息的提供、知识产权问题、正在培育的粮农植物遗传资源的提供、原生境（原地）条件下资源的获取等。

在提供便利获取的目的上，只为粮食和农业研究、育种和培训而利用及保存提供便利获取。在时间和费用上，应迅速提供获取，无须跟踪单份收集品，并应无偿提供。在数据和信息的提供上，应同时提供关于资源的全部现有护照数据和有关非机密性描述信息。在知识产权问题上，资源的接受方不得以从多边系统获取的粮农植物遗传资源，或其遗传部

分或成分的形态，提出限制其便利获取的任何知识产权或其他权利的要求；获取受知识产权和其他财产权保护的粮农植物遗传资源应符合有关的国际协定和相关国家法律。在提供正在培育的粮农植物遗传资源的问题上，培育者在培育期间可自行决定是否提供正在培育的资源。在资源向多边系统流动的问题上，多边系统仍可以从接受方获得其先前从多边系统获取和保存的粮农植物遗传资源。在原生境获取的问题上，缔约方同意按照国家法律或在无国家法律的情况下按照管理机构确定的标准提供原生境条件下的粮农植物遗传资源的获取。

最后，多边系统中的便利获取将根据一份标准的材料转让协议予以提供，该协议由管理机构通过，其不仅载有第12.3条列出的便利获取的条件，而且载有分享商业化所得货币惠益的条件和其他方面的规定（如关于向第三方转让问题的规定）。这意味着，粮农植物遗传资源的提供方和接受方无须在逐案基础上谈判获取和惠益分享的条件，而是直接签订这样一份标准的材料转让协议即可以获得资源，但必须遵守协议的各项条款和条件。实际上，由于材料转让协议属于合同法意义上的协议，《国际条约》关于粮农植物遗传资源的便利获取的各项条件和分享商业化所得货币惠益的条件被转化为资源的提供方和接受方负担的合同义务而得以实施。

这份标准的材料转让协议已在2006年6月召开的管理机构第一次会议上获得通过，其被正式命名为《标准材料转让协议》（Standard Material Transfer Agreement）。《标准材料转让协议》属于典型的标准合同或格式合同，其所有条款都事先经国际谈判所商定，当事方不能加以变动。多边系统中的粮农植物遗传资源的所有转让行为都必须使用《标准材料转让协议》，作为一种法律工具，其将确保《国际条约》规定的便利获取和分享商业化所得货币惠益的条件约束实际提供和接受资源的当事方。

四、多边系统中的惠益分享

公正和公平地分享利用粮农植物遗传资源所产生的惠益是各国建立多边系统的另一大目的，同时也是《国际条约》的三大目标之一。为了实现惠益分享，《国际条约》就惠益分享的机制和方式等进行了规定。

　　《国际条约》第13条规定的惠益分享机制包括信息交流、技术获取和转让、能力建设以及商业化所得货币惠益的分享。这四种机制大体上可以分为两类，前三种属于非货币惠益分享机制，最后一种属于货币惠益分享机制。前三种机制下的惠益分享表现为缔约方负担的提供信息、提供和（或）便利技术的获取和转让、开展能力建设活动的义务。这些义务都属于国际法上的义务，惠益分享的实现要取决于缔约方是否全面和切实履行这些义务。

　　特别需要指出的是，《国际条约》确立的分享商业化所得货币惠益的机制是《国际条约》最具创新性的规定。这是因为，分享商业化所得货币惠益表现为粮农植物遗传资源的接受方负担的支付一定数额款项的义务，而且这项义务被纳入《标准材料转让协议》之中，因此成为一项具有法律约束力的合同义务。这项付款义务的产生要满足三个条件：接受方对作为粮农植物遗传资源的产品（植物新品种）进行商业化；该产品含有从多边系统获取的粮农植物遗传资源；该产品不能无限制地提供给他人用作进一步研究和育种，换言之，接受方选择通过专利保护、或合同条件（排除种子购买者自由利用所购买种子用于进一步研究和育种的权利）、或技术保护（如遗传利用限制技术）限制他人将该产品用于进一步研究或育种。如果满足了这三个条件，接受方有义务向管理机构建立的"惠益分享基金"支付被商业化的产品销售额的0.77%（《标准材料转让协议第6.7条》），但如果该产品能够无限制地提供给他人用作进一步研究和育种，接受方可自愿向管理机构建立的"惠益分享基金"进行付款（《标准材料转让协议》第6.8条）。

　　为了促使"惠益分享基金"能够提早接收到来自接受方的付款，《标准材料转让协议》提供了对于以上付款方案的一个备选方案（《标准材料转让协议》第6.11条）。这一备选方案的内容为：付款应当根据含有从多边系统所获得的粮农植物遗传资源的产品销售额以及与该资源属于同一作物的任何其他产品（不含有从多边系统所获得的资源的产品）销售额进行；付款不受产品是否能够无限制提供的影响；付款率为0.5%；接受方应被免除按照以上付款率0.77%付款的义务或者以前或以后关于同一作物订立的任何《标准材料转让协议》进行付款的义务（无需累积付款）；该方案的有效期为10年并可以延长；接受方应通知管理机构其选择了这种付款方式。表 1 列出了区分第 6.7 条 / 第 6.8 条与第 6.11 条下的选项的各项要素。● 根据《国际条约》第 13 条有关规定，"惠益分享基金"接收的上述款项首先应直接或间接流向保存并可持续利用粮农植物遗传资源的各国农民，尤其是发展中国家和经济转型国家的农民。

表 1　区分《标准材料转让协议》（SMTA）第 6.7 条 / 第 6.8 条与第 6.11 条下的选项的各项要素

要素	第 6.7 条 / 第 6.8 条	第 6.11 条
获取	根据 SMTA 获取个别材料	根据 SMTA 获取某个单一作物的所有材料
付款基础	源自于根据 SMTA 所接受的材料的产品	该作物的所有商业化产品，不论是否源自于根据 SMTA 接受的材料
付款率	每年产品商业化所得销售额（毛收入）的 1.1%，减去 30%，实际为 0.77%	按折扣率付款，每年所有产品销售额的 0.5%
付款的属性	当产品不能无限制提供给他人用于进一步研究和育种（如受专利保护），付款是强制性的；当产品可以无限制提供给他人用于进一步研究和育种（如受植物品种权保护），付款是自愿的	付款是强制性的，不论产品是否可以提供给他人用于进一步研究和育种
付款安排	每年付款，从首次商业化之日到最后一次商业化之日	对所有商业化产品每年而且即刻付款
协议的期间	永久性的	持续 10 年期，如果到期，第 6.7 条或第 6.8 条适用，但付款率为 0.5%
交易成本	保持所有杂交（cross）的记录，以便在商业化时启动付款	保持所有杂交的记录，以便确定到期时第 6.7 条或第 6.8 条适用的材料

第二节　获取和惠益分享多边系统的实施状况

多边系统的实施问题一直是各方关注的焦点。管理机构第三次会议为多边系统的实施作出了一项重要安排，管理机构要求所有缔约方报告

● FAO–ITPGRFA, Background on the Work Undertaken by the *Ad Hoc* Advisory Committee on the Funding Strategy, and Its Future Development, IT/OWG–EFMLS–1/14/3, 2014.

其管理和控制之下的并处于公共领域中的粮农植物遗传资源，并采取措施向多边系统的潜在用户开放关于这些资源的信息。这项安排旨在确定多边系统涵盖的范围，以便推动多边系统中粮农植物遗传资源的便利获取落到实处。缔约方确认本国自动纳入多边系统的资源并向管理机构秘书予以通报是自 2011 年以来多边系统实施的一个重点。此外，一个由《国际条约》秘书处开发的作为在线生成、使用和报告《标准材料转让协议》的信息系统——Easy SMTA 于 2011 年开始运行。这个信息系统陆续接收到来自用户的大量宝贵数据，秘书处对这些数据进行汇总和分析，相关的分析结果从不同方面展现了多边系统的实施状况。

一、多边系统涵盖的粮食和农业植物遗传资源的情况

鉴于多边系统涵盖的粮农植物遗传资源的实际可获得性取决于关于哪些资源处于多边系统之中以及它们在哪里被持有的信息的可获得性，管理机构在其第三次会议上要求所有缔约方根据《国际条约》第 11.2 条通报自动纳入多边系统的资源的要求后，又一再要求没有进行通报的缔约方进行通报。截至 2022 年 7 月，共有 80 个缔约方和两个非缔约方（乌兹别克斯坦和越南）向秘书通报了这一方面的信息，包括可供查询的网站信息。多边系统中来自缔约方的粮农植物遗传资源数量如表 2 所示。❶

表 2　缔约方纳入多边系统的粮农植物遗传资源样品份数

国家	中期或长期保存的材料数量	纳入多边系统之中可提供的材料份数
阿富汗	953	953
阿尔巴尼亚	4570	2343
亚美尼亚	6548	2777
澳大利亚	249 056	109 526
奥地利	11 964	11 433
孟加拉国	34 467	9917

---

❶　FAO-ITPGRFA, Report of Implementation and Operations of the Multilateral System, IT/GB-9/22/9.1, 2022.

续表

国家	中期或长期保存的材料数量	纳入多边系统之中可提供的材料份数
比利时	9311	10 674
不丹	1162	58
巴西	203 302	11 232
布基纳法索	不详	16 476
保加利亚	69 767	67
布隆迪	不详	188
加拿大	115 185	115 185
智利	45 115	6
哥斯达黎加	3057	164
克罗地亚	4397	442
塞浦路斯	2541	504
捷克	56 269	56 716
丹麦	1043	442
厄瓜多尔	29 149	13 546
埃及	14 610	10 998
厄立特里亚	4676	1205
爱沙尼亚	3336	2948
埃塞俄比亚	73 164	52 657
芬兰	728	184
法国	37 482	4237
德国	183 493	117 564
加纳	418	163
几内亚	96	96
圭亚那	1294	81
洪都拉斯	64	64
匈牙利	49 393	2617
印度	420 324	26 523
印度尼西亚	4902	332
爱尔兰	1620	1601
意大利	53 845	29 915

国家	中期或长期保存的材料数量	纳入多边系统之中可提供的材料份数
日本	227 052	38 952
约旦	4835	2387
肯尼亚	51 405	25 054
吉尔吉斯斯坦	2638	1382
拉脱维亚	2608	1751
黎巴嫩	2340	491
立陶宛	2246	1326
卢森堡	不详	12
马达加斯加	7825	7563
马拉维	3253	2702
马来西亚	13 074	9998
马里	2473	2204
蒙古	19 593	1197
黑山	388	35
摩洛哥	71 783	351
缅甸	12 050	47
尼日尔	4795	3876
荷兰	23 369	15 759
挪威	2059	2059
巴基斯坦	41 422	30 345
巴拿马	824	391
巴布亚新几内亚	2506	2110
秘鲁	16 216	5258
菲律宾	9912	4271
波兰	87 367	56 515
葡萄牙	68 342	38 005
罗马尼亚	44 184	7026
塞内加尔	1890	898
塞尔维亚	5588	117
斯洛伐克	17 164	12 629

续表

国家	中期或长期保存的材料数量	纳入多边系统之中可提供的材料份数
斯洛文尼亚	3008	1332
西班牙	78 782	24 878
斯里兰卡	12 392	3281
苏丹	17 168	9002
瑞典	448	479
瑞士	40 037	33 965
塔吉克斯坦	4775	3782
多哥	845	845
突尼斯	24 485	13 780
土耳其	38 961	156
乌干达	5660	2236
英国	846 289	17 655
美国	603 833	469 844
乌兹别克斯坦	68 169	189
越南	26 373	10 880
赞比亚	7583	4246
合计	4 267 052	1 482 503

　　除了缔约方以外，国际农业研究磋商组织所属的 11 家国际农业研究中心以及热带农业研究和高等教育中心在 2006 年 10 月 16 日 "世界粮食日" 这一天与管理机构签订了协议，并将它们持有的附件一所列粮农植物遗传资源和不在附件一中的粮农植物遗传资源纳入多边系统。此后，太平洋作物和树木中心、世界蔬菜中心、国际生物盐碱农业中心、北欧基因库等其他国际机构与管理机构签订协议，并将它们持有的有关粮农植物遗传资源纳入多边系统。国际机构纳入多边系统的粮农植物遗传资源的数量如表 3 所示。❶

---

　　❶ FAO–ITPGRFA, Report of Implementation and Operations of the Multilateral System, IT/GB–8/19/8.1 Rev.1, 2019. FAO–ITPGRFA, Report of Implementation and Operations of the Multilateral System, IT/GB–9/22/9.1, 2022.

表3 国际机构纳入多边系统的粮农植物遗传资源样品份数

国际机构	保存的材料数量	纳入多边系统可提供的材料份数
非洲水稻中心	21 330	21 330
国际热带农业中心	66 787	66 787
国际玉米小麦改良中心	209 216	183 819
国际马铃薯中心	17 901	16 194
国际干旱地区农业研究中心	156 930	151 893
世界农用林业中心	11 937	14 582
国际半干旱地区热带作物研究所	126 830	123 224
国际畜牧研究所	18 643	18 639
国际水稻研究所	130 154	125 566
国际香蕉种质资源交流中心	1566	1566
国际热带农业研究所	34 907	34 651
热带农业研究与高等教育中心	10 950	9275
太平洋作物与树木中心	2232	954
世界蔬菜中心	59 954	59 954
国际生物盐碱农业中心	15 142	15 141
北欧基因库	33 344	30 552
合计	929 119	874 097

　　需要特别指出的是，作为持有世界上数量最大的公共作物基因库收集品的国家，美国于 2016 年 12 月 13 日批准了《国际条约》，并于 2017 年 5 月 13 日正式成为缔约方。在管理机构第七次会议召开期间，美国代表团团长 Christine Dawson 宣布，美国正在将属于 1.5 万个品种的 50 万份（最新统计数据略低于这个份数，为 469 844 份）粮农植物遗传样品纳入多边系统之中，并因此允许其他缔约方获取这些资源。美国纳入多边系统的这 50 万份新资源处在公共领域之中，并受美国农业部下属农业研究署的国家植物种质系统（National Plant Germplasm System）管理和控制。这些资源将根据《标准材料转让协议》的条款向所有缔约方予以提供。❶

---

　　❶ 参见《国际条约》官方网站关于"美国向多边系统增加了 50 万份植物遗传材料样品"的报道。http://www.fao.org/plant-treaty/news/news-detail/en/c/1054770，最后访问时间：2022 年 9 月 15 日。

管理机构第四次会议之后，澳大利亚政府资助开展了一项研究，这项研究分五个作物类别查明了 140 个国家和 18 家国际机构持有的粮农植物遗传资源异地收集品（*ex situ* accessions）份数。这五个作物类别分别是小麦、水稻、玉米、列入《国际条约》附件一的其他资源和未列入附件一的资源。这项研究首次向管理机构全面概述了理论上可通过《国际条约》提供的属于多边系统的粮农植物遗传资源异地收集品，其还在逐个国家的基础上查明了已知的实际上可提供的资源。此外，这项研究罗列了某些缔约方根据《标准材料转让协议》的条件和条款予以提供的非附件一资源的信息。

来自这项研究的有关信息被汇总在表 4 之中，这份表格提供了一个简要的关于缔约方和国际机构持有这五类作物收集品的比例，以及缔约方和国际机构实际上可提供的收集品比例（截至 2015 年 10 月）。❶

表 4 全世界收集品中缔约方和国际机构持有的比例及实际上可提供的比例

作物	全世界收集品							
	世界收集品（样品）总量	世界收集品总量中缔约方持有的比例（%）	缔约方可实际提供的比例（%）	世界收集品总量中各国际机构持有的比例（%）	各国际机构可实际提供的比例（%）	世界收集品总量中各缔约方和国际机构共持有的比例（%）	各缔约方和国际机构可实际提供的比例（%）	世界收集品总量中可实际提供的比例（%）
小麦	911 520	54.78	24.88	16.84	100	71.62	42.54	30.47
水稻	783 016	46.13	4.41	16.69	100	62.82	29.81	19.83
玉米	330 911	45.91	12.02	8.14	100	54.05	25.26	13.65
列入附件一的其他资源	2 498 215	61.37	23.19	12.81	100	74.18	36.46	27.05
未列入附件一的资源	2 485 889	62.48	4.20	5.26	82.98	67.74	10.32	6.99

❶ FAO–ITPGRFA, Report on the Implementation of the Multilateral System, IT/GB–6/15/8, 2015.

从这份表格提供的信息来看,不同作物的情况相差很大。小麦的情况最好,各缔约方和国际机构总共持有世界收集品总量的 71.62%,它们持有的收集品中的 42.54% 可实际提供,这代表了世界收集品总量的 30.47%。如将附件一其他作物作为整体来看,各缔约方和国际机构持有的情况甚至更好,占世界总量的 74.18%,但可实际提供的比例较低,为 36.46%,仅占世界总量的 27.05%。水稻的情况要稍差一些,可实际提供的仅占世界总量的 19.83%,玉米则更低,可实际提供的数量仅占世界总量的 13.65%。需要指出的是,各缔约方和国际机构持有的非附件一粮农植物遗传资源异地收集品中,可实际提供的仅有 10.32%,占世界收集品总量的 6.99%。这包括各国际机构根据《国际条约》15.1 条(b)项持有的非附件一资源,以及各缔约方根据《标准材料转让协议》的条款和条件经由国家作出的决定而正在提供的非附件一资源。另外,还值得注意缔约方持有的资源和国际机构持有的资源在可获得性上的差别。就小麦而言,国际机构可以提供的数量是缔约方的 1.25 倍,水稻为 17.6 倍,玉米为 2.32 倍。然而,就其他附件一资源而言,国际机构可提供的数量仅为缔约方的 83%。就非附件一资源而言,二者的可提供数量几乎相同,前者为后者的 1.03 倍。

二、Easy SMTA 系统中的数据反映出的多边系统的实施进展

2011 年,《国际条约》秘书处开发了一个基于网络的在线《标准材料转让协议》管理系统——Easy SMTA。作为一个实用的工具,Easy SMTA 的功能是协助《标准材料转让协议》的用户在线编制《标准材料转让协议》,以及履行他们根据《标准材料转让协议》第 5(e)条承担的报告义务。❶Easy SMTA 系统自 2011 年以来开始接收来自《标准材料转让协议》用户的信息。

截至 2022 年 7 月,Easy SMTA 系统记录了共计 90 688 份《标准材料转让协议》,其中缔约方报告了 28 858 份,根据《国际条约》第 15 条与

---

❶ 《标准材料转让协议》第 5(e)条规定:"提供方应按照管理机构确定的时间表,定期向管理机构通报签订的材料转让协议。管理机构应当向第三方受益人提供这方面的信息。"

管理机构签订了协议的国际机构报告了 61 076 份，非缔约方报告了 754 份。缔约方报告的协议中有 97 份涉及正在培育的粮食和农业植物遗传资源，国际机构则报告了 19 639 份涉及正在培育的粮食和农业植物遗传资源的协议。通过这些协议向 181 个国家的接受方提供材料。相比于 2019 年 7 月，新增了 15 320 份《标准材料转让协议》。这些协议中，有 77 224 份已发送至缔约方国家的接受方（其中缔约方发送了 28 320 份，国际机构发送了 48 457 份，非缔约方发送了 307 份），有 13 464 份发送至尚未成为缔约方国家的接受方（缔约方、国际机构和非缔约方发送的份数分别是 538、12 619 和 307）。统计显示，自 2007 年 1 月以来，平均每日报告 16 份《标准材料转让协议》。已经报告的《标准材料转让协议》的统计情况如表 5 所示。❶

表 5 缔约方、国际机构和非缔约方报告的《标准材料转让协议》（SMTA）份数

	缔约方	根据第 15 条与管理机构签订协议的国际机构	非缔约方	合计
	28 858	61 076	754	90 688
涉及正在培育的粮食和农业植物遗传资源	97	19 639	2	19 738
分类别的各国提供方数量	39	20	5	64
接受方国家的总数				181
缔约方国内的接受方	28 320	48 457	447	77 224
非缔约方国内的接受方	538	12 619	307	13 464
自 2007 年 1 月以来平均每日签订的 SMTA 数量				16

截至 2022 年 7 月，Easy SMTA 系统记录了共计 6 394 315 份粮农植物遗传资源样品的转让，其中 6 077 976 份样品属于《国际条约》附件一所列作物，316 339 份样品属于未列入附件一的作物。从分发的样品数量来看，缔约方共分发了 646 020 份样品，占全部已分发样品的 10%，与管理机构签订协议的国际机构共分发了 5 714 732 份样品，占 89%，非缔

❶ FAO–ITPGRFA, Report of Implementation and Operations of the Multilateral System, IT/GB–9/22/9.1, 2022.

约方的用户仅分发了 33 563 份，占 0.5%。关于已分发样品数量的具体情况如表 6 所示。❶

表 6　缔约方、国际机构和非缔约方分发的粮食和农业植物遗传资源的数量

	缔约方	根据第 15 条与管理机构签订协议的国际机构	非缔约方	合计
	646 020	5 714 732	33 563	6 394 315
附件一作物	428 497	5 632 559	16 920	6 077 976
非附件一作物	217 523	82 173	16 643	316 339
分发给发展中国家接受方的非附件一作物	38 299	75 223	14 708	128 230
分发给发达国家接受方的非附件一作物	179 224	6950	1935	188 109
正在培育的粮食和农业植物遗传资源	3744	1 474 388	2	1 478 134
非附件一的正在培育的粮食和农业植物遗传资源	976	14 260	1	15 237
分发给缔约方国内的接受方	613 705	4 746 102	16 418	5 376 225
分发给非缔约方国内的接受方	32 264	968 424	16 958	1 017 646
自从 2007 年以来平均每日分发的粮食和农业植物遗传资源				1134

值得注意的是，Easy SMTA 系统记录了按《标准材料转让协议》的数量排列的前 10 名提供方和接受方所在国❷、按《标准材料转让协议》中显示的粮农植物遗传资源数量排列的前 10 名接受方所在国以及按粮农植物遗传资源分发数量排列的前 10 名作物。此外，Easy SMTA 系统还记录了国际农业磋商组织所属 11 个国际农业研究中心发送的《标准材料转让协议》和已分发样品的数量。❸ 具体的统计情况可参见表 7、表 8、表 9 和表 10（截至 2022 年 7 月）。

---

❶　FAO-ITPGRFA, Report of Implementation and Operations of the Multilateral System, IT/GB-9/22/9.1, 2022.

❷　http://mls.planttreay.org/itt/index.php?r=stats/pubCharts，最后访问时间：2022 年 9 月 15 日。

❸　FAO-ITPGRFA, Report of Implementation and Operations of the Multilateral System, IT/GB-9/22/9.1, 2022.

表 7 按《标准材料转让协议》的数量排列的前 10 名提供方和接受方所在国

提供方所在国	所占比例（%）	接受方所在国	所占比例（%）
墨西哥	27.4	印度	26.7
德国	17	德国	24.7
菲律宾	12.6	墨西哥	9.6
摩洛哥	1214	意大利	7.4
印度	8.5	美国	6.1
意大利	7.7	土耳其	5.7
哥伦比亚	4.4	加拿大	5.0
土耳其	3.9	法国	5.0
荷兰	3.5	中国	5.0
黎巴嫩	3.0	荷兰	4.8

注：通过百分比显示排名。

表 8 按《标准材料转让协议》中显示的粮食和农业植物遗传资源数量排列的
前 10 名接受方所在国

国家	合计
印度	904 459
肯尼亚	335 255
墨西哥	302 494
土耳其	266 009
美国	250 563
中国	214 565
德国	211 483
伊朗	174 367
巴基斯坦	174 367
加拿大	167 841

表 9 按粮食和农业植物遗传资源分发数量排列的前 10 名作物

作物	合计
小麦（Wheat）	2 911 264
水稻（Rice）	983 009

续表

作物	合计
玉米（Maize）	728 311
大麦（Barley）	355 706
鹰嘴豆（Chickpea）	278 810
菜豆（Beans）	162 325
未说明的非附件一作物（Unspecified non-Annex I crop）	126 472
小扁豆（Lentil）	117 181
芸苔类（Brassica complex）	62 126
高粱（Sorghum）	59 269

表 10　国际农业研究磋商组织所属 11 个国际农业研究中心发送的《标准材料转让协议》
份数和已分发样品的数量

国际农业研究中心	《标准材料转让协议》	粮食和农业植物遗传资源	正在培育的粮食和农业植物遗传资源	起始时间	截至时间
非洲水稻中心	598	53 351	30 714	2007-03-05	2021-01-29
国际生物多样性中心	554	8,595	831	2007-01-24	2021-11-18
国际热带农业中心	3077	298 291	36 646	2007-01-05	2022-02-24
国际玉米小麦改良中心	26 644	3 211 789	0	2007-03-16	2021-12-21
国际马铃薯中心	790	22,513	12 228	2007-01-19	2022-05-12
国际干旱地区农业研究中心	11 531	992 246	873 178	2007-02-13	2021-12-21
世界农用林业中心	361	1738	0	2011-09-03	2022-06-08
国际半干旱地区热带作物研究所	6048	297 367	78 543	2009-11-11	2021-11-26
国际热带农业研究所	1172	48 891	0	2007-03-07	2022-02-09
国际畜牧研究所	944	13 712	0	2007-02-22	2022-02-14
国际水稻研究所	9323	765 432	442 220	2007-01-04	2022-02-09
合计	61 076	5 714 732	1 474 360		

第三节　获取和惠益分享多边系统的改革问题

从以上事实和数据来看，多边系统的实施的确取得了显著进展，但必须指出，这些进展更多地体现在粮农植物遗传资源的便利获取之上。而作为建立多边系统的另一大目的，公正和公平地分享资源利用所产生的惠益，尤其是分享商业化所得到的货币惠益在实施上并没有取得进展。截至目前，仅有一笔来自《标准材料转让协议》接受方的付款进入"惠益分享基金"。❶这种状况与当前多边系统在实施和运作中出现的一些不容忽视的结构性问题存在紧密关系。

为了克服这些结构性问题和加强多边系统的运作，管理机构自第五次会议以来酝酿对多边系统进行重大改革，并成立了特设工作组就加强多边系统运作的"一揽子措施"（a package of measures）展开商讨和谈判。从 2014—2019 年，特设工作组共召开了九次会议，一些重要的工作成果被提交给管理机构供其考虑和通过。尽管管理机构第八次会议并未通过这些工作成果，但从目前工作任务的完成情况看，加强多边系统运作的"一揽子措施"的构成要素和基本方案已经成形，管理机构将继续寻求推动相关工作成果落实到文本之上。

一、多边系统的改革背景

按照《国际条约》和《标准材料转让协议》的规定，分享商业化所得货币惠益要求通过《标准材料转让协议》获取资源的接受方向管理机构建立的"惠益分享基金"作出强制性付款或自愿性付款。另外根据《国际条约》规定，缔约方、私营部门、非政府组织以及其他捐款方可以

---

❶ 2018 年 6 月，"惠益分享基金"收到了第一笔基于用户的收入，这是因签订《标准材料转让协议》而产生的收入。巴斯夫的一家子公司纽内姆（Nunhems Netherlands）向"惠益分享基金"支付了 119 083 美元。该公司利用了荷兰遗传资源中心和德国莱布尼茨植物遗传和作物研究所通过《标准材料转让协议》提供的种质资源，并开发了 10 个商业化蔬菜品种，这笔资金相当于这 10 个品种种子销售额的 0.77%。

向"惠益分享基金"进行自愿捐款。❶这些付款和捐款构成了管理机构直接控制下的财政资源，并按照国际商定的标准和程序资助发展中国家和经济转型国家的农民保存和可持续利用粮农植物遗传资源的活动。

然而，由于受到全球金融危机等因素的影响，作为"惠益分享基金"最大资金来源的缔约方自愿捐款并没有达到预计的水平，而其他来源的捐款无法预测且不确定。根据有关评估，通过分享多边系统中的粮农植物遗传资源的商业化利用所得到的货币惠益而向"惠益分享基金"支付的资金规模也很大。但由于存在一些不容忽视的因素和问题，这一部分资金在当下及未来较长时间内都难以获得。

这些不容忽视的因素和问题是：缓慢的植物育种速度，从获取资源到将其引入商业化产品所需的平均时间为 5.5 年至 19.3 年；从多边系统可以获得的资源不足，以及多边系统涵盖的作物有限，尤其是不包括一些商业价值极高的作物，如蔬菜；可以从私人育种者和非缔约方等来源获得与多边系统中的资源完全相同或相似的资源；种子公司选择回避利用来自多边系统的资源；接受方倾向于选择《标准材料转让协议》第 6.8 条规定的自愿付款；第 6.7 条和第 6.8 条下的付款率（0.77%）与第 6.11 条下的付款率（0.5%）两个选项之间存在不平衡的问题；育种者不得不承担较沉重的交易成本，因为他们需要保留他们利用通过一份《标准材料转让协议》获得的资源及其后代所进行的所有育种的记录。❷ 除了以上第一个因素，其他因素实际上也被看作当前多边系统在实施和运作中出现的各种结构性问题。

"惠益分享基金"无法接收到可持续和可预测的资金，以及分享商业化所得到的货币惠益受到以上结构性问题的阻碍必然影响《国际条约》目标的实现，进而挫伤国际社会对《国际条约》保障全球粮食安全和农业可持续发展抱有的信心。在此背景下，管理机构接受其下设的"供资战略特别咨询委员会"的建议，成立了"加强多边系统运作的不限成员

---

❶ 在 2018~2020 年，法国种子产业部门——法国种子和植物跨专业组织（GNIS）每年定期向"惠益分享基金"捐款 175 000 欧元，GNIS 是第一个决定每年向"惠益分享基金"捐款的私营部门机构。

❷ FAO-ITPGRFA, Background on the Work Undertaken by the *Ad Hoc* Advisory Committee on the Funding Strategy, and Its Future Development, IT/OWG-EFMLS-1/14/3, 2014.

名额特设工作组"(以下简称"特设工作组")。管理机构要求"特设工作组"制定加强多边系统运作的"一揽子措施",这包括旨在以可持续和可预测的长期方式增加"惠益分享基金"基于用户(资源利用方)的付款的措施,以及加强多边系统运作的其他措施。❶ 前一类措施是指在《标准材料转让协议》中引入新的机制和规定及修改已有的条款,它们属于"基于《标准材料转让协议》的措施",后一类其他措施指的是扩大多边系统的范围。❷

二、基于《标准材料转让协议》的措施

"基于《标准材料转让协议》的措施"包括三个方面的措施,其一是在《标准材料转让协议》中引入一个"预订系统"(subscription system),其二是修改《标准材料转让协议》第 6.7 条和第 6.8 条,其三是引入《标准材料转让协议》有关条款的终止或撤回或到期规定。❸ 以下分别进行说明。

(一)"预订系统"

在《标准材料转让协议》中引入一个"预订系统"的考虑与《标准材料转让协议》第 6.11 条有关。第 6.11 条是一个备选付款方案的规定,其实际上提供了一个基于作物的"预订"选项。第 6.11 条授予了接受方获取其"预订"的作物所有遗传资源的权利,并要求针对该作物的所有商业化产品作出即刻的和强制性的付款,不论这些产品是否含有所获取的资源,以及它们是否能无限制提供给他人用于进一步研究和育种。

然而,需要指出的是,第 6.11 条在内容设计上较为复杂,而且其运作涉及相当高的交易成本。不仅如此,由于第 6.8 条下的自愿性付款的存在,以及第 6.11 条下的 0.5% 的付款率不具有吸引力,因此造成了至今

❶ FAO-ITPGRFA, Report of the Fifth Session of the Governing Body of the International Treaty on Plant Genetic Resources for Food and Agriculture, IT/GB-5/Report, 2013.

❷❸ FAO-ITPGRFA, Report of the Third Meeting of the *Ad Hoc* Open-ended Working Group to Enhance the Functioning of the Multilateral System during the 2014-2015 Biennium, IT/OWG-EFMLS-3/15/Report, 2015.

没有任何一个用户选择第 6.11 条下的备选付款方案的尴尬局面。❶

尽管当初提出并设计第 6.11 条的目的是使"惠益分享基金"能够收到来自用户的即刻和可预测的资金，但由于上述原因这个目的事实上并没有达到。基于此，"特设工作组"考虑通过修改第 6.11 条建立一个有效的"预订系统"，以便创设这样一个选项：对用户具有很大吸引力，从而克服回避利用多边系统中的资源和不支付任何自愿性捐款的问题，并且确保一个可持续和可预测的收入流。❷联合国粮农组织各大区域均高度重视并大力支持在《标准材料转让协议》中建立一个"预订系统"。❸

"特设工作组"随之将其工作重心放在了详细制定"预订系统"的构成要素之上。"特设工作组"确定了"预订系统"至少包含的五个方面的构成要素，它们是：预订方资格的界定、预订程序、适用范围、货币惠益分享、预订的撤回和期限。在这些构成要素中，后三个构成要素涉及问题较多且复杂，"特设工作组"借助于专家小组的分析和建议提出了各种方案。❹

在预订方资格的界定上，首先需要明确的是，"预订系统"是为接受方确立的一个获取粮农植物遗传资源和分享商业化所得货币惠益的选项，因此，预订方应当是接受方而不是提供方。其次预订方与 2006 年管理机构通过的《标准材料转让协议》中的接受方在范围上并无二致，包括缔约方和非缔约方管辖范围内的自然人和法人。"特设工作组"还指出有必要进一步探讨国家成为预订方的方式和选项。

在预订程序的问题上，"特设工作组"提出了"单一预订行为"（single act of subscription）的方案。具体而言，预订方（接受方）必须通过一份"登记表"（Registration Form）宣布选择"预订系统"，这份"登

---

❶ FAO–ITPGRFA, Report of the Fifth Session of the Governing Body of the International Treaty on Plant Genetic Resources for Food and Agriculture, IT/GB–5/Report, 2013.

❷ FAO–ITPGRFA, Developments of a Subscription System for User of Plant Genetic Resources for Food and Agriculture under the Treaty: Background Information, IT/OWG–EFMLS–3/Inf.5, 2015.

❸ FAO–ITPGRFA, Consolidated Report on the Deliberation of the *Ad Hoc* Open–ended Working Group to Enhance the Functioning of the Multilateral System during the 2014–2015, IT/GB–6/15/6/Rev.2, 2015.

❹ FAO–ITPGRFA, Co–Chair's Proposal from the Outcomes of the Meeting of the *Ad Hoc* Working Group to Enhance the Functioning of the Multilateral System, IT/GB–7/17/31, 2017.

记表"是一份事先拟定好的格式文件。接受方应在上面签字和注明日期，并填写接受方及其授权官员的全称（姓名）、地址、电话和电子邮件。预订方可以向指定地址发回签字的"登记表"，通过管理机构秘书向管理机构表示接受，若《标准材料转让协议》在 Easy SMTA 中订立，也可以通过 Easy SMTA 表示接受。预订应当在秘书收到正式签字的"登记表"后立即生效。为了透明起见，预订方的有关信息，包括全称、联系方式以及预订生效日期应当在一个公共登记册（Register）之上予以公布。这个登记册应由秘书备置并管理，并可以在线查询。❶

"预订系统"第三个方面的构成要素是适用范围问题，其要解决的是"预订系统"适用于哪些作物的问题。考虑到在"预订系统"下预订方有权获取"预订系统"适用的作物的所有遗传资源，这个问题在一定程度上决定了"预订系统"对于用户是否具有吸引力。一些利益相关者和区域代表提出了四个方案，这就包括："预订系统"适用于所有作物，不限于《国际条约》附件一作物；适用于所有附件一作物；适用于在逐个作物基础上选择的作物；取决于预订方的选择，既可以适用于所有附件一作物，也可以适用于个别作物。从目前磋商的情况来看，专家小组建议采用以上第一个方案，但"特设工作组"选择的是第四个方案。❷而"特设工作组"联合主席在管理机构第七次会议上指出，各方能够在"预订系统"适用于所有附件一作物的问题上达成一致。❸显然，在当前阶段各方在这个重要问题上尚有不同意见，尽管管理机构第七次会议推出了一个各方都能接受的方案，但接下来是否还会有变化值得关注。

"预订系统"第四个方面的构成要素是预订方负担的货币惠益分享义务即付款义务问题。付款义务牵涉的问题包括设定付款水平（付款率）、确定计算付款的基础或依据等。在设定付款率的问题上，"特设工作组"决定不再沿用先前设定一个统一的付款率的方案，而是引入了一个"差别化方法"（differentiated approach）。具体来说，"特设工作组"尝试区

---

❶❷ FAO–ITPGRFA, Third Draft Revised Standard Material Transfer Agreement: Methodology Used in Its Preparation, IT/OWG–EFMLS–6/17/3.2, 2017.

❸ FAO–ITPGRFA, Measures to Enhance the Functioning of the Multilateral System (Resolution 2017/2), IT/GB–7/17/Res2, 2017.

分不同类别的产品、作物和用户而设定不同的付款率，并委托专家小组分析必要性和可行性。专家小组认为，区分不同作物和用户设定付款率难以实行，但可以区分不同类别的产品设定付款率，这里不同类别的产品是指不能无限制提供给他人用于进一步研究和育种的产品与能够无限制提供给他人用于进一步研究和育种的产品。❶"特设工作组"建议应当建立一个差别化的付款率体系，具体来说，针对"预订系统"下能够无限制提供给他人用于进一步研究和育种的产品设定一个具有吸引力的参考付款率，而不能无限制提供的产品的付款率应当设定为参考付款率的若干倍数。此外，"特设工作组"还建议在保留并对第 6.7 条和第 6.8 条进行修改的前提下，为了吸引用户选择"预订系统"，第 6.7 条和第 6.8 条下的付款率应当设定为参考付款率的若干倍数。❷

在计算付款的基础问题上，"特设工作组"建议，预订方应付的款项赖以产生的"产品"应当是属于经过预订的相同作物的作为粮农植物遗传资源的产品。❸这意味着，只要"产品"属于与"预订系统"适用的作物相同的作物，预订方就应当付款，不再考虑"产品"是否含有预订方获取的资源。"特设工作组"还建议产品商业化的销售额（总收入）不仅应包括来自种子和植物材料销售的收入，还应包括以许可证费（license fees）的形式取得收入。将许可他人繁殖种子而取得的许可证费纳入计算付款的范围是对商业实践的认可，因为在实践中有些公司只培育品种而不繁殖和生产种子，这些公司通过有偿许可其他专门从事种子繁殖业务的公司繁殖和销售种子而得到了收入。因此，在某些情形下应当基于育种公司取得的许可证费而不是销售收入计算付款的数额。❹

"预订系统"第五个方面的构成要素是预订的撤回和期限问题。这个

---

❶ FAO–ITPGRFA, Third Draft Revised Standard Material Transfer Agreement: Methodology Used in Its Preparation, IT/OWG–EFMLS–6/17/3.2, 2017.

❷ FAO–ITPGRFA, Co–Chair's Proposal from the Outcomes of the Meeting of the *Ad Hoc* Working Group to Enhance the Functioning of the Multilateral System, IT/GB–7/17/31, 2017.

❸ FAO–ITPGRFA, Third Draft Revised Standard Material Transfer Agreement: Methodology Used in Its Preparation, IT/OWG–EFMLS–6/17/3.2, 2017.

❹ FAO–ITPGRFA, Improving the Standard Material Transfer Agreement to Increase User–based Payments and to Make It More User–friendly: Background Information, IT/OWG–EFMLS–3/15/Inf.6, 2015.

问题将会与下面《标准材料转让协议》有关条款的终止或撤回或到期问题一并进行说明，此处不赘。

（二）修改《标准材料转让协议》第 6.7 条和第 6.8 条

正如上文指出的那样，导致当前"惠益分享基金"基于用户的收入出现资金缺口的因素有很多，其中一些因素与《标准材料转让协议》第 6.7 条和第 6.8 条紧密相关。由于第 6.7 条为接受方设定了强制性付款的义务，而且付款率偏高，很多种子公司因此选择回避从多边系统获取资源。例如，玉米是在受专利保护的前提下进行商业化的重要作物，强制性付款因而是必需的。然而，就玉米而言，种子公司回避通过《标准材料转让协议》获取资源会拥有积极的优势，因为不必为任何含有多边系统中的资源的受专利保护产品付费。❶

即使一些种子公司选择通过《标准材料转让协议》从多边系统获取资源，它们倾向于只接受第 6.8 条下的自愿性的付款。来自产业界的迹象显示，不可能期待得到自愿性的付款，因为这将创造一个对自愿付款的公司而言相当大的市场劣势，以及一个与未付款公司之间的不平等竞争局面。有关研究指出，植物育种的利润并不高，如果假设利润范围在 4%~6%，0.77% 的销售额相当于利润的 19.25%~12.83%，显然，第 6.7 条预见的付款代表了相当大的一部分利润。没有哪个商业实体能够负担得起成为第一个付款方，这将会影响其竞争性以及导致不存在一个公平的竞争环境。❷ 时至今日，仅有一笔来自第 6.7 条下的收入进入"惠益分享基金"。

为了增加"惠益分享基金"基于用户的付款，对第 6.7 条和第 6.8 条进行修改不可避免。"特设工作组"考虑了是否要删除第 6.7 条和第 6.8 条或仅仅删除第 6.8 条的问题。鉴于实践中用户存在不同的需求，即有些用户需要从多边系统定期和多次获取大量的植物遗传资源样品，而有些用户只需要一次或偶尔获取数量有限的样品，仅有"预订系统"无法满足后一类用户的需求。基于此，"特设工作组"决定对第 6.7 条和第 6.8 条予以保留，这样就同时确立了"预订系统"和"单次获取"两个获取

---

❶❷ FAO–ITPGRFA, Background on the Work Undertaken by the *Ad Hoc* Advisory Committee on the Funding Strategy, and Its Future Development, IT/OWG–EFMLS–1/14/3, 2014.

和付款选项。❶

由于目前通过《标准材料转让协议》获取资源的用户几乎都倾向于选择第 6.8 条下的自愿付款（但无法期待这些用户缴纳自愿付款），在保留第 6.8 条的前提下，"特设工作组"建议对第 6.8 条进行修改，这就是将自愿性的付款变为强制性的付款，同时维持第 6.8 条适用于能够无限制提供给他人用于进一步研究和育种的产品的条件。❷这样一来，虽然第 6.7 条和第 6.8 条下的付款都是强制性的，但适用的产品不同，付款率也应当不同，这体现了差别化方法。

除了将第 6.8 条下的自愿性付款变为强制性付款以外，"特设工作组"考虑并建议对第 6.7 条和第 6.8 条下的付款率进行变更和调整，不仅需要降低第 6.7 条和第 6.8 条下的付款率，而且需要考虑如何平衡第 6.7 条和第 6.8 条与"预订系统"下的付款率。根据有关研究结论，由于第 6.7 条和第 6.8 条与第 6.11 条（被"预订系统"取代）在技术上相互关联和依赖，这两个选项之间的相对付款率需要以这种方式设定，即提供最少收入的选项不会驱逐提供更多收入的选项，换言之，两个选项之间的费率的一个完美平衡可被描述为"在决定支持一个选项或另一个选项的过程中，对用户的机会成本对等"。❸尽管"特设工作组"没有商定具体的付款率（设定付款率一个政策问题而非技术问题），但"特设工作组"建议为了使"预订系统"成为最有吸引力的获取和付款选项，第 6.7 条和第 6.8 条下的偶尔获取的付款率应高得多，对于能无限制提供的产品，其费率最好设定为参考费率的 10 倍，而对于不能无限制提供的产品，其费率最好设定为参考费率的 100 倍。❹

（三）《标准材料转让协议》有关条款的终止或撤回或到期

根据相关研究结论，种子产业认为多边系统的运作有一点不符合正常商业实践，即当前《标准材料转让协议》没有包含用户终止协议或单

---

❶❷ FAO–ITPGRFA, Co-Chair's Proposal from the Outcomes of the Meeting of the *Ad Hoc* Working Group to Enhance the Functioning of the Multilateral System, IT/GB–7/17/31, 2017.

❸ FAO–ITPGRFA, Background on the Work Undertaken by the *Ad Hoc* Advisory Committee on the Funding Strategy, and Its Future Development, IT/OWG–EFMLS–1/14/3, 2014.

❹ FAO–ITPGRFA, Co-Chair's Proposal from the Outcomes of the Meeting of the *Ad Hoc* Working Group to Enhance the Functioning of the Multilateral System, IT/GB–7/17/31, 2017.

方面从协议撤回或退出的规定，而且也没有规定一个协议到期的日期。❶

《标准材料转让协议》的确不包含一个终止条款，其第 9.2 条规定：只要《国际条约》有效，则本协议保持有效。而且《标准材料转让协议》没有赋予当事方修改或撤销某些具体义务的权利，除了接受方选择第 6.11 条下的备选付款方案的可能性以外，然而，即使第 6.11 条下的付款义务到期，第 6.7 条规定的正常付款义务仍有可能恢复适用。考虑到这些情况，"特设工作组"决定增加用户，特别是种子产业的用户使用多边系统的激励因素，其中的一个激励因素就是在《标准材料转让协议》中引入一个终止（termination）或撤回（withdrawal）或到期（expiry）条款。"特设工作组"委托专家小组开展分析工作，专家小组在区分"预订系统"和"单次获取"模式的基础上，提出了各自的终止或撤回或到期条款的方案。

在"预订系统"模式下，预订方可以终止或撤回预订。在预订方提前六个月以书面通知的方式终止或撤回预订之前，预订应当一直继续；在预订方终止或撤回预订之前，应当有一个最低的固定期间（"特设工作组"联合主席建议此期间为 10 年）；预订方的货币惠益分享义务在终止或撤回预订后仍必须在固定的年限内存在；货币惠益分享义务继续存在的年限要受预订的最低固定期间的制约（如预订的最低固定期间为 10 年，货币惠益分享义务应在相对较短的年限内存在，如 3 年）；尽管货币惠益分享义务在一定年限后将终止，但《标准材料转让协议》中的其他权利和义务应当无限期地继续存在，但对于正在培育的粮农植物遗传资源而言，《标准材料转让协议》中的一系列其他条款，可能甚至整个《标准材料转让协议》，在固定年限之后应停止适用（"特设工作组"联合主席建议此年限为 20 年）；在撤回预订后，先前的预订方不能从多边系统获取其他资源，除非再次预订或通过"单次获取"模式获取资源。❷

在"单次获取"模式下，关于到期的条款，专家小组提出了四个备

---

❶ FAO–ITPGRFA, Options for Introducing a Termination Clause, IT/OWG–EFMLS–3/15/Inf.7, 2015.

❷ FAO–ITPGRFA, Co–Chair's Proposal from the Outcomes of the Meeting of the *Ad Hoc* Working Group to Enhance the Functioning of the Multilateral System, IT/GB–7/17/31, 2017.

选方案供"特设工作组"选择。其一,《标准材料转让协议》中的强制性货币惠益分享义务并不到期,而是如同当前《标准材料转让协议》中的情形那样继续,这是为了制造用户选择"预订系统"的激励因素;其二,《标准材料转让协议》中的强制性货币惠益分享义务在固定年限后到期,所有其他权利和义务继续存在;其三,《标准材料转让协议》中的强制性货币惠益分享义务在固定年限后到期,所有其他权利和义务对于不是正在培育的粮农植物遗传资源的资源继续存在,对于正在培育的粮农植物遗传资源的《标准材料转让协议》中的所有义务都到期;其四,当已获取的资源被引入一个新的粮农植物遗传资源以及构成了该新资源遗传组成的一定百分比或更低或者并非是一个商业上有价值性状的遗传来源时,《标准材料转让协议》中的强制性货币惠益分享义务到期。"特设工作组"联合主席建议采用以上第一个方案,但对于正在培育的粮农植物遗传资源,建议所有义务应在固定年限后到期,这是育种部门的一个普遍做法。❶

三、其他措施——扩大多边系统的范围

基于加强多边系统运作的需要,《国际条约》秘书处与包括种子产业在内的利益相关者进行了磋商,从而查明了影响利益相关者从多边系统获取粮农植物遗传资源的意愿的各种因素,这就包括多边系统涵盖的作物有限,同时这也被认为是导致"惠益分享基金"基于用户的收入出现资金缺口的一个因素。因此,许多利益相关者明确表达了立即采取行动扩大多边系统的范围而至所有粮农植物遗传资源的愿望,以确保植物育种能够有效获取开发性能优异的作物、保证粮食安全和应对日益严峻的气候变化挑战所需的广泛植物遗传资源。利益相关者还认识到扩大多边系统的范围也能扩大惠益分享的潜力,以及认识到这两个问题紧密地相

---

❶ FAO-ITPGRFA, Co-Chair's Proposal from the Outcomes of the Meeting of the *Ad Hoc* Working Group to Enhance the Functioning of the Multilateral System, IT/GB-7/17/31, 2017.

互联系在一起。❶

　　管理机构要求"特设工作组"制定加强多边系统运作的其他措施，而扩大多边系统的范围被确定为一个最重要的其他措施。经过初步讨论，"特设工作组"成员对于是否应当扩大多边系统的范围以及扩大的模式持有不同的角度和观点。一些区域认为，扩大应当落实《国际条约》的整个范围，从而涵盖所有粮农植物遗传资源。其他区域认为，扩大多边系统范围要取决于增加基于用户的付款的措施。

　　从法律上来说，存在两种扩大多边系统范围的模式。第一种模式是根据《国际条约》第 23 条和第 24 条对《国际条约》进行修改。管理机构可以考虑修改第 11.2 条，以扩大多边系统的范围至所有粮农植物遗传资源，同时删除附件一。管理机构还可以考虑维持第 11.2 条，并更新附件一所包含的作物的清单。与这种模式相对应的程序被规定在《国际条约》第 23 条之中。第二种模式是遵照联合国粮农组织《章程》第 14.2 条（b）项规定，缔结和通过一个补充协定（supplementary agreement），例如《国际条约》的一个议定书（protocol）。根据联合国粮农组织《章程》第 14 条缔结的一个协定的议定书的提议和通过程序被规定于第 14.2 条（b）项和第 14.3 条（a）项之中。❷

　　在进一步的讨论中，一些区域认为，扩大附件一的范围将会增加多边系统的吸引力，但其他区域感到，扩大多边系统的范围需要在缔约方之间以及与利益相关者建立承诺和信任，包括通过增加"惠益分享基金"基于用户的收入。"特设工作组"决定依赖专家小组的分析拟定改变多边系统范围的各种选项，包括将多边系统的范围与《国际条约》的范围保持一致（以及这样做所需的法律文书）和部分扩大的可能性（如通过适当的法律文书纳入更多的作物）。

　　专家小组评估了扩大多边系统的范围至所有粮农植物遗传资源的利与弊。其中有利方面包括：为获取和惠益分享提供可能最广泛的基础，

---

❶　FAO-ITPGRFA, Background on the Work Undertaken by the *Ad Hoc* Advisory Committee on the Funding Strategy, and Its Future Development, IT/OWG-EFMLS-1/14/3, 2014.

❷　FAO-ITPGRFA, Expansion of the Access and Benefit-sharing Provisions of the International Treaty: Legal Options, IT/OWG-EFMLS-3/15/Inf.4, 2017.

包括作物野生近缘种；与《国际条约》的整个范围保持一致；避免关于个别作物的长时间谈判；增加针对非附件一作物的国际供资的潜力；增加研究、保存和可持续利用活动的潜力；增加小农取得惠益，包括非货币惠益的潜力。不利方面包括：需要明确理解"所有粮农植物遗传资源"；在缺少一个有效的惠益分享制度的情况下，政治上达成一致的可能性低；减少双边惠益分享的潜力，不论货币还是非货币惠益分享；降低在双边基础上谈判非货币惠益分享的机会；无法自行保证增加的惠益分享。❶

专家小组同时评估了扩大多边系统的范围仅至一些其他的粮农植物遗传资源的利与弊。其中有利方面包括：这属于一种逐级式的路径，可能依赖管理机构的个别决定；在政治上更可能被所有缔约方所商定；对于可能基于相互依赖性和目前《国际条约》文本没有考虑到的其他指标而纳入某些作物而言，这是一个明显的正当理由；增加针对已查明的其他粮农植物遗传资源（非附件一）供资的潜力；增加针对上述资源国际研究的潜力。不利方面包括：可能需要针对不明确的有限谷物进行复杂和长时间的谈判；可能需要多重谈判；不可能自行保证增加的惠益分享；对于没有被纳入有限的扩大后范围的作物提供的供资较少。❷

专家小组建议，多边系统的范围越广，缔约方将会更好地实现与粮食安全和可持续农业有关的可持续发展目标（Sustainable Development Goals）。然而，其同时意识到了可能的涉及扩大多边系统范围的政治局限性，并强调了有必要确保扩大多边系统的范围与《国际条约》惠益分享的问题有效地联系在一起。最后专家小组评估了扩大多边系统的范围可借助的不同模式的利与弊。通过一个《国际条约》修正案扩大多边系统范围的有利方面是：当关切被提出时，有可能处理其他《国际条约》条文。不利方面包括：可能开启《国际条约》的重新谈判；生效需要三分之二的缔约方同意；在重新谈判期间造就了一个在政治上和运作上不确定的时期，会延续到生效；造成了两个《国际条约》版本有效的局面。通过缔结一个《国际条约》议定书扩大多边系统范围的有利方面包括：

---

❶❷　FAO-ITPGRFA, Report from the Friends of the Co-Chairs Group on Scope of the Multilateral System, IT/OWG-EFMLS-6/17/Inf.5, 2017.

不会完全开启《国际条约》的重新谈判；可在议定书中规定生效所需的国家数量。不利方面包括：在某些管辖区域批准议定书可能在政治上更复杂；可能需要国家实施措施。❶

需要强调的是，尽管"特设工作组"联合主席及专家小组在扩大多边系统范围的问题上开展了很多有益的工作，但遗憾的是，在管理机构第七次会议前，"特设工作组"并没有就扩大多边系统的范围达成共识。❷ 2017 年 4 月，瑞士根据《国际条约》第 23 条和第 24 条提出了一项修正《国际条约》附件一的提案。瑞士建议在附件一所包含的当前作物清单之后增加一个新段落：除以上所列粮食作物和饲草外，为进一步推进《国际条约》的目标和范围，多边系统应按照《国际条约》第 3 条涵盖所有其他的粮农植物遗传资源。❸ 管理机构第七次会议考虑了"特设工作组"的工作成果以及瑞士提交的提案，认识到需要在未来为制定加强多边系统运作的"一揽子措施"进一步开展工作，并要求"特设工作组"为可能改变多边系统的范围详细制定标准和各种选项。

四、2019 年管理机构第八次会议关于多边系统改革的谈判情况

多边系统改革的讨论和谈判贯穿 2019 年 11 月召开的管理机构第八次会议始终。本次会议成立了一个封闭的非正式小组进行磋商。在周一的全会上，"特设工作组"联合主席指出，尽管早先取得了重要的进展，但最近的"特设工作组"会议无法弥合发达国家和发展中国家在数字序列信息（digital sequence information）问题上的立场。他希望本周可能通过讨论多年工作方案（Multi-Year Programme of Work），以解决数字序列信息问题，并建议暂停加强多边系统的讨论直至数字序列信息问题得以解决。"特设工作组"另一位联合主席指出，尽管面临重大挑战，但"特设工作组"在向《标准材料转让协议》引入一个"预订系统"、设定不同

---

❶ FAO-ITPGRFA, Report from the Friends of the Co-Chair Group on Scope of the Multilateral System, IT/OWG-EFMLS-6/17/Inf.5, 2017.

❷ FAO-ITPGRFA, Report of the *Ad Hoc* Open-ended Working Group to Enhance the Functioning of the Multilateral System, IT/GB-7/17/7, 2017.

❸ FAO-ITPGRFA, Proposal for an Amendment of the International Treaty, IT/GB-7/17/8, 2017.

水平的付款率以及扩大多边系统的范围的可能性等问题上取得了明显进展。❶本次会议主席也建议暂停全会，以便就前进的可能方式允许非正式的区域磋商。

在接下来的非正式磋商中，不同缔约方表达了自身的主要关切及立场。许多发展中国家坚持数字序列信息应当被纳入修订后的《标准材料转让协议》之中。一些发展中国家对谈判《国际条约》附件一的扩大问题持开放态度，只要货币惠益流入"惠益分享基金"，但一些拉丁美洲发展中国家反对扩大附件一，它们更多强调的是惠益分享的需要。针对《标准材料转让协议》中拟引入的"预订系统"，许多缔约方表示了支持，并指出该"预订系统"应当涵盖多边系统中的所有粮农植物遗传资源。巴西支持所有的惠益分享付款都应当是强制性的，并支持扩大《国际条约》附件一以及处理数字序列信息问题。非洲区域指出，如不解决数字序列信息问题，这将会削弱《国际条约》的根本原则，并建议在多边系统下创设一个数字序列信息数据库，非洲区域提出，发展中国家不会接受通过数字测序公开提供粮农植物遗传资源，从而交换一小部分种业部门反馈的惠益。

加拿大支持共享数字序列信息，以及能力建设，但指出《标准材料转让协议》聚焦的是有形材料而非信息，同时加拿大支持通过一个同时包含"预订系统"和"单次获取"（single access）的修订版《标准材料转让协议》。挪威指出，《国际条约》关于分享商业化所得货币惠益的规定既适用于材料也适用于来自这些材料的信息，其支持修订版《标准材料转让协议》中包含一个"预订系统"。瑞士呼吁平衡"单次获取"和"预订系统"，以便使后者更可取。法国强调，如果不扩充《国际条约》附件一，就不可能修订《标准材料转让协议》，同时指出了保持"单次获取"的可能性以及考虑解决数字序列信息的含义。澳大利亚对纳入数字序列信息的建议表达了关切，芬兰反对提及数字序列信息，这将会预先抢占其他国际论坛上的决定，同时表示了愿意讨论关于数字序列信息的能力建设和技术转让问题。日本建议开展加强多边系统的研究，包括研

❶ "特设工作组"联合主席建议的付款率是，"预定系统"下的付款率为0.015%，"单次获取"下的付款率为2%减去30%的折扣和0.2%减去30%的折扣。

究附件一的扩大、数字序列信息和惠益分享费率三个问题。❶

在工作的方式问题上，各方也产生了很大的分歧。哥斯达黎加和阿根廷支持延长"特设工作组"的授权。巴西代表 77 国集团呼吁在一个联络小组或类似的设置中紧急处理数字序列信息问题。本次会议主席随后向各缔约方报告，主席团就建立一个联络小组未能达成共识。为了推进讨论，主席建议成立一个封闭的非正式小组，其组成上每个区域各派出两名代表，不设观察员。根据一些发展中国家的建议，该小组在组成上发生了一些变化，每个区域派出两个来自缔约方的代表，再加上两个不发言的缔约方代表。经过该封闭的非正式小组的讨论，会议主席提供了一个关于加强多边系统运作的"主席一揽子折中建议"，其包括：一份决议、一份修订后的《标准材料转让协议》、扩大《国际条约》附件一的提案、"《标准材料转让协议》和多边系统特别咨询技术委员会"的职权、在多年工作方案下考虑数字序列信息或遗传序列数据之利用可能具有的含义的建议。

然而，发展中国家拒绝接受以上主席建议，同时指出主席建议缺少与公正和公平惠益分享有关的平衡，而且没有充分处理数字序列信息或遗传序列数据的问题，由于主席建议出台时间偏晚，发展中国家强调可供审议的时间有限。巴西更是指出，主席建议不会构成未来谈判的基础。尽管拒绝了主席建议，但许多发展中国家支持在"特设工作组"继续开展相关工作。然而，澳大利亚、加拿大、芬兰、美国、日本和瑞士反对"特设工作组"继续开展工作，这些国家呼吁暂停详细考虑加强多边系统的议题。主席随后指出，全会明确显示不接受她的建议，并进一步指出在这个议题上缺少继续休会期间工作的共识。❷ 至此，加强多边系统运作这一持续了六年讨论和谈判的议题在本次管理机构会议上宣布搁浅，相关工作陷于停滞。

❶❷ IISD Earth Negotiations Bulletin, Summary of the Eighth Session of the Governing Body of the International Treaty on Plant Genetic Resources, November 2019.

第四节　我国加入《粮食和农业植物遗传资源国际条约》的问题

　　我国是植物遗传资源大国,保存粮农植物遗传资源总数居世界第二位。我国积极参与了缔结《国际条约》的谈判,并在联合国粮农组织大会通过《国际条约》时投了赞成票。基于对自身利益的关切以及对《国际条约》实施前景抱有的顾虑,我国至今都没有选择加入《国际条约》。尽管如此,但我国事实上已经介入了由《国际条约》获取和惠益分享多边系统法律规则所调整的粮农植物遗传资源国际交换活动,而且是此类活动的受惠国。《国际条约》获取和惠益分享多边系统的实施进展和改革动态势必对我国产生较大的影响。当前我国粮农植物遗传资源的保护和利用工作面临诸多新的挑战,为了应对这些挑战,我国应当选择加入《国际条约》。由于我国在保护和利用方面存在特殊状况,加入《国际条约》可能给我国带来一些不利之处,可以考虑采取必要的措施予以规避。为了推动我国加入和实施《国际条约》,建议主管部门采取相关措施。

一、《粮食和农业植物遗传资源国际条约》的实施对我国的影响

　　如上所述,尽管我国积极参加了缔结《国际条约》的谈判,但至今都没有选择加入《国际条约》。作为保存粮农植物遗传资源总量居世界第二位的国家,我国与涉及粮农植物遗传资源国际合作的事务不能不发生直接或间接的联系,《国际条约》是国际合作的法律框架,其实施活动无疑会从不同方面对我国产生一定的影响。在考虑我国是否应加入《国际条约》时,必须对这些影响给予充分的重视。

　　首先,《国际条约》缔约方数量的不断上升及某些国家的最新加入使得我国加入《国际条约》的压力增大。截至 2022 年 6 月,《国际条约》共拥有 149 个缔约方,还有 45 个联合国粮农组织成员方没有加入《国际条约》。总体上来看,《国际条约》缔约方的数量呈不断上升的趋势。这也反映出,通过多年的实施,更多的国家比较清楚地看到了《国际条约》

在保障粮食安全和促进农业可持续发展方面发挥的作用，以及成为缔约方所能带来的好处。考虑到已经有 149 个国家通过加入和实施《国际条约》推动实现粮食安全和农业可持续发展的目标，这对我国这样一个农业大国且粮食安全问题关系重大的国家而言，加入《国际条约》已经是势在必行。

值得注意的是，日本和美国这两个植物遗传资源大国分别于 2013 年10 月和 2017 年 5 月正式成为缔约方。日本和美国是在通过《国际条约》时仅有的两个投弃权票的国家，但它们已经从对《国际条约》不置可否的态度转变为支持的态度。我国当初在通过《国际条约》时投的是赞成票，而且在相关正式文件中表达了"认识《国际条约》的重要性，赞同《国际条约》目标"的观点，❶却迟迟未加入《国际条约》。两相对比，在相关国际论坛上我国要为不加入《国际条约》承受一定的压力。另外，虽然还有 45 个国家没有加入《国际条约》，然而，经梳理发现，在植物遗传资源保护和利用领域具有重要或一定影响并且没有加入的国家只剩下 14 个，它们是：中国、墨西哥和俄罗斯（保存 10 万份以上资源）；哥伦比亚、哈萨克斯坦、泰国、乌克兰和乌兹别克斯坦（保存 5 万至 10 万份资源）；阿塞拜疆、以色列、新西兰、尼日利亚、南非和越南（保存 1万至 5 万份）。❷可见，没有加入的国家已为数不多，从某种意义上说，这也构成了我国加入《国际条约》的一种压力。

其次，当前多边系统的实施和运作使我国获益颇多，但在未来多边系统的运作得到加强后，我国相关主体将要接受约束力更强的法律规则的调整。尽管我国不是缔约方，但是，由于我国对其他国家的粮农植物遗传资源存在很高程度的依赖性，以及《国际条约》本身并不禁止向非缔约方提供便利获取，我国已经介入了由《国际条约》多边系统法律规则所调整的粮农植物遗传资源国际转让活动。从《国际条约》秘书处公布的数据看，我国是从多边系统获取资源最多的 10 个国家之一，目前排在第九位。当然，我国从多边系统获取的资源基本上来自国际农业研究

---

❶ 参见王述民等：《中国粮食和农业植物遗传资源状况报告（Ⅱ）》，《植物遗传资源学报》2011 年第 2 期。

❷ 尽管乌兹别克斯坦和越南尚未加入《国际条约》，但从《国际条约》秘书处公布的数据看，这两个国家将它们持有的部分资源纳入了多边系统，这相当于支持多边系统的运作。

磋商组织所属各国际农业研究中心。事实上，我国曾经向这些中心提供过资源，但我国从这些中心获取的资源数量要远远大于我国提供的资源数量。❶ 除了在获取资源方面享受到多边系统的好处外，由于《标准材料转让协议》包含了向"惠益分享基金"进行自愿付款的规定，我国相关主体还可以通过作出这种选择避免承担强制性的向该基金付款的义务。由此可见，当前多边系统的实施和运作使我国从多边系统获取了很多资源，同时也没有给我国相关主体施加提供资源和付款等法律义务。

然而，这种只获益而不付出的局面极有可能在未来几年内（具体时间取决于国际谈判的进度）不复存在，因为《国际条约》管理机构在2013年启动了加强多边系统运作的磋商和谈判进程，经过六年的努力，加强多边系统运作的措施和方案已经成形，这就包括删除《标准材料转让协议》中的自愿性付款的规定，以及降低触发分享商业化所产生的货币惠益的门槛，这意味着，只要从多边系统获取了资源，并达到了触发分享商业化所产生的货币惠益的门槛，获取方都要履行强制性付款的义务。可见，只要我国相关主体准备继续从国际农业研究中心获取资源，就必须接受约束力更强的法律规则的调整。

最后，在过去的十余年间，《国际条约》管理机构通过在多项议题上启动审查、评估和加强运作的进程推动《国际条约》实施向着更深入的层次发展，但中方立场和观点在这些进程中的缺席不利于维护我国自身的发展利益。以多边系统为例，鉴于多边系统的实施和运作并没有达到各方的期待，管理机构在2013年成立了"特设工作组"，以便就加强多边系统运作的"一揽子措施"进行研究、磋商和谈判，这些措施涉及对多边系统法律规则的重大修改，尤其是涉及扩大多边系统的范围，即不限于目前涵盖的64种（属）作物和饲草。发达国家强烈建议扩大多边系统的范围，但发展中国家表示，在没有看到惠益分享的实施取得实质性进展前不会同意扩大多边系统的范围。❷ 双方的谈判直接关系到未来《国际条约》的实施前景，但遗憾的是，我国作为非缔约方无法参与磋商和

---

❶ 参见王富有：《中国作物种质引进与流出研究》，《植物遗传资源学报》2012年第3期。

❷ FAO–ITPGRFA, Report of the Second Meeting of the *Ad Hoc* Open-ended Working Group to Enhance the Functioning of the Multilateral System, IT/OWG–EFMLS–2/17/7, 2014.

谈判，在如此重大的问题上缺少中国声音不利于维护我国自身的发展利益。相比于《国际条约》通过之前的谈判，我国当时明确拒绝将原产于我国的大豆（soybean）纳入多边系统涵盖的作物范围，而且也达到了谈判的目标，从而维护了我国发展利益。但是，我国在这个议题上的关切目前无法表达出来，最后经各方谈判形成的法律规则可能距离我国的期待具有比较大的差距。

二、我国面临的挑战与加入《粮食和农业植物遗传资源国际条约》的理由

（一）我国在粮农植物遗传资源保护和利用方面面临的挑战

我国是世界八大作物起源中心之一，拥有极其丰富的农业生物多样性。我国政府历来高度重视粮农植物遗传资源的保护和利用，经过数十年的努力，我国在粮农植物遗传资源的收集、保存、研究和利用等方面取得了举世瞩目的成就，已经迈入粮农植物遗传资源大国行列。

尽管取得了不凡的成就，但我国的粮农植物遗传资源保护和利用尚不能满足现代种业和农业可持续发展的需要，面临一些新的挑战。一是获取国外粮农植物遗传资源的渠道变窄，难度增加。随着加入《国际条约》的国家越来越多，缔约方将会适用《国际条约》多边系统法律规则规范相互间的获取或交换活动，同时很可能对非缔约方的获取给予不同对待，而我国如欲从缔约方获取资源，则只能与特定国家展开双边谈判并达成互换的协议，这无疑费时费力，所需成本也颇高。二是粮农植物遗传资源的可持续利用有待加强。我国以往开展的利用工作偏重于为了作物育种目的而利用粮农植物遗传资源，在可持续利用方面采取的措施较少。三是保护和利用粮农植物遗传资源的技术、能力及资金投入与国际先进水平相比还有差距，以至于制约了资源优势的发挥。我国保存的资源数量相当可观，但目前保存技术、鉴定评价和利用资源的技术不能有效支撑资源长期安全保存与作物育种和种业发展，相关的能力和资金投入的不足也构成了保护和利用资源的障碍。四是参与粮农植物遗传资源领域的国际谈判和规则制定活动受阻。《国际条约》是唯一一份针对粮农植物遗传资源的多边条约，由于我国不是缔约方，因此无法在《国际

条约》管理机构发起的国际谈判和规则制定中表达我国的关切和诉求，从而难以维护我国自身的发展利益。

（二）我国加入《国际条约》的理由

诚如上述，我国粮农植物遗传资源的保护和利用面临以上新的挑战，那么，我国该如何应对这些挑战？通过将上述挑战的表现与粮农植物遗传资源问题的国际治理方案结合起来分析，本书认为，加入《国际条约》并行使缔约方的权利以及履行缔约方的义务是应对这些挑战的关键选择。具体而言，我国加入《国际条约》的理由主要有以下五个。

第一个理由是加入《国际条约》是我国践行人类命运共同体思想的重要举措，能够进一步体现我国积极参与国际粮农治理的大国担当。粮食安全和农业可持续发展是各国共同面临的重大挑战。作为确保粮食安全和农业可持续发展的基础性和战略性资源，粮农植物遗传资源的保护、可持续利用、国际交换等关乎每一个国家的发展利益。各国经过艰苦谈判缔结的《国际条约》为实现粮食安全和农业可持续发展的最终目标提供了坚实的国际法保障。《国际条约》基于各国对于粮农植物遗传资源具有的相互依赖性，建立了获取和惠益分享多边系统这一创新性法律制度，该系统被视为"全球共同体保障未来全球层面上的粮食安全和可持续生产的共同责任"（common responsibility of the global community to guarantee future food security and sustainable production at the global level）。❶

从缔结《国际条约》的动因及其确立的主要制度来看，《国际条约》与人类命运共同体思想具有高度的契合性。《国际条约》的缔结和实施有助于在粮食和农业领域构建人类命运共同体。作为人类命运共同体思想的首倡者，我国应当积极行动起来，努力寻求将人类命运共同体思想付诸实施。加入《国际条约》就是我国践行人类命运共同体思想的重要举措，是我国在粮食和农业领域推动构建人类命运共同体的具体表现。由于粮农植物遗传资源的国际治理是粮食和农业国际治理不可或缺的组成部分，加入《国际条约》能够进一步体现我国积极参与粮食和农业国际治理的大国担当。

---

❶ FAO-ITPGRFA, Enhancing the Functioning of the Multilateral System: Measures beyond the Elaboration of the Revised Standard Material Transfer Agreement, IT/OWG-EFMLS-5/16/5, 2016.

第二个理由是加入《国际条约》能够使我国便利地获取各缔约方和国际机构纳入《国际条约》多边系统中的粮农植物遗传资源，由此丰富我国保存资源的多样性和拓宽我国作物育种的遗传基础。联合国粮农组织的研究报告指出，我国对其他国家的粮农植物遗传资源拥有 46%~55% 的依赖度。❶ 我国不仅迫切需要引进小麦、玉米、马铃薯等非起源于我国的作物的优异遗传资源，而且需要加大从国外引进水稻、大豆等起源于我国的作物的遗传资源的力度。❷《全国农作物种质资源保护与利用中长期发展规划（2015~2030）》提出到 2030 年要将引进资源的比例提高到占国家长期保存的资源总量 30% 的目标。这是一个比较艰巨的任务，需要广拓渠道，努力推动粮农植物遗传资源的国际交流。

多边系统目前已经涵盖了 230 余万份资源，而且未来还会不断增多。这些资源被定位为"全球公共物品"，在获取上是开放的。持有这些资源的缔约方以及国际农业研究中心都有义务提供便利获取，相应地，其他缔约方及其管辖范围内的自然人和法人有权利要求获取这些资源。如果我国加入了《国际条约》，我国相关主体就可以根据自身需要有针对性地向持有资源的缔约方和国际农业研究中心发出获取请求，并在签订一份《标准材料转让协议》后实现获取。这样操作非常便利和经济，消除了与有关国家进行双边谈判和签订交换协议的烦琐程序。不仅如此，从多边系统能够获取到的资源数量肯定会远远大于通过双边交换所获取的资源数量。我国应当充分利用这一重要途径，引进我国急需的资源，从而进一步丰富我国保存的资源的多样性和拓宽我国作物育种的遗传基础。

第三个理由是加入《国际条约》能够推动我国粮农植物遗传资源的可持续利用，从而有助于发挥粮农植物遗传资源在保障粮食安全、适应气候变化和消除贫困等方面具有的作用。我国长期以来对粮农植物遗传资源的利用主要集中在基础研究、优异性状鉴定和预育种以及培育新品

---

❶ Ximena Flores-Palacios, Contribution to the Estimation of Countries' Interdependence in the Area of Plant Genetic Resources, Background Study Paper No. 7, FAO, 1998.

❷ 参见刘旭、张延秋主编《中国作物种质资源保护与利用"十二五"进展》，中国农业科学技术出版社，2016，第 10、34 和 58 页。

种等活动中。● 可持续利用问题并未引起政策制定者足够的重视，对比国际商定的关于可持续利用的措施，我国在可持续利用方面采取的措施较少，这不利于建立一个可持续的农业生产体系。

粮农植物遗传资源的可持续利用是《国际条约》的第二大目标，第 6 条不仅明确规定了缔约方在可持续利用方面负担的义务，而且提供了一个关于可持续利用措施的指示性清单。如果我国加入《国际条约》，我国应当履行《国际条约》第 6 条为缔约方所设定的义务，这就是制定和维持促进可持续利用的政策和法律措施。制定和维持促进可持续利用措施，尤其是，促进能够开发特别适应当地社会、经济和生态条件的品种的参与式植物育种、拓宽作物的遗传基础和增加农民可获得的遗传多样性范围、促进当地作物和适应当地的作物、品种及利用不足物种的扩大利用，可以延续多样化的农业生态系统、增加我国边远地区贫困人口的收入以及保障食物供给、营养和健康。

第四个理由是加入《国际条约》能够使我国有资格参与多边系统内的惠益分享活动和获得《国际条约》供资战略的资金支持，由此增强我国保护和利用粮农植物遗传资源的技术和能力，以及为保护和可持续利用资源筹集更多的资金。由于研究起步较晚等方面的原因，我国在保存、鉴定评价和利用粮农植物遗传资源的技术上与国际先进水平相比还有较大的差距，这在很大程度上限制了已保存资源的高效利用。除此之外，科研人员的研究能力尚不能满足高效利用资源的需求，信息系统无法涵盖更有利用价值的数据信息，● 这些都是限制利用的重要因素。在资金投入方面，我国粮农植物遗传资源的保护和利用主要依赖政府的财政投入，目前还没有争取到来自国际机制的资金支持。显然，要解决这些问题必须多措并举，这就包括积极开展国际合作与交流活动。

《国际条约》将公正和公平地分享利用粮农植物遗传资源所产生的惠益确立为自身的第三大目标，并为此规定了技术的获取和转让、能力建

● 参见王述民等:《中国粮食和农业植物遗传资源状况报告（Ⅱ）》,《植物遗传资源学报》2011 年第 2 期。

● 参见黎裕等:《基于基因组学的作物种质资源研究：现状与展望》,《中国农业科学》2015 年第 17 期。

设及信息交流三项非货币惠益分享机制，这就相当于搭建了一个在技术转让、能力建设和信息交流领域进行国际合作与交流的平台。如果我国加入《国际条约》，我国就有资格在这个国际平台上参与相关惠益分享活动。具体而言，我国可以请求其他缔约方提供或者便利保存、鉴定评价及利用多边系统中粮农植物遗传资源的技术的获取，还可以通过与其他缔约方建立伙伴关系引进遗传材料及相关技术；我国可以通过与其他缔约方开展合作或者参与《国际条约》框架下的国际培训和能力开发项目，在所需领域发展科研人员的研究能力；我国可以选择在国内信息系统与"全球粮农植物遗传资源信息系统"之间建立联系，进而与其他缔约方交流关于多边系统中的粮农植物遗传资源的科技和环境信息，例如基因型信息、表型信息等。

在资金投入上，加入《国际条约》后，我国就有资格申请《国际条约》供资战略下的"惠益分享基金"的资助，同时有资格申请在《国际条约》框架下运作的"全球作物多样性信托基金"的资助。如果申请成功，前者提供的资金将会投入到我国特定作物遗传资源的原生境（原地）保护和可持续利用项目之上，后者提供的资金将会支持我国粮农植物遗传资源的非原生境（异地）保护。从目前的资助额度来看，申请到的资金将会构成对政府财政投入的重要补充。

第五个理由是加入《国际条约》能够使我国有资格参加粮农植物遗传资源领域的国际谈判和规则制定活动，并且能够提高我国在粮农植物遗传资源议题上的话语权，从而树立起与植物遗传资源大国地位相称的国际形象。我国是植物遗传资源大国，粮农植物遗传资源的保护和利用对国家粮食安全和农业可持续发展极端重要。所有国家在粮农植物遗传资源上的相互依赖性决定了每个国家在国际合作中都拥有值得维护的重要利益，我国也不例外，因此我国必须积极参加该领域的国际谈判和规则制定活动。我国曾经全程参加了缔结《国际条约》的谈判，为《国际条约》的最终诞生发挥了应有的作用。但当时基于对自身利益的关切，并未批准《国际条约》，后来由于不同方面的原因，也没有加入《国际条约》。我国只能以观察员的身份参加管理机构例会，并不享有表决权。

《国际条约》是迄今为止唯一一份专门针对粮农植物遗传资源的多边条约，所有缔约方组成《国际条约》的最高权力机构——管理机构，其例会是审议和谈判粮农植物遗传资源议题最重要的政府间论坛。自从《国际条约》生效以来，管理机构一方面积极采取措施推动《国际条约》的全面实施，另一方面针对《国际条约》实施中出现的新情况和新问题筹备对《国际条约》进行修改完善。缔约方可以通过管理机构例会及其设立的附属机构会议参与审议和谈判，并在管理机构作出决定时享有赞成或否决的权利。如果我国加入《国际条约》，我国就可以以缔约方的身份参加管理机构例会和有关附属机构会议，不仅可以在各种议题的审议和谈判中单独提出符合我国利益的立场和观点，还可以与拥有相似立场的国家进行合作推动形成对我国有利的谈判形势和制度安排。不论是单独还是联合提出相关立场和观点，我国都会在规则的制定上坚持公正合理的价值取向，这无疑会提高我国在各种议题上的话语权，从而树立起与植物遗传资源大国地位相称的国际形象。

三、加入《粮食和农业植物遗传资源国际条约》对我国的不利之处及规避

（一）我国保护和利用资源的状况及加入《国际条约》对我国的不利之处

我国粮农植物遗传资源的保护和利用起步比较晚，但发展很快，经过数十年的努力，取得的成绩令世界瞩目，同时也形成了一些特殊的状况，这主要表现在保存和研究利用等方面。

在保存方面，我国建立了国家主导的粮农植物遗传资源非原生境（异地）保存体系，包括国家作物种质库、国家复份库、10 个国家中期库和 43 个国家种质圃，截至 2018 年底，保存资源 50 万份，居世界第二位，❶ 我国保存的资源中本土资源约占 82%，国外引进资源约占 18%。❷ 从这些事实来看，我国保存资源数量非常大，已收集的资源都被保存在国家种质库之中，国家投资兴建和运转的保存设施在安全保存资源方面

---

❶ 参见卢新雄等：《中国作物种质资源安全保存理论与实践》，《植物遗传资源学报》2019 年第 1 期。

❷ 参见刘旭主编《中国生物种质资源科学报告（第二版）》，科学出版社，2015，第 102 页。

发挥着绝对的主导作用，在已保存的资源中，从国内收集的资源（本土资源）占绝大多数。

在研究利用方面，我国在粮农植物遗传资源表型精准鉴定和全基因组水平的基因型鉴定方面开展了部分工作，但涉及的作物种类及其资源数量极为有限，对库存资源的遗传多样性、新基因数量、功能和利用价值等缺乏系统和深入研究，很难为育种家和基础理论研究提供针对性的资源。由此可见，我国保存资源的深度发掘力度还较为薄弱，资源利用效率较低。❶

由于我国存在以上特殊状况，在我国加入《国际条约》后，将会因为在国家层面落实《国际条约》多边系统的要求而给我国带来一些不利之处。

其一，我国加入《国际条约》后，当前国家种质库保存的《国际条约》附件一所列粮农植物遗传资源将会遵照国际上的有关解释和国内现行政策法规被认定为属于自动纳入多边系统的资源，并进而导致我国承担繁重的提供便利获取的义务。

根据《国际条约》管理机构设立的附属机构对于"受缔约方管理和控制以及处于公共领域之中"所作的解释，国家基因库中的资源能够满足"受缔约方管理和控制"这样两个条件，原因在于中央政府部门（如农业部）建立的国家基因库持有并保存其中的资源，并且国家基因库在事实上有权决定如何使用和处分它们。因此，在不存在另外法律上安排的情况下（如资源受知识产权保护），国家基因库中的资源将被自动纳入多边系统。❷

我国相关政策和《种子法》及《农作物种质资源管理办法》对于农作物种质资源的权属、管理、国家农作物种质库的建立及其保存的种质资源的利用和对外提供等问题作出了必要安排和规定。在我国，植物遗

---

❶ 参见黎裕等：《基于基因组学的作物种质资源研究：现状与展望》，《中国农业科学》2015年第17期。

❷ FAO–ITPGRFA, Opinions and Advice of the *Ad Hoc* Technical Advisory Committee on the Multilateral System and the Standard Material Transfer Agreement, 2015.

传资源属国家所有，归属农业农村部管理。❶农业农村部建立了国家级的农作物种质库，以及委托或授权中国农业科学院所属各相关研究所以及一些省、自治区、直辖市的农业科学院（所）和农业大学作为国家种质库或圃的依托单位，具体负责不同种类的农作物种质资源的保存和利用等工作。这表明，农业农村部通过国家种质库（圃）的依托单位对农作物种质资源开展保存、鉴定、繁殖和分发活动。据此可以认为，国家种质库（圃）保存的资源"受农业农村部的管理"。根据法律规定，农业农村部拥有决定从国家长期种质库取种繁殖的权力，而且农业农村部有权决定是否对外提供国家种质库（圃）所保存的资源。拥有这样两项权力说明了国家种质库（圃）所保存的资源"受农业农村部的控制"。另外，根据实践中的做法，国家种质库（圃）并不保存被授予了植物新品种权的资源。基于这些判断和分析，国家种质库（圃）所保存的附件一所列资源将会属于被自动纳入多边系统的资源。

其二，我国加入《国际条约》后，由于国家种质库保存的附件一所列资源被当作自动纳入多边系统的资源，我国的本土资源，尤其是已鉴定的含有优异性状的地方品种资源、尚未鉴定清楚和有效利用的资源等，将会成为现实或潜在被索取对象，从而面临着对外提供便利获取的压力。

我国保存的粮农植物遗传资源具有数量多、覆盖面广的特点。需要强调的是，我国保存资源的82%从国内收集，本土资源中的56%为地方品种，34%为育种品种，10%为稀有、珍稀和野生近缘植物，已鉴定的资源蕴含丰富的优异性状，但因缺乏深入鉴定而对保存资源了解不够，没有有效地利用已保存的资源。❷在我国加入《国际条约》后，这些对我国作物育种和种业发展具有重要价值的资源，包括含有优异性状的、尚未鉴定清楚和有效利用的、稀有、珍稀和野生的资源（限于《国际条约》附件一所列作物的遗传资源），因符合自动纳入多边系统的条件，将会成为其他缔约方索取的对象。如果没有正当理由不予提供便利获取，则我

---

❶ 我国提交给联合国粮农组织的"中国粮食和农业植物遗传资源状况报告（1996–2007）"包含了这样的表述。

❷ 参见王述民等：《中国粮食和农业植物遗传资源状况报告（I）》，《植物遗传资源学报》2011年第1期。王述民等：《中国粮食和农业植物遗传资源状况报告（II）》，《植物遗传资源学报》2011年第2期。

国将被牵涉进不遵守《国际条约》义务的争端当中。如果提供便利获取，则我国自身的利益又会受到一定的损失。

（二）采取规避措施的建议

鉴于我国加入《国际条约》可能给我国带来上述不利之处，从最大限度维护国家利益的需要出发，应当考虑采取规避措施，以下提出三个方面的规避措施的建议。

第一，在法律制度层面上对粮农植物遗传资源的权利问题作出必要的规定，除国家以外，认可农民、培育单位和育种家、地方政府对不同类别的粮农植物遗传资源拥有决定是否准予获取的权利，以此对国家种质库保存的资源按照其所属权利主体的不同进行区分，从而形成国家种质库保存的资源处在不同主体（农业农村部、农民、培育单位和育种家、地方政府）控制之下的格局。

根据现行政策法规，国家种质库保存的所有资源受农业农村部的管理和控制。如果不对这种状况作出一定改变的话，国家种质库保存的所有《国际条约》附件一所列资源就会被自动纳入多边系统，我国也就有义务对外提供便利获取。因此，如要规避此种不利之处，就必须从对资源所享有的权利上入手，打破国家（由农业农村部代表）作为资源唯一权利主体的现状，在法律上认可国家以外的其他主体对资源享有一定的权利，特别是决定是否准予获取的权利和参与分享惠益的权利。这样一来，资源的管理主体并不必然是控制主体，国家种质库保存的资源都受农业农村部的管理（通过依托单位），国家种质库有权从事安全保存、鉴定评价、繁殖更新、分发利用活动，然而，国家种质库保存的资源并非都受农业农村部的控制，一部分资源将处在农民、培育单位和育种家、地方政府的控制之下，他们有权决定是否准予获取。

之所以考虑认可农民、科研单位和育种家、地方政府对于资源享有决定是否准予获取的权利，这与国家种质库保存资源的类型直接相关。国家种质库保存的资源包括地方品种和育成品种，这两种资源被索取和利用的比例较高，必须考虑针对它们作出赋予权利的安排，以便限制它们的对外提供。严格意义上说，这种规避措施属于一种法律措施，可以考虑通过修改相关法律或部门规章加以确立。

第二，在我国加入《国际条约》以及向秘书处通报了纳入多边系统的资源情况之后，我国可以依照互惠原则，选择只为那些向《国际条约》秘书处通报了其纳入多边系统的资源并且公开了与资源相关信息的缔约方及其管辖范围内的自然人和法人提供便利获取。

由于我国保存的资源数量非常大，提供便利获取的义务较为繁重。不仅如此，在成为《国际条约》缔约方后，我国有义务提供便利获取的资源（这取决于未来我国主管部门确定的资源清单）将会面对所有缔约方及其管辖范围内的自然人和法人开放。从《国际条约》生效后多边系统的实施状况来看，不同缔约方在本国国内实施多边系统规定的程度存在很大差别，尤其是在确认并向秘书处通报自动纳入多边系统的资源上进度不一，这为我国实施多边系统规定提供了一定的自由选择的空间和有利因素，这样能够使我国在较大程度上规避上面所提到的不利之处。

具体来说，我国在加入《国际条约》以及向秘书处通报了纳入多边系统的资源情况之后，完全可以依照互惠原则，选择只为那些向秘书处通报了其纳入多边系统的资源信息的缔约方及其管辖范围内的自然人和法人提供便利获取。采取这一措施能够显著地缓解我国作为缔约方承担的较为繁重的提供便利获取的义务，如此一来，需要为之提供便利获取的其他缔约方（包括自然人和法人）受到了严格的限定，提供便利获取因此成为了相互的，而非单方面的行为。不仅如此，采取这一措施能够在较长时期内降低我国资源对外开放的程度，从而为我国加快资源精准鉴定评价和深度挖掘赢得宝贵的时间。

第三，在我国加入《国际条约》后，我国可以选择分多次向《国际条约》秘书处通报纳入多边系统的资源的情况。

由于我国保存的《国际条约》附件一所列资源的数量较多，而且欠缺对这些资源的有效利用，为了维护我国农业发展利益，我国不应当选择向《国际条约》秘书处一次性地通报纳入多边系统的资源的情况。实际上，《国际条约》只是列举了自动纳入多边系统的资源所要符合的三个标准，但到底某个缔约方国内的哪些资源符合这三个标准，这要由缔约方遵照这三个标准加以确认，并且按《国际条约》秘书的要求通报给《国际条约》秘书处。对于我国而言，比较可行的选择是，分多次向《国际条约》秘书处作这样的通报。国家主管部门可以考虑将那些在我国已经鉴定清楚和得到有效利用的资源首先纳入多边系统，并向秘书处通报。

接下来，可以根据研究利用的进展情况以及专业人员的分析评估，分批拟定纳入多边系统的资源清单，然后分多次通报给秘书处。

四、我国加入《粮食和农业植物遗传资源国际条约》应采取措施的建议

（一）跟踪分析《国际条约》的解释和实施动态

在加入《国际条约》之前，我国有关部门和人员应当加强《国际条约》的研究工作，尤其是跟踪分析《国际条约》的解释和实施动态，这对未来我国实施《国际条约》很有意义。《国际条约》文本中的某些规定存在一定的模糊性，这为不同解释留下了空间。根据《国际条约》规定，满足了"受缔约方管理和控制并处于公共领域之中"标准的粮农植物遗传资源应自动纳入多边系统。然而，对"受缔约方管理和控制"与"处于公共领域之中"的标准的解释可能是不同的，这将影响缔约方向多边系统贡献资源的行动。[1] 目前管理机构设立的有关附属机构对上述标准已经作出了一种解释，其认为国家基因库中的并不受知识产权的保护的资源将被自动纳入多边系统。[2] 考虑到我国国家种质库保存的资源数量很大，这种解释显然对我国不利。因此，应当密切跟踪对上述标准所作的其他解释，分析不同解释之间的差异，同时结合我国实际情况研究拟定对我国有利的解释。

另外，还应当跟踪其他缔约方实施《国际条约》的策略和具体行动，重点关注有关缔约方向《国际条约》秘书处通报自动纳入多边系统的资源的情况，包括纳入的法律依据、纳入的资源所属作物类别、类型、数量及获取的便利性等。通过跟踪这些方面的信息，可以发现并掌握《国际条约》在国内层面上的实施进展和存在的问题。其他国家采取的实施策略和行动能够为我国未来实施《国际条约》提供有用的先例和参考。

---

[1] 王述民、张宗文：《世界粮食和农业植物遗传资源保护与利用现状》，《植物遗传资源学报》2011 年第 3 期。

[2] FAO–ITPGRFA, Opinions and Advice of the *Ad Hoc* Technical Advisory Committee on the Multilateral System and the Standard Material Transfer Agreement, 2015.

（二）尽早启动加入《国际条约》的程序

鉴于加入《国际条约》是我国的必然选择，接下来国家主管部门应当着手启动加入《国际条约》的程序。根据我国《缔结条约程序法》的相关规定，如果我国准备加入《国际条约》，应当由国务院有关组成部门（农业农村部）会同外交部进行审查，提出建议；由于《国际条约》属于《缔结条约程序法》第七条第二款所列的范围，应报请国务院审核，并由国务院提请全国人民代表大会常务委员会作出加入的决定（不排除经农业农村部和外交部会商后报请国务院作出加入的决定）。

在启动加入程序的时机上，尽早地启动加入《国际条约》的程序符合我国的利益。这是因为，当前管理机构正在围绕加强多边系统运作的措施，特别是修订《标准材料转让协议》和扩大多边系统的范围进行审议和谈判，这是关乎《国际条约》改革和未来发展的重要谈判，预计谈判将会持续较长时间，如果我国尽可能早地启动并完成加入程序，我国就能够以缔约方的身份参加谈判，并将我国的关切和利益体现在最终通过的法律规则之中。

（三）修改完善法律制度

我国加入《国际条约》后，应当在国内实施《国际条约》确立的法律规则，这里需要考虑我国如何实施《国际条约》的问题。一般而言，不同国家可以选择以直接或间接的方式实施它们批准或加入的条约，直接的方式指某些国家在国内直接适用条约中的法律规则，无须新增立法或修改已有法律，间接的方式则指某些国家将条约中的法律规则转化为国内法而加以适用。❶ 根据我国相关实践和农作物种质资源立法的现状，我国应当将《国际条约》确立的规则转化为国内法律制度，然后通过适用国内法律制度达到实施《国际条约》的目的。

目前我国已经建立了规范农作物种质资源保护和利用活动的法律制度，其包括《种子法》中关于"种质资源保护"的规定和《农作物种质资源管理办法》（以下简称《办法》）。然而，通过与《国际条约》中的

---

❶ Xiaoyong Zhang, "Access to Plant Genetic Resources for Food and Agriculture and Benefit-sharing in China: Legal Framework, Current Practices and Future Developments," *Review of European Community & International Environmental Law* 21, no 2 (2012).

法律规则进行对比，可以看出我国法律制度与《国际条约》中的法律规则存在不相适应的地方。这主要表现在两个方面：一是《办法》缺少关于可持续利用农作物种质资源的规定；二是《种子法》和《办法》针对对外提供种质资源设立的行政审批和分类管理要求不符合《国际条约》关于便利获取多边系统中的资源的法律规则。

由于两者存在不相适应性，我国关于农作物种质资源保护和利用的现行法律制度无法承担起作为国家法律而使《国际条约》在国内得以实施的任务。同时考虑到《国际条约》明确要求每个缔约方应确保其法律、法规和程序符合本《国际条约》规定的义务，我国立法机关有必要对某些现行法律制度加以修改完善。具体的建议包括：修改或者废除对外提供种质资源的分类管理制度，以便创设出能够按照《国际条约》附件一作物清单拟定对外提供农作物种质资源目录的法律空间；设计一套充分体现便利获取原则的对外提供农作物种质资源的程序，以取代目前《办法》所规定的程序；引入在对外提供我国农作物种质资源的过程中与获取方签订《标准材料转让协议》的要求；补充有关可持续利用农作物种质资源等方面的规定。

（四）开展能力建设活动

在国家层面上实施《国际条约》各项法律规则的能力关系到能否以及在多大程度上实现《国际条约》设定的目标，因此面向《国际条约》的实施开展能力建设活动是极为必要的。我国加入《国际条约》后，可以预见来自其他缔约方的获取资源的请求会逐步增多。为了合法有序地对外提供我国的农作物种质资源，需要通过培训进一步提高国内资源提供单位接收和处理获取请求、提供相关信息数据和协议文本、分发寄送材料、办理植物检疫等证书的能力。与此同时，我国将会利用《国际条约》赋予的机会，积极寻求获取多边系统所涵盖的资源。为了尽可能多地引进我国急需的资源，需要通过宣传和专题培训促进国内资源利用单位和人员对《国际条约》多边系统法律规则的理解，增强这些单位和人员的相关能力，尤其是查明其他缔约方可供获取的资源具体状况、签订和遵守《标准材料转让协议》以及解决因履行《标准材料转让协议》产生的纠纷的能力。

第四章

国家管辖范围以外区域海洋遗传资源国际法律规则的谈判与构建问题研究

2017 年 12 月 24 日，联合国大会（UNGA）第七十二届会议通过了第 72/249 号决议，决定召开政府间大会，根据《联合国海洋法公约》就国家管辖范围以外区域海洋生物多样性的养护和可持续利用（conservation and sustainable use of marine biological diversity of areas beyond national jurisdiction）拟定一份具有法律约束力的国际文书案文，这是国际社会历经十余年曲折的讨论和谈判所达成的重大共识。随着 2018 年 9 月 4 日政府间大会第一次会议在纽约联合国总部的召开，谈判一份具有法律约束力的关于国家管辖范围以外区域海洋生物多样性的养护和可持续利用问题的国际文书的进程正式开启。根据第 72/249 号决议，谈判应当处理的议题是：海洋遗传资源，包括惠益分享问题；包括海洋保护区在内的划区管理工具等措施；环境影响评价；能力建设和海洋技术转让。由此可见，一套适用于国家管辖范围以外区域海洋遗传资源的国际法律规则将在未来几年内通过谈判而产生，这对于促进与海洋遗传资源有关的科学研究以及确保公平利用海洋遗传资源具有重大意义。

事实上，当国际社会开始关注并讨论国家管辖范围以外区域海洋生物多样性养护和可持续利用涉及的各种问题之时，海洋遗传资源涉及的环境和法律等问题就以几乎不令人惊讶的方式出现在讨论议程之上。那么，海洋遗传资源这一议题为何被提出并进入国际讨论和谈判的视野？不同国家在海洋遗传资源议题下围绕哪些具体问题进行讨论和预备谈判？在经历了艰苦的国际讨论和预备谈判后取得了什么成果？当前政府间大会的谈判已经进入基于案文草案的谈判阶段，而不同国家围绕政府间大会主席起草的案文产生了哪些分歧？为了推进谈判并解决这些分歧，如何针对这些分歧考虑并提出符合大多数国家利益的解决方案？作为发展中的海洋大国，我国如何结合自身的实际状况和发展需求，研拟符合本国利益的谈判策略和方案？本章将这些重要的问题归入四个不同的部分之中进行分析和回答，首先梳理海洋遗传资源国际讨论和预备谈判的背景和进程，其次介绍和分析政府间大会主席起草的关于国家管辖范围以外区域海洋生物多样性的养护和可持续利用的协定案文草案第二部分"海洋遗传资源，包括惠益分享问题"的各项要素，以及不同国家围绕这些要素存在的分歧，接着通过探求解决这些分歧的可能方案提出构建国家管辖范围以外区域海洋遗传资源国际法律规则的建议，最后在概述我国现状以及回顾我国参与谈判的基础上，提出我国推动谈判达成协定和为实施协定开展筹备工作的建议。

第一节　国家管辖范围以外区域海洋遗传资源议题
国际讨论和预备谈判的背景及进程

　　发端于 20 世纪 90 年代的关于国家管辖范围以外区域海洋生物多样性的养护和可持续利用问题的国际讨论，越来越受到各国的关注和重视，而与获取、研究和利用国家管辖范围以外区域海洋遗传资源的活动有关的法律问题也进入了国际讨论的视野，并作为前述问题的组成部分而被提上国际讨论的议程。2004—2017 年，通过联大设立的工作组和预备委员会，各国主要围绕制定一份具有法律约束力的关于国家管辖范围以外区域海洋生物多样性的养护和可持续利用的国际文书的必要性、可行性及其构成要素等进行了深入讨论和预备谈判。就海洋遗传资源而言，这一进程主要达成了两个共识：其一，海洋遗传资源，包括惠益分享问题是上述国际文书要处理和规定的事项；其二，上述国际文书要在"海洋遗传资源，包括惠益分享问题"的项下对适用范围、获取和惠益分享、知识产权、监测海洋遗传资源的利用等要素作出规定。

一、国家管辖范围以外区域海洋遗传资源议题提出的背景

　　国家管辖范围以外区域（areas beyond national jurisdiction）大约占海洋表面的 60%。[1] 如此广袤的区域蕴藏着非常丰富的海洋生物多样性，相比于陆地，它们含有更多的主要生命类型，不仅如此，这些区域还拥有独一无二的海洋生态系统，如海隆（seamount）、热液喷口（hydrothermal vent）、冷水珊瑚礁（cold-water coral reef）和冷渗口（cold

---

　　[1] 根据《联合国海洋法公约》，国家管辖范围以外区域为公海和国际海底区域（"区域"）。

seep）等。❶尽管国家管辖范围以外区域距离陆地遥远且深不可测，但在过去的几十年间，科学技术的发展和进步促使人类对于这些区域的兴趣日益增加，并进而推动了相关的勘探和开发利用活动，这就包括深海采矿（deep-sea mining）和"生物勘探"（bioprospecting）❷。除了这些新出现的活动，已有的活动，如公海捕鱼、海运、海洋科学研究、有害物质的排放、处置固体废物、海底电缆铺设等，自 1982 年《联合国海洋法公约》（以下简称《海洋法公约》）通过以来不断得到强化和扩大。这些新出现和已有的活动呈指数增长，从而对国家管辖范围以外区域海洋生物多样性和生态系统带来了前所未有的影响和威胁。❸

自从 20 世纪 70 年代以来，世界各地的有识之士对地球的前途倍感忧虑，自然也就更加关注生物多样性的保护或养护（conservation）和可持续利用（sustainable use）问题。尽管最初的焦点放在了陆地之上，但关注同时也投向了更为丰富的海洋生物多样性。联合国及其他相关国际组织为此通过了一系列的国际文件，包括宣言、条约和行动纲领等，以

---

❶　海洋生态系统大致可分为水体生态系统和海底生态系统，前者如浮游生物和鱼类群落等，海隆、热液喷口、冷水珊瑚礁和冷渗口属于海底生态系统。水体和海底环境中的生物多样性丰富，表明海洋物种多于陆地物种，有科学家根据对特定深海海底系统进行的分析预测，处于国家管辖范围以外的整个深海海底可能蕴藏着数百万个物种。参见联合国大会（UNGA）：《海洋和海洋法：秘书长的报告》，A60/63/Add.1，2005 年 7 月 15 日，第 13 段以下。另参见联合国：国家管辖范围以外区域海洋生物多样性养护和可持续利用：第一次全球海洋综合评估技术摘要，第 7～15 页。

❷　国际上不存在一个正式的关于"生物勘探"的定义，《生物多样性公约》和《海洋法公约》并没有使用和界定这个术语。《生物多样性公约》缔约方大会的文件指出，这个术语通常可以包括一系列广泛的活动，它们旨在为具有商业价值的遗传和生物化学资源而勘探生物多样性，并进一步作为从生物圈收集关于遗传资源分子构成的信息而开发新的商业产品的过程。联合国大学高等研究所的报告指出，"生物勘探"定义的可能要素包括：为了商业或产业开发利用目的的系统搜寻、采集、汇集或提取遗传资源；筛选、分离或鉴定具有商业用途的化合物；测试和试验；进一步为了商业目的的应用和开发已分离的化学物，包括大批收集品，开发规模培养技术以及为获准进行商业销售开展试验。参见联合国大会：《海洋和海洋法：秘书长的报告》，A60/63/Add.1，2005 年 7 月 15 日，第 203 段。

❸　Glen Wright, Julien Rochette, Kristina Gjerde, Isabel Seeger, The Long and Winding Road: Negotiating a Treaty for the Conservation and Sustainable Use of Marine Biodiversity in Areas beyond National Jurisdiction, IDDRI Studies No 08/2018, pp. 16-22.

期遏制和扭转生物多样性不断丧失的趋势。❶ 全球层面上关于国家管辖范围以外区域海洋生物多样性养护和可持续利用问题的讨论在联合国大会这一重要国际论坛也走过了多年的历程。实际上，联大是拥有在整体上考虑该问题授权的唯一全球性政治论坛。❷ 最初，两个目标驱动了相关的讨论，它们是：消除公海海底捕鱼的破坏性影响以及在国家管辖范围以外区域建立代表性的海洋保护区网络。这两个目标实际上是各国在 2002 年的可持续发展世界首脑峰会上商定的承诺。❸ 1999 年，联大通过第 54/33 号决议建立的"联合国海洋和海洋法问题不限成员名额非正式协商进程"（the United Nations Open-ended Informal Consultative Process on Oceans and the Law of the Sea），深入讨论海洋和海洋法议程项目中有关海洋生态系统和生物多样性的养护和可持续利用问题，包括在国家管辖范围以内和以外的区域。

2004 年，非正式协商进程第五次会议围绕"可持续的海洋新用途，包括国家管辖范围以外区域的海床生物多样性的养护和管理"问题展开了讨论，会议表示更加关注国家管辖范围以外区域海床生物多样性的养护不良和管理不善的问题。在这次会议上，与会国家讨论了公海海底拖网捕捞对深海生物多样性和脆弱海洋生态系统的不利影响以及是否应暂停此种捕捞的问题，讨论还涉及保护深海生物多样性和脆弱海洋生态系

---

❶ 这些宣言、条约和行动纲领主要有：《关于人类环境的斯德哥尔摩宣言》《世界大自然宪章》《海洋法公约》《关于环境与发展的里约宣言》《生物多样性公约》《21 世纪议程》《保护海洋环境免受陆上活动污染全球行动方案》《关于执行联合国海洋法公约第十一部分的协定》《关于执行联合国海洋法公约有关养护和管理跨界鱼类种群和高度洄游鱼类种群规定的协定》《约翰内斯堡可持续发展宣言》《约翰内斯堡执行计划》等。

❷ 联大在国家管辖范围以外区域海洋生物多样性的养护和可持续利用问题上发挥着主导作用，有两个主要原因：其一，从参加联大的国家的范围上说，联大几乎是全覆盖的；其二，从历史上的情况看，有关海洋法以及《海洋法公约》的讨论在联大的主持下进行，并由联合国法律事务办公室下属的一个特别部门，即"海洋事务和海洋法司"（其同时作为《海洋法公约》的秘书处）给予支持。See Glen Wright, Julien Rochette, Kristina Gjerde, Isabel Seeger, The Long and Winding Road: Negotiating a Treaty for the Conservation and Sustainable Use of Marine Biodiversity in Areas beyond National Jurisdiction, IDDRI Studies No 08/2018, p. 40.

❸ Elisabeth Druel and Kristina Gjerde, "Sustaining Marine Life beyond Boundaries: Options for An Implementing Agreement for Marine Biodiversity beyond National Jurisdiction under the United Nations Convention on the Law of the Sea," *Marine Policy* 49, (2014).

统的手段和政策法律框架等问题。❶ 值得注意的是，与国家管辖范围以外深海遗传资源和海洋科学研究有关的法律地位和制度问题也进入了讨论的范围，不同国家表达了相互冲突的观点。一些国家强调，"区域"内的海洋科学研究必须专为和平目的并为谋全人类的利益而进行，国家管辖范围以外的海床上的全部海洋资源，包括海洋生物多样性构成人类共同继承财产（common heritage of mankind），应在《海洋法公约》第十一部分"区域"法律制度中进行处理。而另一些国家则认为《海洋法公约》没有对在公海进行海洋科学研究的自由规定任何条件或限制，海洋生物资源被排除在"区域"法律制度之外，人类共同继承财产制度并不适用于海洋生物资源。❷

　　不同国家在这次会议上就深海遗传资源的有关法律问题进行讨论并形成对立的观点明显受到了如下事实的影响：首先，热液喷口和冷渗口等海底生态系统的发现，使得人们进一步了解到生存于这些生态系统中的微生物物种具有独特的生理特征，如能够忍耐高压、高温或低温、黑暗、低氧等极端的环境，所以这些极端微生物（extremophile）不论从科学角度还是商业角度来说都是令人感兴趣的对象；❸其次，海洋技术（包括船舶、设备、采样和分析技术等）的进步带来了对深海生物进行"生

---

❶　除了 2004 年非正式协商进程第五次会议，2007 年 6 月召开的非正式协商进程第八次会议重点讨论和审议了海洋遗传资源议题，具体包括理解海洋遗传资源及它们提供的服务、关于海洋遗传资源的海洋科学研究（伙伴关系、数据和信息分享）、商业化及知识产权、与国家管辖范围以内和以外区域海洋遗传资源活动有关的法律和政策、脆弱性、威胁和人为影响、能力建设和技术转让等。一些国家在本次会议上重申了国家管辖范围以外区域海洋遗传资源是人类共同继承财产的观点，这些国家主张在国家管辖范围以外区域的深海海床进行的与生物资源有关的所有活动，应基于《海洋法公约》的相关原则及其支配海洋科学研究和"区域"的规定，为了全人类的利益而进行。另一些国家认为《海洋法公约》适用于国家管辖范围以外区域海洋遗传资源的相关规定载于关于公海的第七部分，特别是第二节第 117 条和第 118 条，以及第十二、十三和十四部分。See UNGA, Report on the Work of the United Nations Open-ended Informal Consultative Process on Oceans and the Law of the Sea at Its Eighth Meeting, A/59/122.

❷　See UNGA, Report on the Work of the United Nations Open-ended Informal Consultative Process on Oceans and the Law of the Sea at its Fifth Meeting, A/59/122.

❸　科学兴趣的目的是增进人类对海洋物种和生物的生态学、生物学和生理学及其所在的生态系统的了解，商业兴趣的目的是开发用于生物技术、卫生保健、营养、水产养殖和生物修复等产业部门的新产品和新工艺。参见联合国大会：《海洋和海洋法：秘书长的报告》，A62/66/Add.1，2007 年 3 月 12 日，第 157~168 段。

物勘探"的机会，发达国家凭借其科技、人员和资金等方面的优势持续推进调查和采集深海遗传资源以及深度研究开发此类资源所含基因及生物化学成分等活动，而发展中国家却无力染指这些活动；❶再次，针对深海遗传资源的"生物勘探"等活动可能对热液喷口等海底生态系统造成不利的影响，特别是研究船舶和仪器可能对水体和海底造成干扰，如何通过实施已有的制度或建立新的治理规则确保养护和可持续利用这些生态系统亟待国际社会达成共识；❷最后，遗传资源是生物多样性不可或缺的组成部分，1992 年的《生物多样性公约》已经对处在国家管辖范围内的遗传资源所涉及的保护、可持续利用、获取和惠益分享等法律问题进行了明确规定。

据此，一个很大的争议在本次会议的讨论中产生了，这就是国家管辖范围以外区域的深海遗传资源应当适用于人类共同继承财产原则还是科学研究自由原则。这一争议反映了发展中国家和发达国家基于各自获取和研究开发这一类资源的能力所持有的不同立场，其贯穿于随后关于国家管辖范围以外区域海洋遗传资源议题的讨论和谈判的始终，几乎难以调和。

二、特设工作组关于国家管辖范围以外区域海洋生物多样性治理框架以及海洋遗传资源议题讨论的进程

2004 年，联大根据非正式协商进程第五次会议的建议，设立了"研究国家管辖范围以外区域海洋生物多样性养护和可持续利用有关问题的不限成员名额非正式特设工作组"（*Ad Hoc* Open-ended Informal Working

---

❶ 美国、俄罗斯、欧盟和日本等发达国家和地区研发制造出世界上最先进的研究船舶和载人潜水器，从 20 世纪 60 年代以来，这些国家开始在深海从事包括调查、采集样品等在内的科学研究活动。1977 年，美国"阿尔文"号载人潜水器在加拉帕戈斯洋脊断裂带首次发现了海底热液喷口区，同时对其周围典型的生物群落进行了科学研究。另有研究指出，美、德、日、法、英等 10 个发达国家拥有 90% 的含有海洋基因的专利，这显示发达国家在研究开发利用海洋遗传资源方面具有巨大的优势。See Sophie Arnaud-Haond *et al.*, "Global Genetic Resources: Marine Biodiversity and Gene Patents," *Science* 331, no 1521 (2011).

❷ Robin Warner, "Protecting the Diversity of the Depths: Environmental Regulation of Bioprospecting and Marine Scientific Research beyond National Jurisdiction," *Ocean Yearbook* 22, (2008).

Group to study issues relating to the conservation and sustainable use of marine biological diversity beyond areas of national jurisdiction)（以下简称特设工作组）。联大对特设工作组作出的一项授权是，针对国家管辖范围以外区域海洋生物多样性的养护和可持续利用，指明促进国际合作和协调的可能选择和方法。特设工作组于2006年召开了第一次会议，其授权略有扩大，可以直接向联大提出建议。从特设工作组讨论的一开始，一个中心问题就是，在当前国际法律框架中是否存在规制和治理的缺漏（regulatory and governance gaps），以及这些缺漏是否提供了为填补它们而制定一份《海洋法公约》下有关国家管辖范围以外区域海洋生物多样性的养护和可持续利用的国际文书的理由。❶

就海洋遗传资源而言，在2006年特设工作组第一次会议期间，一个关于在"区域"发现的海洋遗传资源法律地位的意识形态分歧立即显现出来，并在随后的特设工作组会议中变成一个决定性问题（defining issue）。77国集团支持对发现于"区域"的海洋遗传资源适用人类共同继承财产原则，并认为因开发利用这些资源产生的惠益应当在所有国家间分享。美国等发达国家指出，国家管辖范围以外区域的海洋遗传资源落入了《海洋法公约》第七部分的公海制度范围，公海自由（freedom of

---

❶　有研究查明了当前国家管辖范围以外区域（ABNJ）治理体系存在的规制缺漏和治理缺漏。前者指那些在全球、区域或次区域层面上未被规制或未充分规制的问题，后者指国际机构框架中的缺漏，包括在全球、区域或次区域层面上缺少机构或机制以及已有的组织和机制不一致的授权。规制缺漏主要有：缺少应用现代养护工具（如海洋保护区和环境影响评价）的全球程序和标准；缺少一个确保现代养护原则（如预防原则）被已有的全球和区域机构纳入和适用的全球性文书或机制；缺少一个充分的针对ABNJ基于生态系统的管理、生物多样性养护、各部门机构的合作和协调的法律授权；缺少为有效的船旗国表现提供激励的遵守和执行机制；缺少能力建设和海洋技术转让的标准、程序和指南。治理缺漏主要有：缺少在部门、国家、区域和机构之内和之间促使协调和合作实现的机制；缺少一个监督进展、核实遵守、通过具有约束力的决定以及在应用现代养护原则和工具中提供协助的全球机构或进程；在许多区域缺少一个拥有促进ABNJ海洋生物多样性养护和可持续利用授权的组织，或缺少一个具备规制对在其他区域未规制的海洋利用能力的组织；在有关ABNJ海洋遗传资源的获取和利用可适用的制度方面缺少清晰性。See Elisabeth Druel and Kristina Gjerde, "Sustaining Marine Life beyond Boundaries: Options for An Implementing Agreement for Marine Biodiversity beyond National Jurisdiction under the United Nations Convention on the Law of the Sea," *Marine Policy* 49, (2014).

high seas）原则适用于涉及这些资源的活动。❶

随着讨论的向前推进，一些国家继续聚焦诸如预防原则（precautionary principle）的适用和在国家管辖范围以外区域建立海洋保护区的问题。欧盟则认识到，就国家管辖范围以外区域海洋生物多样性的养护而言，在《海洋法公约》中存在一个规制缺漏，欧盟因此建议制定一份新的《海洋法公约》下的执行协定（implementing agreement）。❷但欧盟的立场在讨论的初期并未获得广泛的支持。欧盟同时意识到 77 国集团与美国等国家在海洋遗传资源适用的法律原则上的重大分歧，其在特设工作组第二次会议上提议将 2001 年联合国粮农组织通过的《粮食和农业植物遗传资源国际条约》建立的多边系统作为讨论的参考点。❸

2011 年特设工作组第四次会议几乎完全致力于一份《海洋法公约》之下关于国家管辖范围以外区域海洋生物多样性的养护和可持续利用的多边协定的讨论。更重要的是，本次会议迎来了讨论上的突破，作为在欧盟与 77 国集团以及墨西哥之间妥协的结果，一个共同的立场首次达成了，即会议商定，发起一个进程，以期采取查明差距和前进道路的方式确保国家管辖范围以外区域海洋生物多样性的养护和可持续利用的法律框架有效处理存在的问题，包括通过实施已有的文书和可能根据《海洋法公约》制定一份多边协定。该进程将处理关于国家管辖范围以外区域海洋生物多样性的养护和可持续利用的"一揽子议题"（package），具体包括：海洋遗传资源，包括惠益分享问题；包括海洋保护区在内的划区

---

❶ Glen Wright, Julien Rochette, Kristina Gjerde, Isabel Seeger, The Long and Winding Road: Negotiating a Treaty for the Conservation and Sustainable Use of Marine Biodiversity in Areas beyond National Jurisdiction, IDDRI Studies No 08/2018, p. 41.

❷ Glen Wright, Julien Rochette, Kristina Gjerde, Isabel Seeger, The Long and Winding Road: Negotiating a Treaty for the Conservation and Sustainable Use of Marine Biodiversity in Areas beyond National Jurisdiction, IDDRI Studies No 08/2018, p. 41.

❸ 欧盟显然看出了国家管辖范围以外区域的海洋遗传资源类似于所谓的"全球公有物"（global commons），而《粮食和农业植物遗传资源国际条约》建立的获取和惠益分享多边系统就体现了"全球公有物"的理念，这也是欧盟将《粮食和农业植物遗传资源国际条约》提出作为讨论的一个参考点的重要原因。

管理工具等措施；环境影响评价；能力建设和海洋技术转让。❶

　　特设工作组第四次会议是关于国家管辖范围以外区域海洋生物多样性的养护和可持续利用问题国际讨论的一个转折点，这是因为：制定一份关于国家管辖范围以外区域海洋生物多样性的养护和可持续利用问题的多边协定作为促进国际合作和协调的一个关键选择被明确地提出，而且获得了大多数国家的支持；❷下一步的讨论不再是发散式的，将会集中围绕上述"一揽子议题"而展开；除了有关国家管辖范围以外区域海洋遗传资源应当适用的法律原则的讨论之外，与海洋遗传资源有关的惠益分享问题（questions on the sharing of benefits）进入了讨论的范围。惠益分享问题是由欧盟提出的，反映了欧盟在海洋遗传资源议题上采取的"务实的路径"（pragmatic approach）。不仅如此，惠益分享这一提法呼应了人类共同继承财产原则中的惠益分享要素，因而通过欧盟与77国集团及墨西哥的立场协调而获得了后者的支持。❸此外，2010年通过的《生

---

❶　围绕一揽子议题系统性地安排谈判源于《海洋法公约》的谈判历史，其间此种方法成功地得到了使用。由于不同国家对于考虑中的问题展示了极为不同的态度，以及所有重要问题的成功谈判要求采取一种"一揽子交易"的方法，以作为在不同商谈领域之间的一个特别权衡艺术，因此，《海洋法公约》的谈判就作出了采用一个"一揽子交易"方法的决定。这个方法也被《生物多样性公约》的谈判所使用。"一揽子交易"方法可被总结为"全部谈妥才算谈妥"（nothing is agreed until everything is agreed）。这意味着某个国家接受一个特定的条款是以在其他谈判领域满足了其要求的商谈结果为条件的，还意味着，原则上所有在谈判过程中达成的妥协，取决于整体上对谈判所作的全面评估，会被考虑为初步的安排。由于参与者会受到激励接受某个或某些特定问题的解决，上述方法可能鼓励达成妥协，尽管会有缺点，这是因为相对有利地处理了并不必然直接相关的另一个或一些问题。See Glen Wright, Julien Rochette, Kristina Gjerde, Isabel Seeger, The Long and Winding Road: Negotiating a Treaty for the Conservation and Sustainable Use of Marine Biodiversity in Areas beyond National Jurisdiction, IDDRI Studies No 08/2018, p. 42.

❷　但美国、加拿大、日本、俄罗斯和冰岛等少数国家反对在特设工作组提交给联大的建议中提及启动一个新的协定谈判的字眼。

❸　根据《海洋法公约》的规定以及相关的解释，人类共同继承财产原则由五个方面的要素构成，它们是：不得将"区域"及其资源据为己有；共同管理"区域"及其资源；公平分享开发利用"区域"的资源所产生的财政及其他经济惠益；专为和平目的利用"区域"；为后代保全"区域"。有评论指出，2011年的"一揽子议题"使用了在意识形态上更为中立和更加务实的"惠益分享"的表述，而人类共同继承财产原则并没有被提及，这种处理存在一定的问题，特别是人类共同继承财产原则中的第五个要素（所谓的"代际公正"）就在未来的讨论中消失了。See Dire Tladi, "The Common Heritage of Mankind and the Proposed Treaty on Biodiversity in Areas beyond National Jurisdiction: The Choice between Pragmatism and Sustainability," Yearbook of International Environmental Law 25, no 1 (2015).

物多样性公约关于获取遗传资源与公正和公平地分享其利用所产生惠益的名古屋议定书》（以下简称《名古屋议定书》）也对国家管辖以外区域海洋遗传资源的讨论施加了不可忽视的影响，因为这份专门针对遗传资源的议定书的目标就是公正和公平的惠益分享。❶

2012 年特设工作组第五次会议的讨论进展缓慢，这提示在开启正式谈判之前还有很长的路要走。尽管本次会议后制定一份关于国家管辖范围以外区域海洋生物多样性的养护和可持续利用问题的多边协定的前景并不明朗，但 2012 年 6 月联合国可持续发展大会（"Rio+20"）适时提供了达成共识的契机，经过不同国家间的协商和妥协，各国元首和政府首脑在"我们希望的未来"的大会最终文件中作出政治承诺：基于特设工作组开展的工作，在联大第六十九届会议之前（2015 年 9 月），抓紧处理国家管辖范围以外区域海洋生物多样性的养护和可持续利用问题，包括就根据《海洋法公约》制定一份国际文书作出决定，并在特设工作组内建立一个准备采取这一行动的进程。

2013 年特设工作组第六次会议除了进行例行的讨论之外，还讨论了程序上的问题，即建立一个进程，以便使各国可以针对在联大第六十九届会议之前发起国际文书谈判作出决定。会议商定，这个进程将讨论根据《海洋法公约》制定一份新的国际文书的范围（scope）、要素（parameters）和可行性（feasibility），并向联大提出建议，而且为此需要召开至少三次特设工作组会议。2014 年安排了两次特设工作组会议，各国在 4 月份的第七次会议上进行了交互式的实质性辩论，一系列问题被提出并纳入了关于国际文书的范围、要素和可行性第一轮讨论的"联合主席非正式问题概要"，这些问题非常全面和具体，从而显示了未来

---

❶ 在《名古屋议定书》的谈判中，发展中国家曾建议《名古屋议定书》应当适用于国家管辖范围以外区域的遗传资源，但这遭到了发达国家的反对并且没有反映在最后通过的文本中。作为折中，非洲集团提出了"全球多边惠益分享机制"的思路，《名古屋议定书》第 10 条纳入了这一思路，具体而言，缔约方在未来应当考虑一个全球多边惠益分享机制的需要和模式，以便处理分享在跨界情况下发生或无法准予或获得事先知情同意的利用遗传资源所获得的惠益。就国家管辖范围以外区域的海洋遗传资源而言，有可能落入"分享无法准予或获得事先知情同意的利用遗传资源所获得的惠益"中提及的遗传资源，这样一来，国际社会应当考虑这些遗传资源的惠益分享问题，这无疑对特设工作组的讨论产生了影响。

工作的强度和难度。然而，特设工作组此时面临的任务并不是仔细考虑并逐一解决这些问题，而是按照"Rio+20"设定的时限，就根据《海洋法公约》制定一份关于国家管辖范围以外区域海洋生物多样性的养护和可持续利用的国际文书的问题作出决定。6月份的第八次会议见证了各国在很多问题上不断趋向于一致性的观点，而且出现了广泛的对于维持"Rio+20"所设时限以及避免延长特设工作组进程的支持。重要的是，非洲联盟、加勒比共同体和太平洋岛国等加入支持启动正式谈判一份国际文书的行列中来。同时各国商定，《海洋法公约》构成了未来任何谈判的基础，而且未来的谈判应当围绕 2011 年确定的"一揽子议题"展开。

　　2015 年 1 月特设工作组召开了最后一次会议，会议的一项任务是对根据《海洋法公约》制定一份国际文书的范围、要素和可行性进行讨论和审议，另一项最受关注的任务是商定并通过向联大提交的建议，从而顺利完成特设工作组的使命。尽管仍有很大的争议，但最终特设工作组达成了历史性的妥协。特设工作组以协商一致的方式建议联大，决定根据《海洋法公约》制定一份具有法律约束力的关于国家管辖范围以外区域海洋生物多样性的养护和可持续利用问题的国际文书，❶并且决定在召开政府间大会之前，设立一个预备委员会（Preparatory Committee），在2016—2017 年开展工作，就上述具有法律约束力的国际文书案文草案要素（elements of draft text of an international legally binding instrument）向大会提出实质性建议。特设工作组还建议联大，决定谈判应当处理 2011年商定的"一揽子议题"，即国家管辖范围以外区域海洋生物多样性的养护和可持续利用，特别是，连同并作为一个整体的，海洋遗传资源，包括惠益分享问题；包括海洋保护区在内的划区管理工具等措施；环境影响评价；能力建设和海洋技术转让。

---

　　❶ 尽管各国以协商一致的方式商定了向联大提交的建议，但不同国家在国际文书的属性问题上出现了分歧。欧盟、77 国集团和中国等要求使用"具有法律约束力的国际文书"的措辞，而美、日、俄等国认为，由于"Rio+ 20"的文件使用的是"国际文书"的措辞，向联大提交的建议应当继续使用这一措辞，显然这些国家倾向于最终达成一个软法性质的国际文件。不过经过各方的最后努力，各国商定了"具有法律约束力的国际文书"的措辞。See Glen Wright, Julien Rochette, Kristina Gjerde, Isabel Seeger, The Long and Winding Road: Negotiating a Treaty for the Conservation and Sustainable Use of Marine Biodiversity in Areas beyond National Jurisdiction, IDDRI Studies No 08/2018, p. 43.

综合特设工作组关于海洋遗传资源议题的讨论情况，可以总结出三种不同的基本立场：77 国集团等发展中国家坚持的海洋遗传资源应当适用人类共同继承财产原则；美、日等发达国家主张的海洋遗传资源落入公海自由原则的适用范围；欧盟提出的回避适用原则之争而采取务实路径构建国家管辖范围以外区域海洋遗传资源的获取和惠益分享制度，就此可参照《粮食和农业植物遗传资源国际条约》等已有的关于遗传资源的国际文书。与这三种立场紧密联系的观点是，欧盟、77 国集团及一些发展中国家认为《海洋法公约》在处理海洋遗传资源的利用上存在法律空白，应当通过制定新的国际文书解决海洋遗传资源的获取和惠益分享问题，而美、日、俄等国反对制定新的国际文书和建立新的关于惠益分享的法律规则。在具体问题上，各国借助于讨论新的国际文书范围和要素的机会提出了很多有待考虑的问题，其中重要的问题有：海洋遗传资源的定义，其仅包括"区域"或公海还是同时包括这两类海区的海洋遗传资源；是否需要对获取海洋遗传资源的活动进行控制或设置条件；哪些活动会触发惠益分享；惠益的类型；惠益分享的主体和模式；如何处理知识产权问题；等等。

三、预备委员会关于"海洋遗传资源，包括惠益分享问题"的谈判进程

2015 年 6 月，联大在通过的第 69/292 号决议中，决定根据《海洋法公约》制定一份具有法律约束力的关于国家管辖范围以外区域海洋生物多样性的养护和可持续利用问题的国际文书，并且成立预备委员会，其将在 2016~2017 年举行四次会议，从而就国际文书案文草案的要素向联大提交实质性建议。

各国在预备委员会第一次会议上开始"拆解议题包"（unpack the package），针对四项"一揽子议题"下面的具体要素及国际文书的一般性要素阐述了具体的立场和观点。预备委员会主席汇编了各国在第一次会议期间提出的问题，这为第二次和第三次会议的谈判提出了必要的基础。受到预备委员会主席的鼓励，各国在这两次会议上深入上述要素的细节，尽可能提出"专用语言建议"（specific language proposals），这有

助于在后期被翻译为"条约语言"。在这些建议的基础上，预备委员会主席试图区分出各国达成一致的问题和有待进一步讨论和谈判的问题。谈判的主要参与国以及一些国际组织受预备委员会主席之邀就国际文书案文草案的要素向预备委员会提交了书面意见。2017 年 2 月，主席基于这些意见发布了关于国际文书案文草案要素的"主席非正式文件"（Chair's non-paper），以便协助讨论和谈判。预备委员会第三次会议之后，主席又根据各国的请求更新了上述"主席非正式文件"，并发布了"精简版主席非正式文件"（Chair's streamlined non-paper）。这一版本是各国提出的观点和建议的汇编，其反映了各国建议的不同选项的界限和深度。❶

就海洋遗传资源，包括惠益分享问题这个事项而言，各国分别针对定义、范围、指导原则和方法、获取和惠益分享、知识产权、监测海洋遗传资源的利用、信息交换所机制等具体要素发表和交换观点。❷

在海洋遗传资源定义的要素上，一些国家强调了对海洋遗传资源进行界定的必要性。相应地，一些国家建议直接照搬《生物多样性公约》及其《名古屋议定书》中的遗传资源（包括遗传材料）的定义；个别国家建议对《生物多样性公约》规定的定义进行必要的修改，如增加"海洋"或"从'区域'采集"或"来自国家管辖范围以外区域"的限定词语。

在范围的要素上，不同国家分别就属地范围（geographical scope）和属物范围（material scope）表达观点。关于属地范围，一些国家认为国际文书适用于"区域"和公海的海洋遗传资源，而一些国家认为国际文书仅适用于"区域"的海洋遗传资源。关于属物范围，一些国家建议国际文书适用于用作研究其遗传属性的鱼类和其他生物资源，为此可以确立一个科学上知情的门槛值，据此来判断提取的资源将用于研究还是作为商品出售，个别国家明确反对国际文书适用于鱼类。其他与属物

❶ See Glen Wright, Julien Rochette, Kristina Gjerde, Isabel Seeger, The Long and Winding Road: Negotiating a Treaty for the Conservation and Sustainable Use of Marine Biodiversity in Areas beyond National Jurisdiction, IDDRI Studies No 08/2018, p. 44.

❷ UNGA, Chair's Streamlined non-paper on Elements of a Draft Text of an International Legally-binding Instrument under the United Nations Convention on the Law of the Sea on the Conservation and Sustainable Use of Marine Biological Diversity of Areas beyond National Jurisdiction.

范围有关的问题还牵涉国际文书对处于不同条件下的海洋遗传资源的适用，一些国家建议国际文书适用于原地（*in situ*）和异地（*ex situ*）条件下的以及通过电脑模拟（*in silico*）的海洋遗传资源和数字序列数据（digital sequence data），而一些国家反对适用于通过电脑模拟的海洋遗传资源和数字序列数据。另外，一些国家强调国际文书适用于衍生物（derivatives），但一些国家则持相反观点。

在指导原则和方法（guiding principle and approach）上，77 国集团等发展中国家继续强调人类共同继承财产原则构成了国际文书的基础，其应当适用于在"区域"发现的海洋遗传资源，美、日等国则坚持公海自由原则适用于国家管辖范围以外区域的海洋遗传资源，而欧盟仍然支持采取务实路径，并基于《海洋法公约》相关规定和其他遗传资源国际文书构建海洋遗传资源法律制度。除了这一根本原则，不同国家还提出了其他相关的原则，如人类共同关切、尊重沿海国对大陆架享有的权利、可持续性、不得据为己有、鼓励研究、创新和商业开发，等等。

在获取（access）的要素上，不同国家就是否规制获取海洋遗传资源的问题发表了观点。发达国家赞成按照《海洋法公约》关于国家管辖范围以外区域海洋科学研究的规定自由获取海洋遗传资源，一些发展中国家强调要对获取海洋遗传资源的活动进行规制，具体的方式有二：在国际文书中确立相关的条件和条款（如获取主体应通报获取的情况、在公共生物样品库和数据库保藏已获取的样品和相关数据、向信托基金进行捐资等）；缔约方采取立法、行政或政策措施，确保海洋遗传资源的获取遵守了国际文书的相关规定。还有一些国家指出，原地获取（*in situ access*）国家管辖范围以外区域海洋遗传资源要基于相关的原则而进行，如不妨碍研究和开发、养护和可持续利用国家管辖范围以外区域的海洋生物多样性、尊重沿海国就其管辖范围以内的资源享有的权利和负担的义务、船旗国采取不损害生态系统和使用环境友好的技术和操作方法的方式从事海洋遗传资源采集活动的义务，等等。

在惠益分享的要素上，各国又进一步将惠益分享要素分解为目标、指导惠益分享的原则、惠益类型以及惠益分享的模式四个下一层级的要素。一些国家提出了惠益分享的目标，包括：促进海洋生物多样性的养护和可持续利用、惠及当代和未来世代、促进海洋科学研究、促进能力建设和技术转让、建设获取海洋遗传资源的能力等。一些发展中国家还提出了指导惠益分享的可能原则，例如，平衡参加国和从事获取和利用海洋遗传资源活动的其他实体之间的利益的原则、公正和公平原则、透明原则、有利于海洋生物多样性的养护和可持续利用的原则、不消极影响各国以符合《海洋法公约》下的制度的方式从事海洋科学研究的权利的原则、有利于根据《海洋法公约》从事海洋科学研究以及促进知识生成和创新的原则等。受到《名古屋议定书》附件的影响，一些国家认为惠益的类型既包括货币惠益，也包括非货币惠益，但个别发达国家只提到了非货币惠益。大体而言，不同国家建议了三份非货币惠益清单，它们分别参考了《名古屋议定书》《粮食和农业植物遗传资源国际条约》《海洋法公约》（第十三部分相关规定）。针对惠益分享的模式，不同国家建议的惠益分享模式主要有四种：信托基金（收集阶段性付费或特许权使用费等费用并将此类费用用于养护和可持续利用活动）；类似于世界卫生组织《共享流感病毒以及获取疫苗和其他惠益的大流行性流感防范框架》下的年度伙伴关系捐款（annual partnership contribution）模式；设立关于海洋研究的国际项目以支持国家管辖范围以外区域海洋环境的养护和管理；混合模式（结合了《粮食和农业植物遗传资源国际条约》下的基于项目的模式和《共享流感病毒以及获取疫苗和其他惠益的大流行性流感防范框架》下的伙伴关系捐款模式）。

在知识产权的要素上，发展中国家建议确立一个在专利申请中披露海洋遗传资源来源的强制性要求，但发达国家主张知识产权，包括专利申请中的来源披露不在国际文书的范围之内，此类问题应由主管全球知识产权事务的国际组织（世界知识产权组织和世界贸易组织）进行处理。另外，有的国家要求国际文书禁止私人拥有和行使知识产权，因为这会限制为了进一步研究和其他目的而获取海洋遗传资源，有的国家建议制定特殊（sui generis）或专门的制度。

在监测海洋遗传资源的利用的要素上，不同国家表达了多样化的观点。有的国家建议制定规程、行为守则或准则，以确保海洋遗传资源利用上的透明度。有的国家建议设立相关机制，如有关海洋遗传资源提取情况的信息保存处（depository of information），以跟踪在国家管辖范围以外区域获得的海洋遗传资源的来源。其他的建议包括：通过借鉴《名古屋议定书》中的遵守证书规则，引入海洋遗传资源的"护照"，其将附随于海洋遗传资源，以便在研发、创新或商业化的任何阶段展示海洋遗传资源的来源；国际海底管理局在监测利用上可以发挥某种作用；国内负责知识产权的主管部门可以被确立为一个"检查点"，以便监测利用活动并确保惠益分享。

在信息交换所机制（clearing-house mechanism）的要素上，一些国家建议参考《名古屋议定书》的规则设立信息交换所机制，用于各类信息和数据的共享以及研究成果的交流等。有的国家还指出船旗国有义务向信息交换所通报从国家管辖范围以外区域获取的海洋遗传资源的具体信息。

预备委员会第四次会议继续就上述要素进行讨论和谈判，然而剩下的时间已经不多，考虑到本次会议需要商定向联大提交的关于国际文书案文草案要素的实质性建议。在经历了最后时刻的权衡和妥协之后，本次会议以协商一致的方式通过了向联大提交的关于国际文书案文草案要素的各项建议。❶值得注意的是，预备委员会向联大建议的国际文书草案要素被分置于 A 和 B 两节之中。不仅如此，预备委员会向大会建议：A 节和 B 节并没有反映共识，A 节包含大多数代表团意见一致的非排他性要素，B 节重点突出了存在意见分歧的一些主要问题。这种做法很不寻常，显示了各项要素的复杂性和高度争议性。

在海洋遗传资源，包括惠益分享问题这一事项上，A 节基本上只是罗列了国际文书要处理和规定的三个大的问题，它们是"范围""获取和惠益分享""监测国家管辖范围以外区域海洋遗传资源的利用"。除了在"获取和惠益分享"之下又区分为"获取""惠益分享"和"知识产权"三个要素，以及在"惠益分享"之下进一步区分为"目标""惠益分享的指导原则和方法""惠益""惠益分享模式"四个要素之外，A 节几乎没

---

❶ See UNGA, Report of the Preparatory Committee Established by General Assembly Resolution 69/292: Development of an International Legally Binding Instrument under the United Nations Convention on the Law of the Sea on the Conservation and Sustainable Use of Marine Biological Diversity of Areas beyond National Jurisdiction, A/AC.287/2017/PC.4/2, 31 July 2017.

有提及如何处理这些要素的具体细节。❶这就相当于仅仅搭建了一个关于海洋遗传资源的获取和惠益分享制度的大框架，留下了大片的有待填充的制度空白。从某种意义上说，这是令人感到遗憾的事情，因为国际社会花费十余年的努力得到的是一个相对空洞的结果。

B 节则列举了需要进一步讨论和解决的问题。首要的问题就是与海洋遗传资源法律地位或应当适用的法律制度有关的人类共同继承财产和公海自由。其他的问题包括：是否应当对获取海洋遗传资源进行规制；这些资源的属性；应当分享何种惠益；是否处理知识产权；是否规定监测国家管辖范围以外区域海洋遗传资源的利用。B 节所列举的问题是各国在过去的讨论和谈判中存在严重分歧以及未能达成共识的问题，实际上，只有使用这些问题的解决方案才能填充 A 节所留下来的制度空白。但这些问题敏感且复杂，解决起来并不容易，是未来政府间谈判要完成的艰巨任务。

对于下一步的安排，预备委员会建议大会，应尽快针对在联合国主持下召开一次政府间大会作出决定，以考虑预备委员会关于要素的建议并根据《海洋法公约》制定具有法律约束力的国际文书案文。至此，关于国家管辖范围以外区域海洋遗传资源议题国际讨论和预备谈判的进程宣告结束。2017 年 9 月 12 日，联大第七十二届会议开幕，议程项目 77 专门处理海洋和海洋法的议题，2017 年 12 月 24 日，联大通过了第 72/249 号决议，决定在联合国主持下召开政府间大会，审议预备委员会关于案文要素的建议，并根据《海洋法公约》就国家管辖范围以外区域海洋生物多样性的养护和可持续利用问题拟定一份具有法律约束力的国际文书案文，以期尽早制定该文书。随着 2018 年 9 月 4 日政府间大会第一次会议在纽约联合国总部的召开，谈判一份具有法律约束力的关于国家管辖范围以外区域海洋生物多样性的养护和可持续利用国际文书的进程正式开启。

---

❶　但 A 节在两个要素上列出了一些具体内容：一是"惠益分享"之下的"目标"要素，具体的内容是，"案文将述及，惠益分享的目标是：促进国家管辖范围以外区域海洋生物多样性的养护和可持续利用；建设发展中国家获取和利用国家管辖范围以外区域海洋遗传资源的能力"。二是"惠益分享"之下的"指导惠益分享的原则和方法"要素，具体的内容是，"案文将述及惠益分享的指导原则和方法，例如，惠及当代和未来世代；促进海洋科学研究以及研究和开发"。

第二节　具有法律约束力的国际文书谈判中"海洋遗传资源，包括惠益分享问题"的要素及分歧❶

　　根据联大第 72/249 号决议，政府间大会将分别在 2018 年、2019 年和 2020 年上半年召开四次会议。政府间大会前三次会议已经完成任务，原定于 2020 年上半年召开的第四次会议因为新冠肺炎全球大流行被推迟至 2022 年 3 月召开。政府间大会第一次会议围绕一份题为《主席对讨论的协助》（President's Aid to Discussions）的文件进行了讨论，❷第二次会议则围绕另一份题为《主席对谈判的协助》（President's Aid to Negotiations）的文件进行了讨论和谈判。❸从 2019 年 8 月第三次会议开始，政府间大会以主席起草的"《海洋法公约》下关于国家管辖范围以外区域

---

❶　值得注意的是，从政府间大会第三次会议开始，"具有法律约束力的国际文书"（an international legally binding instrument）的表述被"协定"（agreement）取代，为了反映这一变化，下文改称国际文书为"BBNJ 协定"，BBNJ 是国际上对 marine biological diversity of areas beyond national jurisdiction 的通用简称。

❷　考虑到不是每个国家都愿意展开有法律约束力的国际文书的文本谈判，以及为了照顾那些不认为预备委员会就国际文书的要素达成一致的国家的看法，政府间大会第一次会议针对《主席对讨论的协助》而非国际文书"预稿"（zero draft）集中进行讨论。《主席对讨论的协助》基于预备委员会建议的国际文书各个要素，列出了各个要素之下需要谈判者回答的具体问题。无疑，这些问题的答案将会构成处理这些要素的方案。实际上，各国在政府间大会第一次会议上又再一次重申了先前的立场和观点，不过这种重申在一些谈判者看来很有必要，而且对接下来的基于案文草案的谈判也有意义。参见 IISD Earth Negotiations Bulletin, Summary of the First Session of the Intergovernmental Conference on an International Legally Binding Instrument under the UN Convention on the Law of the Sea on the Conservation and Sustainable Use of Marine Biodiversity of Areas beyond National Jurisdiction, September 2018。

❸　政府间大会第二次会议并没有切换到基于案文草案的谈判模式，本次会议针对《主席对谈判的协助》进行讨论和谈判，这份文件在国际文书各个要素上尽可能使用条约语言呈现了不同的备选方案。尽管主席鼓励各国考虑可能缩小各备选方案范围的设想和建议，包括通过拟定文本建议，以助力填补空白和弥合各备选方案中的分歧，但是大多数国家并没有照此行事，相反，许多国家选择仅仅陈述它们对于某种备选方案的倾向性意见，几乎没有回应其他国家的立场并建议具体的能够填补空白的设想。参见 IISD Earth Negotiations Bulletin, Summary of the Second Session of the Intergovernmental Conference on an International Legally Binding Instrument under the UN Convention on the Law of the Sea on the Conservation and Sustainable Use of Marine Biodiversity of Areas beyond National Jurisdiction, April 2019。

海洋生物多样性的养护和可持续利用问题的协定案文草案"（Draft text of an agreement under the United Nations Convention on the Law of the Sea on the conservation and sustainable use of marine biological diversity of areas beyond national jurisdiction）（BBNJ 协定案文草案）为基础进行谈判，❶这标志着谈判转入一个新的和更加艰难的阶段。综合 2017 年预备委员会提交给联大的建议以及政府间大会四次会议的讨论和谈判情况来看，2019 年 BBNJ 协定案文草案中"海洋遗传资源，包括惠益分享问题"这一事项之下的各个要素基本上可以确定，不同国家在这些要素上的立场和分歧也得到了比较充分的展示。2019 年 BBNJ 协定案文草案要素的确定为接下来针对具体案文的谈判建立了明确的预期，而立场和分歧的展示有助于各方下一步通过深入谈判达成"权衡"（trade-offs），从而尽可能解决这些分歧。

一、海洋遗传资源的定义

"海洋遗传资源，包括惠益分享问题"作为"BBNJ 协定"规制的事项，其具体制度构成要素的构建必须建立在对海洋遗传资源这一核心术语作出界定的基础之上。在这一点上，参与讨论和谈判的各个国家基本上取得了共识。2019 年 BBNJ 协定案文草案（以下简称"2019 年草案"）以及 2020 年 BBNJ 协定案文草案修改稿（以下简称"2020 年草案修改稿"）在"用语"部分列出了"海洋遗传资源"的定义。❷

在"2020 年草案修改稿"中，关于"海洋遗传资源"定义的备选案文有两个。备选案文 1 中的"海洋遗传资源"指［在国家管辖范围以外区域发现或］源于国家管辖范围以外区域的、来自海洋植物、动物、微

---

❶　UNGA, Draft text of an agreement under the United Nations Convention on the Law of the Sea on the conservation and sustainable use of marine biological diversity of areas beyond national jurisdiction, A/CONF.232/2019/6, 17 May 2019.

❷　BBNJ 协定案文草案修改稿虽然于 2019 年 11 月 18 日公布，但这份修改稿是为 2020 年 3 月召开的政府间大会第四次会议而准备的，所以将其称为 2020 年 BBNJ 协定案文草案修改稿，下文统一简称为"2020 年草案修改稿"，同时要指出的是，第二节的分析都将围绕"2020 年草案修改稿"中的案文而展开，除非另外说明。

生物或其他来源的任何含有遗传功能单位并且其遗传和生物化学特性具有实际或潜在价值的材料。首先要注意的是，上述定义中有一个方括号，其中的内容是关于海洋遗传资源的地理来源，这意味着，如果谈判者有必要在海洋遗传资源的定义中引入其地理来源，则存在两个选项。备选案文 2 中的"海洋遗传资源"指具有实际或潜在价值的海洋遗传材料。而"海洋遗传材料"在"2020 年草案修改稿"中指来自海洋植物、动物、微生物或其他来源的任何含有遗传功能单位的材料。❶

由此可见，"2020 年草案修改稿"在界定"海洋遗传资源"上采取了两种方式，一种是直接对"海洋遗传资源"作出界定，另一种为间接方式，即将"海洋遗传资源"界定为具有实际或潜在价值的海洋遗传材料，同时又对"海洋遗传材料"作出界定，如此一来，海洋遗传资源的定义需要借助于海洋遗传材料的定义而得以明确。后者显然是借鉴了《生物多样性公约》的方式。❷ 从表面上看，这两种界定方式无关宏旨，然而，它们在实质上涉及不同国家间的一个重大的分歧和争议，这就是"衍生物"要不要写进"海洋遗传资源"的定义之中。这个争议不仅反映在"海洋遗传资源"的界定上面，而且牵涉如何确定"BBNJ 协定"第二部分"海洋遗传资源，包括惠益分享问题"的适用"范围"。

首先来看采取直接方式界定的"海洋遗传资源"，这个定义主要吸收了一部分发展中国家的建议，当然也体现了发展中国家所追求的利益。这个定义最大的特点在于明确提及了"遗传和生物化学特性"。这里提及"生物化学特性"明显是为了将海洋遗传资源所产生的"衍生物"或"自然生成的生物化学化合物"纳入"海洋遗传资源"的定义之中。这是对

---

❶ "2019 年草案"提供了另一个"海洋遗传材料"定义，其指：[从国家管辖范围以外区域采集的] 来自海洋植物、动物、微生物或其他来源的任何含有遗传功能单位的材料 [；它不包括衍生物等由材料制成的材料，或遗传序列数据等描述材料的信息]。尽管有关衍生物和信息的内容出现在这个定义带有的方括号中，但这显示了有些国家想要通过排除衍生物和信息而狭窄地界定"海洋遗传材料"的意图。

❷ 在《生物多样性公约》中，"遗传资源"指具有实际或潜在价值的遗传材料，而"遗传材料"指来自动物、植物、微生物或其他来源的任何含有遗传功能单位的材料。

国际上既有的"遗传资源"定义作扩大理解的关键尝试。❶因为发展中国家一直主张，遗传资源的实际或潜在价值主要存在于因基因活动所产生的自然生成的化合物，而且自从 1992 年《生物多样性公约》通过以来，现代生物科学的主要兴趣已经从基因本身的研究转向来自基因表达的自然生成化合物的研究和开发。❷

　　其次来看采取间接方式界定的"海洋遗传资源"，如上所述，这个定义完全借鉴了《生物多样性公约》中的"遗传资源"的定义。实际上，按照某些发达国家对"遗传资源"定义的解释以及它们在政府间大会讨论和谈判中的观点，"海洋遗传资源"仅指含有遗传功能单位（即基因或 DNA 片段）的海洋遗传材料，而"衍生物"不在海洋遗传材料的范围之内。然而，考虑到《生物多样性公约》关于"遗传资源"的定义存在的模糊性和解释上的分歧，❸不作任何改变而直接借鉴《生物多样性公约》中的定义不仅无助于取得共识，而且会将界定"海洋遗传资源"中所产生的争议抛给其他定义和问题的谈判。具体来说，如果"海洋遗传资源"定义不提及"衍生物"的问题，那么发展中国家的诉求可能要通过额外的术语（"利用遗传资源"）及其定义或者其他问题的谈判结果而得到满足；❹如果"衍生物"不被"海洋遗传资源"的定义所涵盖，"衍生物"的问题必定会出现在"适用"问题的谈判当中，这实际上是将定义的谈判

---

❶　《生物多样性公约》中的"遗传资源"定义是当前国际上被广泛援引并具有较高权威性的定义。但是要指出的是，自从《生物多样性公约》缔结以来，针对这个定义长期以来存在争议，具体来说，"遗传资源"仅指含有遗传功能单位（即 DNA）的材料，还是更为广泛地指基因表达产物，如 RNA、蛋白质和酶（它们本身不含有遗传功能单位，但保留来自遗传功能单位的信息）以及任何来自细胞新陈代谢的自然生成的生物化学化合物（如树脂、香精油和芳香）。See Elisa Morgera, Elsa Tsioumani and Matthias Buck, *Unraveling the Nagoya Protocol: A Commentary on the Nagoya Protocol on Access and Benefit-sharing to the Convention on Biological Diversity* (Leiden: Brill, 2014), p. 65.

❷　Matthias Buck and Claire Hamilton, "The Nagoya Protocol on Access to Genetic Resources and Benefit-sharing Arising from Their Utilization to the Convention on Biological Diversity," *Review of European Community & International Environmental Law* 20, no 1 (2011).

❸　张小勇：《遗传资源国际法问题研究》，知识产权出版社，2017，第 38~45 页。

❹　有关在《名古屋议定书》谈判中为何要界定"利用遗传资源"以及如何解决"衍生物"的适用问题的介绍和分析，可参见张小勇：《遗传资源国际法问题研究》，知识产权出版社，2017，第 82~85 页。

问题换成"适用"的谈判问题。

从上述分析来看，发展中国家和发达国家在政府间大会谈判中围绕"海洋遗传资源"定义的最大分歧是，"衍生物"是否应被纳入"海洋遗传资源"的定义之中。❶更进一步说，"海洋遗传资源"定义涵盖的物质范围的宽窄必然会对关于海洋遗传资源的获取和惠益分享法律规则的内容产生实质影响。有评论指出，"海洋遗传资源"的定义构成了"BBNJ协定"关于获取和惠益分享制度的一个"入口"，这意味着，定义涵盖的物质越多，"BBNJ协定"的属物范围也就越多，因而，尤其是更多的惠益可能自惠益分享的方案而产生。❷

二、目标

"2019年草案"在第二部分"海洋遗传资源，包括惠益分享问题"将关于"目标"的案文置于本部分各案文之首，这与预备委员会最终报告以及政府间大会第一次和第二次会议文件的处理方式不同，后者都是在"惠益分享"要素之下处理"目标"问题。"2019年草案"通过将"目标"的位置前移改变了此前对待"目标"的做法，这样就表明了"目标"同时统辖"获取"和"惠益分享"两个要素，而不仅仅是"惠益分享"要素。"2020年草案修改稿"延续了这一处理方式，其第7条是关于"目标"的案文。

第7条案文的内容为：本部分（即"海洋遗传资源，包括惠益分享问题"）的目标是：

（a）促进［公正和公平地］分享因［采集］［获取］［利用］国家管辖范围以外区域海洋遗传资源而产生的惠益；

（b）建设发展中国家缔约方，特别是最不发达国家、内陆发展中国家、地理不利国家、小岛屿发展中国家、非洲沿岸国家和中等收入发展中

---

❶ 除了"衍生物"是否应被纳入"海洋遗传资源"的定义之中，一些发展中国家还建议"海洋遗传资源"定义应当提及遗传和生物化学信息或数据，但发达国家对此明确反对。

❷ Konrad Jan Marciniak, "The Legal Status of Marine Genetic Resources in the Context of BBNJ Negotiations: Diverse Legal Regimes and Related Problems," in *New Knowledge and Changing Circumstances in the Law of the Sea*, ed. Tomas Heidar (Leiden: Koninklijke Brill NV, 2020), p. 55.

国家［采集］［获取］和利用国家管辖范围以外区域海洋遗传资源的能力；

（c）包括通过根据《海洋法公约》促进和便利在国家管辖范围以外区域发展和进行海洋科学研究，促进知识生成和技术创新；

（d）［在一切合法利益，除其他外，包括海洋技术持有者、供应者和接受者的权利和义务的限制下，］促进海洋技术的开发和转让。

上述四项目标基本上来自《主席对谈判的协助》文件关于"惠益分享"要素下的"目标"备选案文。政府间大会主席根据不同国家讨论和谈判情况，对多个备选案文进行了精简和合并，并在"2019年草案"中列出了五项目标，包括上述四项目标以及"推动实现公正和公平的国际经济秩序"的目标。但在政府间大会第三次会议上，由于发展中国家和发达国家都认为"推动实现公正和公平的国际经济秩序"目标不适于出现在"海洋遗传资源，包括惠益分享问题"部分，"2020年草案修改稿"删除了该目标。

相比于含有权利或义务内容的"硬性"规定，关于"目标"的规定属于比较"软性"的规定，但其表达方式和使用的措辞会对前者产生明显的制约效应。就上述第一项"促进惠益分享"的目标而言，不同国家在触发惠益分享的活动，以及惠益分享是否要符合公正和公平原则的问题上存在分歧。某些发达国家建议触发惠益分享的活动限于采集国家管辖范围以外区域海洋遗传资源的活动，❶还有某些发达国家反对在分享惠益问题上强调公正和公平原则。而发展中国家希望惠益分享发生在从获取（access）到利用（utilization）国家管辖范围以外区域海洋遗传资源的各个环节和阶段，并且要符合公正和公平的原则。显然，发展中国家意图仿照《名古屋议定书》中的惠益分享模式构建"BBNJ协定"下的惠益分享制度。就上述第二项"能力建设"的目标而言，同样的分歧出现在了能力建设所针对的活动类别上，是仅限于建设发展中国家利用国家管辖范围以外区域海洋遗传资源的活动的能力，还是建设采集、获取和利用海洋遗传资源活动的能力？

此类措辞选择和使用分歧背后的考量因素无疑是，可分享的惠益类型的多和少以及相应的惠益分享义务的重与轻的问题。不仅如此，此类

---

❶　这里的采集（collection）应该指海洋遗传资源的原生境或原地获取（in situ access）。

分歧还会附带引出如何理解和界定"采集""获取""利用"这些术语的争议。❶"2020 年草案修改稿"尝试性地列出了"获取"和"利用海洋遗传资源"的定义，❷然而，这些定义尚未经历各国的讨论和谈判，未来能否确立下来将会取决于各国在实质性规定上的谈判结果。

三、适用

如上所述，在预备委员会就国际文书案文草案的要素进行讨论和谈判的过程中，主要的谈判参与方围绕国际文书案文草案"海洋遗传资源，包括惠益分享问题"事项适用的属地、属物和属时适用范围（geographical，material and temporal scope）等表达了各自观点。预备委员会由此将"范围"确定为国际文书案文草案"海洋遗传资源，包括惠益分享问题"事项之下的一个要素。《主席对讨论的协助》文件列举了各方需要讨论和回答的各种有关"范围"的问题，而《主席对谈判的协助》文件在区分属地、属物和属时适用范围的基础上提出了初步的备选案文。在"2020 草案修改稿"中，政府间大会主席通过汇总各方的核心观点起草了旨在明确"范围"的第 8 条"适用"。第 8 条包括三段案文，第 8.1条是关于属物适用范围的案文，第 8.2 条是关于排除适用的对象的案文，第 8.3 条是关于属时适用范围的案文。

首先要说明的是，"2020 草案修改稿"第 8 条没有处理属地适用范

---

❶ 反观《名古屋议定书》，"采集"和"获取"并未得到界定，这会导致不同国家立法中的"采集"和"获取"的含义有所不同。虽然《名古屋议定书》明确地界定了"利用遗传资源"这个术语（对遗传资源的遗传和（或）生物化学组成进行研究和开发，包括通过应用《生物多样性公约》定义的生物技术），但这个定义在谈判中的争议相当大。

❷ 在"2020 年草案修改稿"中，有关海洋遗传资源的"获取"指采集海洋遗传资源［，包括原地、异地［以及通过电脑模拟方式］［以及］［作为数字序列信息］［作为遗传序列数据］获取的海洋遗传资源］。这个定义包含多个方括号，这说明要解决的问题较多，如果"BBNJ 协定"准备引入一个关于"获取"的定义，接下来谈判中的争议可能会很激烈。"利用海洋遗传资源"指对海洋遗传资源的遗传和（或）生物化学组成进行研究和开发［，以及开发此种资源］。这个定义实际上借鉴了《名古屋议定书》中"利用遗传资源"的定义，同时在方括号中使用了《海洋法公约》中常用的"开发"（exploitation）一词。需要强调的是，《名古屋议定书》引入"利用遗传资源"定义具有特定的理由和考虑，而"BBNJ 协定"如要引入"利用海洋遗传资源"的定义，也应该有相关的考虑，但从目前的谈判进展看，各方尚没有就此表达过明确的观点。

围的问题，或许按照政府间大会主席的设想，案文草案第一部分"一般
规定"下的"适用"案文（本协定适用于国家管辖范围以外区域）将会
自动明确这个问题。但是，很多国家似乎不满足于此，还建议相关案文
同时提及国家管辖范围以外区域与海洋遗传资源，而且在如何表述这些
资源的来源上存在分歧。欧盟、俄罗斯和美国等发达国家和地区就此建
议，本部分（或本协定）规定适用于"在国家管辖范围以外区域采集"
（collected in areas beyond national jurisdiction）的海洋遗传资源，日本、
挪威、加拿大以及拉丁美洲核心国家倾向于使用"获取"（accessed）替
换"采集"一词，而非洲集团、加勒比共同体等建议如此表述：本部分
（本协定）规定适用于"在国家管辖范围以外区域获取和源自这些区域"
（accessed in and originating from areas beyond national jurisdiction）的海洋
遗传资源。❶

其次来看关于属物适用范围的案文（第 8.1 条）。

第 8.1 条案文的内容是：本［部分］［协定］的规定应适用于：

［（a）海洋遗传资源，只要是为了研究其遗传特性的目的而采集；］

（b）原地［采集］［获取］、［和］异地［以及通过电脑模拟方式］
［［以及］［作为数字序列信息］［作为遗传序列数据］］［获取］的海洋遗
传资源［及其利用］；

［（c）衍生物。］

这个案文带有多个方括号，显示出属物适用范围问题的争议性和各
方存在很大的分歧。按理说，"BBNJ 协定"第二部分"海洋遗传资源，
包括惠益分享问题"的属物适用范围应当是海洋遗传资源，然而，主要
的谈判参与方在属物适用范围涵盖的对象上的观点差异很大。某些发达
国家建议对"BBNJ 协定"适用的海洋遗传资源进行严格限定，而一些
发展中国家提出了一系列适用的对象，以此解决关乎其切身利益的问题，
尤其是如何界定海洋遗传资源以及如何应对遗传资源利用的"去材料化"

---

❶ IISD Earth Negotiations Bulletin, Summary of the Third Session of the Intergovernmental
Conference on an International Legally Binding Instrument under the UN Convention on the Law of the
Sea on the Conservation and Sustainable Use of Marine Biodiversity of Areas beyond National Jurisdiction,
September 2019.

（dematerialization）挑战。●

　　第 8.1 条（a）项引入了一个从目的角度而限定属物适用范围的备选案文。然而，考虑到《生物多样性公约》和《粮食和农业植物遗传资源国际条约》为遗传资源的获取和惠益分享制度（access to genetic resources and benefit-sharing regime）所预设的前提，即该制度只适用于为了研究和开发遗传资源的遗传信息和属性所获取的遗传资源，这个备选案文似乎是多余的。不过，引入这个案文可能是为了回应一些谈判方在预备委员会的谈判中表达的关切：由于鱼类既可以用于研究其遗传特性，也可以用作大宗销售的商品，鱼类是否以及在多大程度上适用于"BBNJ 协定"第二部分"海洋遗传资源，包括惠益分享问题"的法律规则。从已经结束的谈判来看，各方形成了这样的共识：有必要区分作为海洋遗传资源来源的鱼类和用作商品的鱼类，而为了研究其遗传特性所获取的鱼类应在属物适用范围之内。●针对鱼类既可能被作为海洋遗传资源而利用也可能被用作商品的问题，先前谈判中曾有建议纳入一个科学上知情的门槛值（scientifically informed threshold），如获取量高于该门槛值，则所获鱼类将被视为商品。●值得注意的是，提及门槛值的方案在政府间大会第三次会议上似乎没有获得广泛支持。

　　另外要注意的是，第 8.1 条（a）项来自美国和欧盟的建议，其中使

　　● 通常情况下，基于遗传资源的研究开发活动要以获取有形材料为前提，其目的是提取其中包含的有价值的信息。然而，随着技术的发展，有形材料中的信息正在以惊人的速度被测定和提取出来，并被存储在公共和专有数据库当中，如此一来，研究人员和商业机构在有些场合只需要获取这些信息和数据就可以开展研发活动，这也被称作"去材料化"（dematerialization）现象，其带来的挑战是研究人员和商业机构可以绕开相关国际条约就获取有形材料所设定的法律义务，如《名古屋议定书》下的取得事先知情同意和达成共同商定条件的义务，并因此使得惠益分享的目标无从实现。

　　● 此种共识并非是一种新的认识，实际上在《生物多样性公约》有关遗传资源议题的谈判中就已形成并被各国普遍接受。从这个角度来说，完全可以借鉴已有的共识，而不必耗费时间就这个问题进行讨论和谈判。

　　● 这个建议借鉴自《南极海洋生物资源养护公约》（CCAMLR）所推出的有关养护措施。为了支持养护南极海洋生物资源和管理南大洋的渔业活动，《南极海洋生物资源养护公约》实施了一套全面的养护措施，这包括针对为了研究目的捕捞南极磷虾（krill）和有鳍鱼类（finfish）所提出的措施。根据养护措施 24-01（2019）（养护措施对于科学研究的适用），如果为了研究目的捕获的磷虾和有鳍鱼类的数量低于 1 吨，成员方没有义务向南极生物资源养护委员会进行通报，并遵守有关的养护措施。

用的"遗传特性"和"采集"的措辞相当狭窄，这实际上与它们在海洋遗传资源定义和属物适用范围上的建议保持了一致。对于发展中国家而言，这个案文并不完全符合它们的利益，如果有必要接受这个案文，可能需要在"遗传特性"之外增加"生物化学特性"，以便呼应属物适用范围包括衍生物的建议。不仅如此，也有必要考虑使用"获取"一词来替代"采集"，从而达到容纳不同来源的海洋遗传资源的目的。

第 8.1 条（b）项包含了正统的关于属物适用范围的内容，其中带有的方括号反映的是各方在纳入哪些形式的海洋遗传资源上的不同观点。欧盟、美国等发达国家和地区建议将"BBNJ 协定"适用的海洋遗传资源限定为原地采集的海洋遗传资源（marine genetic resources collected *in situ*），这可以说是最为狭窄的属物适用范围。非洲集团、加勒比共同体、太平洋小岛屿发展中国家、印度、印度尼西亚等发展中国家则主张 BBNJ 协定不仅适用于原地采集或获取的海洋遗传资源，而且适用于异地、通过电脑模拟方式获取的海洋遗传资源（marine genetic resources accessed *ex situ*, *in silico*）以及与它们相关的数字序列信息（digital sequence information）或遗传序列数据（genetic sequence data），这无疑是最为宽广的属物适用范围。

很明显，双方的分歧在于属物适用范围的宽窄之上。根据欧盟和美国的建议，"BBNJ 协定"的属物适用范围是原地采集的海洋遗传资源，也就是通常所谓的在海洋遗传资源生存的自然生境中采集的资源。不仅如此，欧盟和美国还通过利用条约"不溯及既往"原则，进一步将属物适用范围限定为协定生效后采集的海洋遗传资源。❶ 反观发展中国家的观点，"BBNJ 协定"的属物适用范围既包括原地采集和异地获取的有形海洋遗传资源，也包括通过电脑模拟方式和作为数字序列信息或遗传序列数据获取的与海洋遗传资源有关的无形数据或信息。尽管发展中国家建议的属物适用范围囊括了传统意义上的海洋遗传资源以及因技术的

---

❶　这来自欧盟和美国在政府间大会第三次会议之后提交的文本建议。See UNGA, Textual proposals submitted by delegations by 20 February 2020, for consideration at the fourth session of the Intergovernmental conference on an international legally binding instrument under the United Nations Convention on the Law of the Sea on the conservation and sustainable use of marine biological diversity of areas beyond national jurisdiction (the Conference), in response to the invitation by the President of the Conference in her Note of 18 November 2019 (A/CONF.232/2020/3).

发展而产生的海洋遗传资源的新形式，然而，如果以法律确定性（legal certainty）的标准来衡量的话，这个属物适用范围能否确立下来将会面临不同方面的挑战。

其一，从术语及其含义的确定性来说，不论原地采集或获取，还是异地获取、通过电脑模拟方式获取都不是来自已有国际条约中的术语，也不存在可参照的正式定义。❶但是考虑到"原来位置或原地"（in situ）一词被《海洋法公约》第 133 条所使用，原地采集这个术语的含义在很大程度上可以确定。就异地获取和通过电脑模拟方式获取而言，这两个术语在科学实践意义上可能具有某种约定俗成的含义，但它们并未被国际法赋予相应的内涵，因此，在它们含义的理解上不可避免地会出现争议。❷这也说明，如果"BBNJ 协定"要将异地和通过电脑模拟方式获取的海洋遗传资源纳入属物适用范围，必须以对异地和通过电脑模式方式获取作出清晰的界定为前提。❸

其二，由于发展中国家建议的属物适用范围包括了在其他有关遗传资源的国际论坛上目前正在激烈讨论的问题——数字序列信息或遗传序列数据，❹这又增加了属物适用范围问题的不确定性。实际上，因数字序

---

❶ 《生物多样性公约》使用了"异地或移地保护"（ex-situ conservation）、"原地或就地条件"（in-situ conditions）、"原地或就地保护"（in-situ conservation）三个术语，并对它们进行了界定。

❷ 例如，在为数不多的涉及原地采集或获取、异地获取和通过电脑模拟方式获取问题的研究文献中，不同学者对后两种获取的理解存在一定的差异。有的论文指出，异地获取相当于控制下的生物培养和繁殖，分子会由此加以提取，而通过电脑模拟方式获取相当于为了除合成某个分子之外的其他任何目的的利用核酸序列的知识。有的论文提到，异地获取发生在资源离开它们自然生境而被获取的时刻，如从菌种保藏库和研究机构获取，而通过电脑模拟方式获取正常情况下指的是直接获取遗传数据，如整个基因组或已分离的基因序列（带有或不带有功能注释），或关于基因产品，如蛋白质、肽类和代谢产物的生物化学数据。See Arianna Broggiato *et al.*, "Fair and Equitable Sharing of Benefit from the Utilization of Marine Genetic Resources in Areas beyond National Jurisdiction: Bridging the Gaps between Science and Policy," *Marine Policy* 49, (2014). Arianna Broggiato *et al.*, "*Mare Geneticum*: Balancing Governance of Marine Genetic Resources in International Waters," *The International Journal of Marine and Coastal Law* 33, (2018).

❸ 在政府间大会第一次和第二次会议上，一些国家和非政府组织建议对关键的技术词汇，包括原地、异地、通过电脑模拟方式等进行界定。

❹ 这些国际论坛包括《生物多样性公约》缔约方大会、《名古屋议定书》缔约方会议、《粮食和农业植物遗传资源国际条约》管理机构会议以及世界卫生组织《共享流感病毒以及获得疫苗和其他惠益的大流行性流感防范框架》的管理和审查进程。

列信息或遗传序列数据的利用所引发的获取和惠益分享问题是各类遗传资源所面临的共同问题，相应地，不同国际论坛上讨论的数字序列信息或遗传序列数据议题具有一定的"联动性"，这意味着，在各个国际论坛针对该议题尚未达成基本共识之前，其中某个国际论坛如果率先引入解决方案，这种尝试会被一些国家视为抢先主导其他国际论坛上的谈判进程和结果的策略，并因此会遭到不同程度的抵制。可见，虽然发展中国家通过将数字序列信息或遗传序列数据纳入属物适用范围试图解决与此类信息或数据的利用有关的惠益分享问题，但这一做法必然会引起发达国家的强烈反对。另外，从不同国际论坛的讨论情况看，围绕数字序列信息或遗传序列数据议题出现了很多不同意见。具体而言，在术语的选择上，数字序列信息目前只是被当作一个"占位符"（placeholder），而遗传序列数据也只能涵盖一类数据，到底采用哪个术语能够最准确地表达各方所指向的对象依然没有定论；在数字序列信息包括哪些具体类别的信息上，有关的委托研究提供了四个备选方案，这既有最窄的信息类别，也有范围适中的信息类别，还有最宽的信息类别；❶就如何解决数字序列信息或遗传序列数据的利用所引起的惠益分享问题，已有的研究报告提出的方案各不相同。❷这些事实都反映出数字序列信息或遗传序列数

---

❶　最窄范围的数字序列信息包括 DNA 和 RNA（具体又细分为读取的核酸序列、与读取的核酸序列相关的数据、非编码核酸序列、遗传作图、结构注释），适中范围的数字序列信息包括 DNA、RNA、蛋白质和表观遗传修饰（具体又细分为氨基酸序列、基因表达信息、功能注释、表观遗传修饰、蛋白质分子结构、分子互作网络），最宽范围的数字序列信息包括适中范围的数字序列信息以及代谢物和其他大分子（又细分为遗传资源的生物化学组成信息、除 DNA、RNA 和蛋白质之外的大分子、细胞代谢产物）。See Wael Houssen, Rodrigo Sara and Marcel Jaspars, Digital Sequence Information on Genetic Resources: Concept, Scope and Current Use, CBD/DSI/AHTEG/2020/1/3, 29 January 2020.

❷　其中一份研究报告提出了五种解决方案，它们分别是：一是将数字序列信息排除在《名古屋议定书》的适用范围之外；二是按照《名古屋议定书》采用的"双边模式"处理数字序列信息的获取和惠益分享问题；三是区分获取和惠益分享两个问题，在获取上维持开放获取数字序列信息的做法，惠益分享则通过一个具体"制度"界定的条款和条件进行规制；四是采用"多边模式"，获取数字序列信息是开放的，但此种信息的利用者应当承担支付一定数额费用的义务，该费用可以采取不同的表现形式，如与访问数据库相关联的预订费、对利用数字序列信息开发的产品征收的税费、在产品商业化时支付的费用等，这些费用可以进入某个国际基金并用于特定目的；五是维持现状，即获取数字序列信息依然是开放的，也不存在货币化的惠益分享义务，而非货币化的惠益事实上已经由社会整体共享。See Elta Smith, Digital Sequence Information: An Evidence Review, A Report submitted by ICF Consulting Service Limited, 14 August 2020.

据议题的讨论还在逐步推进的过程之中，未来的讨论和谈判充满了很多不确定性，试图在涉及海洋遗传资源问题的谈判中提出相关的解决方案似乎忽视了该议题的复杂性。

第 8.1 条（b）项除了提及作为属物适用范围的海洋遗传资源之外，还在方括号中列出"BBNJ 协定"要适用的一类活动——"海洋遗传资源的利用"。❶ 这一处理无疑反映了发展中国家在海洋遗传资源的定义和"海洋遗传资源，包括惠益分享问题"部分的适用问题上的立场。根据"2020 年草案修改稿"第 2 条"用语"中的"海洋遗传资源的利用"的定义，针对海洋遗传资源的遗传和生物化学组成进行的研究和开发都在"利用"的范畴之内。如果"BBNJ 协定"适用于"海洋遗传资源的利用"，就会产生扩大"海洋遗传资源"概念所涵盖的物质的效果，换言之，不仅遗传功能单位（基因），而且生物化学化合物均属于海洋遗传资源。❷

如上所述，"海洋遗传资源"定义的备选案文含有"生物化学特性"的内容，而第 8.1 条（b）项通过选项"海洋遗传资源的利用"提及了海洋遗传资源的"生物化学组成"。实际上，不论提及"生物化学特性"，还是"生物化学组成"，发展中国家的意图是将衍生物纳入"BBNJ 协定"的适用范围。如果说借助于"海洋遗传资源"定义和作为"BBNJ 协定"适用活动的"海洋遗传资源的利用"来实现这一意图采取了间接的方式，那么，第 8.1 条（c）项则采取了直接的方式，即明确将衍生物提出作为"BBNJ 协定"属物适用范围的一个备选。当然，如果发展中国家和发达国家能够在"BBNJ 协定"适用于衍生物的问题上取得一致，这两种方式

---

❶ 就这一点来说，"适用"既可以针对物质，也可以指向活动，这似乎可以解释为什么政府间大会主席使用的是"适用"，而不是"范围"作为 BBNJ 协定案文草案第 8 条的标题。

❷ 这正是《名古屋议定书》引入"遗传资源的利用"定义的特定理由和考虑，实际上，《生物多样性公约》下的"遗传资源"定义依然在《名古屋议定书》中适用，尽管没有推出一个新的"遗传资源"定义，但发展中国家扩大遗传资源所涵盖的物质的意图通过引入"遗传资源的利用"定义而在很大程度上获得了实现。

采其一即可。❶但是考虑到衍生物问题关系双方的重大利益，发展中国家和发达国家能否在衍生物的适用问题上提出双方都能接受的解决方案非常不确定，除非跟其他问题捆绑起来一并考虑解决，否则很难调和并达成妥协。

再来看排除适用的对象的案文（第8.2条）。

第8.2条案文的内容为：本［部分］［协定］的规定不应适用于：

［（a）将鱼类和其他生物资源用作商品；］

［（b）异地［或通过电脑模拟方式］［［以及］［作为数字序列信息］［作为遗传序列数据］］获取的海洋遗传资源］［及其利用］；］

［（c）衍生物；］

［（d）海洋科学研究。］

这个案文从反面列出了"BBNJ协定"不应适用的对象。这也是预备委员会和政府间大会实际谈判状况的一个记录，发展中国家希望尽可能扩大属物适用范围，而发达国家通过提出排除适用的对象进行回应。当然，第8.2条也列出了双方具备基本共识性的排除适用的对象，这就是第8.2条（a）项所提出的将鱼类和其他生物资源用作商品的情形。

根据《生物多样性公约》谈判所确立的共识，将遗传或生物资源用作商品不属于遗传资源的获取和惠益分享法律制度应当规制的情形。这本是构建国家管辖范围以外区域海洋遗传资源的获取和惠益分享制度应当承认的一个前提。但某些国家担心，即使为了商业出售而捕鱼，但如果海洋遗传资源的获取和惠益分享法律制度对已捕获的鱼类和其他生物资源不适用的话，这样就制造了一个该制度的漏洞，从而导致该制度无法适用于针对这些鱼类的遗传特性进行的研究和开发。这也是一些

---

❶ 在《名古屋议定书》的谈判中，发展中国家和发达国家最后在衍生物的适用问题上达成了一致，并采取了间接的方式处理衍生物的适用问题。具体来说，通过合并解释"利用遗传资源""生物技术""衍生物"三个定义，会得到这样一个结论：对衍生物（指由生物或遗传资源的遗传表达或新陈代谢产生的自然生成之生物化学化合物，即使其不含有遗传功能单位）进行研究和开发的活动受《名古屋议定书》的规制。另外需要指出的是，按照双方达成的妥协方案，除了第2条"用语"列出了一个"衍生物"的定义之外，其他包括"范围"在内的实质性规定中均没有出现"衍生物"一语。See Elisa Morgera, Elsa Tsioumani and Matthias Buck, *Unraveling the Nagoya Protocol: A Commentary on the Nagoya Protocol on Access and Benefit-sharing to the Convention on Biological Diversity* (Leiden: Brill, 2014), pp. 59–68.

国家建议设定一个科学上知情的门槛值，以确定鱼类是否适用于该制度的原因。经过反复的观点陈述，发达国家和发展中国家可以说在这个问题上走向了趋同，或者说复制了《生物多样性公约》谈判中的共识，即"BBNJ 协定"中的"海洋遗传资源，包括惠益分享问题"部分不适用于将鱼类和其他生物资源用作商品的情形。至于上面提到有关门槛值的建议，似乎并没有得到普遍的支持。不过，是否有必要在"BBNJ 协定"中将上述共识表述出来以及如何加以表述仍然存在进一步讨论的空间。

第 8.2 条（b）项列出的基础的排除适用对象是异地获取的海洋遗传资源。经比较，第 8.1 条（b）项的起草也采用了类似的方式，原地采集或获取的海洋遗传资源被第 8.1 条（b）项列为基础的适用对象。然而事实上，发达国家在谈判中并未明确提出将异地获取的海洋遗传资源作为排除适用的对象，这种起草方式似乎带有一定的倾向性，在某种程度上会左右未来谈判的焦点。同时第 8.2 条（b）项将通过电脑模拟方式、作为数字序列信息或作为数字序列数据获取的海洋遗传资源以及海洋遗传资源的利用纳入方括号之中，供各国在未来谈判中考虑是否明确排除上述某一类或某几类对象。显然，从谈判的角度说，由于这些排除适用的对象都出现在第 8.1 条（b）项之中，因此，第 8.1 条（b）项的谈判结果会对第 8.2 条（b）项存在的必要性及其内容构成直接影响。

第 8.2 条（c）项列出的不应适用的对象是衍生物。发达国家和个别发展中国家明确提出"BBNJ 协定"不应适用于衍生物，但发展中国家均要求将衍生物纳入适用范围，这的确是未来谈判中最难处理的问题之一。双方既有可能在第 8.1 条中规定衍生物为适用的物质，也有可能在第 8.2 条中将其列为排除适用的对象，还有可能以一种模糊的方式来处理衍生物的适用问题。

出现在第 8.2 条（d）项中的是一类活动——海洋科学研究。这一列举有些奇怪，原因在于，一方面，主要的谈判参与方在预备委员会和政府间大会谈判中并没有明确提及排除海洋科学研究适用的问题，另一方面，考虑到《海洋法公约》没有提供一个关于海洋科学研究的定义，出现在第 8.2 条中的"海洋科学研究"的含义并不清楚。或许按照起草 BBNJ 协定案文草案的政府间大会主席的设想，有必要区分海洋科学研究和深海"生物勘探"活动，这里的海洋科学研究应该是指《海洋法公约》

第 238 条意义上的海洋科学研究，[1]具体是指那些为了增进关于海洋环境的科学知识并且预计将研究成果推向公共领域的研究活动，也就是所谓"纯粹"的或基础性的海洋科学研究。[2]而深海"生物勘探"在国际讨论中被经常用来概括和描述涉及国家管辖范围以外区域海洋遗传资源的研究和开发活动，是为了商业目的进行的活动。就此而言，"BBNJ 协定"应当规制的是深海"生物勘探"，而具有上述内涵的海洋科学研究则应当被排除适用。[3]但是，要在"BBNJ 协定"中区分海洋科学研究与深海"生物勘探"或海洋遗传资源的开发利用（exploitation）或利用（utilization）活动，并在此基础上构建海洋遗传资源的获取和惠益分享法律制度会触及某些具有极大争议的问题，如国家管辖范围以外区域海洋遗传资源应当适用的法律原则和制度，谈判所面临的不确定性和复杂性是不言而喻的。

最后来看属时适用范围的案文（第 8.3 条）。

---

[1]　Evanson Chege Kamau, Gerd Winter and Peter-Tobais Stoll (eds.), *Research and Development on Genetic Resources: Public Domain Approaches in Implementing the Nagoya Protocol* (New York: Routledge, 2015), p. 78.

[2]　《海洋法公约》第十三部分"海洋科学研究"的起草史显示，曾经拟定过几个关于海洋科学研究的定义，其中被写入案文草案的一个定义是，"海洋科学研究意指旨在增进人类关于海洋环境的包括其资源的知识的任何研究或相关实验工作"，不过最终的公约文本并未采纳这个定义，其原因包括在区分"纯科学研究"与"为商业开发利用而进行的产业性或其他研究"上面临的困难。第三次联合国海洋法大会第三委员会审议过的各定义作为"海洋科学研究"一语为本公约的目的用例，仍然是有使用价值的。参见迈伦·H.诺德奎斯特主编《1982 年〈联合国海洋法公约〉评注（第四卷）》，吕文正、毛彬主编，海洋出版社，2018，第 417~428 页。

[3]　区分海洋科学研究和"生物勘探"同样也面临着困难。2004 年联合国秘书长关于海洋和海洋法的报告（UN Doc. A/59/62）对两者进行了区分，指出"纯粹的"学术性海洋科学研究与一般被称为"生物勘探"的为了商业目的进行的研究有着重大区别，"生物勘探"未被第十三部分所涵盖。但秘书长 2005 年的报告（UN Doc. A/60/63/Add.1）则采纳了一个新的路径，报告承认要区分科学研究和涉及生物资源的商业活动（通常称为"生物勘探"）并非易事，在大多数情况下，遗传资源的采集和分析，是科学机构和产业合作进行的科学研究项目的一部分，从这些资源中获取的知识、信息和有用资料，到了后期才进入商业阶段，因此，科学研究和"生物勘探"之间的区别，似乎在于如何使用与这些活动有关的知识和结果，而不在于活动本身的实际性质。2007 年秘书长的报告（UN Doc. A/62/66）似乎要回避这一区分，报告指出，作为勘探活动，"生物勘探"仅是未来可能进行开发利用的第一步，而且一旦所需要的化合物或某种特性得到分离和定性，这个活动便停止了，最近几年，同"生物勘探"相比，人们倾向于使用"生物发现"（biodiscovery）这个词，更多地强调研究的调查方面，较少强调未来的开发利用设想，尤其是因为天然化合物实际进入临床和商业阶段的机会据说十分渺茫。

第 8.3 条案文的内容为：本协定的规定应适用于其生效后原地［采集］［获取］、［和］异地［以及通过电脑模拟方式］［［以及］［作为数字序列信息］［作为数字序列数据］］［获取］的海洋遗传资源［及其利用］，包括在协定生效之前原地［采集］［获取］、但在协定生效之后异地或［通过电脑模拟方式］［［以及］［作为数字序列信息］［作为遗传序列数据］］获取［或在协定生效之后加以利用］的海洋遗传资源。

属时适用范围在《生物多样性公约》及其《名古屋议定书》的谈判中都引发了很大的争议，其焦点是如何处理历史上发达国家从发展中国家已获取并保藏在基因库或种质库、植物园等设施中的遗传资源，发展中国家希望在上述条约生效后能够分享这些资源新的和持续利用所产生的惠益。❶在国家管辖范围以外区域海洋遗传资源问题的谈判中，发达国家和发展中国家针对"BBNJ 协定"是否适用于其生效前已采集和保藏的海洋遗传资源再次产生了争议。

上述案文既包含了"不溯及既往"这一国际法一般原则的内容，也加入了对于某些对象溯及既往适用的内容。发达国家支持"不溯及既往"原则，即"BBNJ 协定"只适用于其生效后采集或获取的海洋遗传资源，这不仅因为"不溯及既往"原则被 1969 年《维也纳条约法公约》所明确规定，而且因为它符合发达国家尽可能限缩"BBNJ 协定"适用范围的立场。但从发展中国家的角度来看，在过去的三四十年间，发达国家在国家管辖范围以外区域原地采集并且异地保藏了大量的海洋遗传资源，并

---

❶ 尽管在《生物多样性公约》及其《名古屋议定书》谈判中围绕属时适用范围问题的争议颇大，但这两份国际法律文书的最终文本并没有包含有关适用于它们各自生效之前采集或获取的遗传资源的规定，这无疑是对条约"不溯及既往"原则的坚持。不过需要指出的是，对于在《生物多样性公约》生效之前获取的一类特殊的遗传资源——粮食和农业植物遗传资源非原生境（异地）收集品（ex situ collections）而言，2001 年联合国粮农组织主持缔结的《粮食和农业植物遗传资源国际条约》则适用于上述粮食和农业植物遗传资源非原生境收集品，以及其生效前（2004 年 6 月 29 日）各缔约方管理和控制下并处于公共领域之中的粮食和农业植物遗传资源。对于在《生物多样性公约》生效后且在《名古屋议定书》生效前获取的遗传资源而言，虽然《名古屋议定书》没有明确规定是否适用于这些资源，但存在这样一种可能性，即发展中国家缔约方可以在本国实施《名古屋议定书》的立法中规定其立法适用于这些资源在《名古屋议定书》生效后的新的和持续的利用；同时《名古屋议定书》第 10 条"全球多边惠益分享机制"为未来分享《名古屋议定书》生效前获取的资源所产生的惠益提供了机会。具体的相关论述可参见张小勇：《遗传资源国际法问题研究》，知识产权出版社，2017。

且存储了通过测序和分析所产生的巨大体量的数据信息，"BBNJ 协定"应当对这些资源和数据信息具有溯及效力，具体而言，如果在"BBNJ 协定"生效后获取和利用上述海洋遗传资源及其数据信息，"BBNJ 协定"应当予以适用。

此外，考虑纳入属时适用范围的问题将会受制于属物适用范围的界定，这也是很多方括号出现在第 8.3 条中的原因。如果"BBNJ 协定"坚持"不溯及既往"原则，那么属时适用范围只不过在属物适用范围上增加了协定生效后的时间限定条件；如果"BBNJ 协定"溯及既往地适用于某些海洋遗传资源，这就需要区分原地采集或获取的海洋遗传资源与异地获取的海洋遗传资源，甚至需要区分作为有形材料的海洋遗传资源和作为数据信息的海洋遗传资源。从这一点来看，属时适用范围的谈判也将面临较大的挑战。

四、海洋遗传资源的采集和获取

国家管辖范围以外区域海洋遗传资源的获取问题在特设工作组比较宽泛的讨论中就被提出，发达国家和发展中国家在获取问题上的观点实际上隐含在公海自由原则与人类共同继承财产原则当中。在预备委员会的谈判中，获取问题被作为国际文书案文草案的一项要素而供各国交换意见。预备委员会在其报告中既提出了国际文书将要处理获取问题的建议，又指出国际文书是否应对获取进行规制还需要进一步讨论，尽管如此，关于海洋遗传资源的获取的案文还是出现在"2019 年草案"之中。

"2020 年草案修改稿"第 10 条是关于国家管辖范围以外区域海洋遗传资源的获取的案文，其标题是"国家管辖范围以外区域海洋遗传资源的［采集］［和］［获取］"。需要说明的是，标题中出现的方括号反映出谈判各方对于"BBNJ 协定"仅规制原地采集（原地获取）还是同时规制原地、异地和通过电脑模拟方式的获取存在分歧。第 10 条包括 6 段案文，第 10.1 条和第 10.2 条是关于原地采集或获取的案文，第 10.3 条是关于异地获取的案文，第 10.4 条处理了通过电脑模拟方式获取的问题，第 10.5 条针对利用跨界海洋遗传资源的情形设定了条件，第 10.6 条可以被看作是关于"遵守"的案文。

首先来看原地采集（原地获取）的案文（第 10.1 条和第 10.2 条）。

第 10.1 条案文的内容是：原地［采集］［获取］属于本部分范围内的海洋遗传资源须［备选案文 1.［事前］［和］［出海考察后］通报秘书处［，通报应说明［采集］［获取］地点和日期、待［采集］［获取］的资源、将要利用资源的目的以及［采集］［获取］资源的实体］［［采集］［获取］国家管辖范围以外区域海洋遗传资源的情况］。］［备选案文 2. 按照第 2 段规定的方式以及条款和条件发放［许可证］［执照］。］

第 10.2 条案文的内容是：缔约方应酌情采取必要的立法、行政或政策措施，确保原地［采集］［获取］属于本部分范围内的海洋遗传资源须：

（a）标明海洋遗传资源［采集］［获取］地点的地理坐标；

（b）开展能力建设；

（c）转让海洋技术；

（d）在数据库、样品库或基因库等开源平台保存样品、数据和相关信息；

（e）向特别基金捐款；

（f）进行环境影响评估；

（g）遵守缔约方大会可能确定的其他相关条款和条件，包括关于［采集］［获取］具有重要生态和生物意义区域、脆弱海洋生态系统和其他特别保护区的海洋遗传资源，以确保养护和可持续利用这些区域的资源的条款和条件。

上述案文提出了对原地采集（原地获取）海洋遗传资源的活动进行规制的设想，这是来自 77 国集团、非洲集团、加勒比共同体、太平洋小岛屿发展中国家、墨西哥、巴西、哥伦比亚、牙买加等发展中国家的建议，并没有反映发达国家的立场和观点。❶ 从第 10.1 条的案文来看，上述国家设想了两种规制原地采集海洋遗传资源活动的模式，即作为备选

---

❶ 美、日、俄等发达国家主张公海自由原则适用于此类活动，国际文书无须对其进行规制。欧盟、挪威、冰岛等发达国家和地区在原地采集问题上也主张自由获取，但同时建议原地采集可以适用《海洋法公约》关于海洋科学研究的规定，以及通过建立信息交换所机制接收并公开有关原地采集活动的信息。

案文 1 的基于通报的模式（notification-based model）和作为备选案文 2 的基于许可证或颁发执照的模式（permit or licensing-based model）。❶

　　基于通报的模式是为了保障原地采集海洋遗传资源活动的透明性以及促使原地采集与惠益分享建立联系而提出的规制方案。根据备选案文 1，基于通报的模式由通报类型、通报的信息和接收通报的实体等三个方面的要素组成。在通报类型上，备选案文 1 列出了事前和出海考察后的两个选择。美国和日本并不支持事前通报，但倾向于接受出海考察后一定时间内通报相关信息的要求。欧盟明确支持事前通报，而英国、加拿大、挪威等发达国家和发展中国家既支持事前通报也支持出海考察后通报。在通报的信息上，备选案文 1 也列出两个选择，其一是类型化的信息，包括采集（获取）地点和日期、待采集（获取）的资源、利用资源的目的和采集（获取）资源的实体，另一是概括化的信息，即采集（获取）海洋遗传资源的情况。从目前的谈判进展来看，不同国家在这一点上似乎没有产生明显的分歧，但也提出了一些建议和关切。❷ 在接收通报的实体上，"BBNJ 协定"的秘书处被备选案文 1 列为接收通报的实体。但是，一些国家建议应向信息交换所或在信息交换所内专门设立的通报系统进行通报，至于秘书处在其中扮演何种角色有待接下来的谈判考虑处理。

　　事实上，尽管发展中国家支持基于通报的模式，但对于如何构建一个可实际运作的通报制度或系统，尤其是能够发挥可追溯性（traceability）功能的通报制度，发展中国家之间并没有取得共识。在

---

❶　除了太平洋小岛屿发展中国家和土耳其支持基于许可证或执照的模式之外，其他发展中国家基本上都主张基于通报的模式。

❷　目前第 10.1 条案文中列出的需要通报的信息主要来自 77 国集团的建议。欧盟在政府间大会第三次会议后提交的文本建议（textual proposal）中列出了在采集海洋遗传资源之前需要发送给信息交换所的信息，它们是：计划（project）的属性和目标；指向的资源和采集资源的目的；拟进行的计划的地理区域；研究船舶首次出现和最终离开的预计日期；资助机构、其负责人以及计划主持人的名称或姓名；考虑可能需要和请求技术援助的国家，特别是发展中国家应该能够参与计划或在计划中被予以代表的程度；额外地，关于拟议的主要方案及目标的情报也可以发送至信息交换所。瑞士指出了只有"当信息可用时"才应该通报的问题，并强调要确保通过通报系统分享信息不得妨碍对机密性信息的保护以及要顾及对于信息的所有权利。有些国家还表达了与通报有关的安全方面的关切。

2021 年 10 月休会期间的工作讨论中，拉美国家集团提出在信息交换所机制内设立一个用于通报目的的"强制性、开放和自行发布的电子系统"（mandatory，open and self-declaratory electronic system）的设想。按照这一设想，通报不仅要面向获取，包括原地、异地以及通过电脑模拟方式的获取，而且要面向利用活动，利用者应向该系统通报他们对于海洋遗传资源的获取和利用情况。经由这个系统，针对海洋遗传资源正在从事什么活动、在哪里并且由谁从事这些活动的信息将会显现出来。[❶] 显然，这个通报系统旨在全链条地展示海洋遗传资源的获取、保藏、研究和开发（包括鉴定、测序、功能和活性测试、申请并被授予专利等）以及商业化的具体情况。然而，可以预见的是，即使这个通报系统能够获得发展中国家的普遍支持，但其必然会遭到发达国家的强烈反对，因为这个通报系统将会给发达国家的利用者带来额外的负担和义务。

基于许可证或颁发执照的模式参照了某些缔约方为履行《海洋法公约》第十一部分"区域"确立的担保国（sponsoring state）义务所采取的法律措施。担保国的义务是指在国际海底区域矿产资源勘探开发活动中，缔约方承担的确保承包者遵守《海洋法公约》第 139.1 条、第 153.4 条和附件三第 4.4 条以及《关于执行 1982 年〈联合国海洋法公约〉第十一部分的协定》和国际海底管理局制定的规则规章等规定义务的义务。根据《海洋法公约》的相关规定，缔约方应制定法律和规章及采取行政措施履行担保国的义务。在已经制定了法律和规章的缔约方中，一些缔约方，

[❶] 这个"强制性、开放和自行发布的电子系统"明显借鉴了 2018 年国际学术界提出的"强制性事先电子通报"（Obligatory Prior Electronic Notification）的相关思路和方案。按照学术界的设想，当原地获取海洋遗传资源的活动发生前，获取方应向国际文书新设或授权的机构所设立的在线平台发出一个"强制性事先电子通报"，并随同提交最低限量的一组信息（包括关于采集者和相应联络点的信息；采样的地理区域；采样期间；研究计划和参与研究实体的完整描述；待采集的对象的预计属性，如样品类型；在可能的情况下对目标海洋遗传资源的描述等），不仅如此，获取方应作出在可供开放获取的生物样品库和数据库释放已采集样品和数据的承诺，以及在某个阶段（如样品鉴定、保藏）更新最初的"强制性事先电子通报"的承诺；当异地获取和通过电脑模拟方式的获取发生时，利用方也应完成一个通报并与最初的"强制性事先电子通报"连接起来。更为详细的有关"强制性事先电子通报"的设想，可参见 Arianna Broggiato *et al*., "*Mare Geneticum*: Balancing Governance of Marine Genetic Resources in International Waters," *The International Journal of Marine and Coastal Law* 33, (2018)。

如德国、英国、新加坡和中国等采用的是许可制度。❶发放许可证或执照是担保国履行其义务所采取的法律措施。值得注意的是，备选案文 2 不仅提出了发放许可证或执照的方案，而且明确了许可证或执照发放的方式及条款和条件，具体是指第 10.2 条规定的方式及条款和条件。

从第 10.2 条的内容以及其与第 10.1 条的关系来看，如果采纳第 10.1 条中的备选案文 1（基于通报的模式），第 10.2 条是在通报要求之外对原地采集海洋遗传资源的活动增加的另一层规制；如果采纳第 10.1 条中的备选案文 2（基于许可证或颁发执照的模式），第 10.2 条与发放许可证或执照地要求结合起来共同对原地采集活动进行规制。第 10.2 条基本上来自 77 国集团的建议，该集团充分意识到发展中国家在从事原地采集以及后续研究开发海洋遗传资源的活动方面与发达国家相比实力悬殊，双方的能力存在很大的差距，而缩小双方差距的重要途径就是针对作为研发起点的原地采集活动设置有利于发展中国家公平参与海洋遗传资源利用的条件。第 10.2 条包含七个方面的条款和条件，其中在（b）（c）（d）和（e）项列出的条款和条件直接服务于提高发展中国家获取和利用海洋遗传资源能力的目的，（a）（f）和（g）项中的条款和条件则服务于养护和可持续利用海洋遗传资源的目的。

具体来看，（b）项中的开展能力建设和（c）项中的转让海洋技术这两个条款和条件着眼于提升发展中国家采集样品的能力和技术水平，❷但

---

❶ 许可制度通过设立申请条件、申请者（承包者）的义务以及撤销许可和后续监督制度等，对国内自然人和法人从事国际海底区域矿产资源勘探开发活动进行调整和规范，如果符合法律设定的资质和条件，行政主管部门应颁发许可证或执照，申请者据此并在与国际海底管理局签订合同后，有权从事勘探开发活动。我国于 2016 年颁布的《深海海底区域资源勘探开发法》就体现了上述路径。

❷ 能力建设和海洋技术转让并没有被《海洋法公约》所界定。一般认为，能力建设包括人力、技术、机构的形式，其发生在个体、机构、国家、区域甚至全球层面上，并且跨越科学、法律、政策、规制及更多的领域；就海洋技术而言，目前普遍使用联合国教科文组织政府间海洋学委员会的《海洋技术转让标准和准则》界定的宽泛定义，海洋技术包括关于海洋科学和有关海洋操作和服务的信息和数据；手册、准则、标准、规范、参考材料；采样和方法论设备；观测设施和设备；原地和实验室观测、分析和试验设备；计算机和计算机软件、模型和建模技术；专长、知识、技能、技术和分析方法。这个定义也被国际文书案文草案所引用，同时案文草案将海洋技术转让界定为，转让创造和使用知识所需的仪器、设备、船只、程序和方法，以便更好地研究和了解自然和海洋资源。

也要指出，尽管引入能力建设和海洋技术转让这两项条件的出发点不容质疑，但由于这会在科学研究活动之外给从事研究开发活动的当事方带来额外的负担，发达国家肯定会提出反对意见。另外，作为一个跨领域问题，能力建设和海洋技术转让既是"2020年草案修改稿"第五部分的主题，也出现在关于惠益分享的第11条案文中，这就值得考虑，第10.2条关于开展能力建设和转让海洋技术的条件在多大程度上具有独立存在的必要？

（d）项中的条件是在数据库、样品库或基因库等开源平台保存样品、数据和相关信息，这是一个对于构建海洋遗传资源的获取和惠益分享制度而言具有基础性意义的条件，需要谈判各方审慎对待。根据通行的海洋科学研究规程，研究船舶返回后，原地采集所获得的样品及标本、数据和相关信息应当被保藏（存）于样品库（标本馆或博物馆）和数据库当中，这也被称为存档（archiving），以方便为了后续研究开发目的而获取。❶ 存档在支持分类学、研究的可再现性（reproducibility）和减少重复采样的需要等方面尤为关键。然而，在具体的操作上，不同国家的做法存在较大的差异，而且当前也未实现这一流程的国家或国际标准化。不仅如此，不论样品存档还是数据存档都面临着不同方面的挑战。❷（d）项针对样品和数据的保藏（存）提出一个重要的要求，这就是在开源平台（open source platform）保藏（存）样品和数据。之所以提出这个要求，其原因显然是在此类平台保藏（存）样品和数据能够便利未来的获取。不过，开源平台究竟指什么平台？国内的还是国际的？对于这些问题，目前尚没有国家提供明确的答案。有的发达国家就指出开源平

---

❶ 所有样品最后应注定保藏于一个国际公认的标本收集品库（如由自然历史博物馆维护的收集品库），在这些收集品库保藏样品的好处有二：一是安全保管，因为自然历史收集品库正常情况下有义务在良好的条件下"永久"保存样品；二是对于样品权威鉴定和其他研究目的而言具备可视性并且可让一个专家网络获取。由于深海采样花费极其昂贵，采集到的宝贵数据应在项目结束之后加以保存，深海数据管理规划的目标应当是在一个稳定和公认的数据保存库中保存这些数据。See Malcolm R. Clark *et al.* (eds.), *Biological Sampling in the Deep Sea* (Hoboken: Wiley Blackwell, 2016), pp. 362, 375.

❷ Muriel Rabone *et al.*, "Access to Marine Genetic Resources (MGR): Raising Awareness of Best-Practice through a New Agreement for Biodiversity beyond National Jurisdiction (BBNJ)," *Frontiers in Marine Science* 6, (2019).

台是一个非常不明确的概念，并建议使用生物样品库和开放获取数据库（biorepository and open access database）的表述。

（e）项中的条件是向特别基金捐款。虽然这里未指明触发捐款的条件，但这应该是针对某些从事原地采集活动的主体选择为样品和数据的公开释放所设置的"禁运期"（embargo period）而提出的捐款要求。❶"禁运期"的设置属于科学界常见的做法，其有助于保护生物发现投资，以及由此推动未来的创新性研发，但对"禁运期"的设置不应不加限制。考虑到（d）项提出了向公共领域释放样品和数据的要求，（e）项相应地针对不遵守行为设定了支付一定费用的条件。按照（e）项的措辞，捐款将会进入"BBNJ协定"建立的特别基金。

（a）（f）和（g）项中的条件可以说拥有共同的规制目的，即养护和可持续利用海洋遗传资源。（a）项要求原地采集须标明海洋遗传资源［采集］［获取］地点的地理坐标，这显然有助于让其他从事采集活动的主体了解已经进行的采集活动的具体位置，从而减少不必要的重复性采集，以及避免对采集地点海洋生态系统造成更大的干扰。但也有国家指出提供地理坐标方面的信息会给船舶安全带来隐患。（f）项中的条件是进行环境影响评价，这个条件可能会引发较大的争议，有观点指出由于采集海洋遗传资源所需的样品数量很少，不会对环境造成不利影响，因此无需进行环境影响评价。还有观点指出，环境影响评价需要一个基线，但绝大多数原地采集或获取都是"发现"，因此无基线可言，这就导致难以制定环境影响评价标准。❷（g）项既列出了兜底的条件，又具体提及了一个涉及划区管理工具（area-based management tool）的条件，即缔约方会议可能确定的关于［采集］［获取］具有重要生态和生物意义区域、脆弱海洋生态系统和其他特别保护区的海洋遗传资源，以确保养护和可持

---

❶ "禁运期"的设置应当合理且相对短暂，如自采集样品和数据之日起两至三年。

❷ See Report of the PharmaSea WP6 Stakeholder Workshop on Option for an Access and Benefit-sharing Regime for Marine Genetic Resources from Areas beyond National Jurisdiction, 2014.

续利用这些区域资源的条款和条件。❶

还要注意第 10.2 条案文的一个特别之处，这就是，考虑到通常情况下从事原地采集活动的主体为缔约方管辖范围下的自然人或法人，而"BBNJ 协定"无法为这些国内法上的主体设定义务，第 10.2 条因此为缔约方（实际上是船旗国）设定了采取立法、行政或政策措施以确保原地采集遵照上述条款和条件的义务。这个义务不可避免地给船旗国制造了规制负担（regulatory burden），某些发达国家对此表达了明确的反对意见，而且在政府间大会第三次会议的非正式谈判中要求删除第 10.2 条案文。❷

其次来看异地获取的案文（第 10.3 条）和通过电脑模拟方式获取的案文（第 10.4 条）。

第 10.3 条案文的内容是：缔约方应酌情采取必要的立法、行政或政策措施，确保异地获取属于本部分范围内的海洋遗传资源是自由、开放的［，须遵循第 11 条和第 13 条］。

第 10.4 条案文的内容是：缔约方应酌情采取必要的立法、行政或政策措施，确保为获取［通过电脑模拟的海洋遗传资源］［［以及］［数字序列信息］［遗传序列数据］］提供便利［，须遵循第 11 条和第 13 条］。

如上所述，由于谈判各方在获取仅指原地获取还是包括异地获取和通过电脑模拟方式获取的问题上存在分歧，"2020 年草案修改稿"分别在第 10.3 条和第 10.4 条中加入了关于规制异地获取和通过电脑模拟方式获取的案文，毫无疑问这反映了发展中国家的立场和观点。根据特设工作组和预备委员会讨论和谈判形成的某种共识，异地获取海洋遗传资源属于惠益分享问题的范畴。相应地，异地获取被确定为非货币惠益分享的一种模式并进入第 11 条案文当中（不过第 11.3 条中并没有出现"异

---

❶ 作为养护和可持续利用海洋生物多样性的有效手段，划区管理工具是 BBNJ 协定案文草案第三部分的主题。(g) 项具体提及的划区管理工具分别是《生物多样性公约》提出的具有重要生态和生物意义海洋区域（ecologically and biologically significant marine areas）、联合国粮农组织提出的脆弱海洋生态系统（vulnerable marine ecosystems），以及其他特别保护区（other specially protected areas），这可能包括国际海事组织提出的特别敏感海域（particularly sensitive sea areas）、国际海底管理局提出的特别环境利益区（areas of particular environmental interest）。

❷ 这个要求并不可取，如果完全删除第 10.2 条案文，这将不利于实现惠益分享的目标，尤其是如果删除在样品库或基因库和数据库保藏（存）样品、数据及相关信息的要求，接下来的非货币惠益分享，包括异地获取这些样品和共享这些数据及相关信息能否实现会面临不确定性。

地"的字眼）。那么，发展中国家又提出在第 10 条关于获取海洋遗传资源的案文中处理异地获取问题，这又是基于什么样的考虑？一般而言，异地获取指从生物样品库（或收集品库）获取海洋遗传资源，而这必然是以样品的存档作为前提，然而，位于世界各地的公共生物样品库和收集品库却面临着某些方面的严峻挑战，这包括不充分的供资（inadequate funding）、已经存档的样品并不具备可发现性（discoverability）以及很多样品尚未被全面分拣和鉴定等。[1] 这些挑战明显对异地获取的实现构成实际和潜在的障碍，就此而言，发展中国家试图在"BBNJ 协定"中给生物样品库所在国创设采取立法、行政或政策措施的义务，以保障异地获取建立在一个预期可实现的基础之上，第 10.3 条使用的"确保异地获取是自由和开放的"措辞大体上反映了发展中国家的意图。

与第 10.3 条有所不同，第 10.4 条寻求处理关于获取以数据信息形式存在的海洋遗传资源的问题。这应该是一个全新的问题，其他涉及遗传资源议题的国际论坛尚未提出解决方案，目前的案文要求缔约方采取立法、行政或政策措施确保为获取通过电脑模拟的海洋遗传资源或数字序列信息或遗传序列数据提供便利。然而，需要指出的是，目前的案文似乎仅具有展示某种立场的作用，不同国家在未来的谈判中围绕第 10.4 条必定会产生极大的争议。原因在于：其一，第 10.4 条受制于第 8 条的谈判，只有解决了"BBNJ 协定"对于通过电脑模拟方式获取的海洋遗传资源和数字序列信息或遗传序列数据的适用问题，才具备处理获取问题的前提；其二，"BBNJ 协定"是否适用于通过电脑模拟方式获取的海洋遗传资源或数字序列信息或遗传序列数据是谈判中最棘手的问题之一，谈判前景和结果无法预料；其三，目前的案文要求确保为获取上述海洋遗传资源和信息或数据提供便利，但对大多数利益相关者而言，"便利获取"很难描述或界定，仅依赖"提供便利"似乎难以解决获取以数据信息形式存在的海洋遗传资源的问题，未来谈判涉及的问题可能复杂得多。[2]

---

[1]　Jane Eva Collins *et al.*, "Strengthening the Global Network for Sharing of Marine Biological Collections: Recommendations for a New Agreement for Biodiversity beyond National Jurisdiction," *ICES Journal of Marine Science* 78, no 1 (2021).

[2]　Jane Eva Collins, Thomas Vanagt and Isabelle Huys, "Stakeholder Perspectives on Access and Benefit–Sharing for Areas beyond National Jurisdiction," *Frontiers in Marine Science* 7, (2020).

最后来看关于利用跨界海洋遗传资源须符合的条件的案文（第 10.5 条）和关于"遵守"的案文（第 10.6 条）。

第 10.5 条案文的内容是：缔约方应酌情采取必要的立法、行政或政策措施，确保可能导致利用在国家管辖范围以内和以外区域发现的海洋遗传资源，且与国家管辖范围以外区域海洋遗传资源有关的活动须事先通报相关沿海国［和任何其他相关国家］并经协商，以期避免侵犯［该］［上述］国家的权利和合法利益。

第 10.6 条案文的内容是：缔约方应酌情采取必要的立法、行政或政策措施，以确保在其管辖范围内利用的国家管辖范围以外区域海洋遗传资源是根据本部分的规定所［采集］［和］［获取］。

第 10.5 条案文的提出与海洋遗传资源具有的跨界属性有关。[1] 考虑到某些种类的海洋遗传资源可以同时在国家管辖范围以内和以外区域被发现，[2] 并且考虑到根据《海洋法公约》的规定沿海国对于国家管辖范围以内区域（包括领海、专属经济区及大陆架）中的自然资源（不论为生物或非生物资源）拥有主权权利，针对在国家管辖范围以内和以外区域发现的海洋遗传资源所进行的活动应当尊重和顾及相关沿海国的主权权利，否则会产生违反《海洋法公约》相关规定的后果。第 10.5 条案文基于上述考虑，为了避免侵犯相关沿海国（可能包括任何其他相关国家）的权利和合法利益，针对可能导致利用在国家管辖范围以内和以外区域发现的海洋遗传资源，且与国家管辖范围以外区域海洋遗传资源有关的活动，提出了向以上国家进行事先通报并与之协商的要求。需要说明的

---

[1] 重要的是指出，由于海洋环境的流动性和瞬变性，海洋环境中的资源，包括遗传资源，往往跨越了法律和政治界限。作为生态过程的结果，如水流、幼体散布模式或通过压载水等各种途径运送迁移，在国家管辖范围内某地发现的生物可能后来出现在国家管辖范围以外的地方。参见联合国大会：《海洋和海洋法：秘书长的报告》（增编），A62/66/Add.2，2007 年 9 月 10 日，第 189 段。

[2] 这大体上有两种情形，一种情形是在专属经济区和公海同时发现的海洋遗传资源，如水层区的细菌，另一情形是在 200 海里以外大陆架上和上覆水体（公海）同时发现的海洋遗传资源，如海绵动物、珊瑚（这些物种并不必然具有定居属性）。See Charlotte Salpin, "Marine Genetic Resources of Areas beyond National Jurisdiction: Soul Searching and the Art of Balance," in *Research Handbook on International Law and Natural Resources*, eds. Elisa Morgera and Kati Kulovesi (Northampton: Edward Elgar, 2016), p. 430. IUCN Information Papers for the Intersessional Workshop on Marine Genetic Resources, 2013, p. 26.

是，这里的要求是"通报和协商"，而非"同意"，根据最近谈判所表达的观点，各方支持上述活动不需要经过沿海国的同意。

实际上，第 10.5 条与第 9.2 条案文存在着密不可分的关系。❶第 9.2 条指出，如果在国家管辖范围以内也发现了国家管辖范围以外区域海洋遗传资源，关于上述资源的活动应适当顾及在其管辖范围内发现此类资源的任何沿海国的权利及合法利益。尽管从某种意义上说第 10.5 条体现了《海洋法公约》的相关原则，但发达国家已经对这条案文提出了质疑，甚至要求将其删除。主要的原因不外乎第 10.5 条给从事利用国家管辖范围以外区域海洋遗传资源的当事方及其所在国增加了行为上和规制上的负担。不仅如此，第 10.5 条使用的某些表述和措辞易于引发较大争议。其一，第 10.5 条为事先通报和协商要求所设计的触发条件，即"可能导致利用在国家管辖范围以内和以外区域发现的海洋遗传资源，且与国家管辖范围以外区域海洋遗传资源有关的活动"，看起来颇为烦琐。"利用"显然是这个触发条件的核心，但"利用"这个术语及其定义能否被"BBNJ 协定"所采纳仍然未知。其二，"与国家管辖范围以外区域海洋遗传资源有关的活动"的含义并不清楚，而有关国家确定会对此提出疑问并要求予以澄清。

第 10.6 条可以被看作是关于"遵守"的案文，这应该是参照《名古屋议定书》第 15 条（遵守获取和惠益分享国内立法或规制要求）的相关规定而草拟的。❷然而，就构建国家管辖范围以外区域海洋遗传资源的获取和惠益分享法律制度而言，是否需要这样一个关于"遵守"的法律规则？发展中国家无疑持肯定立场并且会推动确立该规则，因为这能保证进入研究开发阶段的国家管辖范围以外区域海洋遗传资源在来源上拥有

---

❶ BBNJ 协定案文草案第 9 条"与国家管辖范围以外区域海洋遗传资源有关的活动"的相关内容并没有出现在预备委员会最终报告和政府间大会第二次会议文件《主席对谈判的协助》的"海洋遗传资源，包括惠益分享问题"部分之中，但通过对比这些谈判文件可以看出，第 9 条中的 5 段规定其实来自上述文件的"一般原则和方法"部分的有关表述。

❷ 根据《名古屋议定书》第 15.1 条的规定，缔约方有义务采取适当、有效和相称的立法、行政或政策措施，以便规定，按照其他缔约方国内获取和惠益分享立法或规制要求，其管辖范围内利用的遗传资源已经遵照事先知情同意而获取，并且订立了共同商定条件。缔约方承担的这一义务在很大程度上有助于预防和阻止遗传资源的利用方对遗传资源提供国的资源的"不当利用"或"盗用"，并且有力地推动提供国关于遗传资源的获取和惠益分享立法目标的实现。

"合法性"。但也要指出的是，第 10.6 条针对在国家管辖范围内利用国家管辖范围以外区域海洋遗传资源提出了遵守"BBNJ 协定"关于采集或获取海洋遗传资源规定的要求，这显然要以引入"利用海洋遗传资源"这一术语及其定义作为前提。考虑到利用海洋遗传资源的活动基本上都在发达国家进行，发达国家反对确立关于"遵守"的法律规则应当是预料之中的事情。

五、惠益分享

惠益分享问题的提出源自发展中国家针对国家管辖范围以外区域海洋遗传资源的获取和研究利用状况所表达的公正关切（equity concerns），以发展中国家的视角来看，在一小部分国家和大多数发展中国家之间存在一个不公正的局面，❶ 而不同国家拥有的不均衡的获取和研究能力构成了这一不公正局面的主要来源。❷ 发展中国家据此要求对于在"区域"发

---

❶ 有评论指出，驱动《生物多样性公约》下的遗传资源议题谈判的力量也是在发展中国家和发达国家之间存在的不公正和不公平的局面，这表现为，发达国家的团体或个人未经许可或同意在发展中国家获取遗传资源及相关传统知识，随后带回本国进行研究利用，并最终独占所产生的惠益。但对于国家管辖范围以外区域海洋遗传资源而言，由于不存在国家主权的问题，而且也不存在获取和利用资源未经许可的声称，因此，这里的不公正局面与《生物多样性公约》缔结之前围绕国家享有主权权利的遗传资源所出现的不公正局面有很大的不同。See Lyle Glowka, "Marine Genetic Resources within and beyond the Limits of National Jurisdiction: Challenges and Opportunities Posed by Existing and Emerging International Legal Frameworks and Process," in *30 Years after the Signature of the United Nations Convention on the Law of the Sea: the Protection of the Environment and the Future of the Law of the Sea*, ed. Marta Chantal Ribeiro (Lisbon: Coimbra Editora, 2012), p. 265.

❷ 联合国"第一次全球海洋综合评估（第一次世界海洋评估）"从研究船舶拥有量、海洋物种鉴定、海洋生物多样性领域发表的论文以及与海洋来源的基因有关的专利权利要求等方面概述了不同国家之间在获取和研究海洋遗传资源能力上的差异。See Michael Banks *et al.* (eds), "Chapter 29: Use of Marine Genetic Resources," in *The First Global Integrated Marine Assessment (World Ocean Assessment I)*, (New York: United Nations, 2016), pp. 5–8. 2018 年一项最新的研究显示，1988~2017 年，在获批的所有与海洋遗传资源序列有关的专利（限于通过国际专利申请而批准的专利）中，位于德国、美国和日本的机构拥有的专利占到了 74%，其中德国为 49%，美国为 13%，而日本为 12%；排名前十的专利持有人持有的专利占总数的 84%，它们分别来自德国、以色列、美国、日本、法国、英国、挪威和加拿大；总体上看，来自 30 个国家和欧盟的机构拥有海洋基因序列国际专利，而其余的 165 个国家没有这样的机构。See Robert Blasiak *et al.*, "Corporate Control and Global Governance of Marine Genetic Resources," *Science Advances* 4, no 6 (2018).

现的海洋遗传资源适用人类共同继承财产原则，其中包括分享开发利用这些资源所产生的惠益。然而，经过欧盟的居中协调，惠益分享问题脱离人类共同继承财产原则而以独立的面目出现，其在 2011 年被正式纳入关于国家管辖范围以外区域海洋生物多样性的养护和可持续利用问题的"一揽子议题"，"海洋遗传资源，包括惠益分享问题"这一议题由此定型。

自议题定型以来，惠益分享成为谈判各方重点关注的问题，政府间大会主席通过综合谈判各方的主要观点起草了关于惠益分享问题的案文。正如"2020 年草案修改稿"第二部分标题所显示的那样，惠益分享是该部分要处理和规定的核心问题。在很大程度上，"2020 年草案修改稿"第二部分处理的其他三个重要问题，即海洋遗传资源的采集和获取、知识产权和监测都是为了协助实现惠益分享而提出来的。

"2020 年草案修改稿"第 11 条是关于惠益分享的案文，其标题为"［公正和公平的］惠益分享"。第 11 条包括 5 段案文，第 11.1 条是关于惠益分享的原则性陈述的案文，第 11.2 条和第 11.3 条分别列出了惠益的类型和惠益分享的模式，第 11.4 条说明了分享的惠益的用途，第 11.5 条是关于缔约方负担的采取措施确保惠益能够得到分享的义务的案文。

首先来看关于惠益分享的原则性陈述的案文（第 11.1 条）。

第 11.1 条案文的内容是：已［采集］［获取］［利用］国家管辖范围以外区域海洋遗传资源的缔约方，包括其国民，［应］［可］［根据本部分的规定］［公正和公平地］与其他缔约方分享由此产生的惠益，同时考虑到发展中国家缔约方，特别是最不发达国家、内陆发展中国家、地理不利国家、小岛屿发展中国家、非洲沿海国家和中等收入发展中国家的特殊需求。

需要指出的是，"2020 年草案修改稿"在关于惠益分享的具体问题的案文之前设置这样一个关于惠益分享的原则性陈述的案文，这个处理方式值得肯定。实际上，这一原则性陈述在政府间大会第二次会议谈判文件《主席对谈判的协助》中并未以一个独立备选案文的形式出现，它是政府间大会主席整合该文件"惠益分享模式"部分相关备选案文而提出的新案文。作为关于惠益分享的原则性陈述，其内容必定要提及惠益分享的一般性问题，包括触发惠益分享的活动、惠益分享的属性、惠益分享的方式以及惠益分享的受益方。从第 11.1 条案文带有多个方括号可以看出，谈判各方在这些问题上存在明显的分歧。

就触发惠益分享的活动而言，第 11.1 条列出了三个选项，即采集、获取和利用国家管辖范围以外区域海洋遗传资源。美国、欧盟等发达国家和地区认为触发惠益分享的活动应该是采集海洋遗传资源，换言之，分享的惠益是因采集所产生的惠益（benefits arising from the collection）。发展中国家建议将获取（包括原地、异地、通过电脑模拟方式的获取以及作为数字序列信息的获取）和利用海洋遗传资源的活动确立为触发惠益分享的活动，这一建议部分地借鉴了《名古屋议定书》的相关规定。❶ 双方的上述观点分歧其实反映了各自在看待和处理可供分享的惠益类型问题上的不同立场。显然，发达国家作为惠益的主要提供方试图将触发惠益分享的活动限定于海洋遗传资源价值链最前端的采集活动，以便尽可能限制可供分享的惠益类型，而作为惠益的接受方，发展中国家更倾向于使触发惠益分享的活动与从采集、异地获取到研究开发再到最终商业化利用的整个价值链保持一致，从而尽量扩大可供分享的惠益类型。

就惠益分享的属性而言，第 11.1 条将"应当"（shall）和"可以"（may）这两个词语置于方括号当中，这表明有两种属性的惠益分享，即强制性和自愿性的惠益分享可供选择。在这个问题上，发达国家和发展中国家的态度很明确，前者由于不愿承担"硬性"的惠益分享义务，倾向于自愿性的惠益分享，而后者要求惠益分享为强制性的，因为只有这样才能确保惠益分享得以实现。需要指出的是，来自发达国家的一些利益相关者强调惠益分享的属性与惠益的类型有关联，如果惠益被确定为非货币惠益，考虑到非货币惠益分享已经在实践中发生了，那么从理论上说非货币惠益分享即使是强制性的也不会给科学界带来额外的负担，当然这也要取决于相关的条件。❷

就惠益分享的方式而言，发展中国家建议参照《海洋法公约》第 140

---

❶ 根据《名古屋议定书》第 5.1 条规定，应当分享利用遗传资源以及嗣后的应用和商业化所产生的惠益（benefits arising from the utilization of genetic resources as well as subsequent applications and commercialization）。

❷ Jane Eva Collins, Thomas Vanagt and Isabelle Huys, "Stakeholder Perspectives on Access and Benefit-Sharing for Areas beyond National Jurisdiction," *Frontiers in Marine Science* 7, (2020).

条以及关于遗传资源的国际法律文书，❶ 使用短语"公正和公平的"和"以公正和公平的方式"对惠益分享进行修饰，但发达国家认为没有必要进行修饰。第 11 条的标题和第 11.1 条案文都将上述短语放进方括号中，这显示出谈判各方尚未就此取得共识。事实上，在特设工作组和预备委员会关于惠益分享问题的讨论和预备谈判中，公正和公平原则并没有与惠益分享问题明确地联系起来。不过，《海洋法公约》序言段落提到了"公正和公平的国际经济秩序，这种秩序将照顾到全人类的利益和需要，特别是发展中国家的特殊利益和需要"的表述，而这也构成了与 200 海里以外大陆架和深海海床矿物资源有关的惠益分享规定的基础。❷ 从这一点来看，谈判各方值得考虑是否有必要对与海洋遗传资源有关的惠益分享进行修饰。

　　就惠益分享的受益方而言，谈判各方似乎已经达成了某种共识，因为第 11.1 条关于受益方的相关表述并未被放入方括号之中。按照当前的案文，惠益分享的受益方可以是任何国家。但由于发展中国家在采集和研究利用海洋遗传资源所需的技术、资金和人力资源等方面与发达国家相比还有很大的差距，案文明确提及了"考虑到发展中国家缔约方，特别是最不发达国家、内陆发展中国家、地理不利国家、小岛屿发展中国家、非洲沿海国家和中等收入发展中国家的特殊需求"。案文在这里列出了六类不同发展水平或类别的国家，这一列举是否妥当或许还需要进一步的谈判。❸

　　另外，第 11.1 条案文还将缔约方的"国民"作为惠益的提供方而列出。

---

　　❶ 《海洋法公约》第 140 条使用了词语"公平的"（equitable），《生物多样性公约》及其《名古屋议定书》和《粮食和农业植物遗传资源国际条约》在各自的"目标"和具体规定中使用了"公正和公平的（地）"（fair and equitable or fairly and equitably）和"以公正和公平的方式"（in a fair and equitable way）的表述。

　　❷ Elisa Morgera, "Fair and Equitable Benefit-Sharing in a New International Instrument on Marine Biodiversity: A Principled Approach towards Partnership Building?" *Maritime Safety and Security Law Journal*, no 5 (2018–19). 该文作者在文中还提到，从一个理论的角度来说，有人声称，使用"公正和公平的"表述能够产生同时使正义的程序维度（即决定某些过程合法性的维度）和实质维度（即平衡竞争性权利和利益的维度）变得明确的效果，以便惠及所有人，而不仅仅是让强者的优势更明显。在国际法中提及公正和公平因此可被理解为授权全球共同体开展对话，以发展出什么是公正和公平的共同理解，包括根据国际法的其他相关领域。

　　❸ 政府间大会第三次会议之后欧盟提交的文本建议（textual proposal）删除了第 11.1 条案文中列举的各类发展中国家，美国的文本建议则删除了中等收入发展中国家。

这一处理似乎有违国际立法的一般原则，因为"BBNJ 协定"作为国际法需要为缔约方而不是其他实体设定义务。加拿大在政府间大会第三次会议的非正式讨论中就指出了这个问题，欧盟和美国 2020 年的文本建议也删除了缔约方的国民。预计在接下来的谈判中这个问题会得到考虑和处理。

其次来看关于惠益的类型和惠益分享模式的案文（第 11.2 条和第 11.3 条）。

第 11.2 条案文的内容是：惠益［应］［可］包括［货币和］非货币惠益。

第 11.3 条案文的内容是：［采集］［获取］［利用］国家管辖范围以外区域海洋遗传资源所产生的惠益［应］［可］根据下列规定在不同阶段予以分享：

［（a）货币惠益［应］［可］在［通过电脑模拟的海洋遗传资源］［数字序列信息］［遗传序列数据］的保密期分享，或在将基于国家管辖范围以外区域海洋遗传资源的产品进行商业化时［以阶段性付费形式］分享。货币惠益的付款率应由缔约方会议确定。［应向特别基金付款］；

［（b）非货币惠益［，例如获取样品和样品收集品库、分享信息，如出海考察前或开展研究前的信息、出海考察后或研究后的通报、技术转让和能力建设，］［应］［可］在［采集］［获取］［利用］国家管辖范围以外区域海洋遗传资源时分享。［应］［可］［通过信息交换机制［［在［采集］［获取］后即］［在［……］年之后］］］以开放获取方式提供样品、数据和相关信息。［在公布和利用与国家管辖范围以外区域海洋遗传资源有关的［通过电脑模拟的海洋遗传资源］［数字序列信息］［遗传序列数据］时，［应］［可］考虑到该领域的现有国际惯例。］

第 11.2 条处理的是惠益的类型问题。"BBNJ 协定"中的惠益是否应同时涵盖货币惠益和非货币惠益抑或仅涵盖非货币惠益是谈判的重大争议问题之一。当前案文参考《名古屋议定书》的做法列出了货币惠益和非货币惠益。❶发展中国家普遍支持"BBNJ 协定"同时涵盖这两种惠益。

---

❶ 《名古屋议定书》第 5.4 条规定："惠益可以包括货币和非货币惠益，包括但不仅限于附件所列惠益。"《名古屋议定书》附件提供了一个关于获取和非货币惠益的详细清单，其中含有十种货币惠益和十七种非货币惠益。

但发达国家反对提及货币惠益，❶其背后的理由无非是分享货币惠益将会给本国从事海洋遗传资源商业化利用活动的利用方增加财政支出负担，反对的另一个原因是，分享货币惠益需要创设管理起来具有很大挑战性的监测或跟踪机制，而这对于发达国家意味着行政成本的付出。❷不过发达国家也对分享非货币惠益表示了不同程度的支持，当前案文因此将货币惠益放入了方括号中。值得注意的是，欧盟和美国等建议删除第 11.2 条案文，如果遵照这一建议，那么非货币惠益只能在关于惠益分享模式的规定中得到间接认可。❸

第 11.3 条是关于惠益分享模式的案文。如何以及何时分享惠益是政府间大会谈判中的核心问题，直接关系到惠益分享的实际可操作性，当前案文基本上反映了各方在谈判中表达的主要立场和观点。从内容上看，第 11.3 条基于在第 11.2 条中对货币惠益和非货币惠益的区分和列举，通过两个选项分别提出了货币惠益分享的模式和非货币惠益分享的模式。

---

❶　学术界通过开展调查研究提出的一些观点和结论从某种程度上也呼应了发达国家反对分享货币惠益的立场。有观点指出，就国家管辖范围以外区域海洋遗传资源的商业利益水平及其可能带来的实际惠益而言，仍然存在很大的不确定性，此类资源的商业潜力很大程度上是推测性的而且尚未实现。还有观点指出，开发来自某种遗传资源任何样品的一个商业产品的机会相对渺茫，当前拥有很少的关于国家管辖范围以外区域海洋遗传资源系统性商业规模开发的证据，仅有七个来源于海洋生物的制药产品出现在市场上，其中六个都是基于国家管辖范围内的遗传材料，而第七个产品来自同时在国家管辖范围以内和以外区域发现的物种。See David Leary, "Marine Genetic Resources in Areas beyond National Jurisdiction: Do We Need to Regulate Them in a New Agreement," *Maritime Safety and Security Law Journal*, no 5 (2018–19). Arianna Broggiato *et al.*, "*Mare Geneticum*: Balancing Governance of Marine Genetic Resources in International Waters," *The International Journal of Marine and Coastal Law* 33, (2018).

❷　See Jane Eva Collins, Thomas Vanagt and Isabelle Huys, "Stakeholder Perspectives on Access and Benefit-Sharing for Areas beyond National Jurisdiction," *Frontiers in Marine Science* 7, (2020). Gaute Voigt-Hanssen, "Current 'Light' and 'Heavy' Options for Benefit-Sharing in the Context of the United Nations Convention on the Law of the Sea", *The International Journal of Marine and Coastal Law* 33, (2018).

❸　有评论指出，将惠益分为货币惠益和非货币惠益可能具有误导性，这是因为，非货币惠益并非是免费的；货币和非货币惠益并不是相互排斥的，而是相互关联的；非货币惠益具有模糊性且无法展现从国际研究项目到技术转让所容纳的各类要素的广度；"非货币"制造了一个消极的含义（即"不是货币"），这可能降低了可感知的价值，并且没有准确地反映可能包含的要素的广度以及有待实现的潜在价值。See Harriet Harden-Davies, "Marine Genetic Resources beyond National Jurisdiction: an Integrated Approach to Benefit-Sharing, Conservation and Sustainable Use" (PhD diss., University of Wollongong, 2018), pp. 95–96.

第 11.3 条的起首部分（chapeau）重复了第 11.1 条的相关表述，同时也继续列出了有关触发惠益分享的活动和惠益分享的属性的不同选项。此外，起首部分还为惠益分享附加了时间上的要求，即"在不同阶段"分享惠益。不过有些令人意外的是，尽管发达国家反对提及惠益分享的时间要求，但"在不同阶段"的表述并未被放进方括号。❶

第 11.3 条之（a）提出了关于货币惠益分享的模式。不论在《海洋法公约》，还是《名古屋议定书》和《粮食和农业植物遗传资源国际条约》之中，货币惠益分享都是惠益分享制度的组成部分。❷ 基于此，发展中国家要求分享来自国家管辖范围以外区域海洋遗传资源的货币惠益，包括商业化基于海洋遗传资源开发的产品所得到的收入，这个要求在逻辑上应该是成立的，而且从科技发展的角度来看也是合理的。（a）项纳入了体现上述要求的模式，即货币惠益应当（或可以）在将基于国家管辖范围以外区域海洋遗传资源的产品进行商业化时予以分享。与此同时，（a）项还列出了一种新的货币惠益分享模式，该模式是针对以数据信息形式存在的海洋遗传资源所提出的惠益分享模式，具体而言，如果利用方为通过电脑模拟的海洋遗传资源或数字序列信息或遗传序列数据设置了禁运期或保密期，即选择在一定期间内不公开这些数据信息，这将触发货币惠益分享。

值得注意的是，以上这个新的货币惠益分享模式在已有的国际法律文书中并无先例可循，而且也没有出现在以往的特设工作组和预备委员

---

❶ 欧盟和美国的文本建议都删除了"在不同阶段"的表述，与此相对应，欧盟和美国建议的触发惠益分享的活动为内涵单一的采集活动。

❷ 《海洋法公约》第十一部分针对作为人类共同继承财产的"区域"资源，提出了公平分配从勘探开发这些资源所取得的财政及其他经济惠益（financial and other economic benefits）的要求。《名古屋议定书》针对国家拥有主权权利的遗传资源，要求与遗传资源的原产国或提供国分享利用以及嗣后应用和商业化所产生的货币惠益，这些货币惠益包括但不限于获取费（access fees）、预先付费（up-front payments）、阶段性付费（milestone payments）、特许权使用费支付（payment of royalties）、商业化时的许可证费（licence fees in case of commercialization）、向支持保护和可持续利用生物多样性的信托基金支付的特别费用、薪金、研究资助等。《粮食和农业植物遗传资源国际条约》针对国家拥有主权权利的粮食和农业植物遗传资源，要求利用方分享商业化含有从多边系统获取材料的产品所得货币和其他惠益（monetary and other benefits），分享的货币惠益应当向该条约管理机构专门设立的"惠益分享基金"进行支付，具体的分享比例事先已在多边基础上通过谈判商定并载于《标准材料转让协议》之中。

会的讨论和谈判中。考虑到数字序列信息的议题目前在各大遗传资源国际论坛上处于激烈讨论的过程之中，"2020 年草案修改稿"提出的这个货币惠益分享模式是否代表了某种潜在的解决与数字序列信息有关的惠益分享问题的方案？或许起草"2019 年草案"和"2020 年草案修改稿"的政府间大会主席这样考虑：作为当前科学研究领域的最佳做法，通过电脑模拟的海洋遗传资源或数字序列信息或遗传序列数据应当在公共数据库中存储和发布，以供开放获取（open access）；❶既然如此，如果发生了不遵守开放获取原则的行为，当事方有义务支付一定的费用作为对价，❷相应地，这可被构建成一种货币惠益分享模式。然而，"2020 年草案修改稿"并没有考虑并处理在这些数据信息已公开的情形下的货币惠益分享问题，这包括，如果利用从公共数据库获取的数据开发出产品并对其进行商业化，如何分享商业化所得的惠益？当然，货币惠益分享问题的争议性非常大，《生物多样性公约》框架下的讨论提出了若干可供选择的方案，❸而这距离达成共识尚需时日。❹正如上文指出的那样，数字序列信息议题具有"联动性"，或许国际社会在各大遗传资源国际论坛上的讨论没有取得基本的共识之前，任何一个国际论坛率先提出方案的尝试可能

---

❶ See Sarah Laird and Rachel Wynberg, A Fact-Finding and Scoping Study on Digital Sequence Information on Genetic Resources in the Context of the Convention on Biological Diversity and the Nagoya Protocol, CBD/DSI/AHTEG/2018/1/3, 2018, p. 28. Fabian Rohden et al., Combined Study on Digital Sequence Information (DSI) in Public and Private Database and Traceability, CBD/DSI/AHTEG/2020/1/4, 2020, p. 16.

❷ 非洲集团在政府间大会第一次会议谈判中也提出过类似建议。

❸ 2021 年，《生物多样性公约》框架下关于数字序列信息的研讨提出了可供考虑的政策选项，这些选项是：维持现状（选项 0）；将遗传资源数字序列信息充分纳入国内的获取和惠益分享措施（选项 1）；获取数字序列信息不受限制，但遵照标准化的共同商定条件决定惠益分享事宜（选项 2）；为获取数字序列信息或针对与数字序列信息有关的服务而向某个多边基金付款或缴费（选项 3）；加强科技能力与合作，包括加强发展中国家的能力支持，这可以使数字序列信息的获取和利用变得民主化和更加公平，以便每个国家都有扩大的能力和机会以生成、获取和利用数字序列信息，充分发挥其潜力（选项 4）；不分享数字序列信息所产生的惠益（选项 5）。

❹ 最新提出的一个值得重视的建议是，国际社会需要建立一个关于数字序列信息的多边惠益分享框架，在这个框架下获取问题应当与惠益分享问题相分离，如此一来，"ABS"（获取和惠益分享）的缩写将变成"OA（开放获取）"和"BS（惠益分享）"的缩写。See Amber Hartman Scholz et al., "Multilateral Benefit-sharing from Digital Sequence Information will Support both Science and Biodiversity Conservation," *Nature Communications* 13, no 1086 (2022).

无法达到预期的目的。❶

第 11.3 条之（a）还提到货币惠益付款率的确定和付款接收者的问题。按照目前的案文，付款率应由缔约方大会确定，而付款应交给特别基金。这两点其实反映了一个重要的设计，即"BBNJ 协定"中的货币惠益分享模式是"多边模式"。这类似于《粮食和农业植物遗传资源国际条约》下的货币惠益分享机制。❷有一个问题不容忽视，这就是，考虑到"BBNJ 协定"只能针对国家设定义务，在法律上如何给海洋遗传资源的利用方施加向特别基金付款的义务？❸这个问题在谈判中尚未受到重视，如果在"BBNJ 协定"中不考虑解决该问题，这是否意味着留给国内法予以处理？第 11.5 条案文似乎认可了国内法在实现惠益分享目标上的关键角色。

第 11.3 条之（b）提出了关于非货币惠益分享的模式。（b）项案文包含三个方面的内容：其一，通过列举几种典型的非货币惠益提出了非货币惠益分享的模式；其二，进一步明确了涉及样品、数据和相关信息的惠益分享问题；其三，专门处理了通过电脑模拟的海洋遗传资源或数字序列信息或遗传序列数据所涉及的非货币惠益分享问题。

在非货币惠益分享模式的问题上，（b）项在借鉴《名古屋议定书》有关做法和吸收发展中国家建议的基础上，列举了四种典型的非货币惠益，由此提出了非货币惠益分享的模式。这四种非货币惠益是以往讨论和谈判中发展中国家和某些发达国家最常提及和最受关注的惠益类型，

---

❶ 一些拥有科学研究、法律和政策等背景的人士呼吁，数字序列信息应被视为一个全面性问题（overarching issue），其有待通过一个协调化和具有包容性的"数字序列信息治理多方利益相关者委员会"（Multi-stakeholder Committee on the Governance of Digital Sequence Information）进行处理，该委员会应当在联合国的主持下开展工作，致力于缓和与遗传资源数字化有关的全球治理问题。See Sylvain Aubry *et al.*, "Bringing Access and Benefit Sharing into the Digital Age," *Plants People Planet* 4, no1 (2021).

❷ 根据《粮食和农业植物遗传资源国际条约》及其《标准材料转让协议》的规定，接受方商业化作为粮食和农业植物遗传资源并含有从多边系统获取材料的产品，并且该产品不能无限制地提供给他人用作进一步研究和育种的情形下，接受方应向管理机构建立的"惠益分享基金"支付产品销售额的 0.77%。

❸《粮食和农业植物遗传资源国际条约》运用私法路径解决这个问题，即在《标准材料转让协议》中给粮食和农业植物遗传资源的利用方设定了付款的义务，如利用方不履行该义务，则启动《标准材料转让协议》项下的争端解决程序解决与利用方不履行该义务有关的争端。

它们也是《名古屋议定书》《粮食和农业植物遗传资源国际条约》《共享流感病毒以及获取疫苗和其他惠益的大流行流感防范框架》这三份关于遗传资源的国际文书"共有"的非货币惠益类型。在具体评析不同的非货币惠益分享模式之前，这里有必要对（b）项第一句案文的两个提法作出说明。该案文在列举非货币惠益时用的词语是"例如"（such as），这从某种意义上反映了主要来自发展中国家的一种观点，即惠益类型应该是"非穷尽式"的（non-exhaustive）。另一个提法是关于触发非货币惠益分享的活动的表述，案文借助非货币惠益分享的时间阶段表达触发非货币惠益分享的活动，这与第11.1条的案文有所不同，也与《名古屋议定书》和《粮食和农业植物遗传资源国际条约》采用的表述方式不同。如上所述，各方在这个问题上存在较大分歧，美国和欧盟建议只分享采集所产生的非货币惠益，而发展中国家主张分享从采集到利用的各个阶段所产生的非货币惠益。下面立足于构建可实际运作的法律规则的设想，对（b）项案文列出的获取样品和样品收集品（库）（access to samples and sample collections）、分享信息（sharing of information）、技术转让（transfer of technology）和能力建设（capacity-building）这四种类型的非货币惠益进行评析。

　　获取样品和样品收集品（库）对于研究群体，包括那些无力从国家管辖范围以外区域采集海洋遗传资源样品的发展中国家科学家而言具有特别重要的意义。❶在大多数情形，这些国家的科学家只有向主要位于发达国家的样品收集品库（collections）发出获取请求并且获取了样品，才能开展海洋生物多样性方面的研究活动。"BBNJ协定"应当构建一套有助于实现异地获取海洋遗传资源样品的法律规则，从而满足在全球层面上协调和便利异地获取样品的需要。然而，目前的"2020年草案修改稿"只是提出了笼统的要求或原则，包括（b）项案文第二句提到的"以开放获取方式提供样品"的要求或原则，这不符合可实际运作的法律规则的

----

　　❶ 有观点指出，术语"collections"被用于既包括那些以收集品为中心的海洋科学研究所，如正式的生物样品库和博物馆（biobanks/biorepositories and museums），又包括那些非以收集品为中心的海洋科学研究所的收集品藏品（collection holdings）。See Jane Eva Collins *et al.*, "Strengthening the Global Network for Sharing of Marine Biological Collections: Recommendations for a New Agreement for Biodiversity beyond National Jurisdiction," *ICES Journal of Marine Science* 78, no 1 (2021).

标准。大体上说，实现异地获取样品要取决于两方面的条件：一是要了解保藏国家管辖范围以外区域的海洋遗传资源样品的收集品库的相关信息，以及了解这些收集品库保藏的样品的具体信息；二是要存在一套适用于获取活动并且具备确定性、明晰性和透明性的程序和规则，包括关于签订"材料转让协议"的程序和规则。显而易见，"2020 年草案修改稿"不能仅停留在提出笼统的要求或原则的地步，其还应当在认可科学界的最佳做法的基础上构建更加具体的法律规则。

值得在此提出与获取样品密切相关的一个问题："2020 年草案修改稿"在规制获取样品的问题上采纳的是"双边路径"还是"多边路径"？按理，由于国家管辖范围以外区域海洋遗传资源并不受国家主权权利的支配，换言之，不存在国家管辖范围以外区域海洋遗传资源的"提供国"，❶"BBNJ 协定"应采纳"多边路径"规制获取样品的问题并构建相关规则，❷ 但目前的案文反映不出案文起草者在这个问题上的考虑。

分享信息作为一种非货币惠益的重要性获得了普遍认可，其有助于保障针对海洋遗传资源的研究活动的透明性，以及加强海洋遗传资源研究的国际合作和协作。从当前的海洋科学研究实践来看，一些国家和国际组织正在不同程度地践行分享信息（例如，出海考察之前和之后的通报）的要求，❸ 尽管如此，在实践中分享信息尚有较大改进的空间。作为在全球范围内适用的条约，"BBNJ 协定"可以在改进分享信息的要求方面有所作为。但目前（b）项案文并没有超出《海洋法公约》第 244.1 条的要求。不过需要指出的是，（b）案文列出了有待分享的不同类别的信

---

❶ Sarah Laird *et al.*, "Rethink the Expansion of Access and Benefit Sharing," *Science* 367, no 6483 (2020).

❷ 《粮食和农业植物遗传资源国际条约》和《共享流感病毒以及获得疫苗和其他惠益的大流行性流感防范框架》在获取和惠益分享问题上采纳的就是"多边路径"。有评论指出，"多边路径"采用"资源的共同池塘"（common pools of resources）的形式建立了获取和惠益分享系统。"多边路径"可以通过构建一个关于资源的"共同池塘"或关于样品收集品库的"网络"（network），以及通过多边商定的获取和惠益分享条件加以体现。See Arianna Broggiato *et al.*, "Fair and Equitable Sharing of Benefit from the Utilization of Marine Genetic Resources in Areas beyond National Jurisdiction: Bridging the Gaps between Science and Policy," *Marine Policy* 49, (2014).

❸ Alex Rogers *et al.*, "Marine Genetic Resources in Areas beyond National Jurisdiction: Promoting Marine Scientific Research and Enabling Equitable Benefit Sharing," *Frontiers in Marine Science* 8, (2021).

息，这包括出海考察前（pre-cruise）或开展研究前（pre-research）的信息以及出海考察后（post-cruise）或研究后（post-research）的通报。不同国家对于这样的列举存在一定的分歧。❶ 就分享信息而言，"BBNJ协定"有必要认可当前海洋科学研究领域的最佳做法，同时也要考虑创设新的有利于在全球范围内促进分享信息的机制。

技术转让和能力建设作为非货币惠益的重要意义不言而喻。众所周知，海洋科学研究和技术创新推动了人类社会对于国家管辖范围以外区域生物多样性的探索和调查，同时也提高了人类社会收获来自上述区域的海洋遗传资源的各种价值的能力。由于不同国家在调查、获取和研究利用国家管辖范围以外区域海洋遗传资源的能力上存在显著的差别，技术转让和能力建设对于提升发展中国家从事这些活动的能力极为关键。在一系列涉及海洋和环境保护的国际法律文书和"软法"文件中都设有关于技术转让和能力建设的规则和要求。然而，这些规则和要求，尤其是关于技术转让的规则和要求，由于受到不同方面因素的制约，例如约束性不强的义务、私营部门对相关技术拥有知识产权等，面临难以实施或实施不足的问题。❷ 就此而言，"BBNJ协定"的谈判和制定提供了一个很好的加强落实与国家管辖范围以外区域海洋生物多样性的养护和可持续利用有关的技术转让和能力建设要求的机会。但"2020年草案修改稿"第11.3条之（b）案文采取了一种简单的"标题化"的处理方式，即只是将技术转让和能力建设提出并确定为非货币惠益，而没有设计出一套包含若干要素的可实际运作的规则。❸ 当然，这种处理方式也与此前各方更多地集中于"2020年

---

❶　美国和欧盟不希望做这样的全面列举，美国建议只列出"出海考察或研究信息"，欧盟则建议删除"开展研究前"和"研究后"的措辞。See UNGA, Textual proposals submitted by delegations by 20 February 2020, for consideration at the fourth session of the Intergovernmental conference on an international legally binding instrument under the United Nations Convention on the Law of the Sea on the conservation and sustainable use of marine biological diversity of areas beyond national jurisdiction (the Conference), in response to the invitation by the President of the Conference in her Note of 18 November 2019 (A/CONF.232/2020/3).

❷　Stephen Minas, "Marine Technology Transfer under a BBNJ Treaty: A Case for Transnational Network Cooperation," *AJIL Unbound* 112, (2018).

❸　《生物多样性公约》及其《名古屋议定书》和《粮食和农业植物遗传资源国际条约》针对技术的获取和转让设有具体的规则，后者对能力建设也作了比较具体的规定。尽管这些规则的实施也面临着挑战，但从文本上说这些条约总归拥有较为细化的规则。

草案修改稿"第四部分"能力建设和海洋技术转让"的谈判有关，各方几乎没有在过去的谈判中针对"海洋遗传资源，包括惠益分享问题"部分中的技术转让和能力建设提出过具体的建议。❶ 从这一点来看，接下来各方还要推进关于技术转让和能力建设的规则设计及其谈判。

（b）项案文第二句进一步明确了与样品、数据和相关信息有关的惠益分享问题。这是在上一句案文的基础上对如何获取样品和样品收集品库以及分享信息提出的方案。这个方案的核心是以开放获取（open access）方式提供样品、数据和相关信息，其也承接了第 10.2 条案文针对原地采集（获取）海洋遗传资源所设定的在数据库、样品库或基因库等开源平台保存样品、数据和相关信息的条件。案文背后的考虑应该是，已采集的海洋遗传资源样品（包括关联数据和信息）必须在开源平台保存，进而以开放获取方式提供，从而促进海洋遗传资源的研究利用以及海洋生物多样性的养护和可持续利用。

开放获取样品、数据和研究成果代表着海洋科学研究的方向，其对于国家管辖范围以外区域海洋遗传资源（本身被看作是一类"全球公有物"）而言更具有特别重要的意义。但从当前海洋科学研究的实践来看，由于一系列挑战的存在，不同国家、国际组织和其他利益相关方落实和遵守以开放获取方式提供样品、数据和相关信息的要求的程度差别颇大，碎片化、不统一化以及不符合科学最佳做法等问题格外突出。从未来的发展来看，这种状况能够借助"BBNJ 协定"所确立的统一规则而获得很大的改变。值得注意的是，（b）项案文第二句中出现了"通过信息交换所机制"的选项。而关于信息交换所机制的案文已经出现在"2020 年草案修改稿"第六部分"体制安排"之中，这些案文初步地提出了信息交换所机制的构成要素、模式和功能。

"2020 年草案修改稿"第 51.2 条和第 51.3 条案文指出，信息交换所机制应主要由一个基于网络的开放获取平台构成；信息交换所机制应充当中心化平台，以使缔约方能够获取［、收集］［、评估］［、公开］和传播相关信息。第 51.3 条案文具体列出了通过信息交换所机制获取和传

---

❶ 美国提交的文本建议（textual proposals）将技术转让限定为自愿属性，并附加了共同商定条件的要求。

播的涉及海洋遗传资源的各类信息，它们是：与国家管辖范围以外区域海洋遗传资源有关的活动的信息，包括即将原地采集海洋遗传资源的通知、研究团队、海洋遗传资源采集地的生态系统、海洋遗传资源的［数字］［遗传］特性、其生化成分、遗传序列数据［和信息］［以及海洋遗传资源的利用］；关于国家管辖范围以外区域海洋遗传资源的数据和科学信息，包括经由目前持有国家管辖范围以外区域海洋遗传资源的数据库、保存库或基因库清单、此类资源的登记册等了解的内容。案文还提到，信息交换所机制应促进与相关全球、区域、次区域、国际和部门信息交换所机制、其他数据库、保存库和基因库建立联系。

从以上案文来看，"2020 年草案修改稿"中的信息交换所机制作为一个中心化的信息公开和交流平台将整合针对样品、数据和相关信息的现有平台并将它们纳入其中，这似乎能较容易地得到谈判各方的认可，因为这些平台只要属于开放获取平台，将这些平台上的数据和信息纳入信息交换所机制并使平台与之互联，并不会给平台所在国带来额外的负担。但对于第 51.3 条案文列举的某些新的类型的信息而言，这些信息如何以及在多大程度上被纳入信息交换所机制可能会在谈判中引发较大的争议。

科学界的专业人士针对信息交换所机制的构成和运作也提出了一些建议，这包括，设立一个关于海洋遗传资源样品收集品库的全球登记册或目录（global registry/directory），并要求各个样品收集品库向信息交换所提交关于识别它们保存的样品的各种具体信息；鼓励和促进利益相关方广泛采用科学最佳做法，如关于科学数据管理和共享的 FAIR 原则（Findable，Accessible，Interoperable and Reusable Principles）；建立一个关于出海考察前通报和考察后报告的全球可用平台（globally available platform for pre-cruise notification and post-cruise reporting）。❶ 比较上述

---

❶ See Jane Eva Collins *et al*., "Strengthening the Global Network for Sharing of Marine Biological Collections: Recommendations for a New Agreement for Biodiversity beyond National Jurisdiction," *ICES Journal of Marine Science* 78, no 1 (2021). Muriel Rabone *et al*., "Access to Marine Genetic Resources (MGR): Raising Awareness of Best-Practice through a New Agreement for Biodiversity beyond National Jurisdiction (BBNJ)," *Frontiers in Marine Science* 6, (2019). Alex Rogers *et al*., "Marine Genetic Resources in Areas beyond National Jurisdiction: Promoting Marine Scientific Research and Enabling Equitable Benefit Sharing," *Frontiers in Marine Science* 8, (2021).

案文和科学界的建议，关于信息交换所机制的案文在内容上尚有进一步改进的空间，还会有一些棘手的问题等待未来谈判加以处理。

尽管（b）项案文第二句提出了以开放获取方式提供样品、数据和相关信息的要求，但考虑到实践中存在一种被科学界所接受的常规做法，即设置禁运期（例如，2 年或 3 年），以便延迟以开放获取的方式提供，因此这一句案文包含了关于提供样品、数据和相关信息的时间要求的选项，"在 [……] 年之后"反映了设置禁运期的考虑。另一个选项是"在采集或获取后立即提供"，这似乎不完全符合实际情况，因为某些样品虽然已经被采集并保存下来，但只有经历了分类学上的鉴定后才能用于研究利用。就此来说，谈判者们需要找到一个符合样品采集和处理规程的解决方案。

（b）项案文第三句专门处理了通过电脑模拟的海洋遗传资源或数字序列信息或遗传序列数据所涉及的非货币惠益分享问题。这一句案文可以说先于其他遗传资源国际论坛提出了关于以数据信息形式存在的海洋遗传资源的非货币惠益分享方案。这个方案的关键之处在于突出了"该领域的现有国际惯例"对于这些数据信息的发布和利用的治理作用。实际上，在治理这些数据信息的发布和利用上，"该领域的现有国际惯例"主要表现为在公共序列数据库发布（上传）、开放获取（"自由和不受限制的获取"）的原则。❶可见，这里隐含的开放获取方式与（b）项案文第二句针对"数据"的提供所设立的要求是一致的。❷同时也要指出，这一句案文背后的考虑与第 11.3 条的（a）项案文中的有关考虑大体上也是一致的。从某种意义上说，这一句案文反映的是发达国家的主张，因为

---

❶ See Sarah Laird and Rachel Wynberg, A Fact-Finding and Scoping Study on Digital Sequence Information on Genetic Resources in the Context of the Convention on Biological Diversity and the Nagoya Protocol, CBD/DSI/AHTEG/2018/1/3, 2018.

❷ （b）项案文第二句中的"数据"大体上涵盖如下数据：描述海洋遗传资源样品各个方面属性和特点的数据，具体包括样品当前的分类学/鉴定信息、物理位置、样品的保存方法、出现（occurrence）和采样数据（样品在哪里、何时和如何采集的）、相关的环境数据（例如，海洋学数据）、衍生样品信息（例如，从最初样品分离得到的提取物）；相关的实验室数据，具体包括 DNA 质量信息、提取技术、文库制备规程（library preparation protocol）、标记信息、使用的测序技术。See Muriel Rabone *et al.*, "Access to Marine Genetic Resources (MGR): Raising Awareness of Best-Practice through a New Agreement for Biodiversity beyond National Jurisdiction (BBNJ)," *Frontiers in Marine Science* 6, (2019).

发达国家不支持针对以数据信息形式存在的海洋遗传资源创设规制负担，而是希望维持目前科学上的常规操作。● 然而从发展中国家的视角看，开放获取并不必然对所有从业者是公正的，来自北方和南方国家的从业者不拥有同样的推出产自这些数据的科学成果以及由此获益的能力，获取、分析、利用和最终发布这些数据能力上的潜在不公正有可能削弱一个公正和公平的惠益分享。●

接着来看关于分享的惠益用途的案文（第 11.4 条）。

第 11.4 条案文的内容是：按照本部分的规定分享的惠益应用于：

［（a）促成国家管辖范围以外区域海洋生物多样性的养护和可持续利用；］

［（b）促进科学研究和便利［采集］［获取］国家管辖范围以外区域的海洋遗传资源；］

［（c）建设［采集］［获取］和利用国家管辖范围以外区域海洋遗传资源的能力［，包括通过共同供资或集合供资出海考察研究，并在［应］［可］邀请毗邻沿海国参与的情况下，通过开展样品采集和数据获取方面的协作，同时考虑到有意参加国的不同经济状况］；］

［（d）创建和加强缔约方养护和可持续利用国家管辖范围以外区域海洋生物多样性的能力，重点关注小岛屿发展中国家；］

［（e）支持海洋技术转让；］

［（f）协助发展中国家缔约方出席缔约方大会的会议。］

第 11.4 条案文处理了已分享的惠益将被用于哪些活动的问题。案文列出了六种不同的活动，大体上来看，这些活动要么是为了谋全人类的利益，要么是为了谋发展中国家的利益。有些活动的表述非常宽泛，例如出现在（a）项中的活动，而有些活动的表述相当具体，例如（c）项中的活动，（c）项针对能力建设提到了"通过出海考察研究的共同供资

● 欧盟和美国的文本建议在保持这一句案文基本内容不变的前提下进行了必要的改动。欧盟的建议是，保存、提供、发布和利用与国家管辖范围以外区域海洋遗传资源有关的样品和遗传序列数据应当考虑到这些领域的现有国际惯例；美国的建议是，应当在符合科学最佳做法的情况下公开提供国家管辖范围以外区域海洋遗传资源。

● Sylvain Aubry *et al.*, "Bringing Access and Benefit Sharing into the Digital Age," *Plants People Planet* 4, no 1 (2021).

（common funding）或集合供资（pool funding）"。不过，"共同供资"和"集合供资"指的是什么？"2020 年草案修改稿"第七部分"财政资源"也没有作出解释说明，这需要未来谈判进行澄清。

需要说明的是，从第 11.4 条案文列出的上述活动与惠益的关系来看，开展某些活动，例如，促成国家管辖范围以外区域海洋生物多样性的养护和可持续利用，建设采集和利用国家管辖范围以外区域海洋遗传资源的能力，既可能需要使用货币惠益，也可能需要使用非货币惠益，而开展某些活动，如协助发展中国家缔约方出席缔约方大会的会议，需要使用货币惠益。此外，类似于促进国家管辖范围以外区域海洋遗传资源的科学研究这一类活动一般只需要使用非货币惠益，不过通过分享货币惠益也能够在促进科学研究方面发挥作用。考虑到发达国家反对在"BBNJ 协定"中规定货币惠益及其分享模式，第 11.4 条案文的内容相应地会受到关于惠益类型及惠益分享模式谈判结果的影响。❶

最后来看关于缔约方负担的采取措施确保惠益能够得到分享的义务的案文（第 11.5 条）。

第 11.5 条案文的内容是：缔约方应酌情采取必要的立法、行政或政策措施，以期确保其管辖范围内的自然人或法人［采集］［获取］［利用］国家管辖范围以外区域海洋遗传资源所产生的惠益能够根据本协定的规定得到分享。

第 11.5 条准备为缔约方设定采取措施的义务，其意图是将实现惠益分享目标的任务交给缔约方在国内层面上采取的措施来完成。这似乎更多地参考了《名古屋议定书》的相关规定。考虑到《名古屋议定书》针对的是国家拥有主权权利的遗传资源，"2020 年草案修改稿"在设计有关规制国家管辖范围以外区域海洋遗传资源的惠益分享问题的方案时需要注意到此类资源不同于前者的地方。从这个意义上说，有关的规制方案和安排应该更多地由各国在多边基础上加以商定并且反映在"BBNJ 协定"文本之中。在这一点上，《粮食和农业植物遗传资源国际条约》已经

---

❶ 欧盟的文本建议删除了关于"共同供资或集合供资"，以及"协助发展中国家出席缔约方大会的会议"这些涉及货币惠益的内容，美国的文本建议在"共同供资或集合供资"的前面添加了"自愿性的"限定语，同时也删除了"协助发展中国家出席缔约方大会的会议"的内容。

提供了示范。❶ 当然这并不意味着就可以忽略包括国内立法措施在内的各种措施，只不过当"BBNJ 协定"中的惠益分享的方案主要表现为多边基础上商定的方案时，留给国内措施落实这些方案的空间也就相应地会缩小。或许缔约方承担的采取国内措施的义务并不重，但有些发达国家，如美国，仍然反对类似于第 11.5 条这样内容的案文。

六、知识产权

随着国家管辖范围以外区域海洋生物多样性的养护和可持续利用问题国际讨论进程的开启，与国家管辖范围以外区域海洋遗传资源有关的知识产权问题出现在需要进一步研究和澄清的问题清单之上。这反映出，尽管各方充分意识到知识产权与海洋遗传资源的研究利用具有极为密切的关系，❷ 但那时并不清楚知识产权将在海洋遗传资源议题的讨论中扮演何种角色。

大概在同一时期，在为进一步实施《生物多样性公约》的公正和公平分享惠益的目标而谈判《名古屋议定书》的过程中，发展中国家要求确立旨在促进遵守遗传资源原产国（提供国）获取和惠益分享制度的一项借助专利法体系运作的措施，即专利申请人应披露其提出权利要求的发明所利用的遗传资源的原产国或来源，这实际上是要求将专利局确定为"检查点"以监测遗传资源的利用情况。与此同时，在世界知识产权组织"知识产权与遗传资源、传统知识和民间文学艺术政府间委员会"关于遗传资源议题的谈判中，以及世界贸易组织"与贸易有关的知识产权理事会"关于审查《与贸易有关的知识产权协定》（TRIPS 协定）第

---

❶　在《粮食和农业植物遗传资源国际条约》中，关于分享商业化所得货币惠益的义务的条件是各国在多边基础上商定的，而且这项义务作为一项私法上的义务被纳入《标准材料转让协议》之中得到履行和实施，缔约方其实无须采取措施确保其管辖范围内的自然人或法人履行此项义务。

❷　海洋遗传资源既是有形资源，又是无形的信息资源，针对海洋遗传资源进行的研究利用活动会产生不同类型的智力成果，如基于海洋遗传资源的发明（MGR-based invention）。研发人员或机构往往对这些智力成果提出知识产权保护要求，以便在这些智力成果的利用上建立起垄断或独占的地位。一般认为，知识产权保护（特别是专利）的有利之处是能够提供重要的激励以促进研发投资，以及能够通过许可利用促进相关技术的转让和商业化；知识产权保护的不利之处是，其会限制智力成果的利用，甚至会阻碍进一步的创新活动。

27.3（b）条的谈判中，发展中国家分别要求通过缔结新的条约和修改已有的规则引入上述措施。毫无疑问，这些国际论坛上提议的措施以及相应的谈判对国家管辖范围以外区域海洋遗传资源议题的讨论和谈判施加了至关重要的影响。

当惠益分享在特设工作组讨论中被确立为一个有待规制的核心问题之后，各国在知识产权问题的立场上出现了明显的分歧，发展中国家主张在国际文书中纳入一个知识产权条款，因为这将确保国家管辖范围以外区域海洋遗传资源的知识产权的取得和行使等过程促进透明度、负责任以及遵守，特别是对惠益分享规定的遵守，[1] 发达国家则建议将知识产权问题留给主管全球知识产权事务的世界知识产权组织或世界贸易组织通过谈判解决。相应地，发展中国家就如何处理知识产权问题提出了若干具体建议，包括强制性披露海洋遗传资源的来源等，而发达国家除了建议将知识产权问题抛给上述组织以外几乎没有表达过具体的观点，这明显是在回避知识产权问题的讨论，意在不改变现有的知识产权保护国际规则。[2] 尽管如此，知识产权作为国际文书"海洋遗传资源，包括惠益分享问题"部分的一项要素还是得到了确立，只不过这项要素将会包含哪些具体规则面临很大的不确定性。[3] "2020 年草案修改稿"第 12 条

---

[1] See Elizabeth M. De Santo *et al.*, "Stuck in the Middle with You (and Not Much Time Left): The Third Intergovernmental Conference on Biodiversity beyond National Jurisdiction," *Marine Policy* 117, (2020).

[2] 为了避免重复工作而将知识产权问题抛给专门国际组织加以解决不失为一种谈判策略。但事实上，根据世界知识产权组织"知识产权与遗传资源、传统知识和民间文学艺术政府间委员会"拟定的谈判文件（WIPO/GRTKF/IC/40/6）来看，国家管辖范围以外区域海洋遗传资源作为一个选项被置于遗传资源来源披露要求的例外与限制的案文之中，这在很大程度上表明该委员会无意处理涉及国家管辖范围以外区域海洋遗传资源的来源披露问题；考虑到世界贸易组织有关审查 TRIPS 协定第 27.3（b）的谈判大约自 2011 年起就处于停止不前的状态，这意味着寄希望在世界贸易组织框架下谈判国家管辖范围以外区域海洋遗传资源的来源披露问题并不现实。

[3] 有评论指出，在"BBNJ 协定"中不处理知识产权问题可能导致直接或间接地更加支持私营部门控制海洋遗传资源的后果。而且，在"BBNJ 协定"中处理知识产权将会与寻求避免法律制度片断化的大量已有学术研究和政策制定保持一致。某个问题在其他制度中可能被处理的事实并不意味着不应在"BBNJ 协定"中对它进行考虑。See Marcel Jaspars and Abbe E. L. Brown, "Benefit Sharing: Combining Intellectual Property, Trade Secrets, Science and an Ecosystem Focused Approach," in *Marine Biodiversity of Areas beyond National Jurisdiction*, eds. Myron H. Nordquist and Ronan Long (Leiden: Brill, 2021), pp. 113–114.

案文使用了政府间大会第二次会议文件《主席对谈判的协助》中的相关案文，有些案文体现了某种中间立场，有些案文则是发展中国家建议的直接反映。第12条包括三段案文，第12.1条陈述了知识产权与"BBNJ协定"的关系问题，第12.2条处理了海洋遗传资源的可专利性条件和来源推定问题，第12.3条是关于海洋遗传资源来源披露要求及相关后果的案文。

首先来看知识产权与"BBNJ协定"的关系的案文（第12.1条）。

第12.1条案文的内容为：缔约方应进行合作，以确保知识产权支持而不是违背本协定的各项目标[，并确保不采取会损害国家管辖范围以外区域海洋遗传资源的惠益分享和可追溯性的知识产权行动。]

第12.1条案文尝试性地对知识产权与"BBNJ协定"的关系进行了阐述。第12.1条的第一句案文主要借鉴了《生物多样性公约》第16.5条的相关表述。❶这句措辞可以起作用或者可以看作确保了一个知识产权的极致论者路径（maximalist approach to IP），并且由于担心会有更好的路径，发达国家可能不愿意去追求TRIPS协定中的灵活性（这些灵活性的例子是TRIPS协定允许其成员对知识产权设定例外情形，只要符合TRIPS协定第30条）。❷从某种意义上说，这句案文体现了一种保守式的案文起草思路，在明确知识产权与"BBNJ协定"的关系上可以说作为不大。不仅如此，《生物多样性公约》第16.5条是针对技术的获取和转让问题作出的规定，其能否有助于明确知识产权与"BBNJ协定"的关系也存在

---

❶ 《生物多样性公约》第16.5条规定："缔约方认识到专利和其他知识产权可能影响到本公约的实施，因而应在这方面遵照国家立法和国际法进行合作，以确保此种权利支持而不是违背本公约的目标。"

❷ IUCN Comments on Revised Draft Text of an Agreement under the United Nations Convention on the Law of the Sea on the Conservation and Sustainable Use of Marine Biological Diversity of Areas beyond National Jurisdiction, 20 February 2020. IUCN评论提到的"知识产权的极致论者路径"大体上是指在知识产权的保护上追求最高的保护标准和最强有力的保护水平。See Debora Halbert, "The Politics of IP Maximalism," *The WIPO Journal*, no 1 (2011). 另外要指出的是，IUCN评论没有具体说明更好的路径指什么路径，基于相关的文献，更好的路径应该包括知识产权界的一些人支持的"知识产权的照管路径"（stewardship approach to IP），该路径一方面强调为创新、创造力和投资提供奖励，另一方面通过支付一定的费用促使其他人能够更广泛使用相关的创新成果。See Deep-Ocean Stewardship Initiative Policy Brief, Intellectual Property Rights: Implications for Deep-Ocean Stewardship, July 2020.

疑问。❶

第 12.1 条第二句案文来自某个发展中国家的建议，其将知识产权与惠益分享和可追溯性联系起来。这句案文会引起很大的争议，原因在于，一方面，这句案文间接指出了知识产权会对惠益分享产生一定的影响，同时也暗含了追溯海洋遗传资源的要求，但发达国家一直明确反对为了惠益分享而对知识产权的取得和行使施加限制以及追溯海洋遗传资源的要求；另一方面，这句案文要求缔约方合作以确保不采取损害惠益分享和可追溯性的知识产权行动，这可能涉及缔约方国内知识产权法的调整问题，发达国家显然不会接受。

其次来看关于海洋遗传资源的可专利性条件和来源推定的案文（第12.2 条）。

第 12.2 条案文的内容为：[根据本协定 [采集][获取][利用] 的海洋遗传资源不应受专利保护，但此类资源经人为干预修饰后形成能够工业应用的产品除外。][除非专利申请书或其他官方纪录或公认的公共登记册另有说明，专利申请所利用的海洋遗传资源来源应被推定为国家管辖范围以外区域。]

第 12.2 条将海洋遗传资源的可专利性条件和来源推定这两个内容不同的案文放在一起，其中的考虑不得而知。关于海洋遗传资源可专利性条件的案文实际上重复了国际上认可的有关获得专利的限制条件，这在TRIPS 协定中也有类似规定。❷但问题在于，重复已有的条件或规定的意

---

❶ 发展中国家和发达国家在《生物多样性公约》第 16.5 条的解释上观点不一致。发展中国家的解释是，为了技术转让的顺利进行，而对缔约方之间相互合作，取得及行使知识产权施加了一定的限制，发达国家的解释是，为了技术转让的顺利进行，把知识产权的调整作为前提，特别是为了发展中国家知识产权制度的调整，引入了合作的义务。从起草过程中的导论及条文语言的解释来看，排除第一种解释的可能有困难。实际上，美国认为不可能排除这种解释，并把它作为在全球最高级会议上拒绝签署《生物多样性公约》的最主要理由之一。参见中川淳司：《生物多样性公约与国际法上的技术规限》，钱水苗译，《环球法律评论》2003 年夏季号。

❷ 根据 TRIPS 协定第 27.1 条的规定，一切技术领域中的任何发明，无论产品发明或方法发明，只要其新颖、含创造性并可付诸工业应用，均应有可能获得专利。该规定提及了发明可专利性的三个条件，即新颖性、创造性和工业应用性。然而，12.2 条案文却只提及了工业应用性，而没有明确提及新颖性和创造性，尽管强调了经过人为干预修饰的要求。实际上，对于生物技术发明，尤其是基因（DNA 序列）而言，工业应用性的要求经证明是一个困难的需要满足的标准，而且也特别具有争议性，因为工业应用性的要求必须确保，当专利授予那些为技术作出了贡献的发明时，这些发明拥有一个真正的产业上可应用性。See Marta Diaz Pozo, *Patenting Genes: The Requirement of Industrial Application* (Northampton: Edward Elagr Publishing Ltd., 2017), p. 6.

义何在？这是为了强调受专利保护的不是"发现"，即原始状态的海洋遗传资源，而是经人为干预修饰后而且能够工业应用的"发明"？然而，专利法上的"发现"与"发明"的区分随着现代生物技术的出现已变得模糊起来，这一强调的意义似乎不大。❶不仅如此，在这里重述这些标准并不会增进对大多数发展中和最不发达国家公平的结果，考虑到在海洋研究方面已记录在册的技术差距，现状（status quo）不应被视为一个中立的立场。❷不过，重述已有的可专利性条件也会产生一定的效果。发展中国家曾经就与海洋遗传资源有关的发明提出专利权利要求表达了不同的忧虑，例如，发达国家通过专利垄断海洋遗传资源或将其"据为己有"（appropriation）；授予来自海洋遗传资源的"发现"以专利可能从根本上导致在公共领域可得知识的减少；针对与海洋遗传资源有关的研究工具（如已分离的 DNA）或"上游研究成果"申请并获得专利会限制为了研究目的而利用这些工具和成果。❸通过重复已获国际认可的可专利性条件或许能够制造这样一种印象，即专利权所保护的是真正体现了人造的、明显不同于它们自然生成的对应物的新组件发明，从而在一定程度上打消上述忧虑。

第 12.2 条在关于可专利性条件的案文之后放入国家管辖范围以外区域海洋遗传资源来源推定的案文。不仅如此，第 12.3 条案文专门处理了披露此类资源来源的问题。由此可见，"2020 年草案修改稿"对于确定国家管辖范围以外区域海洋遗传资源来源的问题给予了足够重视。这当然与发展中国家的一贯立场和强烈建议有着密不可分的关系。那么，确

---

❶　在某些情形，甚至对于处于原始状态的微生物而言，仅仅分离和鉴定足以满足可专利性的条件，特别地，如果需要重要的创造性才智对它们进行分离并鉴定。See Charlotte Salpin and Valentina Germani, "Patenting of Research Results Related to Genetic Resources from Areas beyond National Jurisdiction: The Crossroads of the Law of the Sea and Intellectual Property Law," *Review of European Community & International Environmental Law* 16, no 1 (2007).

❷　Siva Thambisetty, Intellectual Property and Marine Genetic Resources: Navigating Article 10–13 in the BBNJ Draft Treaty, LSE Policy Briefing 48, March 2022, p. 15.

❸　See Eve Heafey, "Access and Benefit Sharing of Marine Genetic Resources from Areas beyond National Jurisdiction: Intellectual Property—Friend, Not Foe," *Chicago Journal of International Law* 14, no 2 (2014). Claudio Chiarolla, "Intellectual Property Rights and Benefit Sharing from Marine Genetic Resources in Areas beyond National Jurisdiction: Current Discussions and Regulatory Options," *Queen Mary Journal of Intellectual Property* 4, no 3 (2014).

定国家管辖范围以外区域海洋遗传资源的来源有助于实现何种目标，以至于发展中国家要求采取措施确定此类资源的来源？

确定国家管辖范围以外区域海洋遗传资源的来源有助于实现的第一个目标是提高此类资源利用的透明度。根据针对关于深海海洋遗传资源的专利数据所做的定量分析，专利数据分析显示了正在增加的对于深海海洋物种的提及，但是这些物种也出现在专属经济区和陆地水生环境，这就使得精确地决定某个样品源自于国家管辖范围以外还是以内区域变得困难起来。❶ 另外，根据最新的专利分析结果，接近 90% 的与海洋物种有关的专利申请都没有提供所涉及的物种来源方面的信息，私营公司未披露的比例是最高的，达到了 95%。❷ 考虑到专利被视为研究和开发活动的一个重要指标，专利申请涉及的国家管辖范围以外区域海洋遗传资源来源的不透明性使得人们无法了解和评估此类资源对于创新的贡献，而且会对非商业性的科学研究（如分类学研究）造成不利的影响。只有通过推定或披露的方式确定了此类资源的来源，此类资源利用的透明度才能获得显著提高。

确定国家管辖范围以外区域海洋遗传资源来源有助于实现的第二个目标是监测此类资源的利用情况并促进遵守惠益分享义务。❸ 正常情况下，监测海洋遗传资源的利用情况可以在多个节点进行，这包括在申请专利时要求申请人披露其所利用的海洋遗传资源的来源，这一来源通常以地理坐标（geographical coordinate）的形式呈现出来，从而掌握相关主体从事研发活动的进展及取得的成果。如果提出专利权利要求的是产品发明，

---

❶ Paul Oldham *et al.*, Valuing the Deep: Marine Genetic Resources in Areas beyond National Jurisdiction, Defra Final Report, 2014, p. 17.

❷ See Robert Blasiak *et al.*, "Corporate Control and Global Governance of Marine Genetic Resources," *Science Advances* 4, no 6 (2018).

❸ 在《名古屋议定书》谈判过程中，发展中国家建议将专利局指定为一个监测遗传资源利用情况的"检查点"，以便要求专利申请人披露其寻求专利保护的发明所利用的遗传资源的原产国（或来源）以及事先知情同意和共同商定条件的证据，这旨在促使遗传资源的利用方遵守遗传资源原产国或提供国获取和惠益分享立法所规定的义务。尽管这一建议最终未能转化为《名古屋议定书》的规定，但缔约方可以在国内层面上将专利局指定为"检查点"。作为相同立场的体现，发展中国家在"BBNJ 协定"谈判中也主张引入在专利申请中披露国家管辖范围以外区域海洋遗传资源的来源的要求，这一要求的目标与《名古屋议定书》谈判时所预期的目标基本相同，即监测利用情况和促进遵守惠益分享义务。

同时该产品与最初采集或获取的国家管辖范围以外区域海洋遗传资源建立起明确的联系，即满足了可追溯性的要求，这就为货币惠益分享确立了必要的基础（前提是"BBNJ 协定"提出了分享货币惠益的要求）。

确定国家管辖范围以外区域海洋遗传资源来源有助于实现的第三个目标是促进"BBNJ 协定"与《名古屋议定书》的协同实施。❶《名古屋议定书》提出了采取包括指定"检查点"在内的措施，以监测遗传资源利用情况并提高利用透明度的要求。在发展中国家和一部分发达国家看来，"检查点"应该包括专利局，相应地，专利申请人有义务向专利局披露其所使用的遗传资源的原产国或来源。尽管《名古屋议定书》没有明确要求缔约方建立遗传资源来源披露制度，但大约 32 个国家和 2 个区域性组织（欧盟和安第斯共同体）已经针对遗传资源和传统知识建立了各不相同的来源披露制度。❷ 试想会出现这样的情形，如"BBNJ 协定"不设立披露海洋遗传资源来源的要求，某些专利申请人可能选择在专利申请中显示其利用的海洋遗传资源来自国家管辖范围以外区域，这样就会达到规避履行《名古屋议定书》下的获取和惠益分享义务的效果。就此而言，上述国家和区域性组织所建立的来源披露制度在海洋遗传资源的适用上存在着漏洞。可见，"BBNJ 协定"也应当考虑通过专利法中的披露要求或其他规则对国家管辖范围以外区域海洋遗传资源的来源予以确定，这不仅有助于实现促进"BBNJ 协定"与《名古屋议定书》协同实施的目标，而且有助于形成对全球范围内的遗传资源（南极遗传资源除外）一体化适用获取和惠益分享法律制度的格局。

为了确定国家管辖范围以外区域海洋遗传资源的来源，第 12.2 条引入了一个推定来源的案文。按照目前的案文，确定海洋遗传资源来源的途径有三个，它们是专利申请、其他官方记录以及经认可的公共登记册。这意味着专利申请人可以选择在其他官方记录或经认可的公共登记册中披露专利申请所利用的海洋遗传资源的来源，而且不必承担第 12.3 条之

---

❶　Claudio Chiarolla, "Intellectual Property Rights and Benefit Sharing from Marine Genetic Resources in Areas beyond National Jurisdiction: Current Discussions and Regulatory Options," *Queen Mary Journal of Intellectual Property* 4, no 3 (2014).

❷　WIPO, Key Questions on Patent Disclosure Requirements for Genetic Resources and Traditional Knowledge, Second Edition, 2020, pp. 61-93.

（b）案文所规定的后果。但"其他官方记录"或"经认可的公共登记册"具体指什么可能需要澄清。目前的案文指出，如在这三种文件中都没有披露来源，法律则推定国家管辖范围以外区域为海洋遗传资源的来源。这一推定避免了将会施加一个新的有关专利有效性要件的关切，而这个要件并不符合 TRIPS 协定的相关规定。❶ 就此而言，第 12.2 条关于来源推定的案文与第 12.3 条之（b）的案文似乎存在直接的冲突。

最后来看关于海洋遗传资源来源披露要求及相关后果的案文（第12.3 条）。

第 12.3 条案文的内容为：缔约方应酌情采取必要的立法、行政或政策措施，以确保：

（a）国家管辖范围以外区域海洋遗传资源的［利用方］［利用或已经利用国家管辖范围以外区域海洋遗传资源的发明专利申请人］披露其利用的海洋遗传资源的来源；

（b）未遵守本部分的与利用国家管辖范围以外区域海洋遗传资源有关的知识产权申请不予批准。

第 12.3 条案文处理了披露国家管辖范围以外区域海洋遗传资源的来源及未披露的后果问题。从过去的谈判情况看，来源披露问题是"2019年草案"和"2020 年草案修改稿"中最具争议的问题之一。目前的案文更多地是基于发展中国家的立场和建议而起草的，包含了关于披露的主体、披露的触发条件以及未披露的后果等方面的内容。

在披露的主体上，目前案文提供了两个选项，一是国家管辖范围以外区域海洋遗传资源的利用方，二是利用或已经利用国家管辖范围以外区域海洋遗传资源的发明专利申请人。显然，利用方涵盖了更多的主体，披露来源的方式也会有多种，如果采纳这个选项，可能缔约方在实施中拥有的灵活性更大，但反过来也可能不利于披露要求的实施。考虑到发达国家在海洋遗传资源的研究利用上处于领先地位，其研究机构和商业集团不断寻求对海洋遗传资源的研发成果提出专利权利要求，专利申请

---

❶ IUCN Comments on Revised Draft Text of an Agreement under the United Nations Convention on the Law of the Sea on the Conservation and Sustainable Use of Marine Biological Diversity of Areas beyond National Jurisdiction, 20 February 2020.

人作为披露的主体最符合发展中国家的利益，也是其认定的最佳选择。从实施的角度来说，通过将披露要求与专利申请直接挂钩，要求专利申请人向专利局披露海洋遗传资源的来源简便易行，并不会给专利申请人带来额外的负担。事实上，在科学研究中使用地理坐标指示样品的来源是一个标准的做法。❶不过，发达国家坚决反对在专利申请中披露海洋遗传资源的来源，因为这很可能为专利申请中的来源披露与专利权效力建立联系而制造机会，以至于成为影响专利权效力稳定性的一个不利因素。

关于披露的触发条件，即海洋遗传资源与提出权利要求的发明之间具有何种关系或联系将会触发来源披露要求的适用，❷第12.2条的（a）项案文使用的措辞是"利用"或"已经利用"国家管辖范围以外区域海洋遗传资源的发明。这意味着，只要发明"利用"了此类资源就应当披露它们的来源。"利用"这个术语在遗传资源的获取和惠益分享法律制度背景下有可能被赋予特定的含义，如《名古屋议定书》对"利用遗传资源"进行了界定，也可能作为一个不拥有特定含义的术语被使用，目前尚不清楚草案的起草者的有关考虑和设想。总之，目前案文在触发条件的设计上似乎采取了一个更为宽松的路径。❸另外，值得注意的是，（a）项案文中出现了"已经利用"的措辞，这似乎是要达到这样一种溯及适用的目的，即在"BBNJ协定"生效之前利用海洋遗传资源但在生效后提出专利权利要求。

在未披露的后果上，一个对知识产权的授予或批准有直接影响的后果出现在第12.2条的（b）项案文之中。按照目前的案文，如果提出了利

---

❶　Fernanda Millicay, "Marine Genetic Resources of Areas beyond National Jurisdiction and Intellectual Property Rights," in *New Knowledge and Changing Circumstances in the Law of the Sea*, ed. Tomas Heidar (Leiden: Brill, 2020), p. 75.

❷　WIPO, Key Questions on Patent Disclosure Requirements for Genetic Resources and Traditional Knowledge, Second Edition, 2020, p. 36.

❸　在世界知识产权组织"知识产权与遗传资源、传统知识和民间文学艺术政府间委员会"的谈判中，该委员会主席以个人名义编拟了一份关于知识产权、遗传资源以及与遗传资源相关的传统知识国际法律文书草案（Chair's Text of a Draft International Legal Instrument Relating to Intellectual Property, Genetic Resources and Traditional Knowledge Associated with Genetic Resources），该草案在触发条件上采取了一种严格的路径，其指出：专利申请中提出权利要求的发明［实质上/直接］基于遗传资源的（［materially/directly］based on GRs），各缔约方应要求申请人披露该遗传资源的原产国或来源。"实质上或直接基于"显然强调了发明和其利用的遗传资源之间紧密关系。

用国家管辖范围以外区域海洋遗传资源的知识产权申请，但未披露所利用的海洋遗传资源的来源，知识产权申请将无法通过审查并被批准。可见，披露来源将会决定专利申请能否通过审查以及被授予专利权，这相当于为专利权的授予设定了一项实质性条件。这无疑是发达国家最不能接受的方案，因为其超出了 TRIPS 协定第 27 条所规定的专利实质条件。还有一点要指出，（b）项使用了"知识产权申请"而非"专利申请"的表述，这似乎意味着其他知识产权，例如商标和地理标志（geographical indication），也要遵守来源披露要求。

七、监测国家管辖范围以外区域海洋遗传资源的利用

在特设工作组的讨论中，各国在海洋遗传资源议题讨论上的焦点主要是适用的法律原则或制度、是否应分享及如何分享来自海洋遗传资源的惠益等，鲜有国家提及监测国家管辖范围以外区域海洋遗传资源的利用问题。但有些发展中国家在预备委员会针对国际文书案文草案要素的谈判中提出了监测海洋遗传资源利用的问题，这在一定程度上受到了 2014 年 10 月生效的《名古屋议定书》的影响，因为《名古屋议定书》在第 17 条专门设有关于监测遗传资源的利用的规定。● 另外要注意的是，在"监测海洋遗传资源的利用"问题被提出之前，其他三项"一揽子议题"都涉及"监测"问题的讨论，这也促使一些发展中国家要求将"监测海洋遗传资源的利用"确立为国际文书案文草案"海洋遗传资源，包括惠益分享问题"部分的一个要素。

● 《名古屋议定书》第 17 条为缔约方设定了采取措施监测遗传资源利用情况的具体义务，这补充了第 15 条给缔约方设立的一般义务，即采取措施以规定其管辖范围内利用的遗传资源已经遵照事先知情同意而获取并订立了共同商定条件，从而符合原产国或提供国的获取和惠益分享国内立法或规制要求，这一措施也被称为"利用者措施"（user measure）。第 17 条要求缔约方指定一个或多个检查点（checkpoint）以监测遗传资源的利用情况，检查点将收集或接收关于事先知情同意、共同商定条件和遗传资源的来源及其利用的有关信息。第 17 条还将国际公认的遵守证书（internationally recognized certificate of compliance）确立为一个具体的监测工具，该证书实际上是缔约方针对获取遗传资源颁发的许可证（permit），当其被提供给获取和惠益分享信息交换所之后便获得了法律地位上的提升，根据第 17 条规定，国际公认的遵守证书用以证明其所涵盖的遗传资源是按照事先知情同意而获取并订立了共同商定条件。

　　按照赞成监测海洋遗传资源利用情况的发展中国家的观点，有必要建立一个"强有力的跟踪和追溯机制"（robust track-and-trace mechanism），该机制将寻求沿着海洋遗传资源的研究和开发及商业化链条跟踪和展示海洋遗传资源的流动（包括跨境流动）情况以及在不同阶段产生的利用成果，并且寻求发现某个终端产品与其利用的最初的海洋遗传资源具有联系的证据，从而为实现惠益分享目标提供关键的事实根据。❶ 大体来说，监测海洋遗传资源的利用情况，包括跟踪和追溯海洋遗传资源的设想照搬了发展中国家在《名古屋议定书》谈判中提出的相关建议和方案。然而，考虑到《名古屋议定书》着力要解决的是未经事先知情同意且未订立惠益分享的条件或条款而利用发展中国家及其土著和地方社区遗传资源的问题（即"不当利用"遗传资源的问题），《名古屋议定书》关于监测遗传资源利用的规则（属于遵守规则的一部分），❷ 尤其是国际公认的遵守证书的规则无法供"BBNJ 协定"构建关于监测海洋遗传资源利用的规则所借鉴。尽管如此，包含于《名古屋议定书》关于监测遗传资源利用规则之中的两项原则，即提高遗传资源利用的透明度以及通过监测促进惠益分享目标的实现，对于构建"BBNJ 协定"中关于监测海洋遗传资源利用的规则可以提供有益的指导。

　　由于监测遗传资源的利用情况不可避免地会给遗传资源利用者及其所在的国家带来较大的行动上和规制上的负担，发达国家在政府间大会的谈判中延续了它们曾经针对监测国家管辖范围内的遗传资源的利用问题所持有的立场，对发展中国家提出的关于监测海洋遗传资源的利用以及建立跟踪和追溯机制的建议表达了质疑和反对，同时也指出监测的花费将会是高昂的，其成本远大于预期的收益。值得注意的是，以欧

---

　　❶ 需要指出的是，尽管《名古屋议定书》要求缔约方监测遗传资源的利用情况，但其并没有为了收集确定一个利用者是否遵守所需的信息，给缔约方设立一个在利用者链条的各个阶段通过一系列具体措施，包括遗传资源唯一标识符，对遗传资源进行"跟踪"的义务。See Elisa Morgera, Elsa Tsioumani and Matthias Buck, *Unraveling the Nagoya Protocol: A Commentary on the Nagoya Protocol on Access and Benefit-sharing to the Convention on Biological Diversity* (Leiden: Brill, 2014), p. 279.

　　❷ 《名古屋议定书》中的遵守规则包括第 15 条关于遵守有关获取和惠益分享的国内立法或规制要求的规定、第 17 条关于监测遗传资源的利用情况的规定以及第 18 条关于遵守共同商定条件的规定。

盟为代表的一些谈判方也从提高海洋遗传资源利用的透明度的目标出发，支持建立"惠益分享透明度系统"（transparency system for benefit-sharing），❶并建议以此取代"2020 年草案修改稿"中的监测海洋遗传资源利用的案文。❷目前"2020 年草案修改稿"第 13 条案文基本上复制了政府间大会第二次会议文件《主席对谈判的协助》中的相关案文，这些案文综合了发展中国家的建议、国际学术界的有关设想以及案文起草者的某些考虑。第 13 条包括五段案文，第 13.1 条给缔约方大会赋予了通过关于利用国家管辖范围以外区域海洋遗传资源的规则、准则或行为守则的权限，第 13.2 条明确了监测机制或机构的问题，第 13.3 条列出了具体的监测方式，第 13.4 条和第 13.5 条为缔约方设定了提供有关信息和报告的义务。大体而言，第 13.1 条、第 13.4 条和第 13.5 条处理的是程序性的问题，第 13.2 和第 13.3 条则处理了关于监测的实质性问题。为了叙述方便，下面先分析第 13.2 条和第 13.3 条处理的实质性问题，然后对第 13 条处理的程序性问题进行简要说明。

首先来看关于监测机制或机构的案文（第 13.2 条）。

第 13.2 条案文的内容是：对国家管辖范围以外区域海洋遗传资源利用情况的监测应通过［信息交换所机制］［科学和技术机构］［秘书处和第［……］部分规定的获得授权的现有国际机构所管理的强制性事先电子通报系统］进行。

---

❶ 根据欧盟的文本建议，"惠益分享透明度系统"包括以下三个方面的内容：科学和技术机构应当收集当前国家管辖范围以外区域海洋遗传资源的做法的信息，以便向缔约方大会提交准则，供大会认可为关于采集和共享样品和数据的自愿性准则或最佳做法；分享来自于国家管辖范围以外区域海洋遗传资源采集活动的惠益的透明度应当通过信息交换所以公布和传播出海考察前信息以及考察后通报的方式加以落实；缔约方应当酌情采取措施确保惠益根据第 11 条所述的系统予以分享，以及确保有关信息（出海考察前信息、出海考察后通报、预见的在国家管辖范围以外区域采集海洋遗传资源后不晚于 3 年便可获取数据库、样品库和基因库的模式、科学数据和信息以及知识转让）发送至信息交换所。

❷ 除了发展中国家提出的监测海洋遗传资源利用的设想以及欧盟等发达国家建议的"惠益分享透明度系统"之外，IUCN 和一些发达国家的研究者倾向于构建一个不同于"跟踪和追溯机制"的"可追溯性系统"（traceability system），以便为了实现惠益分享的目标，寻求建立起终端产品与其利用的最初的海洋遗传资源之间的联系。See Fran Humphries, Muriel Rabone and Marcel Jaspars, "Traceability Approaches for Marine Genetic Resources under the Proposed Ocean (BBNJ) Treaty," *Frontiers in Marine Science* 8, (2021).

第 13.2 条明确了监测机制或机构的问题，这应该说是第 13 条各段案文中最重要的案文，因为它提出了监测海洋遗传资源利用情况的基本运作模式，即由一个多边性的机制或机构负责监测海洋遗传资源的利用情况。第 13.2 条案文列出的备选监测机制或机构既有"BBNJ 协定"下设立的机制（信息交换所机制）或机构（科学和技术机构），也有"BBNJ 协定"的秘书处和获得授权的现有国际机构管理的专门系统。需要强调的是，中心化是这个运作模式具有的显著特点。这意味着，监测不是通过分散在各个国家的机构或检查点进行，而是由一个居于中心化地位的机制或机构进行。

这一多边性和中心化的监测运作模式完全不同于《名古屋议定书》基于"双边路径"采取的监测运作模式，而且在《粮食和农业植物遗传资源国际条约》和《共享流感病毒以及获取疫苗和其他惠益的大流行性流感防范框架》等关于遗传资源的国际文书中也不存在先例。如此说来，"2020 年草案修改稿"的起草者基于什么考虑提出了上述监测运作模式？上文曾指出，国家管辖范围以外区域海洋遗传资源在法律地位上类似于所谓的"全球公有物"，其不受国家主权权利的支配。相应地，针对原地获取海洋遗传资源、惠益分享和监测海洋遗传资源利用等问题考虑规制方案时必须顾及海洋遗传资源的这种法律属性，并据此运用"多边路径"（multilateral approach）设计具体的规制方案。● 就此而言，可以作出以下推断，草案的起草者应该是在"多边路径"而非"双边路径"的指导下提出了监测海洋遗传资源利用的运作模式。

但也要看到，"2020 年草案修改稿"第 13 条仅止于提出监测的运作模式，其并没有列出这一运作模式的具体细节。不过，由于出现在第 13.2 条中的"强制性事先电子通报系统"来自 2018 年国际学术界的建议，或许可以通过国际学术界建议的方案对"BBNJ 协定"下的监测的运作过程和方式作一个大致的预计。根据国际学术界的建议，触发"强制性事先电子通报"的活动包括原地采集海洋遗传资源、异地获取已经采集的海洋遗传资源样品、通过电脑模拟方式获取海洋遗传资源以及利用海洋

● See Arianna Broggiato *et al.*, "*Mare Geneticum*: Balancing Governance of Marine Genetic Resources in International Waters," *The International Journal of Marine and Coastal Law* 33, (2018).

遗传资源，在海洋遗传资源所处的这些不同阶段完成的通报将在一个线上登记处（online registry）公开可获得，而且由于针对的是同一海洋遗传资源，这些通报相互之间可以关联起来；"强制性事先电子通报"登记处将会提供一个开展监测的中心化系统，监测会以报告或更新义务作为基础；沿着研究和开发链条，利用方及嗣后利用方需要在海洋遗传资源向第三方转让、改变利用意向、基于海洋遗传资源开发的产品商业化之时向"强制性事先电子通报"登记处进行通报或向管理"强制性事先电子通报"登记处的国际机构进行报告，换个角度说，这个报告义务也是一种更新针对海洋遗传资源所进行的活动的义务；不履行报告义务将会招致对利用方不利的后果，报告义务的实施责任将留给缔约方。❶值得注意的是，第 13.3 条之（b）就异地获取要求数据库、样品库和基因库向监测机制或机构进行通报，（c）项要求海洋科学研究的提议方向监测机制或机构提交定期状况报告及研究成果，这些要求很大程度上受到了国际学术界所建议的方案的影响。

就第 13.2 条列出的三个备选的监测机制或机构而言，由于只是提及了监测机制或机构的名称，"信息交换所机制"或"科学和技术机构"作为监测机制或机构的运作问题显然有待进一步商定，但同样是提及了名称，"秘书处和第某部分规定的获得授权的现有国际机构管理的强制性事先电子通报系统"作为监测机制或机构的运作问题可以从其名称中得到一定程度的明确。例如，这个监测机制或机构将由秘书处和一个国际机构共同管理，这个机构应当是一个拥有开展监测所需的基础设施的专业性国际机构，其要获得缔约方大会授予的监测权限；监测将会以通报的形式进行，而且这个通报在性质上是强制的，还要在海洋遗传资源的利用之前进行通报。

其次来看关于监测方式的案文（第 13.3 条）。

第 13.3 条案文的内容是：缔约方应酌情采取必要的立法、行政或政策措施，确保：

（a）向原地［采集］［获取］的海洋遗传资源分配一个标识符。如果

---

❶　See Arianna Broggiato *et al.*, "*Mare Geneticum*: Balancing Governance of Marine Genetic Resources in International Waters," *The International Journal of Marine and Coastal Law* 33, (2018).

是异地［以及通过电脑模拟方式］［［以及］［作为数字序列信息］［作为遗传序列数据］］获取的海洋遗传资源，应当在数据库、样品库和基因库向信息交换所机制提交第 51.3 条之（b）提及的清单时分配一个标识符；

（b）在获取国家管辖范围以外区域海洋遗传资源，包括衍生物时，应要求其管辖范围内的数据库、样品库和基因库［通报［信息交换所机制］［科学和技术机构］］［通过秘书处和第［……］部分规定的已获授权的现有国际机构管理的强制性事先电子通报系统发出通报］；

（c）国家管辖范围以外区域海洋科学研究的提议方［向信息交换所机制］［向科学和技术机构］［通过秘书处和第［……］部分规定的获得授权的现有国际机构管理的强制性事先电子通报系统］提交定期状况报告，以及研究结果，包括采集的数据和所有相关文件。］

第 13.3 条是关于监测方式的案文，其尝试性地提出了三种监测方式，它们是：向海洋遗传资源分配标识符、当异地获取发生时向监测机制或机构进行通报以及研究人员向监测机制或机构提交定期状况报告和研究结果。下面对这三种监测方式进行必要的评析。

在评析关于分配标识符的案文之前，有必要对科学和商业活动中分配标识符的做法作一简要介绍。向不同类型的海洋遗传资源样品（sample）和标本（specimen）分配标识符对于海洋科学而言是标准的最佳做法。[1]大体来说，标识符有本地唯一标识符（locally unique identifier）和全球唯一标识符（globally unique identifier）之分。[2]尽管为了内部管理和外部参考的目的分配本地标识符代表了一种标准做法，但如果本地标识符被用作与所有其他衍生、数字化的数据相互连接的纽带的话，它们最终会导致标本的价值降低。标识符要有效的话，即提供稳定的链接（在科学上一般指"唯一的"或"永久的"），它们需要满足如下标准：可解析

---

[1]　Alex Rogers *et al.*, "Marine Genetic Resources in Areas beyond National Jurisdiction: Promoting Marine Scientific Research and Enabling Equitable Benefit Sharing," *Frontiers in Marine Science* 8, (2021).

[2]　当前在不同领域（包括生物科学）被广泛使用的永久标识符方案主要包括统一资源名称（Uniform Resource Name）、永久统一资源定位符（Persistent Uniform Resource Locator）、存档资源密钥（Archival Resources Key）、生命科学标识符（Life Science Identifiers）、处理系统（Handel System）、数字对象标识符（Digital Object Identifier）等。See George M. Garrity *et al.*, Studies on Monitoring and Tracking Genetic Resources, UNEP/CBD/WG–ABS/7/INF/2, 2009, pp. 56–72.

性（resolvability）、永久性（persistence）、权威性（authority）和唯一性（uniqueness）。❶数字对象标识符能够符合这些标准。❷标识符是可追溯性的一个必要构成要素。以世界微生物数据中心（WDCM）"全球微生物菌种目录"中的微生物菌株为例，向菌株分配一个唯一标识符对于在全球范围内识别菌株、跟踪其利用以及在各种类型的数据资源中挖掘菌株的利用情况至关重要。❸

可见，要想跟踪针对海洋遗传资源所进行的科学研究及成果，确有必要给海洋遗传资源样品分配一个符合以上标准的标识符。如果采用的标识符不具有这些属性，数据库之间的交流和互操作不会达成，而且记录会处于重复的风险之中或者甚至丢失。❹不过，在面向产品开发的活动中跟踪遗传资源的利用情况却会使用本地标识符。为了跟踪样品的需要，大多数公司通常开发和应用复杂的"多用户实验室信息管理系统"（multi-user laboratory information management system）。在此类对外界不公开的系统中，由于是为了内部目的而使用，标识符只需要是本地唯一的，它们将以许多不同的方式被使用，而且每个标识符典型地受到内部中心管理权限的控制，以确保在很长的时间段内维持对于当前和过往数据及相关材料的获取。然而，这些本地标识符代表了一个无法消除的歧义来源，特别是当涉及过往数据的时候，这是因为不存在此类标识符是

---

❶ See Fran Humphries, Muriel Rabone and Marcel Jaspars, "Traceability Approaches for Marine Genetic Resources under the Proposed Ocean (BBNJ) Treaty," *Frontiers in Marine Science* 8, (2021). Robert Guralnick *et al.*, "Community Next Steps for Making Globally Unique Identifiers Work for Biocollections Data," *ZooKeys* 494, (2015).

❷ 《粮食和农业植物遗传资源国际条约》建立的"粮食和农业植物遗传资源全球信息系统"将数字对象标识符（Digital Object Identifier）作为一个通行标准推广使用，以便唯一地和永久地识别粮食和农业植物遗传资源并且方便数据在不同系统之间的互操作（interoperability）。

❸ WDCM 会为目录中的每份菌株分配一个全球唯一标识符，如 ATCC6051，ATCC 是美国模式菌种收集品中心（American Type Culture Collection）的缩略词，而 6051 是分配给菌株的一个系统号码。通过分配给每份菌株的唯一标识符和专门的数据挖掘工具，可以跟踪利用这份菌株的具体情况，包括发表的论文、授予的专利以及测序产生的核苷酸序列数据和基因组序列数据等。See Linhuan Wu *et al.*, "World Data Centre for Microorganisms: An Information Infrastructure to Explore and Utilize Preserved Microbial Stains Worldwide," *Nucleic Acids Research* 47, (2017).

❹ Muriel Rabone *et al.*, "Access to Marine Genetic Resources (MGR): Raising Awareness of Best-Practice through a New Agreement for Biodiversity beyond National Jurisdiction (BBNJ)," *Frontiers in Marine Science* 6, (2019).

唯一、永久的或者将解析至一个有形或抽象的资源的保证。尽管可以完成跟踪的任务，但就如何在整个研发过程中使用标识符跟踪遗传资源和相关数据、信息和知识而言，这些系统可以被归入最复杂的实例之列。❶明显的是，当化合物成为商业研究的对象时，考虑到这个过程的机密属性，它们更难以追溯，因此，要花费很大的努力借助专门的实验室信息管理系统、数据库及大型表格等跟踪源自于样品或标本的很多材料（如分样品）直至纯活性化合物。❷

通过上述介绍可以看出向海洋遗传资源分配的标识符对于监测资源的利用情况具有的不可替代的作用，同时也看到了标识符的分配和使用面临不同方面的问题和挑战。但这些问题和挑战并不影响"BBNJ协定"的谈判者们考虑将分配标识符确定为一种跟踪和追溯海洋遗传资源利用的手段，因为科学和商业实践为此提供了基础。就此来说，第13.3条要求缔约方采取措施确保向原地采集或获取的海洋遗传资源分配标识符。通过这个案文，分配标识符从科学上的具有自愿性的最佳做法被转变为依赖立法等措施保障其实现的要求，其积极意义是显而易见的。不过，（a）项案文没有提及标识符的类型或应符合的标准（可解析性、永久性、权威性以及唯一性等），如果缔约方向原地采集或获取的海洋遗传资源分配的是本地标识符，这实际上无法达到跟踪和追溯资源利用情况的目的。

除了原地采集或获取的海洋遗传资源，（a）项案文第二句处理了向异地获取的海洋遗传资源（包括处在方括号中的通过电脑模拟方式、作为数字序列信息或遗传序列数据获取的海洋遗传资源）分配标识符的问题，其提出的方案是数据库、样品库和基因库向信息交换所机制提交第51.3条之（b）提及的清单时分配一个此类标识符。❸这个方案明显和科学上的做法不相一致，案文起草者提出这个方案的相关考虑不得而知。

---

❶ See George M. Garrity *et al.*, Studies on Monitoring and Tracking Genetic Resources, UNEP/CBD/WG–ABS/7/INF/2, 2009, p. 21.

❷ Marcel Jaspars, Fran Humphries and Muriel Rabone, Tracing Options for Marine Genetic Resources from within National Jurisdictions, Commonwealth Secretariat, 2021, pp. 8, 11.

❸ 案文起草者在（a）项案文中使用的措辞似乎不准确，这里的"异地［以及通过电脑模拟方式］［［以及］［作为数字序列信息］［作为遗传序列数据］］获取的海洋遗传资源"大概指的是"在异地［以及通过电脑模拟方式］条件下［［以及］［作为数字序列信息］［遗传序列数据］］的海洋遗传资源"（marine genetic resources in *ex situ* [*in silico*] conditions [[and] [as digital sequence information] [as genetic sequence data]]）。

从科学上的最佳做法来看，研究人员将海洋遗传资源样品和标本提交给样品库或基因库保藏时，样品库或基因库通常向这些样品和标本分配唯一标识符，如果样品库或基因库向利用方提供异地获取，即转让样品给利用方，已经分配的标识符会始终跟随样品的转让和利用。对于通过电脑模拟的或者测序产生的有关海洋遗传资源的信息或数据而言，当这些信息或数据遵照相关实体（例如，研究资助机构和著名科技期刊）的要求被提交至国际认可的公共数据库时，数据库将会给这些信息或数据分配唯一标识符。❶ 比较而言，（a）项案文要求样品库、基因库和数据库在向信息交换所机制提交有关信息之时向异地获取的（以及可能的通过电脑模式方式、作为数字序列信息或遗传序列数据获取的）海洋遗传资源分配标识符，这似乎要改变目前科学上的做法，但由于看不出这样做的充分理由，这项案文提出的方案明显是不可取的。但也有评论指出，（a）项案文第二句提到的标识符似乎是一个用于行政目的的法律标识符，而非与样品和标本关联的用于科学目的的标识符。❷ 这个问题的确需要加以澄清。

另外要指出的是，由于在产品开发阶段通过分配标识符跟踪和追溯海洋遗传资源是实现货币惠益分享的关键所在，而这种跟踪和追溯又具有很高的难度，因此需要考虑让私营部门介入案文的起草，并在此基础

---

❶ 目前有超过 1700 个可以通过万维网访问的数据库，这些数据库持有关于 DNA、RNA、蛋白质序列、基因表达、小分子、蛋白质结构以及新陈代谢系统等的数据。以 DNA 数据（核苷酸序列数据或遗传序列数据）为例，国际上有三个主流的公共数据库，即欧洲核苷酸档案库（由欧洲分子生物学实验室的欧洲生物信息学研究所运行）、日本 DNA 数据库（由国家遗传学研究所运行）以及 GenBank（由美国国家生物技术信息中心运行），它们共同组成国际核苷酸序列数据库联盟（International Nucleotide Sequence Database Collaboration, INSDC）。根据生物科学领域同行评审期刊的要求，研究人员只有将测序产生的遗传序列数据提交给 INSDC 保存之后，提及这些数据的论文才能被发表。随着数据的提交，一个标识符（由 1 至 6 个大写字母之后紧跟着 5 至 9 个数字组成），也被称为登录号（accession numbers），将会分配给提交的数据。这个登录号在 INSDC 系统中是永久和唯一的，登录号会被引用在发表的论文之中（在有些情形也作为可机读的链接），这使得追溯序列数据变得可能。See Alex Rogers *et al*., "Marine Genetic Resources in Areas beyond National Jurisdiction: Promoting Marine Scientific Research and Enabling Equitable Benefit Sharing," *Frontiers in Marine Science* 8, (2021).

❷ Marcel Jaspars, Muriel Rabone and Fran Humphries, Traceability of MGR in the New BBNJ Treaty, Deep Ocean Stewardship Initiative Policy Brief, 2022, p. 3.

上提出可行的解决方案。然而，在目前这个谈判阶段，考虑到货币惠益分享问题所具有的极大争议性，以及缺少私营部门在案文设计中的参与，上述（a）项案文并没有涉及为了在产品开发阶段跟踪和追溯海洋遗传资源而如何分配和使用标识符的问题。

第13.3条提出的第二种监测方式是当异地获取发生时向监测机制或机构进行通报。（b）项案文给数据库、样品库和基因库设立了一个在异地获取海洋遗传资源之时向监测机制或机构通报的义务。如上文所述，这个案文很大程度上受到国际学术界所建议的关于监测海洋遗传资源利用方案的影响。在实践中，考虑到研发人员和机构更倾向于从正规的专业化样品库和基因库获取海洋遗传资源样品，在这个节点要求样品库和基因库向监测机制或机构通报异地获取行为的发生有助于中心化的监测机制或机构掌握有关利用的情况（包括利用方的姓名或名称、所获取的样品的属名和种名以及数量等），从而达到在一定阶段监测海洋遗传资源利用的目的。除了异地获取，国际学术界还建议利用方及嗣后利用方在异地获取后的多个节点，包括向第三方转让样品、从非商业研究转变为商业研究、基于海洋遗传资源开发的产品商业化，向监测机构进行报告，但（b）项案文并没有参考以上建议提出在其他节点通报的要求，这也意味着，（b）项案文没有给利用方及嗣后利用方设立通报的义务。

此外，（b）项案文中还出现了衍生物的字眼，其作为异地获取的对象与海洋遗传资源并列在一起，但其没有被置于方括号之中。这样的处理似乎不妥，原因在于，"BBNJ协定"是否适用于衍生物以及其指什么物质尚存较大争议，有待通过进一步的谈判解决，在未提出解决方案之前衍生物似乎不应以这种方式出现在（b）项案文当中。

第13.3条提出的第三种监测方式是研究人员向监测机制或机构提交定期状况报告和研究结果。这种监测方式借鉴了某些国家为实施《生物多样性公约》和《名古屋议定书》的获取和惠益分享规定而采取的措施。具体而言，某些国家（如越南、澳大利亚等）的获取和惠益分享立法基于实现惠益分享目标的考虑，要求遗传资源的获取方（利用方）向提供方或行政主管部门报告遗传资源的研究进展和结果，这个要求往往被纳入获取方与提供方签订的协议之中，其有助于监测遗传资源的利用情况。[1]（c）项案文明确了提交定期状况报告以及研究结果的主体为国家管辖范围以外区域海洋科学研究的"提议方"（proponent），这里的"提议方"应该指的是最初的研究人员，显然不包括海洋遗传资源研究和开发及商业化链条上的下游利用方（包括终端利用方）。从这一点来看，仅仅是研究人员有义务报告，而商业利用方却不负担报告义务，这种方案能在多大程度上达到监测的目的存在较大的疑问。不仅如此，（c）项案文要求提议方提交定期状况报告以及研究结果（包括收集的数据和所有相关文件），这对于提议方而言也是较重的负担，从某种意义上说，这不利于实现促进和便利在国家管辖范围以外区域开展和进行海洋科学研究的目标。

最后来看与监测有关的几个程序性问题（第13.1条、第13.4条和第13.5条）。

第13.1条案文的内容是：缔约方会议应通过关于利用国家管辖范围以外区域海洋遗传资源的适当规则、准则或行为守则。

第13.4条案文的内容是：缔约方应向信息交换所机制提供关于根据本部分规定采取的立法、行政和政策措施的信息。

第13.5条案文的内容是：缔约方应向缔约方会议提交报告，说明它们利用国家管辖范围以外区域海洋遗传资源的情况。缔约方会议应审查此类报告，并提出建议。

第13.1条预先给缔约方会议赋予了一项权限，即通过关于利用国家管辖范围以外区域海洋遗传资源的规则、准则或行为守则。但这个案文有两个问题值得注意：其一，关于利用海洋遗传资源的规则、准则或行为守则与监测不具有直接的关系，这个案文似乎不应出现在关于监测问题的案文中；其二，是否有必要在"BBNJ协定"中引入利用海洋遗传资源这个术语仍属于谈判中存在很大争议的问题，其有待下一步的谈判考虑并解决，在此之前就提出关于利用海洋遗传资源问题的案文并不妥当。第13.4条要求缔约方向信息交换所机制提供它们采取的立法、行政和政策措施的信息，这明显参考了《名古屋议定书》第14条的规定。从目前

---

❶ Fran Humphries, Muriel Rabone and Marcel Jaspars, "Traceability Approaches for Marine Genetic Resources under the Proposed Ocean (BBNJ) Treaty," *Frontiers in Marine Science* 8, (2021).

"2020 年草案修改稿"第二部分的内容看，"缔约方应酌情采取必要的立法、行政或政策措施"在多个案文中出现，这或许反映了草案起草者的一种考虑，即"BBNJ 协定"一些重要的规定的实施将要依托缔约方在国内采取的立法、行政或政策措施。就此来说，要求缔约方提供它们采取的这些措施的信息有助于各方相互监督"BBNJ 协定"一些重要规定，例如惠益分享规定的实施。第 13.5 条要求缔约方向缔约方大会提交关于它们利用海洋遗传资源情况的报告。提出这个案文的出发点值得肯定，但对于很多缔约方而言这可能是一个比较艰巨的任务，或许有必要换成其他的处理方式。

第三节　海洋科学研究与国家管辖范围以外区域海洋遗传资源的获取和惠益分享国际法律规则的构建

从政府间大会第三次和第四次会议的谈判情况看，发达国家和发展中国家在 BBNJ 协定案文草案"海洋遗传资源，包括惠益分享问题"部分的每个要素上都存在较大甚至重大分歧。表面上看，双方的分歧涉及相关具体案文的表述方式，其实更深层次的分歧则是双方在国家管辖范围以外区域海洋遗传资源的法律地位或者应当适用的法律制度问题上的根本分歧。考虑到当前"BBNJ 协定"案文的谈判已经进入非常关键的阶段，如何解决双方的根本分歧以及针对具体案文的分歧，并达成双方均能接受的解决方案显得极为重要。为了打破发达国家和发展中国家在海洋遗传资源法律地位或应适用法律制度问题上截然对立的局面，参与"BBNJ 协定"案文谈判的各方值得考虑采取"中间道路路径"（middle-of-the-way approach），❶ 具体是指《海洋法公约》第十三部分"海洋科学

---

❶ See Natalie Y. Morris-Sharama, "BBNJ and MGRs: Practical Solutions for Benefit-Sharing," in *New Knowledge and Changing Circumstances in the Law of the Sea*, ed. Tomas Heidar (Leiden: Koninklijke Brill NV, 2020), p. 88. Sarah Louise Lothian, *Marine Conservation and International Law: Legal Instruments for Biodiversity beyond National Jurisdiction* (New York: Routledge 2022), p. 139.

研究"中的相关原则和规定，构建关于国家管辖范围以外区域海洋遗传资源的获取和惠益分享的法律规则。作为备选，如果双方愿意搁置或回避根本分歧，❶ 各方值得考虑采取"务实的路径"（pragmatic approach），❷ 构建一套能够促进海洋科学研究的关于国家管辖范围以外区域海洋遗传资源的获取和惠益分享的法律规则。❸

一、概说

从本章第一节的介绍可知，发达国家和发展中国家在特设工作组的讨论中围绕国家管辖范围以外区域海洋遗传资源的法律地位或者应当适用的法律制度的问题形成了两种截然对立的立场和观点，这就是公海自由原则和人类共同继承财产原则之争。这一重大争议在预备委员会的谈判中继续存在，以至于在预备委员会向联大提交的关于国际文书案文要素建议的报告中强调需要对它们作进一步的讨论。当"BBNJ 协定"案文的正式谈判开启之后，发达国家和发展中国家仍然固守各自立场，并以此为基础表达对于获取和惠益分享等具体要素的观点。然而，特别要指出的是，从政府间大会第三次会议开始，一份由政府间大会主席起草的案文草案出现在谈判桌上，作为谈判的基础文本供各国代表增删取舍，以便最终拟定各方都能接受的案文。这份草案的出现完全改变了此前讨论和谈判的方式，谈判已从就国际文书各项要素泛泛发表观点转变为针对具体案文内容的审议和磋商，这将有助于达成共识并尽早缔结"BBNJ

---

❶　有人认为《南极条约》第 4 条关于冻结领土主权的规定是一个不同国家间搁置根本分歧的范例，并据此提出如下建议：缔约方商定，在本协定有效期间发生的任何行为或行动不得成为提出、支持或否认在国家管辖范围以外海洋空间发现的遗传资源为人类共同继承财产或具有一些其他地位的权利要求基础，相反，缔约方商定此种遗传资源的可持续管理、获取的规制以及惠益分享应受本协定的规定所列出的制度调整。See David Leary, "Moving the Marine Genetic Resources Debate Forward: Some Reflections," *The International Journal of Marine and Coastal Law* 27, (2012).

❷　Konrad Jan Marciniak, "The Legal Status of Marine Genetic Resources in the Context of BBNJ Negotiations: Diverse Legal Regimes and Related Problems," in *New Knowledge and Changing Circumstances in the Law of the Sea*, ed. Tomas Heidar (Leiden: Koninklijke Brill NV, 2020), p. 64.

❸　印尼、斐济等国家建议构建关于国家管辖范围以外区域海洋遗传资源的特殊权利制度或专门制度（*sui generis* regime）。

协定"。❶ 这份草案有一个相当重要的特点，这就是其在"海洋遗传资源，包括惠益分享问题"部分没有明确提及公海自由原则和人类共同继承财产原则，看起来政府间大会主席希望回避这一争议。❷ 这一处理在某种程度上将会影响公海自由原则和人类共同继承财产原则之争的走向和结局。

虽然政府间大会主席希望回避这个带有意识形态色彩的根深蒂固的争议，而且有些国家在谈判中也不再频繁提到它们，但案文中没有出现这两个原则并不影响各国代表继续打着这两个原则的旗号提出它们倾向的案文，同时也不影响以不符合这两个原则为由拒绝接受某个或某些案文，甚至拒绝在不同部分的案文间达成权衡。由此可见，在谈判进入基于案文的阶段之后，尽管案文中缺少了公海自由原则和人类共同继承财产原则的字眼，各国谈判代表仍然需要考虑如何处理国家管辖范围以外区域海洋遗传资源应当适用的法律制度问题。❸ 实际上，可供各国谈判代表考虑并采取的路径主要有以下两条：其一，各国为了遏制和扭转国家管辖范围以外区域海洋生物多样性不断丧失的严峻趋势而作出重大妥协，同意采取"中间道路路径"解决国家管辖范围以外区域海洋遗传资源应当适用的法律制度问题，并基于公海自由和人类共同继承财产原则之外的原则和规定构建海洋遗传资源的获取和惠益分享法律规则；其二，为推动尽早完成缔结一份"BBNJ协定"的谈判进程，发达国家和发展中国家愿意搁置各自坚持的原则，而采取"务实的路径"构建一套能够促进海洋科学研究的海洋遗传资源的获取和惠益分享法律规则。

---

❶　在政府间大会第三次会议上，大会主席告知代表们本次会议将以一种新的工作方式进行，这涉及"非正式的非正式磋商"（informal-informals），其对各国、专门机构以及有限的观察员、政府间组织和非政府组织开放，但不对媒体和ENB（会议报道服务）开放。这种新的工作方式有利于提高谈判的效率，此前的第一次和第二次会议都是采取非正式工作组全会的方式进行谈判，对于政府间和非政府组织的参与不作限制。

❷　Elizabeth M. De Santo *et al*., "Stuck in the Middle with You (and Not Much Time Left): The Third Intergovernmental Conference on Biodiversity beyond National Jurisdiction," *Marine Policy* 117, (2020).

❸　人类共同继承财产原则没有出现在"2019年草案"之中，不过，在政府间大会第三次会议上许多谈判代表反复强调应该将该原则作为一个总体上的指导原则纳入草案。由于77国集团和非洲集团等的强烈要求，"2020年草案修改稿"重新将该原则作为一般原则引入到第5条之中，并将其置于方括号内。这与代表77国集团发言的巴勒斯坦的有力强调和情绪激动的陈述有很大关系。See A.B.M. Vadrot *et al*., "Who Owns Marine Biodiversity? Contesting the World Order through the 'Common Heritage of Humankind' Principle," *Environmental Politics* 31, no 2 (2021).

由于联大授权政府间大会根据《海洋法公约》拟定一份"BBNJ 协定"案文，这说明作为框架条约的《海洋法公约》构成了"BBNJ 协定"的"上位法"，因此必须立足于《海洋法公约》来明确这个"中间道路路径"具体指何种路径。在明确这个"中间道路路径"之前，有必要简要指出公海自由原则和人类共同继承财产原则对于国家管辖范围以外区域海洋遗传资源适用的切入点、方式以及局限性。

公海自由（具体是指科学研究自由）原则主要以受规制的活动作为切入点强调采集国家管辖范围以外区域海洋遗传资源的活动属于科学研究，❶应当是自由和不受限制的，来自此类资源的样品、数据信息及产品等惠益都以不同方式提供给有需要的人员，不存在额外的分享利用这些资源所产生的惠益的义务，即使要在不同国家间分享惠益，这也属于自愿性的分享。公海自由原则的局限性在于，由于国际社会已经在国家管辖范围以外区域海洋遗传资源的议题上达成了要通过拟订一份有法律约束力的国际文书解决"惠益分享问题"的共识，公海自由原则及其声称者所提出的"先到先得"（first come, first served）的观点与国际社会的共识是背道而驰的，其显然无助于解决"惠益分享问题"，也无法构建出大多数国家期待的惠益分享法律规则。

人类共同继承财产原则以受规制的资源作为切入点强调国家管辖范围以外区域海洋遗传资源为人类共同继承财产，而作为人类共同继承财产原则一项不可或缺的要素，开发利用此种资源所产生的惠益应当在所有国家之间公正和公平地予以分享。人类共同继承财产原则的局限性在于，如果完全从创设新的规则的角度出发提出国家管辖范围以外区域海洋遗传资源为人类共同继承财产，这需要通过谈判被绝大多数国家所接受，从目前的谈判现状来看，这几乎无法实现；如果依据《海洋法公约》第十一部分"区域"的相关规定（特别是第 136 条）认定国家管辖以外

---

❶ 需要说明的是，《海洋法公约》并没有将"活动"与"资源"区分开，这就如同关于捕鱼的规定无法完全与对作为自然资源的鱼的规制分开，反之亦然。See Ane Jørem and Morten Walløe Tvedt, "Bioprospecting in the High Sea: Existing Rights and Obligations in View of a New Legal Regime for Marine Areas beyond National Jurisdiction," *The International Journal of Marine and Coastal Law* 29, (2014).

区域海洋遗传资源为人类共同继承财产，❶这是对人类共同继承财产原则作出的重要解释，但这一解释主要是运用文义解释（literal interpretation）方法而得，依照体系解释（contextual/systematic interpretation）方法进行解释，无法得出国家管辖范围以外区域海洋遗传资源为人类共同继承财产的解释结论。❷

就国家管辖范围以外区域海洋遗传资源而言，最初是涉及此类资源的有关活动，尤其是原地采集、研究利用等活动（有的场合使用深海"生物勘探"一词）引发了国际社会的关切，相应地，一些国家提出对原地采集活动进行规制以及公正和公平地分享研究利用此类资源所产生惠益的呼吁。可见，应当从受规制活动切入而明确国家管辖范围以外区域海洋遗传资源适用的法律制度。在《海洋法公约》确立的各项制度中，能够符合这个前提，并且具备作为国家管辖范围以外区域海洋遗传资源适用的法律制度可行性的制度为《海洋法公约》第十三部分"海洋科学研究"中的相关原则和规定。进一步来说，有充分的法律逻辑方面的理由能够支持《海洋法公约》第十三部分"海洋科学研究"中的相关原则和规定代表的就是这一"中间道路路径"，各国谈判代表据此可以构建一套关于国家管辖范围以外区域海洋遗传资源的获取和惠益分享的法律规则。当然，如果发达国家和发展中国家愿意搁置公海自由原则和人类共同继承财产原则的争议，各国谈判代表可以采取"务实的路径"构建这套法律规则，需要强调的是，要本着促进和便利海洋科学研究这一原则来构建这套法律规则，唯有如此，才会同时兼顾发达国家和发展中国家

---

❶　第 136 条规定："'区域'及其资源是人类的共同继承财产。"发展中国家认为，根据第 136 条规定，不仅"区域"的资源，而且"区域"自身（独立于其资源）都被人类共同继承财产原则所涵盖，由于区域是指国家管辖范围以外的"海床和洋底及其底土"，那么"区域"就可以包括在其中发现的每种资源，既有非生物的资源，又有生物资源，如海洋遗传资源。

❷　Konrad Jan Marciniak, "Marine Genetic Resources: Do They Form Part of the Common Heritage of Mankind Principle?" in *Natural Resources and the Law of the Sea: Exploration, Allocation and Exploitation of Natural Resources in Areas under National Jurisdiction and Beyond*, eds. Lawrence Martin *et al.* (New York: Juris Publishing, 2017), pp. 386–402.

的利益以及满足国际社会的普遍期待。❶ 实际上，这两条路径的具体实施方式可以说是一致的，这就是，在促进和便利海洋科学研究原则的指引下，通过认可和加强科学最佳做法构建一套关于国家管辖范围以外区域海洋遗传资源的获取和惠益分享的法律规则。

二、国家管辖范围以外区域海洋遗传资源应当适用的法律制度——《联合国海洋法公约》第十三部分"海洋科学研究"中的相关原则和规定

通过法律逻辑分析，包括基于海洋科学研究的定义和类别、第十三部分的适用范围以及已有惠益分享规定的分析，《海洋法公约》第十三部分"海洋科学研究"中的相关原则和规定可以成为国家管辖范围以外区域海洋遗传资源适用的法律制度。但也要指出，《海洋法公约》第十三部分在货币惠益分享问题上的适用存在一定的局限性，克服这个局限性需要谈判各方就货币惠益分享的必要性及其模式达成共识，在此基础上选择通过已有的原则以及补充已有原则和规定，明确货币惠益分享适用的法律制度。

（一）基于海洋科学研究的定义和类别的分析

如果《海洋法公约》第十三部分"海洋科学研究"中的相关原则和规定要适用于国家管辖范围以外区域海洋遗传资源（为了分析的需要，下文在必要时使用"深海遗传资源"称呼国家范围以外区域海洋遗传资源），就有必要分析涉及"深海遗传资源"的各种活动为何种属性的活动以及是否落入《海洋法公约》关于海洋科学研究的定义之中。

从过去讨论的情况看，涉及"深海遗传资源"的活动在一些官方文件和研究文献中经常被称作深海（床）"生物勘探"，但国际上并没有一

---

❶ 有观点指出，"BBNJ 协定"案文草案中的全部四大要素都严重地依赖于科学，海洋遗传资源的获取和利用要取决于科学能力，而科学专门知识和信息对于环境影响评价以及划区管理工具的确定、实施和监测特别重要。促进海洋科学研究因此对于"BBNJ 协定"增加了一个关键的优先重点，考虑到全世界科学能力存在不平衡的分布，这提出了一个特别的挑战。See Harriet Harden-Davies and Paul Snelgrove, "Science Collaboration for Capacity Building: Advancing Technology Transfer through a Treaty for Biodiversity beyond National Jurisdiction," *Frontiers in Marine Science* 7, (2020).

个统一和权威的关于深海"生物勘探"的定义，《生物多样性公约》缔约方大会的文件和联合国大学曾提出过两个比较全面的可供参考的定义。❶抛开关于深海"生物勘探"定义的争议不论，实践中针对"深海遗传资源"进行的活动大体上包括五种活动：从海洋环境中采集（包括标记和记录）样品及其相关基础数据（如环境数据）；在船上和陆地实验室对样品及其相关基础数据进行分类、处理和保存；在陆地实验室对样品进行形态观察、二次采样、基因（组）测序、分析（如系统进化分析、基因组分析、蛋白质组分析等）、培养、分离纯化和分类鉴定；对已分离和鉴别的样品进行提取（利用溶剂）、筛选、测试以及生物活性物质提纯；对具有商业应用价值的来自"深海遗传资源"的物质进行产品开发和商业化。❷需要说明的是，以上这些活动按照先后次序排列，但这个过程是非线性的（non-linear），而且经常中断，沿着这条道路有许多开始和停止点以及参与发现的多种多样的人员。❸

在以上五种活动中，根据通常的"科学研究"的涵义，❹可以将前三种涉及"深海遗传资源"的活动归入"科学研究"的范畴，这三种活动被视为"科学研究"活动应该不存在任何争议。第四种活动不同于前三种活动的地方在于其是为了开发产品的目的，属于商业导向或应用研究。第五种活动是直接以开发和销售商业产品为目的的活动。❺另外，按照有关的解释，"科学研究"当其与海洋环境直接相关时，其一般被视为"海

---

❶　参见本章第一节的相关介绍。

❷　Charlotte Salpin and Valentina Germani, "Patenting of Research Results Related to Genetic Resources from Areas beyond National Jurisdiction: The Crossroads of the Law of the Sea and Intellectual Property Law," *Review of European Community & International Environmental Law* 16, no 1 (2007). Alex Rogers *et al.*, "Marine Genetic Resources in Areas beyond National Jurisdiction: Promoting Marine Scientific Research and Enabling Equitable Benefit Sharing," *Frontiers in Marine Science* 8, (2021).

❸　Marcel Jaspars, Fran Humphries and Muriel Rabone, Tracing Options for Marine Genetic Resources from within National Jurisdictions, Commonwealth Secretariat, 2021, p. 8.

❹　根据牛津英语辞典的解释，"研究（research）"是指系统调查和研究材料和原始资料（systematic investigation into and study of materials and sources），以便确立事实和得出新的结论，如果"研究"是基于科学方法和原则或以它们为特征的话，其是"科学的（scientific）"研究。

❺　对照《名古屋议定书》的相关规定，可将这五种活动中的第三种和第四种活动等同于"利用"，而"利用"在《名古屋议定书》中指对遗传资源的遗传和（或）生物化学组成进行研究和开发，关于第五种活动，可以将其等同于《名古屋议定书》中的"嗣后应用和商业化"。

洋科学研究"。❶ 如此来看，由于科学研究指向的材料来自海洋环境，以上除第五种活动外的涉及"深海遗传资源"的活动（不论是否称它们为深海"生物勘探"活动）构成一般意义上的"海洋科学研究"。

在对涉及"深海遗传资源"的各种活动以及其中四种活动的属性作出说明之后，一个重要的问题产生了，即上述涉及"深海遗传资源"的前四种活动是否落入《海洋法公约》关于海洋科学研究的定义之中？如果落入的话，《海洋法公约》关于海洋科学研究的相关原则和规定就能够对这些活动适用。这个问题需要从《海洋法公约》第十三部分的海洋科学研究的定义及其涵盖的研究类别入手进行分析。

就海洋科学研究的定义而言，一个公认的事实是，《海洋法公约》第十三部分没有提供一个明确的关于海洋科学研究的定义。❷ 造成这样一种结果的关键因素是，谈判者们在区分基础研究和应用研究的必要性问题上没有达成一致。❸ 最后谈判参加者们表面上同意，一个关于海洋科学研究的定义是不必要的，因为从各个规定的内容看，其预期的含义将会是清晰的。❹ 由于缺少一个关于海洋科学研究的定义，《海洋法公约》第十三部分框架下的海洋科学研究是仅指基础研究，还是同时包括基础研究和应用研究也就没有了明确的法律规定。相应地产生了两种不同的观点，一种观点认为除了基础研究，《海洋法公约》第十三部分的海洋科学研究还包括应用研究或商业导向的研究，另一种观点则认为为了商业目的的研究是资源的开发（exploitation）而非海洋科学研究。❺

---

❶ Florian H. Th. Wegelein, *Marine Scientific Research: The Operation and Status of Research Vessels and Other Platforms in International Law* (Leiden: Martinus Nijhoff Publisers, 2005), p. 78.

❷ 在起草《海洋法公约》的过程中，曾经拟定过一个关于海洋科学研究的定义，其意指旨在增进人类关于海洋环境的包括其资源的知识的任何研究或相关实验工作。参见上文第二节的相关论述。

❸ Ane Jørem and Morten Walløe Tvedt, "Bioprospecting in the High Sea: Existing Rights and Obligations in View of a New Legal Regime for Marine Areas beyond National Jurisdiction," *The International Journal of Marine and Coastal Law* 29, (2014).

❹ Florian H. Th. Wegelein, *Marine Scientific Research: The Operation and Status of Research Vessels and Other Platforms in International Law* (Leiden: Martinus Nijhoff Publisers, 2005), p. 78.

❺ Ane Jørem and Morten Walløe Tvedt, "Bioprospecting in the High Sea: Existing Rights and Obligations in View of a New Legal Regime for Marine Areas beyond National Jurisdiction," *The International Journal of Marine and Coastal Law* 29, (2014).

尽管存在争议，但《海洋法公约》第十三部分被起草得足够宽泛，而且第十三部分第 246 条"专属经济区和大陆架上的海洋科学研究"区分了"为了增进关于海洋环境的科学知识"的研究和"与生物或非生物自然资源的勘探和开发具有直接关系"的研究，❶ 而后者被认为是应用研究，这就意味着，按照《海洋法公约》的逻辑，不仅基础海洋科学研究，而且应用海洋科学研究也被《海洋法公约》第十三部分所涵盖。不过也有观点指出，纯理论研究和应用研究的区分从来都没有被普遍接受，因为在活动和方法上没有可以察觉到的区别，实际上，使用的设备、观测资料和提取的样品和标本都是一样的，一般认为唯一的区别在于研究的意图和目的以及所得知识和成果的用途。❷

既然《海洋法公约》第十三部分没有提供一个关于海洋科学研究的定义，以及同时涵盖了基础和应用海洋科学研究，那么，将上面提到的涉及"深海遗传资源"的相关活动，包括以开发产品为目的的研究活动，纳入《海洋法公约》第十三部分的范围就不会存在明显的障碍。如果使用深海"生物勘探"的概念来概括涉及"深海遗传资源"的相关活动，深海"生物勘探"因此就落入《海洋法公约》第十三部分"海洋科学研究"之中，其实际上是一类具体的海洋科学研究活动。❸

---

❶　根据第 246.3 条的规定，在正常情形下，沿海国应对其他国家或各主管国际组织按照本公约专为和平目的和为了增进关于海洋环境的科学知识（to increase scientific knowledge of the marine environment）以谋全人类利益，而在其专属经济区内或大陆架上进行的海洋科学研究计划，给予同意。根据第 246.5 条的规定，沿海国可斟酌决定，拒不同意另一国家或主管国际组织在该沿海国专属经济区内或大陆架上进行海洋科学研究计划，如果该计划与生物或非生物自然资源的勘探和开发有直接关系（of direct significance for the exploration and exploitation of natural resources, whether living or non-living）。

❷　Charlotte Salpin and Valentina Germani, "Patenting of Research Results Related to Genetic Resources from Areas beyond National Jurisdiction: The Crossroads of the Law of the Sea and Intellectual Property Law," *Review of European Community & International Environmental Law* 16, no 1 (2007).

❸　Charlotte Salpin and Valentina Germani, "Patenting of Research Results Related to Genetic Resources from Areas beyond National Jurisdiction: The Crossroads of the Law of the Sea and Intellectual Property Law," *Review of European Community & International Environmental Law* 16, no 1 (2007). Tullio Scovazzi, "The Negotiations for a Binding Instrument on the Conservation and Sustainable Use of Marine Biological Diversity beyond National Jurisdiction," *Marine Policy* 70, (2016). Keyuan Zou and Anastasia Telesetsky (eds.), *Marine Scientific Research, New Marine Technologies, and the Law of the Sea* (Leiden: Brill 2021), p. 56.

反面来看，如果不认为深海"生物勘探"被海洋科学研究所涵盖，那就要在它们之间画条线。从实际的观点来看，不可能或难以在"生物勘探"和海洋科学研究之间划一条线，这类似于在沙子中划线。❶原因在于：首先，"生物勘探"明显具有科学研究的方法论元素，例如基于科学方法系统搜寻或提取海洋资源。其次，人员和使用设备也可能是相同的，例如在分类学研究和"生物勘探"船舶上。因此，某位生物勘探者很可能就是一位海洋科学家（在传统意义上），或某个商业实体，或他们的组合（由于高昂的费用，海洋科考通常是科学家、政府部门和私营公司之间的协作）。关于一艘船舶是否具有科学或商业目标的感觉可能根据不同的参与方和资助伙伴而发生变化。最后，即使某个研究考察任务最初被认为是纯学术的，但其可能在发现了某个商业上有兴趣的化合物后而发展成为一个商业活动。此外，可能有人认为，某个科学考察的商业目标并没有消除一个同时存在的增进人类对海洋的知识的目标。❷可见，想要将深海"生物勘探"排除于海洋科学研究的概念和范围之外几乎无法实现。务实的选择因此就是接受深海"生物勘探"被海洋科学研究的概念所涵盖的观点。

（二）基于《海洋法公约》第十三部分适用范围的分析

根据《海洋法公约》第十三部分第三节的规定，《海洋法公约》的第十三部分适用于领海内的海洋科学研究、专属经济区内和大陆架上的海洋科学研究、"区域"内的海洋科学研究以及在专属经济区以外的水体内的海洋科学研究。这就明确界定了该部分适用的属地范围，其可以分为两大类：国家管辖范围以内的区域（领海、专属经济区和大陆架）和国家管辖范围以外的区域（"区域"和专属经济区以外的水体）。

需要指出的是，《海洋法公约》第十三部分没有明确地规定海洋科学

---

❶ Alexander Proelss (ed.), *United Nations Convention on the Law of the Sea: An Commentary* (Munich: Verlag C.H. Beck, 2017), p. 1611. Natalie Y. Morris-Sharama, "Marine Genetic Resources in Areas beyond National Jurisdiction: Issues with, in and outside of UNCLOS," *Max Plank Yearbook of United Nations Law Online* 20, (2017).

❷ Ane Jørem and Morten Walløe Tvedt, "Bioprospecting in the High Sea: Existing Rights and Obligations in View of a New Legal Regime for Marine Areas beyond National Jurisdiction," *The International Journal of Marine and Coastal Law* 29, (2014).

研究制度适用的属物范围。第十三部分只包含两条与属物范围有关的规定，第 241 条提及"海洋环境任何部分或其资源"，第 246.5 条则提到"生物或非生物自然资源"。而且第十三部分对这些术语和概念也没有进行界定。显然，第十三部分没有将海洋科学研究制度的适用范围限定于特定的资源。❶ 因此可以得出结论：《海洋法公约》第十三部分适用于包括生物和非生物资源在内的各类自然资源。此外，第十一部分就"区域"内的海洋科学研究问题进行了规定，第 143.1 和第 143.3 条没有提及"区域"的"资源"，而使用了"'区域'内的海洋科学研究"的表述，在没有提及"资源"的情况下，这些规定应被认为同样适用于针对海洋遗传资源的科学研究。❷

根据预备委员会谈判达成的共识，未来国际文书将会统一适用于包括公海和"区域"在内的国家管辖范围以外区域。同样地，"BBNJ 协定"关于国家管辖范围以外区域海洋遗传资源的法律制度的属地适用范围也会是同时包括了公海和"区域"的国家管辖范围以外区域，而且应该是不分公海和"区域"而建立一套一体化的法律制度。❸ 在《海洋法公约》现有的各种法律制度中，与第七部分"公海"和第十一部分"区域"不同，第十三部分"海洋科学研究"既能适用于专属经济区以外的水体（公海）也能适用于"区域"，海洋科学研究制度是唯一的能够涵盖所有国家管辖范围以外区域并且与海洋遗传资源问题密切相关的海洋法

---

❶ Arianna Broggiato *et al.*, "Fair and Equitable Sharing of Benefit from the Utilization of Marine Genetic Resources in Areas beyond National Jurisdiction: Bridging the Gaps between Science and Policy," *Marine Policy* 49, (2014).

❷ Carlos M. Correa, Access to and Benefit Sharing of Marine Genetic Resources beyond national Jurisdiction: Developing a New Legally Binding Instrument, Research Paper, South Centre, 2017, p. 11.

❸ 在这个问题上，南非、加勒比共同体国家等在预备委员会和政府间大会的谈判过程中表达了不同的观点。这些国家认为，人类共同继承财产原则适用于"区域"的海洋遗传资源，公海自由原则适用于公海中的海洋遗传资源，两者互不排斥。南非还建议"BBNJ 协定"参照《海洋法公约》建立一个"混合制度"。南非的建议实际上体现了《海洋法公约》采用的海床和水体相区分（seabed/water column distinction）的路径，然而，对于包括海洋遗传资源在内的海洋生物资源而言，采取一个按它们所处的区域分别适用不同制度的规制路径存在很大的困境。See Joanna Mossop, "Towards a Practical Approach to Regulating Marine Genetic Resources," *European Society of International Law Reflections* 8, no 3 (2019).

制度。❶ 从某种意义上说，海洋科学研究是一座穿越《海洋法公约》规定的不同管辖区域的"桥梁"。❷ 既然目前的海洋科学研究制度在地理范围上已经同时涵盖公海和"区域"，那么，可以考虑充分利用这一制度特点，以此为基础构建适用于国家管辖范围以外区域海洋遗传资源的一体化法律制度。这样做能够避免按照所处区域的不同将国家管辖范围以外区域海洋遗传资源分别适用于公海制度或"区域"制度，或建立两套不同的分别适用于公海和"区域"海洋遗传资源的法律制度。❸

在属物范围的问题上，由于《海洋法公约》第十三部分没有在适用的资源类别上作出限定，该部分既能适用于生物资源，也能适用于非生物资源。这和第十一部分完全不同，第十一部分将"资源"界定为矿物资源，这样就排除了对生物资源的适用，实际上第十一部分"区域"制度就是为矿物资源"量身打造"的。既然第十三部分能够适用于生物资源，而海洋遗传资源又属于生物资源的一个类别，那么，第十三部分能确定地适用于国家管辖范围以外区域海洋遗传资源，更全面地说就是针对国家管辖范围以外区域海洋遗传资源进行的海洋科学研究。

相比于公海自由原则和人类共同继承财产原则，《海洋法公约》第十三部分适用于海洋遗传资源更能反映出这类资源的属性以及与此相关的研究和利用活动的特点。事实上，遗传资源概念出现的时间较晚，❹ 其引发各方的普遍关注在很大程度上归因于科学技术水平的不断提高使人类具备了在基因水平上利用生物资源的能力。之所以将一类资源从生物资源中独

---

❶ 但要指出的是，尽管目前的海洋科学研究制度在地理范围上涵盖了所有国家管辖范围以外的区域，但适用于公海的海洋科学研究制度和适用于"区域"的海洋科学研究制度在内容上是不同的，尤其是"区域"内的海洋科学研究必须遵守《海洋法公约》第十一部分第 143 条规定。

❷ Natalie Y. Morris-Sharama, "Marine Genetic Resources in Areas beyond National Jurisdiction: Issues with, in and outside of UNCLOS," *Max Plank Yearbook of United Nations Law Online* 20, (2017).

❸ 有观点指出，应当避免一个区分来自公海的和来自"区域"的海洋遗传资源的获取和惠益分享制度。实际上，从科学和管理的观点来看，一个涵盖整个国家管辖范围以外区域的全面制度是必须的。See Arianna Broggiato *et al.*, "Fair and Equitable Sharing of Benefit from the Utilization of Marine Genetic Resources in Areas beyond National Jurisdiction: Bridging the Gaps between Science and Policy," *Marine Policy* 49, (2014).

❹ "遗传资源"概念的历史可以追溯到至少 20 世纪七八十年代，当时这个概念出现在农业植物的语境下。See Anna Deplazes-Zemp, "'Genetic Resources': An Analysis of a Multifaceted Concept," *Biological Conservation* 222, (2018).

立出来而称其为遗传资源，首先是因为人类通过利用这一类资源不是要追求其大批量的价值（bulk values），而是要通过研究和利用追求其含有的遗传和生物化学信息属性的价值。相应地，为了研究和利用海洋遗传资源的目的，通常只需要一次采样或有限的持续采样，一旦采集了样品之后，可以在实验室复制、培养和测试分析这些样品，同时可以将这些样品的基因（组）序列测定之后输入数据库而供后续利用。从这一点上看，海洋遗传资源问题的焦点不在于消费性的活动或重复性的捕获，采集或提取海洋遗传资源的规模远远达不到提取非生物资源，尤其是公海自由原则涉及的鱼类资源和人类共同继承财产原则涉及的矿物资源那样的水平。❶ 正如上文所指出的那样，涉及"深海遗传资源"的活动（除了开发和销售基于这些资源的商业产品）都属于科学研究活动，这些活动的兴趣在于生物资源含有的遗传和生物化学信息，而不在于生物资源本身。

（三）基于已有惠益分享规定的分析

《海洋法公约》对海洋科学研究进行规制的目的在于平衡不同方面的利益，这些利益是：热衷于维护对国家管辖范围以内资源享有主权的沿海国的利益、不受阻碍地从事科学研究的研究国的利益、不拥有在海洋从事研究能力的国家的利益。❷《海洋法公约》第十三部分以及相关部分的一些规定就反映了以上目的。这里特别需要指出的是第143.3条、第242.1条、第243条、第244.1条和第244.2条规定。❸

---

❶　Natalie Y. Morris-Sharama, "Marine Genetic Resources in Areas beyond National Jurisdiction: Issues with, in and outside of UNCLOS," *Max Plank Yearbook of United Nations Law Online* 20, (2017).

❷　See Arianna Broggiato *et al.*, "Fair and Equitable Sharing of Benefit from the Utilization of Marine Genetic Resources in Areas beyond National Jurisdiction: Bridging the Gaps between Science and Policy," *Marine Policy* 49, (2014).

❸　第143.3条给缔约方设定了通过不同方式促进"区域"内海洋科学研究方面的国际合作的义务。第242.1条给各国设定了一个促进为和平目的进行海洋科学研究的国际合作的义务。第243条给各国设定了一个合作以便创造进行海洋环境中海洋科学研究的便利条件的义务。第244.1条给各国设定了一个通过适当途径以公布和传播的方式，提供关于拟议的主要方案及其目标的信息以及海洋科学研究所得知识的义务。第244.2条给各国设定了两项义务：一是各国个别地并与其他国家和各主管国际组织合作，积极促进科学数据和信息的流通以及海洋科学研究所得知识的转让，特别是向发展中国家的流通和转让；二是各国个别地并与其他国家和各主管国际组织合作，通过对发展中国家技术和科学人员提供适当教育和培训的项目，积极促进发展中国家自主进行海洋科学研究能力的加强。

在这些规定为各国所设定的义务中，效力最强的应属第 244.1 条规定的"提供"关于拟议的主要方案及其目标的信息以及海洋科学研究所得知识的义务，效力偏弱的义务是第 143 条和第 242.1 条规定的"促进"国际合作的义务、第 243 条规定的"合作"的义务、第 244.2 条规定的"积极促进"科学数据和信息以及海洋科学研究所得知识向发展中国家的流通和转让的义务，以及通过对发展中国家技术和科学人员提供适当教育和培训的项目"积极促进"发展中国家自主进行海洋科学研究能力的加强的义务。

不论义务在效力上的强弱，这些义务指向了一些活动，主要是："提供信息""提供知识""数据、信息和知识流向发展中国家""传播所得到的研究和分析结果""向发展中国家转让数据、信息和知识""不同国家的人员合作进行海洋科学研究""在研究的技术和应用方面培训发展中国家和技术较不发达国家的人员""对发展中国家技术和科学人员提供教育和培训"，而这些活动都是不同国家之间分享海洋科学研究所产生的惠益的具体体现。当然，上述规定所涉及惠益都属于非货币性质的惠益。由此可见，《海洋法公约》关于海洋科学研究的这些规定已经预见了发生在不同国家间，如有能力从事海洋科学研究的发达国家和不具有这种能力的发展中国家间的不同模式或内容的非货币惠益分享。

既然《海洋法公约》第十三部分预见和规定了关于海洋科学研究的非货币惠益分享，而涉及"深海遗传资源"的活动（除了开发和销售基于这些资源的商业产品）也构成第十三部分意义上的海洋科学研究，那么，从法律逻辑上说，关于海洋科学研究的非货币惠益分享规定能够为构建关于国家管辖范围以外区域海洋遗传资源的惠益分享制度提供法律基础。❶ 从过往的讨论和谈判情况看，发展中国家不仅强调惠益既可以是货币的也可以是非货币的，而且非常重视非货币惠益分享模式的构建，

---

❶ See Arianna Broggiato *et al.*, "Fair and Equitable Sharing of Benefit from the Utilization of Marine Genetic Resources in Areas beyond National Jurisdiction: Bridging the Gaps between Science and Policy," *Marine Policy* 49, (2014). Harriet Harden-Davies, "Marine Genetic Resources beyond National Jurisdiction: an Integrated Approach to Benefit-Sharing, Conservation and Sustainable Use" (PhD diss., University of Wollongong, 2018), p. 183.

对于发展中国家而言，非货币惠益的优势很明显，例如能够在短期内获得、形式多样、更能够持续存在以及满足不同方面的需要等。

通过参考《名古屋议定书》和《粮食和农业植物遗传资源国际条约》等国际法律文书中关于非货币惠益分享的规定和已有的国际海洋科学研究实践，以及吸纳各国的建议，政府间大会主席起草的"2019 年草案"和"2020 年草案修改稿"提出了四种非货币惠益分享模式，而 2022 年5 月公布的 BBNJ 协定案文草案进一步修改稿（Further revised draft text of an agreement under the United Nations Convention on the Law of the Sea on the conservation and sustainable use of marine biological diversity of areas beyond national jurisdiction）（以下简称"2022 年草案进一步修改稿"）提出了五种非货币惠益分享模式。❶ 相比于"2020 年草案修改稿"，"2022 年草案进一步修改稿"围绕各种非货币惠益分享模式运作的问题列出了一些细节内容。❷ 不考虑这些关于非货币惠益分享模式的细节内容，可以笼统地将这些非货币惠益分享模式概括为获取样品、分享信息数据、技术转让和能力建设。那么，《海洋法公约》第十三部分哪些规定构成了这些非货币惠益分享模式的法律基础？从《海洋法》公约第 143.3 条、第242.1 条、第 243 条、第 244.1 条和第 244.2 条规定的内容来看，关于"提供数据、信息和知识"以及"积极促进数据、信息和知识向发展中国家流通"的义务构成了上述"BBNJ 协定"案文草案中的分享信息数据的法律基础，而"通过对发展中国家技术和科学人员提供适当教育和培训的项目积极促进发展中国家自主进行海洋科学研究能力的加强"的义务构成了上述"BBNJ 协定"案文草案中的能力建设的法律基础。需要指出的是，虽然上述规定没有明确提及与样品和技术有关的非货币惠益分享的

---

❶ UNGA, Further revised draft text of an agreement under the United Nations Convention on the Law of the Sea on the conservation and sustainable use of marine biological diversity of areas beyond national jurisdiction, A/CONF.232/2022/5, 1 June 2022.

❷ "2020 年案文草案修改稿"仅针对分享信息的运作问题列出可供分享的信息类别，而"2022 年草案进一步修改稿"在非货币惠益分享模式上有三个变化，一是列出不同于"2020 年草案修改稿"中的可供分享的信息类别，二是列出技术转让、能力建设运作所需的一些细节内容，三是提出关于分享可发现、可访问、可互操作和可重复使用的科学数据（findable, accessible, interoperable and reusable scientific data）的非货币惠益分享模式。

问题，但是上述规定中提到的海洋科学研究所得的"知识"实际上已经涵盖了样品和技术。❶ 如果从广义上来理解海洋科学研究所得的"知识"，那么，"提供海洋科学研究所得的知识"和"积极促进海洋科学研究所得的知识向发展中国家的转让"就分别构成"BBNJ 协定"案文草案中的获取样品和技术转让这两种非货币惠益分享模式的法律基础。

（四）海洋科学研究与货币惠益分享问题

基于《海洋法公约》第十三部分已有的惠益分享规定的分析，这些规定中的部分规定为"BBNJ 协定"案文草案中的非货币惠益分享模式提供了法律基础。然而，已有的规定只与非货币惠益分享有关，它们丝毫都没有提及货币惠益分享的问题。如此一来，第十三部分关于惠益分享的规定就难以为"BBNJ 协定"中的货币惠益分享提供法律基础。❷ 由于发展中国家强烈要求在"BBNJ 协定"中同时处理和规定非货币惠益和货币惠益分享问题，一个重要的问题因而就产生了，如果各方通过谈判就建立货币惠益分享制度的必要性达成一致，那么，《海洋法公约》第十三部分中的什么原则或规定能够为货币惠益分享提供法律基础？

实际上，由于不存在国家管辖范围以外区域海洋遗传资源的提供国（方）或在相关的地理区域缺少国家管辖权，"BBNJ 协定"中的惠益分

---

❶ 从科学界的惯例来看，海洋科学研究所得的知识（例如，学术论文）的出版需要将论文涉及的样品提交公共样品库进行保藏，这样做可以确保其他研究人员能够获取样品并重复相关的实验或研究工作。就此而言，提供（获取）海洋科学研究所得的知识已经与提供（获取）样品联系在一起。另外，《海洋法公约》使用的海洋科学研究所得的"知识"一词显然可以将各种技术包括进去，从这个意义上说，转让海洋科学研究所得的知识也涵盖了转让海洋科学研究的技术。

❷ 有观点指出，《海洋法公约》第十三部分为解决惠益分享问题提供了有用的指导，但对于货币层面上的惠益分享而言，问题依然留了下来。See Natalie Y. Morris-Sharama, "Marine Genetic Resources in Areas beyond National Jurisdiction: Issues with, in and outside of UNCLOS," *Max Plank Yearbook of United Nations Law Online* 20, (2017).

享应该是"多边的"而非"双边的"惠益分享。❶"多边的"惠益分享不是遗传资源的提供方和利用方之间的惠益分享，其特点在于，让更多的在原地获取和研究利用国家管辖范围以外区域海洋遗传资源方面欠缺技术、财政和人力资源的国家能够分享研究利用国家管辖范围以外区域海洋遗传资源所产生的非货币惠益，以及为了促进海洋科学研究和实现人类社会的整体利益分享研究利用国家管辖范围以外区域海洋遗传资源所产生的货币惠益。不论分享非货币还是货币惠益，多边惠益分享的条件和方式等问题应该由各国通过多边谈判加以确定，这就排除了未来在实施"BBNJ 协定"过程中进行双边谈判的可能性。

在"BBNJ 协定"采取多边路径解决惠益分享问题的前提下，分享货币惠益应该为了促进海洋科学研究和实现人类社会的整体利益。具体而言，如国家管辖范围以外区域海洋遗传资源的利用方实施了特定的行为，其有义务支付一定比例的款项，这些款项将由在"BBNJ 协定"之下建立的一个国际信托基金接收，所接收的款项将主要用于养护和可持续利用国家管辖范围以外区域海洋生物多样性的活动。❷

---

❶　目前国际上已经提出的与生物和非生物资源有关的多边惠益分享机制包括:《粮食和农业植物遗传资源国际条约》下的获取和惠益分享多边系统、《共享流感病毒以及获取疫苗和其他惠益的大流行性流感防范框架》下的多边惠益分享机制、《名古屋议定书》下的全球多边惠益分享机制、《海洋法公约》下的关于分享开发二百海里以外大陆架非生物资源以及勘探和开发"区域"矿物资源所取得的惠益的规定。需要说明的是，前两个多边惠益分享机制已经建立并在运作之中，而后两个多边惠益分享机制尚停留在原则性规定的阶段，具体的实施性规则有待确立。从这些不同的多边惠益分享机制的要素来看，多边惠益分享机制下的货币（包括实物）惠益分享的运作方式有两种:一是基于项目的分享模式，即按照一定的标准和程序遴选待资助的关于保护和可持续利用资源的项目，然后将已收到的货币惠益（即现金）拨付给这些项目;二是将收到的货币惠益及其他实物直接分配给有需要的国家。See Elisa Morgera, Study on Experiences Gained with the Development and Implementation of the Nagoya Protocol and Other Multilateral Mechanism and the Potential Relevance of Ongoing Work Undertaken by Other Process, including Case Studies, UNEP/CBD/ABS/A10/EM/2016/1/2, 22 December 2015.

❷　"2020 年草案修改稿"第 11.4 条案文体现了这个思路，其指出：按照本部分的规定分享的惠益，用于（a）促进国家管辖范围以外区域海洋生物多样性的养护和可持续利用。然而，"2022 年草案进一步修改稿"却发生了很大的变化，该草案第 11 条的相关案文指出：应当通过根据第 52 条建立的财政机制进行付款，该机制应根据公平的分享标准向本协定的缔约方分配这些款项，考虑到发展中国家的利益和需要……这个案文参考了《海洋法公约》第 82 条"二百海里以外大陆架非生物资源开发应缴的费用和实物"相关规定，其意味着，货币惠益将直接分配给缔约方，而不是用于国家管辖范围以外区域海洋生物多样性的养护和可持续利用。

　　这里要指出的是，考虑并分析货币惠益分享的法律基础问题要与货币惠益分享的模式结合起来。"2020 年草案修改稿"提出了两种货币惠益分享模式：一是利用方为通过电脑模拟的海洋遗传资源或数字序列信息或遗传序列数据设置了禁运期或保密期，即选择在一定期间内不公开这些数据信息，利用方有义务分享货币惠益；二是利用方在将基于国家管辖范围以外区域海洋遗传资源的产品商业化时有义务分享货币惠益。但"2022 年草案进一步修改稿"没有延续"2020 年草案修改稿"中的模式，而是为了回避争议，提出了支付阶段性付款（milestone payments）、特许权使用费（royalties）以及未来由缔约方大会决定的其他费用的货币惠益分享模式。这里的阶段性付款是一个宽泛的说法，下一步谈判有必要进行澄清，可能包含了"2020 年草案修改稿"中的两种惠益分享模式。下面尝试在区分非商业化时和商业化时货币惠益分享模式的基础上对这两份案文草案已经明确提出的模式的法律基础进行分析。

　　首先来看非商业化时货币惠益分享模式的法律基础。"2020 年草案修改稿"列出了在对数据信息的释放设置禁运期或保密期时的货币惠益分享模式，"2022 年草案进一步修改稿"列出了特许权使用费，这是以申请并获得知识产权以及通过许可他人利用行使知识产权为前提的。❶ 那么，这里就值得考虑利用方在这两种情形付款的法律基础问题。利用方选择在一定期间内不释放来自海洋遗传资源的数据信息以及申请和行使知识产权，这是利用方将研究利用海洋遗传资源的成果置于私人控制之下的体现，这种控制无疑有其合理之处，例如能够促进创新并保护投资，但是，考虑到国家管辖范围以外区域的海洋遗传资源被视为"全球公有物"，这种控制限制了发展中国家对于因研究利用海洋遗传资源所产生的成果的获取和使用，并且阻碍了发展中国家在海洋遗传资源领域发展和进行海洋科学研究。根据《海洋法公约》第 239 条的规定，各国有义务促进和便利海洋科学研究的发展和进行。相应地，这个规定所包含的原

---

❶ 在分析基因组阶段，可以针对某个基因及其功能申请并被授予专利，相应地，权利人可以获得特许权使用费。See Evanson Chege Kamau, Gerd Winter and Peter-Tobais Stoll (eds.), *Research and Development on Genetic Resources: Public Domain Approaches in Implementing the Nagoya Protocol* (New York: Routledge, 2015), p. 66.

则可以作为非商业化时货币惠益分享模式的法律基础，具体来说，利用方本应通过向公共领域释放来自海洋遗传资源的数据信息和研究成果促进和便利发展中国家发展和进行海洋科学研究，但利用方借助保密和知识产权保护限制了此类数据信息和研究成果的释放和公开，因此，有必要通过要求其付款使其为自身采取的限制措施付出一定的金钱代价。从这个意义上说，要求利用方在非商业化时进行付款能够产生促使利用方释放来自海洋遗传资源的数据信息和研究成果的效果，而这可以促进和便利海洋科学研究的发展和进行。

其次来看基于国家管辖范围以外区域海洋遗传资源的产品商业化时付款的法律基础。这需要结合上文提到的为了实现人类社会的整体利益分享货币惠益来考虑其法律基础问题。由于是为了实现人类社会的整体利益分享货币惠益，《海洋法公约》的第256条和第143.1条能够与此发生关联，但这两条规定因本身带有的特点又不能完全支持产品商品化时货币惠益分享模式的建立，"BBNJ协定"可以考虑对已有的规定进行补充。根据《海洋法公约》第256条规定，所有国家，不论其地理位置如何，均有权依第十一部分的规定在"区域"内进行海洋科学研究。而根据第十一部分第143.1条规定，"区域"内的海洋科学研究应当为谋全人类的利益进行。❶这里的"为谋全人类的利益"（for the benefit of mankind as a whole）实际上就是为了实现人类社会的整体利益，在"BBNJ协定"当中，"全人类的利益"应该指的是国家管辖范围以外区域海洋生物多样性的养护和可持续利用。

第143.1条的第一个特点是其只适用于"区域"，而不包括公海。由于"BBNJ协定"的属地范围同时包括"区域"和公海，因此，可以考虑将公海纳入这个规定的适用范围而成为一个其适用范围为国家管辖范围以外区域的关于海洋科学研究的规定，并将补充后的上述规定引入到

---

❶　为了落实第143.1条提出的"为了谋全人类的利益"，国际海底管理局建立了一个"区域"海洋科学研究捐赠基金（Endowment Fund for Marine Scientific Research in the Area），其通过支持来自发展中国家的合格科学家和技术人员参与相关方案、倡议和活动，促进和鼓励为了谋全人类利益而在区域进行协作性海洋科学研究。另外，有观点指出，创建一个"区域"海洋科学研究所得到的研究成果公共池塘（common pool），这可能是一个对于惠及全人类利益的义务的实施。

"BBNJ 协定"之中。● 第二个特点是，第 143.1 条是针对海洋科学研究而规定的，但货币惠益并不是直接由海洋科学研究活动所产生的，而是由商业化活动所产生的（商业化活动与之前的海洋科学研究活动具有极为密切的关联）。这样来看的话，即使对第 143.1 条进行了补充，也不能完全支持商业化时的付款。从某种意义上说，基于法律逻辑的分析似乎无法找到支持商业化时付款的法律基础，这个问题最后的解决可能只关涉谈判各方利益上的博弈和交换，而与法律基础问题无关。

但如果换一个思路，不妨跳出 20 世纪七八十年代谈判并通过的《海洋法公约》所设定的框架，从在国际层面上建立和实施同时覆盖国家管辖范围以内和以外区域遗传资源的获取和惠益分享制度的要求出发，转向《名古屋议定书》和《粮食和农业植物遗传资源国际条约》以找寻必要的解决方案。在《名古屋议定书》中，"利用遗传资源"是一个重要的概念，其被界定为"研究和开发"活动。虽然《名古屋议定书》规范的是为了"利用"获取遗传资源的活动，但其不仅要求分享"利用"所产生的惠益，而且要求分享"嗣后的应用和商业化"所产生的惠益。《粮食和农业植物遗传资源国际条约》规范的是为了"粮食和农业研究、育种和培训而利用及保存"而获取粮食和农业植物遗传资源的活动，其涵盖的惠益分享既包括非货币惠益的分享，也包括商业化所得货币惠益的分享。

从这两份条约的规定来看，它们都在获取的目的上进行了关键的限定，也就是为了"利用（研究和开发）"或"为粮食和农业研究、育种和培训而利用和保存"的获取才受《名古屋议定书》或《粮食和农业植物遗传资源国际条约》的规范。与此同时，这两份条约明确要求分享商业化活动产生的惠益。可见，尽管这两份条约都是以为了研究和开发或具有类似内涵的活动（如育种）而获取遗传资源作为规范的起点，但在惠益分享上进行了扩展，不仅要求分享研究和开发活动所产生的惠

● "2020 年草案修改稿"第 9 条相关案文已经比较接近这个建议了，第 9 条"国家管辖范围以外区域海洋遗传资源方面的活动"第 4 段明确指出："国家管辖范围以外区域海洋遗传资源的利用应当为了谋全人类的利益，考虑到发展中国家的利益和需要，特别是……"如果"海洋遗传资源的利用"可以被解释为属于涉及海洋遗传资源的海洋科学研究，从逻辑上说，目前这个第 9.4 条案文就能够为分享海洋科学研究活动所产生的货币惠益提供必要的法律基础。

益，而且要求分享与研究和开发活动相关联的产品商业化活动所产生的惠益。❶

　　同样地，"BBNJ 协定"可以借鉴这两份条约采纳的方案。具体来说，"BBNJ 协定"如果以《海洋法公约》第十三部分中的原则和规定作为适用于国家管辖范围以外区域海洋遗传资源的法律制度，那么，为了海洋科学研究目的而原地获取国家管辖范围以外区域海洋遗传资源要接受"BBNJ 协定"的调整和规范，同时，"BBNJ 协定"应当要求分享海洋科学研究活动所产生的非货币惠益和货币惠益（如上文提到的设置禁运期所支付的费用和特许权使用费）。❷就分享产品商业化活动所产生的货币惠益而言，"BBNJ 协定"可以考虑仅作出原则性的规定，同时授权缔约方大会在日后条件成熟时推出具体的实施规则。如上所述，分享海洋科学研究和商业化活动所产生的货币惠益应当进入国际信托基金，这是为了实现人类社会的整体利益所需要的。

---

❶　事实上，考虑到针对国家管辖范围内的动植物和微生物遗传资源的商业化活动已经相当普遍，《名古屋议定书》和《粮食和农业植物遗传资源国际条约》提出分享商业化所产生的货币惠益的要求具备商业开发上的基础。而对于国家管辖范围以外区域海洋遗传资源而言，情形有很大的不同，当下几乎没有系统性的商业化规模开发国家管辖范围以外区域海洋遗传资源的证据，此类资源经济潜力的估价经常是推断的，这种推断依据的是国家管辖范围以内区域海洋生物所开发的有关产品的可用数据。See Charlotte Salpin, "Marine Genetic Resources of Areas beyond National Jurisdiction: Soul Searching and the Art of Balance," in *Research Handbook on International Law and Natural Resources*, eds. Elisa Morgera and Kati Kulovesi (Northampton: Edward Elgar Publishing Limited, 2016), p. 412.

❷　这里值得考虑一个问题，即"BBNJ 协定"会将哪些活动列为触发惠益分享的活动。作为一个具有重要参考价值的先例，《名古屋议定书》下的触发惠益分享的活动既包括"利用遗传资源"，也包括"嗣后应用和商业化"（但《名古屋议定书》并未界定这个术语）。"BBNJ 协定"是完全借鉴《名古屋议定书》的规定，还是确立符合《海洋法公约》以及海洋遗传资源商业化现状的触发惠益分享的活动？如果"BBNJ 协定"谈判各方准备借鉴《名古屋议定书》的"利用遗传资源"而将"利用海洋遗传资源"确定为触发惠益分享的活动，各方需要考虑"利用海洋遗传资源"可能涵盖的具体活动及其与"海洋科学研究"的关系等问题，明确这些问题有利于界定因"利用海洋遗传资源"或"海洋科学研究"所产生的非货币惠益和货币惠益。关于触发惠益分享的活动的问题，可参见下文相关分析。

三、构建国家管辖范围以外区域海洋遗传资源的获取和惠益分享国际法律规则的建议

基于"2019 年草案"、"2020 年草案修改稿"和"2022 年草案进一步修改稿"三份草案所确定的要素，"BBNJ 协定"第二部分"海洋遗传资源，包括惠益分享问题"的规则将会由关于海洋遗传资源及其他重要术语的定义、目标、适用、与国家管辖范围以外区域海洋遗传资源有关的活动、（原地）采集或获取国家管辖范围以外区域海洋遗传资源、获取土著人民和当地社区的与海洋遗传资源相关的传统知识、公正和公平的惠益分享、知识产权、监测等九个方面的规则组成。从已经进行的谈判情况看，发达国家和发展中国家在海洋遗传资源的定义、适用、（原地）采集或获取海洋遗传资源、惠益分享、知识产权和监测的要素及案文上存在明显的分歧，双方针对海洋遗传资源议题表达的关切和诉求也都指向了这六个要素。毫无疑问，"BBNJ 协定"第二部分"海洋遗传资源，包括惠益分享问题"规则的构建将取决于如何解决双方在这些要素上的分歧。如上所述，各国可以采取"中间道路路径"或"务实的路径"构建关于国家管辖范围以外区域海洋遗传资源的获取和惠益分享的法律规则。不论最终选取何种路径，各国都应该坚持促进和便利海洋科学研究的原则解决分歧并构建这套法律规则，而这要求在构建这套法律规则的过程中认可并加强科学界在调查获取和研究利用国家管辖范围以外区域海洋遗传资源活动上的最佳做法。以下围绕如何构建这六个要素的规则进行分析，并提出相应的建议。

（一）海洋遗传资源的定义

通过第二节的介绍和分析可知，一个采用直接方式界定的海洋遗传资源的定义出现在"2019 年草案"和"2020 年草案修改稿"中。这个定义不同于《生物多样性公约》中的遗传资源定义，其最大特点在于纳入了海洋遗传资源的生物化学特性的内容。这就扩大了海洋遗传资源所涵盖的物质的范围，即海洋遗传资源不仅包括遗传功能单位或基因（编码蛋白质的 DNA 片段），还包括体现了生物化学特性的生物化学化合物（衍生物）。"2022 年草案进一步修改稿"在先前两份草案的基础上又对

海洋遗传资源涵盖的对象进行了扩充，"核酸非编码区"和"遗传信息"作为两种新的对象被纳入海洋遗传资源的定义之中。❶

由此可见，"2022 年草案进一步修改稿"提出了一个很有包容性的关于海洋遗传资源的定义。实际上，"核酸非编码区"是首次进入到"BBNJ 协定"案文草案中，此前的讨论和谈判并没有涉及这个问题，考虑到当前科学界在"核酸非编码区"的认识和研究利用上尚处于比较早的阶段，"核酸非编码区"作为海洋遗传资源涵盖的物质预计不会在发达国家和发展中国家之间引起较大的争议。对于"遗传信息"而言，如何解决这类信息的获取和惠益分享问题无疑具有很大的争议性，将其纳入海洋遗传资源的定义之中代表了一种解决方案，由于数字序列信息或遗传序列数据的治理问题目前还未形成国际共识，未来不排除提出其他解决方案。这样来看的话，不同国家在海洋遗传资源定义上的最大分歧就是要不要纳入生物化学特性的内容或者衍生物这样一类物质。❷

某些发达国家为了限制可供分享的惠益类型，主张海洋遗传资源仅指遗传功能单位或者基因，这是对海洋遗传资源作出的一个狭窄的界定，其并不可取。立足于与海洋生物有关的基础和应用研究的视角，"BBNJ 协定"应该确立一个宽广的关于海洋遗传资源的定义，其将涵盖包括遗传功能单位或者基因、不编码蛋白质但具有功能的 DNA 片段以及衍生物

---

❶ "2022 年草案进一步修改稿"提供了两个"海洋遗传资源"的定义。备选案文 A 为："海洋遗传资源"是指来自海洋植物、动物、微生物或其他来源的含有遗传功能单位和核酸非编码区、其遗传和生物化学特性具有实际或潜在价值的任何遗传材料，包括遗传信息。备选案文 B 为："海洋遗传资源"是指来自海洋植物、动物、微生物或其他来源的、具有实际或潜在价值的含有遗传功能单位的任何材料。备选案文 B 完全借鉴了《生物多样性公约》界定遗传资源和遗传材料的方式，只不过其将海洋遗传材料的定义并入海洋遗传资源的定义之中。需要指出的是，备选案文 A 提到"核酸非编码区"显然反映了一种与时俱进的科学认知（相对于起草《生物多样性公约》的 20 世纪 80 年代末和 90 年代初），即不编码蛋白质的 DNA 片段（所谓的"垃圾 DNA"）也是有功能的。备选案文 A 还将"遗传信息"纳入海洋遗传资源的定义中，这意味着谈判各方要考虑在"BBNJ 协定"中对数字序列信息或遗传序列数据的获取和惠益分享问题进行治理。

❷ 从生物学上来说，衍生物大体上包括两类物质：一类是直接由基因表达产生的物质，这类物质仍然保留了来自遗传功能单位的信息，如 RNA、蛋白质和酶；另一类是由基因表达产生的物质或细胞新陈代谢的产物，这类物质没有保留来自遗传功能单位的信息，如修饰的蛋白质、脂类和有机化合物。See Elisa Morgera, Elsa Tsioumani and Matthias Buck, *Unraveling the Nagoya Protocol: A Commentary on the Nagoya Protocol on Access and Benefit-sharing to the Convention on Biological Diversity* (Leiden: Brill, 2014), p. 71.

在内的多种物质。❶ 具体理由有以下三点：

其一，一个宽广的海洋遗传资源定义切合针对海洋生物样品进行的各种基础和应用研究活动的实际状况。在科学研究实践中，海洋遗传资源在原地采集的场景下通常以海洋生物样品或标本的形式出现。❷ 在利用和意向方面，用于海洋科学研究的生物样品为了多个科学领域而被采集，这包括分类学、生态学、生物地理学、保护生物学和气候变化研究等等。❸ 这些研究往往要围绕基因（组）及其产物展开，例如 16SrRNA 基因序列分析、宏基因组学分析、基因组、转录组和蛋白质组分析等。不仅如此，由于海洋生物样品已经在开发具有商业价值的产品（如工业酶、药物等）方面展示了广阔的前景，还会针对海洋生物样品进行化学分析研究（海洋天然产物研究）以及其他研究。这些研究能够产生不同类型的生物化学物质，❹ 它们将在许多应用领域，如制药、化妆品、保健品、

---

❶ 有人提出一个最宽广的海洋遗传资源定义，根据这个定义，海洋遗传资源可被理解为出现在所有海洋生命中的遗传材料，包括有形基因和基因簇（DNA 和 RNA）、基因所编码的信息（即数字序列信息）、基因的产物（包括很多种类的分子，如酶、结构蛋白、肽、次级代谢物）、这些产物的衍生物、这些物质作为其组成部分的生物进程（如生物合成途径）以及它们形成的向人类提供实际或潜在价值的物理结构。See Alex Rogers *et al.*, "Marine Genetic Resources in Areas beyond National Jurisdiction: Promoting Marine Scientific Research and Enabling Equitable Benefit Sharing," *Frontiers in Marine Science* 8, (2021).另外要指出的是，2017 年联合国 "第一次全球海洋综合评估（第一次世界海洋评估）" 报告第 29 章 "海洋遗传资源的利用"（Use of Marine Genetic Resources）采用了一个相当宽广的海洋遗传资源定义，其包括核酸序列、海洋生物产生的化学化合物以及从海洋生物质（biomass）提取的未提炼的材料。2021 年联合国 "第二次世界海洋评估" 报告采纳的也是一个宽广的海洋遗传资源定义。

❷ 这包括可能含有整个或部分生物体的水、冰或沉积物等环境样品、整个生物体（如单一识别的标本或标本的混杂样品）、以上样品所衍生的样品（如提取的 DNA 或组织制剂）。See Muriel Rabone *et al.*, "Access to Marine Genetic Resources (MGR): Raising Awareness of Best-Practice through a New Agreement for Biodiversity beyond National Jurisdiction (BBNJ)," *Frontiers in Marine Science* 6, (2019).

❸ Muriel Rabone *et al.*, "Access to Marine Genetic Resources (MGR): Raising Awareness of Best-Practice through a New Agreement for Biodiversity beyond National Jurisdiction (BBNJ)," *Frontiers in Marine Science* 6, (2019).

❹ 截至目前，人们已经发现和识别了大约 35 000 种海洋天然产物（海洋次级代谢产物），其中很多都具有显著的生物活性水平，这使得来自海洋生物的药物发现比例是产业平均发现比例的 2.5 倍以上。但是，发现天然活性分子仅仅是开发新药的第一步，后续的测试和上市许可要经历数年并花费高昂的成本。See Robert Blasiak *et al.*, The Ocean Genome: Conservation and the Fair, Equitable and Sustainable Use of Marine Genetic Resources, World Resources Institute, 2020, pp. 7, 13.

工业生产方法、研究工具和生物修复等被用于开发具有商业价值的产品。可见，海洋生物样品或海洋遗传资源将会在不同的科学研究和应用领域得到利用。界定海洋遗传资源所涵盖的物质必须全面反映此类资源在科学研究和应用活动中的利用情况，而不能出于限制可供分享的惠益类型的考量，将海洋遗传资源界定为某种特定的物质，这样将冒着在海洋生命的组成部分间制造人为边界的风险，进而导致在实践中难以适用，并且当科学技术进步揭示新的发现时而变得过时。从这个意义上说，一个涵盖多种物质的海洋遗传资源的定义相当于是一个能够囊括国家管辖范围以外区域所有海洋生命的定义。❶

其二，一个宽广的海洋遗传资源定义符合国际社会在生物多样性及其组成部分所具有的价值上已经确立的共识。包括《生物多样性公约》及其《名古屋议定书》在内的关于遗传资源的条约及其他相关国际文书都明确指出了作为生物多样性组成部分的遗传资源具有文化、环境、科学、社会及经济等方面的价值。科学研究已经揭示了国家管辖范围以外区域的海洋生物拥有独特的生物、遗传和生物化学特性，它们为基础科学发现提供了一片沃土，而这些发现可以用于一系列产业应用领域。国家管辖范围以外区域海洋遗传资源作为一个概念关乎海洋生命的价值，它们具有与生俱来的实际的环境、科学、社会和文化价值以及潜在的经济价值。❷海洋遗传资源具有的这些不同方面的价值支持采纳一个宽广的海洋遗传资源定义，而一个狭窄的海洋遗传资源定义无法承载这些不同方面的价值。就此而言，海洋遗传资源的定义必须涵盖当下和未来惠及

---

❶ See Harriet Harden-Davies, "Marine Genetic Resources beyond National Jurisdiction: an Integrated Approach to Benefit-Sharing, Conservation and Sustainable Use" (PhD diss., University of Wollongong, 2018), pp. 40, 73.

❷ 就环境价值而言，海洋遗传资源是深海所提供的一种生态系统服务；海洋遗传资源的科学价值显而易见，这可以从许多与国家管辖范围以外区域海洋生命和天然产物有关的科学知识的发展上面看出来；海洋遗传资源的社会价值可以从如下两个方面加以考虑，即它们在解决关键的社会挑战（如营养、能源和健康）中扮演的角色以及可能的与科学进步有关的能力建设机会；国家管辖范围以外区域海洋生命的文化价值通过识别可能的世界遗产地得以展示；海洋遗传资源的经济价值可以是通过产品商业化所得到的经济收益。See Harriet Harden-Davies, "Marine Genetic Resources beyond National Jurisdiction: an Integrated Approach to Benefit-Sharing, Conservation and Sustainable Use" (PhD diss., University of Wollongong, 2018), p. 39.

人类的所有海洋生物的用途。

其三，一个宽广的海洋遗传资源定义能够确保"BBNJ 协定"与《名古屋议定书》的一致性及协同实施。由于海洋遗传资源也存在于国家管辖范围以内区域，这包括领海和专属经济区内以及 200 海里以外大陆架，而且海洋遗传资源具有跨界的属性，"BBNJ 协定"中的海洋遗传资源定义不可能是一个完全独立的定义，其必须与《名古屋议定书》中的遗传资源定义发生关联。为了避免这两份条约在实施过程中出现漏洞或者"管辖权选购"（jurisdiction shopping）的问题，❶ "BBNJ 协定"中的海洋遗传资源定义应当和《名古屋议定书》中的遗传资源及相关术语的定义保持一致。实际上，《名古屋议定书》中的遗传资源定义沿用了《生物多样性公约》中的定义，但是，《名古屋议定书》的创新在于，其对《生物多样性公约》中的一个重要术语"利用遗传资源"进行了界定，这就扩大了遗传资源的解释，从而使遗传资源包括了其遗传和生物化学组成。通过合并解读《名古屋议定书》关于"利用遗传资源""生物技术"以及"衍生物"的定义，❷《名古屋议定书》中的遗传资源涵盖的物质包括含有遗传功能单位的材料、基因表达产物（本身不含有遗传功能单位但保留了来自它们的信息）以及由新陈代谢产生的任何自然生成的生物化学化合物（不含有遗传功能单位或来自它们的信息）。❸ 从范围上来看，《名古屋议定书》拥有一个包括遗传功能单位和衍生物在内的宽广的遗传资

---

❶ 试想一下，如果"BBNJ 协定"确立了一个在范围上比《名古屋议定书》的遗传资源定义更窄的定义（如仅指遗传功能单位），那么，对于跨界的同一种海洋遗传资源而言，有关当事方可以主张适用"BBNJ 协定"，这样就规避了《名古屋议定书》中涉及生物化学化合物的惠益分享义务。如果"BBNJ 协定"确立的海洋遗传资源定义比《名古屋议定书》的定义宽，也可能会出现规避"BBNJ 协定"中的惠益分享义务的问题。

❷ "利用遗传资源"的定义中提到了"通过应用《生物多样性公约》第 2 条定义的生物技术"，而"生物技术"是指使用生物系统、活生物体或其衍生物的任何技术应用，以制作或改进特定用途的产品或工艺过程，通过运用这种间接式的关联方法，"利用遗传资源"隐含地指出了通过应用有关衍生物的生物技术的研究和开发。此外，"利用遗传资源"的定义提及了"遗传资源的生物化学组成"，按理这个表述与"衍生物"定义中提及"生物化学化合物"有关，因为只有借助后者才能够理解"遗传资源的生物化学组成"这个模糊的概念。

❸ Elisa Morgera, Elsa Tsioumani and Matthias Buck, *Unraveling the Nagoya Protocol: A Commentary on the Nagoya Protocol on Access and Benefit-sharing to the Convention on Biological Diversity* (Leiden: Brill 2014), p. 65.

源定义。而上文建议的"BBNJ 协定"中的海洋遗传资源定义同样涵盖了遗传功能单位和衍生物，这样就确保了两个定义的一致性。❶

（二）适用

通过第二节的介绍和分析可知，发达国家和发展中国家在"BBNJ 协定"的适用问题上存在很多分歧。大体上来说，这些分歧可以被归结为以下五个方面：在确定"BBNJ 协定"的属物适用范围时，是将海洋遗传资源不分来源统一确定为适用的对象，还是将海洋遗传资源区分为原地采集（获取）、异地获取、通过电脑模拟方式或作为数字序列信息或遗传序列数据获取的海洋遗传资源而分别处理它们的适用问题？"BBNJ 协定"是否适用于衍生物？是否要在区分作为海洋遗传资源的鱼类和作为商品的鱼类的基础上将它们分别确立为适用和不适用的对象？除了界定属物范围之外，"BBNJ 协定"是否还要明确其所适用的活动？"BBNJ 协定"是否适用于其生效前采集但在其生效后利用的海洋遗传资源？

以上第一和第二个方面的分歧主要牵涉双方在如何界定海洋遗传资源概念上的不同立场，就此而言，如果双方能够在海洋遗传资源的定义上达成一致，那么，这两个方面的分歧会相应地得到解决。第三个方面的分歧从谈判情况来看显得并不是那么大，解决起来也会比较容易。第四个方面的分歧从表面上看与案文起草方法的采用有关，其实反映了双方在触发惠益分享的活动上的不同立场，这个分歧事关双方的核心利益，或许要从有利于"BBNJ 协定"案文草案整体被所有谈判方接受的角度来考虑这个分歧的解决。最后一个分歧的本质在于发达国家是否愿意将它们在过去三四十年采集和保藏的海洋遗传资源纳入"BBNJ 协定"的属物范围之内，这的确需要谈判各方慎重处理。

首先要说明的是，由于"BBNJ 协定"案文草案选择"适用"（application）而非"范围"（scope）作为统领以上问题的标题，这似乎

---

❶　或许有人会建议"BBNJ 协定"也采用《名古屋议定书》的定义方式，即通过海洋遗传资源和利用海洋遗传资源两个定义明确海洋遗传资源涵盖的物质。但要指出的是，这种方式的采用与《生物多样性公约》中的遗传资源定义的模糊性有直接的关系，《名古屋议定书》的谈判者们想要澄清遗传资源定义的模糊性但又无法达成共识，不得已引入了利用遗传资源的定义。对于"BBNJ 协定"而言，谈判者们完全可以不采用这个方式，而提出一个内涵和外延都清晰的海洋遗传资源定义。

表明有两种案文起草的方法可供采用，即从资源的角度明确"BBNJ 协定"适用于海洋遗传资源和从活动的角度明确"BBNJ 协定"适用于与海洋遗传资源有关的活动，而"2020 年草案修改稿"和"2022 年草案进一步修改稿"同时采用了这两种方法。但从构建一个精简和清晰的关于适用的法律规则出发，其实没有必要同时采用这两种方法。以下围绕如何解决上述分歧并构建关于适用的法律规则的分析将会在采用一种方法的前提下而展开，这里区分资源和活动的角度提出解决以上分歧并构建"BBNJ 协定"中关于适用的法律规则的建议。

从资源的角度来看，"BBNJ 协定"可以明确其适用于海洋遗传资源以及不适用于用作商品的鱼类，同时明确其适用于"BBNJ 协定"生效前采集但在生效后利用的海洋遗传资源。

具体来说，由于不存在重要的区分意义，这个建议没有区分原地采集和异地获取的海洋遗传资源，不论哪种来源的海洋遗传资源都可以被一个统一的海洋遗传资源定义所涵盖，这不会产生任何歧义，也符合科学界的认知。❶关于通过电脑模拟方式或作为数字序列信息或遗传序列数据获取的海洋遗传资源的问题，这个建议没有将其列为适用的对象。❷这个问题需要通过其他方式进行处理，其中一种方式是在海洋遗传资源的定义中纳入此类信息或数据，另一种方式是单独处理此类信息或数据所涉及的获取和惠益分享问题，当然这要受制于《生物多样性公约》相关进程针对数字序列信息议题的讨论情况和最终提出的解决方案。在"BBNJ 协定"是否适用衍生物的问题上，这个建议也没有专门将其作为适用的对象而列出，原因是一个统一的宽广的海洋遗传资源定义包含衍生物（不论直接包含还是通过提及生物化学属性的方式间接包含）。关于用作商品的鱼类，这个建议尊重谈判各方已经形成的共识，即"BBNJ 协

---

❶ 为了更加清晰起见，以及照顾到发展中国家谈判中的不断呼吁，"BBNJ 协定"也可以选择在属物范围上将海洋遗传资源细分为"原地采集（或获取）的海洋遗传资源"以及"异地获取，包括作为数字序列信息获取的海洋遗传资源"。

❷ "2022 年草案进一步修改稿"删除了"通过电脑模拟方式"（in silico）和"遗传序列数据"，保留了"数字序列信息"，而且合并了原地获取和作为数字序列信息获取两个术语，提出了新的术语"异地获取，包括作为数字序列信息"（access ex situ, including as digital sequence information）。

定”应将其作为不适用的对象。在“BBNJ 协定”是否适用于其生效前采集但在生效后利用的海洋遗传资源的问题上，考虑到如果“BBNJ 协定”不适用于这类资源，国际社会付出巨大谈判成本建立的海洋遗传资源惠益分享规则的必要性和意义将会受到严重质疑，“BBNJ 协定”应当适用于这类资源。❶

从活动的角度来看，“BBNJ 协定”可以明确其适用于原地采集海洋遗传资源和利用海洋遗传资源，以及明确其不适用于捕鱼活动，同时明确其适用于利用其生效前采集的海洋遗传资源。

具体来说，这个建议将原地采集海洋遗传资源和利用海洋遗传资源列为“BBNJ 协定”适用的活动，但没有如同“2022 年草案进一步修改稿”那样，将异地（包括作为数字序列信息）获取海洋遗传资源列为适用的活动。由于谈判各方事实上已经商定“BBNJ 协定”要对原地采集海洋遗传资源的活动进行规制，原地采集作为适用的活动应该不存在争议。❷ 除了原地采集活动，“BBNJ 协定”是否还适用于其他活动？这是一个重要的问题，其实际上与触发惠益分享的活动有紧密的关系，而触发惠益分享的活动决定了能够分享的惠益的类型和程度。根据第二节的介绍，某些发达国家已经明确提出仅分享原地采集海洋遗传资源所产生的惠益，而发展中国家为了更全面地参与惠益分享，提出不仅原地采集，而且异地获取、作为数字序列信息获取以及利用海洋遗传资源都应该被确定为触发惠益分享的活动。为了解决双方在触发惠益分享的活动类型上的分歧，很有必要求助于对整个“BBNJ 协定”第二部分“海洋遗传资

---

❶ 还有其他理由支持“BBNJ 协定”对这类资源予以适用，例如，随着纳米孔测序技术（Nanopore Technologies）等生物科技的飞速发展，遗传资源利用的数字化趋势会不断加强，预计未来大规模的深海采样活动可能会逐步减少，有谈判者甚至断言很快就没有必要通过船舶巡航实现海洋遗传资源的获取，在这种情况下，如果“BBNJ 协定”仅适用于其生效后采集的海洋遗传资源，通过实施协定能够产生的惠益分享机会也许并不多。

❷ 尽管科学技术进步，如在体外能够合成一个目标分子，将继续彻底改变获取遗传资源的选择，但原地获取对于研究国家管辖范围以外区域遗传资源依然是关键的，因为原地采集或获取可以发现并鉴别有开发前景的化合物并为研究带来灵感，而遗传和生物化学文库以及信息处理能力在当前无法捕捉自然的多样性和复杂性。See Harriet Harden-Davies, "Marine Genetic Resources beyond National Jurisdiction: an Integrated Approach to Benefit-Sharing, Conservation and Sustainable Use" (PhD diss., University of Wollongong, 2018), p. 87.

源，包括惠益分享问题"能够发挥宏观指导作用的原则和规定，这就是
《海洋法公约》第十三部分中的相关原则和规定。既然"海洋遗传资源，
包括惠益分享"部分要接受第十三部分相关原则和规定的指导，那么，
触发惠益分享的活动应该是针对海洋遗传资源的海洋科学研究活动，包
括基础和应用科学研究活动。原地采集活动当然属于一种科学研究活动，
但要实现海洋遗传资源具有的不同方面的实际或潜在价值无论如何都离
不开原地采集之后的研究和开发活动，而研究和开发活动正是"BBNJ 协
定"案文草案建议的"利用海洋遗传资源"定义的内涵所在。[1]从这一点
来说，"利用海洋遗传资源"作为触发惠益分享的活动应该得到认可，相
应地，其也应该成为"BBNJ 协定"适用的一种活动。

关于异地获取，包括作为数字序列信息获取海洋遗传资源的问题，
从"BBNJ 协定"案文草案的相关案文来看，它们被列为非货币惠益分享
的模式或形式，而且它们并不构成连续性的并且会产生惠益的行为，实
际上可以被利用海洋遗传资源所吸收，因此，"BBNJ 协定"不必将它们
列为适用的活动。另外，在与鱼类有关的活动上，"BBNJ 协定"可以明
确其不适用于捕鱼活动。[2]最后，在利用"BBNJ 协定"生效前采集的海
洋遗传资源的问题上，"BBNJ 协定"可以明确其适用于此类活动，其原
因与从资源的角度处理这个问题的原因相同，此处不再赘述。

（三）海洋遗传资源的原地采集（获取）

通过第二节的介绍和分析可知，发达国家和发展中国家之间以及不
同发展中国家之间在是否和如何规制原地采集或获取国家管辖范围以外
区域海洋遗传资源的问题上存在分歧。考虑到大多数国家支持对原地采

---

[1] "2020 年草案修改稿"和"2022 年草案进一步修改稿"列出的三个"利用海洋遗传资源"
定义的备选案文深受《名古屋议定书》中的"利用遗传资源"定义的影响，这三个定义都照搬了
"利用遗传资源"定义中的核心内容，即对遗传资源的遗传和（或）生物化学组成进行研究和开
发。"2022 年草案进一步修改稿"列出一个最为宽广的"利用海洋遗传资源"的定义，除了上述核
心内容，其还指对海洋遗传资源的信息或其衍生物进行研究和开发，以及商业化。从某种意义上
来说，这个定义可能过于宽泛，以至于会面临较多的质疑。

[2] "2022 年草案进一步修改稿"已经列出相关的备选案文，其内容为："本部分的规定不应
适用于受相关国际法管制的捕鱼和渔业活动。"

集或获取进行规制,❶"2019 年草案""2020 年草案修改稿""2022 年草案进一步修改稿"都列出了关于原地采集或获取的案文。在规制的模式上,"2019 年草案"和"2020 年草案修改稿"提出了两个选项,即基于通报的模式和基于许可证或颁发执照的模式。然而,由于后一种模式在谈判中未获得广泛的支持,而且提出该模式的太平洋小岛屿发展中国家对于基于通报的模式也表示支持,"2022 年草案进一步修改稿"仅保留了基于通报的模式。

可见,各方在如何规制原地采集海洋遗传资源的问题上正在走向趋同,这其中的主要原因在于,出海考察之前通报考察相关情况以及考察之后提交船舶报告与科学上的最佳做法具有一致性。尽管事前通报和事后报告正在被科学界所践行,但当前实践中的事前通报和事后报告呈现出片断化和颇为复杂的局面,其尚未发展到一个统一化和合理化的程度,如关于全球层面上所有出现在国家管辖范围以外区域的研究船舶的信息在当下没有被保存于任何一个中心场所。❷从这个意义来说,通过"BBNJ 协定"在全球层面上统一和加强已有的事前通报和事后报告的要求是必要和可行的。这不仅让发展中国家的科学家能够了解并获取通报和报告的内容,而且将通过扩大所有国家的科学家协作的机会助力海洋科学研究。此外,这也将阻止不必要的重复采样,从而降低科学活动的环境影响。❸"BBNJ 协定"可以从以下两个方面统一和加强已有的事前通报和事后报告的要求。

其一,"BBNJ 协定"要列明事前通报和事后报告所需的各种信息。就事先通报而言,"2020 年草案修改稿"和"2022 年草案进一步修改稿"均明确列出需要通报的各种信息,欧盟和国际学术界也都提出各自的建

❶ 虽然欧盟没有明确支持对原地采集进行规制,但根据其所提建议,从事原地采集活动之前和之后要提供必要的信息,这实际上也是一种对于原地采集活动的规制。

❷ Muriel Rabone *et al.*, "Access to Marine Genetic Resources (MGR): Raising Awareness of Best-Practice through a New Agreement for Biodiversity beyond National Jurisdiction (BBNJ)," *Frontiers in Marine Science* 6, (2019).

❸ Alex Rogers *et al.*, "Marine Genetic Resources in Areas beyond National Jurisdiction: Promoting Marine Scientific Research and Enabling Equitable Benefit Sharing," *Frontiers in Marine Science* 8, (2021).

议。^❶值得注意的是，"2022 年草案进一步修改稿"列出的信息主要参考
了欧盟的建议，^❷而欧盟建议的信息是以《海洋法公约》第 248 条"向沿
海国提供资料的义务"所列各项信息为基础提出的。可以预计的是，谈
判各方在信息的类型和范围上不会产生较大的争议，但值得考虑处理因
通报这些信息所引发的船舶安全方面的关切，不过，也要在为了海事安
全原因而由大多数船舶提供的实时定位数据的背景下考虑此种关切。^❸就
事后报告而言，"2020 年草案修改稿"并没有指出事后报告所包含的各
种信息，而"2022 年草案进一步修改稿"进行了补充，这对于统一实践
中的做法很有意义。^❹但是这份草案中罗列的信息显得比较笼统，还有进
一步具体化的空间。通常情况下，船舶报告包含相关的航行、海洋学和
环境样品数据。^❺此外，这份草案还就提交事后报告的时间作出了限制，
这与事前通报的时间要求大体一致。

其二，"BBNJ 协定"要明确接收通报和报告的机制或平台。在这一
点上，三份"BBNJ 协定"案文草案均将信息交换所机制列为接收通报和
报告的平台，这也体现了欧盟的建议。至于是否还要在信息交换所机制
下建立专门接收通报和报告的机制或系统，这三份"BBNJ 协定"案文

---

❶ 这些建议可参见本章第二节的相关介绍。

❷ "2022 年草案进一步修改稿"第 10.3 条的内容为：缔约方应当确保，在原地采集国家管辖范围以外区域海洋遗传资源至少六个月前，向信息交换所机制发送以下信息：（a）计划的属性和目标，酌情包括它们所属的任何方案；（b）拟采集的资源，如已知的话，以及采集资源的目的；（c）从事采集的地理区域；（d）研究船最初到达和最后离开的预定日期，或者装备的部署和拆除的预定日期，视情况而定；（e）采集所使用的方法和工具的概述，包括船只的船名、吨位、类型和级别、使用的科学装备和（或）研究方法；（f）主持机构的名称，其主持人和计划负责人的姓名；（g）向所有国家的科学家，特别是来自发展中国家的科学家说明参与计划或与计划建立联系的机会；（h）认为需要并请求技术援助的国家，特别是发展中国家应能参加或有代表参与计划的程度。

❸ 大多数研究船舶可以在 Marine Traffic（一个全球在线船舶跟踪服务网站）上通过它们的自动识别系统实时进行跟踪。

❹ "2022 年草案进一步修改稿"第 10.4 条指出：缔约方应当确保，应当在以下信息可获得时立即但不迟于原地采集国家管辖范围以外区域海洋遗传资源后六个月，向信息交换所机制提供这些信息：（c）计划的成果，包括一份报告，其详细说明采集海洋遗传资源的地理区域、包括关于采集的纬度、经度和深度的信息，以及在可获得的范围内，从事活动的调查结果。

❺ Muriel Rabone *et al.*, "Access to Marine Genetic Resources (MGR): Raising Awareness of Best-Practice through a New Agreement for Biodiversity beyond National Jurisdiction (BBNJ)," *Frontiers in Marine Science* 6, (2019).

草案没有作进一步的说明。就此而言，拉美国家集团建议在信息交换所机制内设立一个用于通报和报告目的的"强制性、开放和自行发布的电子系统"，❶ 这个系统除了用于通报和报告原地采集海洋遗传资源的情况，还服务于通报异地获取和利用海洋遗传资源以及商业化情况的目的。上文还指出，科学界的一些专业人士建议设立一个关于出海考察前通报和考察后报告的全球可用平台。这些专业人士还认为，联合国教科文组织政府间海洋学委员会（UNESCO-IOC）的国际海洋数据和信息交换项目（International Ocean Data and Information Exchange）"Oceanic"网站在国际层面上提供了一个通报位于国家管辖范围以外区域科学船舶的合适平台（尽管这个网站缺少2016年之后的船舶的详细情况）。按照他们的观点，这个网站提供了事前和事后通报的体系架构，可能的话，经过某些改变，例如成为一个按照地理区域检索船舶的机制，以便充当一个公布未来船舶和关于过去船舶信息的信息交换所，理想的情况是，这个信息交换所将与已有的船舶通报系统进行整合，而不是作为一个新的独立存在的系统。❷

　　尽管以上三个建议提出的接收通报和报告的机制或平台有所不同，但它们实际上都可以统一到"BBNJ协定"建立的信息交换所机制之上。基于此，"BBNJ协定"只需要明确信息交换所机制为接收通报和报告的机制，至于接收通报和报告的具体系统或平台，可以留待缔约方大会考虑并确定。当然，科学界的一些专业人士建议的联合国教科文组织政府间海洋学委员会下属的专门网站作为接收通报和报告的平台也值得考虑，不过，这也应该在信息交换所机制之下作出具体的安排，而且需要"BBNJ协定"的缔约方大会与政府间海洋学委员会建立合作关系，以确保委员会支持缔约方大会的相关工作。

　　在原地采集或获取的问题上，还有一个重要的问题值得讨论，即除了事先通报和事后报告，是否还需要设立其他条件规制原地采集海洋遗

---

❶　"2022年草案进一步修改稿"第10.2条使用了"自行发布的通报"（self-declaratory notification）的措辞，这显然是受到了拉美国家集团所提建议的影响。

❷　Alex Rogers *et al.*, "Marine Genetic Resources in Areas beyond National Jurisdiction: Promoting Marine Scientific Research and Enabling Equitable Benefit Sharing," *Frontiers in Marine Science* 8, (2021).

传资源的活动？在这个问题上，"2020 年草案修改稿"第 10.2 条提出了七个方面的条件，但这些条件并没有出现在"2022 年草案进一步修改稿"第 10 条"原地采集国家管辖范围以外区域海洋遗传资源"之中。根据上文介绍，"2020 年草案修改稿"提出的条件反映了一部分发展中国家的主张，但发达国家明确反对设立这些规制条件，这不难理解，因为这些条件会给发达国家及其国内从事采集活动的当事方增加很多额外的负担。然而，为了确保实现异地获取样品和分享或交流信息数据这两种非货币惠益分享模式，"BBNJ 协定"仍有必要引入一个要求，这就是在公共样品库或基因库、数据库保存样品和相关数据。❶ 如上文所述，当原地采集海洋遗传资源以及主要的基础性工作完成后，应该对样品和相关数据进行存档。这是科学上的最佳做法，但是目前实践中不同国家践行这一做法的程度有很大的不同，而且面临来自多个方面的挑战。如果"BBNJ 协定"要求缔约方采取措施确保原地采集国家管辖范围以外区域的海洋遗传资源须遵守在公共样品库或基因库、数据库保存样品和相关数据的条件，这显然会达到统一和加强科学上的最佳做法的效果。❷

至于"2020 年草案修改稿"提出的其他六个条件，可以作如下处理：开展能力建设、转让海洋技术和向特别基金捐款这三个条件本身已经被列为惠益分享的模式，无须再将它们确立为规制原地采集的条件；标明海洋遗传资源采集地点地理坐标的条件其实可以借助于事后报告得到实现，也无必要单列出来；考虑到针对原地采集海洋遗传资源活动进行环境影响评价还有争议，这个条件可以留待缔约方大会处理；当上述条件

---

❶ "2020 年草案修改稿"第 10.2 条之（d）提出了这个条件，不过其使用的措辞，如开源平台，可能存在含义不清楚的问题。

❷ 值得注意的是，"2022 年草案进一步修改稿"将这个条件置于第 11 条关于公正和公平分享惠益的案文之中，这改变了"2020 年草案修改稿"的处理方式。"2022 年草案进一步修改稿"第 11 条提供了两组备选案文，其中备选案文Ⅰ第 11.4 条的内容为：缔约方应确保在获得样品（如有的话）和数据后，立即将它们保存于可公开获取和开放使用的数据库、生物样品库或基因库，同时考虑到这些领域的现有国际惯例。而备选案文Ⅱ第 11.4 条的内容为：如果国家管辖范围以外区域的海洋遗传资源由某一缔约方管辖范围内的自然人或法人所利用，该缔约方应确保，（b）将其管辖范围内作为利用对象的海洋遗传资源的原始样品（如有的话）在可公开获取的生物样品库、基因库或其他收集品库予以保存，同时考虑到这些领域的现行国际惯例；（c）将包括环境元数据、分类学信息和任何数字序列信息等在内的利用成果在可公开获取的保存库或数据库予以保存，同时考虑到这些领域的现行国际惯例。

可以转换为其他案文而得到处理，"遵守缔约方大会可能确定的其他相关条款和条件"作为一个兜底性质的条件也就失去了其意义。

（四）公正和公平的惠益分享

通过第二节的介绍和分析可知，发达国家和发展中国家在惠益分享这一"BBNJ 协定"第二部分最重要的要素上存在一系列严重的分歧，这些分歧涉及触发惠益分享的活动、惠益分享的属性、惠益的类型以及惠益分享模式等。由于双方分歧很大，"2020 年草案修改稿"第 11 条的关键术语和内容都被置于方括号之中，而"2020 年草案进一步修改稿"第 11 条列出了两组案文，即备选案文Ⅰ（包括 5 款）和备选案文Ⅱ（包括 10 款），❶ 前者主要体现了发达国家的立场和观点，后者基本上是发展中国家立场和观点的反映。

从本质上说，发达国家主张依托海洋遗传资源价值链的初始端来处理惠益分享问题，以便达到限制触发惠益分享活动的类别、惠益的类型以及惠益分享的范围和程度的目的，而发展中国家建议依托海洋遗传资源整个价值链来处理惠益分享问题，以便实现扩大触发惠益分享活动的类别、惠益的类型以及惠益分享的范围和程度的目标。尽管双方在惠益分享所依托的价值链以及具体问题上存在严重分歧，但正如上文所建议的那样，为了推动"BBNJ 协定"早日缔结以应对人类社会面临海洋生物多样性不断丧失的严峻挑战，双方完全可以本着促进和便利海洋科学研究的原则解决这些分歧。这体现了"务实的路径"，这将有利于通过认可和加强科学最佳做法来构建惠益分享的法律规则，也将有利于促使双方基于当前海洋遗传资源利用及商业化的实际状况考虑处理某些具有高度争议性的惠益分享问题。从三份"BBNJ 协定"案文草案的内容来看，"BBNJ 协定"中的惠益分享法律规则将主要由关于触发惠益分享的活动、惠益的类型以及惠益分享的模式等方面的规则等组成，下文将围绕如何构建这三个方面的规则提出建议。

---

❶　根据政府间大会主席对于"2022 年草案进一步修改稿"的说明，如备选案文之后使用罗马数字，则表示备选案文用于成组的条、单独的整个条或某条内的成组的款；如备选案文之后使用大写英文字母，则表示备选案文用于各款；如备选案文之后使用阿拉伯数字，则表示备选案文用于各项。

　　首先针对触发惠益分享的活动进行分析并提出建议。发达国家建议触发惠益分享的活动为原地采集海洋遗传资源，但发展中国家认为触发惠益分享的活动包括原地采集、异地获取、利用海洋遗传资源以及基于海洋遗传资源的产品的商业化。显然双方观点的差异相当大，那么如何处理这个问题？这需要结合国家管辖范围以外区域海洋遗传资源适用的法律制度进行考虑和分析。根据上文的建议，《海洋法公约》第十三部分"海洋科学研究"中的相关原则和规定应该作为国家管辖范围以外区域海洋遗传资源适用的法律制度。相应地，涉及国家管辖范围以外区域海洋遗传资源的各种活动（除了直接以开发和销售商业产品为目的的活动，即商业化活动）都属于《海洋法公约》意义上的海洋科学研究。而且，《海洋法公约》第十三部分相关规定要求分享海洋科学研究所产生的非货币惠益。按理，能够触发惠益分享的活动应该是除商业化之外的涉及海洋遗传资源的各种活动（只要这些活动能够产生惠益）。换言之，既然除商业化之外的涉及海洋遗传资源的各种活动可被归入海洋科学研究的范畴，那就没有理由将这些活动中的某一种或某几种排除在触发惠益分享的活动之外。

　　然而，"BBNJ 协定"不可能使用"涉及海洋遗传资源的各种活动"这一过于笼统的非正式术语，同时"BBNJ 协定"也不可能逐一列举涉及海洋遗传资源的各种活动，因此，从立法技术上说，"BBNJ 协定"要使用具有高度概括性的且内涵清晰的术语来替换"涉及海洋遗传资源的各种活动"。从三份"BBNJ 协定"案文草案使用的术语来看，符合这个要求的术语应该是"原地采集"和"利用海洋遗传资源"。前者作为海洋遗传资源价值链上的初始活动，其能够产生样品和数据等非货币惠益，谈判各方对于其含义可以说拥有统一的认识。● 后者实际上是借鉴《名古屋议定书》中的"利用遗传资源"术语而提出的术语，考虑到这个术语及其定义经过了国际社会充分的磋商和谈判，而且在《名古屋议定书》的实施过程中也未引发争议，可以安全地在"BBNJ 协定"中引入"利用海洋遗传资源"一语，并明确其内涵为研究和开发，这样就可以使用这个

　　● "2022 年草案进一步修改稿"界定了与海洋遗传资源有关的"原地采集"（collection *in situ*），其指在国家管辖范围以外区域采集或提取海洋遗传资源。

术语概括除原地采集之外的针对海洋遗传资源进行的基础和应用研究活动。基于以上分析，应该将"BBNJ 协定"中触发惠益分享的活动确定为原地采集和利用海洋遗传资源。换一个角度说，在国家管辖范围以外区域海洋遗传资源的语境下，海洋科学研究指两种活动，即原地采集和利用海洋遗传资源，这也意味着，分享海洋科学研究活动所产生的惠益也就是分享原地采集和利用海洋遗传资源所产生的惠益。❶

关于异地获取海洋遗传资源能否作为触发惠益分享的活动的问题，上文指出，此类行为已被明确为一种非货币惠益分享模式，其并不会产生惠益，其在很多时候是利用海洋遗传资源的前提，实际上可以被利用海洋遗传资源所吸收。发展中国家认为异地获取也应该触发惠益分享，这属于认识上的偏差。因此，"BBNJ 协定"不应该将异地获取海洋遗传资源确定为一种触发惠益分享的活动。

关于基于海洋遗传资源的产品的商业化的问题，尽管"2020 年草案修改稿"和"2022 年草案进一步修改稿"都没有直接将其列为一种触发惠益分享的活动，但"2020 年草案修改稿"第 11.3 条案文间接地将其作为触发惠益分享的活动而提出，而"2022 年草案进一步修改稿"在"利用海洋遗传资源"定义的备选案文中纳入了"商业化"的内容，值得对此进行说明。商业化作为触发惠益分享的活动是一个在发达国家和发展中国家之间具有高度争议性的问题。如果双方在这个问题的谈判上形成僵持局面，只会延缓"BBNJ 协定"的出台。鉴于当前并没有充足的证据显示产业界对基于国家管辖范围以外区域海洋遗传资源的产品的商业化已达到

---

❶ 有观点指出，由于《海洋法公约》被视为一份"活的文书"（living instrument），这在某种程度上支持对《海洋法公约》的有关规定进行演化解释（evolutionary interpretation），即按照条约用语经过发展演变后的新的含义进行解释（相当于当代意义解释）。事实上，关于海洋科学研究定义的谈判发生于 20 世纪 70 年代，在那个时期不可能提出深海"生物勘探"活动是否为海洋科学研究的问题。在海洋科学和技术快速发展的背景下，对海洋科学研究的定义进行演化解释不仅很有必要，而且符合国际法院确立的适用演化解释的条件，这包括条约术语具有"一般性"（generic nature）以及条约的"无限期"（indefinite duration）。通过演化解释，可以将海洋科学研究界定为，与海洋有关和在海洋中的系统性调查，旨在增进海洋环境的知识，并按照科学的原理或方法行事。根据这个界定，深海"生物勘探"落入广义的海洋科学研究的范畴。关于演化解释在海洋科学研究定义上的适用问题，可参见 Keyuan Zou and Anastasia Telesetsky (eds.), *Marine Scientific Research, New Marine Technologies, and the Law of the Sea* (Leiden: Brill, 2021), pp. 40–61。

相当规模，❶ "BBNJ 协定"可以选择暂时不将其规定为触发惠益分享的活动，从而将这个问题留待缔约方大会考虑处理。上述有关备选案文将"商业化"纳入"利用海洋遗传资源"定义之中违背了国际社会已经形成的共识，❷ 无助于解决这一争议问题。按照上文建议的国家管辖范围以外区域海洋遗传资源适用的法律制度，作为海洋科学研究的原地采集和利用海洋遗传资源被确定为触发惠益分享的活动在法律逻辑上是成立的，但商业化无论如何都不能被海洋科学研究或者原地采集和利用海洋遗传资源所涵盖，这也说明《海洋法公约》第十三部分中的相关原则和规定无法为分享商业化所产生的货币惠益提供法律基础。不过，如果未来这一分享所需要的事实基础已经具备，法律基础的创设或许并不是一件难事。

其次针对有待分享的惠益类型进行分析并提出建议。发展中国家明确提出惠益包括非货币惠益和货币惠益，但发达国家仅支持分享非货币惠益。在这个重要问题上，发展中国家试图移植《名古屋议定书》和《粮食和农业植物遗传资源国际条约》的相关规定。❸ 不过，在国家管辖范围以外区域的背景下，考虑惠益类型的问题要受到不同方面因素的制约，包括国家管辖范围以外区域海洋遗传资源适用的法律制度，过去和当前基于国家管辖范围以外区域海洋遗传资源的产品的实际商业化水平，以及基于此种资源的产品通向成功的商业化是否有保障等。虽然存在一些不支持在惠益类型中纳入货币惠益的重要理由，特别是，目前缺少对来自国家管辖范围以外区域海洋遗传资源的商业利益水平和程度作出的独立循证评估（evidence-based assessment），❹ 但 "BBNJ 协定"应该在惠

---

❶ 根据 2021 年联合国 "第二次世界海洋评估" 报告提供的最新数据，截至目前仅有 13 个海洋来源的药物获得了美国和欧洲的市场批准，28 个候选药物正在临床试验当中。See Robert Blasiak *et al.*, "Chapter 23: Developments in the Exploration for and Use of Marine Genetic Resources," in *The Second World Ocean Assessment* (New York: United Nations, 2021), p. 365.

❷ 在《名古屋议定书》中，"利用遗传资源" 和 "嗣后应用和商业化" 是相并列的，前者并不包含后者。上文指出，由于所针对的遗传资源可能会完全相同，"BBNJ 协定" 应与《名古屋议定书》协同实施，这就要求不能出现两个不同的 "利用遗传资源" 的定义。

❸ 《粮食和农业植物遗传资源国际条约》虽然没有像《名古屋议定书》那样指明惠益包括货币和非货币惠益，但从其列举的惠益分享机制可以看出，惠益既包括非货币惠益，也包括货币惠益。

❹ Fran Humphries, Muriel Rabone and Marcel Jaspars, "Traceability Approaches for Marine Genetic Resources under the Proposed Ocean (BBNJ) Treaty," *Frontiers in Marine Science* 8, (2021).

益类型中纳入货币惠益。这样处理的原因主要有以下两个。

一是"BBNJ协定"在惠益类型中纳入货币惠益体现了科学技术发展及其成果应用的动态化属性。随着以基因组学（genomics）方法等为代表的生物学新方法的出现和应用，货币惠益完全有可能在针对海洋遗传资源进行研究和开发的阶段（或基础和应用研究的阶段）产生，而不必等到基于海洋遗传资源的产品的商业化阶段。例如，在分析基因组的阶段，它们的功能（因此它们用途的实用性）就可以得到鉴定，相应地，某个基因及其功能可以申请并获得专利，因而成为特许权使用费（royalty）的一个来源，而且基因合成和基因本身可以作为可销售的服务和产品而向他人提供。从目前的情形来看，遗传资源的经济价值比起以前来出现在更早的阶段，基础研究的早期阶段因此并不会自动地与非商业研究关联起来。❶ 由此可见，科学技术发展及其成果应用具有动态化的属性，先前被认为不会产生货币惠益的阶段已经发生了改变，"BBNJ协定"需要对此予以回应。值得注意的是，"2022年草案进一步修改稿"第11条备选案文Ⅱ的第7段（款）案文指出，货币惠益应通过缔约方大会确定的模式分享，例如:(b)特许权使用费，这里的特许权使用费显然可以包括在"利用海洋遗传资源"阶段所产生的货币惠益。

二是"BBNJ协定"在惠益类型中纳入货币惠益为缔约方大会在条件成熟时处理分享商业化所产生的货币惠益问题创设了法律空间。如上所述，发达国家和发展中国家可以搁置它们在分享基于海洋遗传资源的产品的商业化所产生的货币惠益上的分歧，从而将这个问题留给缔约方大会在条件成熟时考虑处理。而这需要"BBNJ协定"创设出必要的法律空间，此种空间可以通过在惠益类型中纳入货币惠益创设出来。就此而言，"2022年草案进一步修改稿"第11条备选案文Ⅱ的第7段（款）案文提到了"缔约方大会确定的其他形式"，结合"2022年草案进一步修改稿"没有包括关于分享商业化所产生的货币惠益的案文，这似乎为接下来的谈判预设了某种策略和方案。

---

❶ Evanson Chege Kamau, Gerd Winter and Peter-Tobais Stoll (eds.), *Research and Development on Genetic Resources: Public Domain Approaches in Implementing the Nagoya Protocol* (New York: Routledge, 2015), p. 66.

最后针对惠益分享的模式进行分析并提出建议。惠益分享模式是"BBNJ 协定"第二部分"海洋遗传资源，包括惠益分享问题"的核心要素，其将界定惠益分享的具体运作方式，而这直接关系到惠益分享目标能否以及在多大程度上得到实现。回顾政府间大会四次会议的谈判情况，谈判各方相对比较快地在"BBNJ 协定"应该纳入哪些非货币惠益分享模式的问题上形成了趋同意见，这些非货币惠益分享模式是获取样品、数据和信息分享（交流）、技术转让和能力建设等。但各方对于如何规定这些不同的非货币惠益分享模式以及应该纳入关于这些模式的多少细节问题存在较大的分歧。关于货币惠益分享模式，发达国家和发展中国家在是否应该纳入此种模式（包括如果纳入的话应该规定哪些具体的模式）的问题上存在严重的分歧。按照上文的设想，下面将本着促进和便利海洋科学研究的原则考虑如何解决上述分歧，需要强调的是，由于非货币惠益来自海洋科学研究活动，如果在某种非货币惠益分享模式上存在科学最佳做法，有关的建议将会是认可和加强科学最佳做法的结果。

第一种非货币惠益分享模式是获取样品和样品收集品（库）。"2019年草案"和"2020 年草案修改稿"不仅将获取样品和样品收集品库列为四种非货币惠益分享模式之首，而且为了保障获取能够实现提出了两个要求，一是在作为开源平台的样品库或基因库保存样品，二是以开放获取方式提供样品。尽管很多国家在保存和提供样品方面面临保存意识低、缺少资金以及样品不具备可发现性等挑战，但上述要求属于科学最佳做法，"BBNJ 协定"有必要认可上述要求并考虑予以加强。就以开放获取方式提供样品这一做法或要求来说，上述两份草案并没有列出实施这个要求的相关措施，尤其是，采集并保存样品的当事方要公布样品保存于何处的信息和用于识别样品的信息（如样品的名称、类型、属和种等），以及公布获取样品的具体方式和程序的信息。这个公布信息的措施决定了样品是否处于可发现（findable）的和可获取（accessible）的状态，"BBNJ 协定"应该引入该措施，以便加强科学最佳做法。"2022 年草案进一步修改稿"在处理这一非货币惠益分享模式的详细程度上既延续了前两份草案的相关要求，❶ 又提出了一些新的要求，其中某些新的要求补

---

❶ 根据第 11 条备选案文Ⅰ第 4 款和备选案文Ⅱ第 4 款（b）项，这个要求是指在可公开获取的生物样品库或基因库保存样品。

充了前两份草案的不足。❶

总体上来说，"2022 年草案进一步修改稿"认可和加强了涉及获取样品和样品收集品库的某些科学最佳做法，其重点考虑并处理了保存样品、提供样品、向信息交换所机制提交与样品有关的信息以及分担样品维护和提供所需成本等方面的问题。然而，综合目前关于获取样品和样品收集品库所有的案文来看，这些案文反映出的路径并不是一种"多边路径"，而似乎与《名古屋议定书》采取的"双边路径"相类似，这并不符合国家管辖范围以外区域海洋遗传资源作为"全球公有物"的属性，也不利于通过便利样品的获取在更大程度上促进海洋科学研究的进行和发展。如果面向构建体现"多边路径"的关于获取样品和样品收集品库的法律规则，谈判各方不应满足于目前提出的案文，而应该考虑基于已有的倡议和最佳做法推出具有创新性和包容性的举措。

从国际上针对海洋生物样品提出的倡议和最佳做法来看，生物样品库或收集品库协作网络（network of biorepositories or collections）已经在不同的资源和领域出现并不断发展，❷ 这些网络在推进样品获取、数据和知识交流、建立不同层面上的协作以及制定和传播最佳做法等方面发挥了重要的作用。就海洋生物样品而言，"BBNJ 协定"完全可以提出一个关于海洋生物收集品库全球协作网络（a global network of marine

---

❶ 根据第 10.4 条（b）项以及第 11 条备选案文 II 第 4 款（a）项和第 6 款，新的要求包括向信息交换所机制提供不同方面信息的要求和获取样品可受合理条件限制的要求。这些不同方面的信息包括：样品保存于何处的信息、采集后通报的详情（details of the post-collection notification）以及预见的获取样品的模式（the modalities foreseen for accessing the samples）。用于限制获取样品的合理条件包括：保持原始样品物理完整性的需要、与维护保存样品的生物样品库或基因库有关的合理成本以及与提供样品的获取有关的合理成本。需要指出的是，上述案文中的"采集后通报的详情"或许涵盖了能够用于识别可获取的样品的信息，而"预见的获取样品的模式"信息或许包括了关于获取样品的方式和程序的信息。

❷ 在业界具有广泛影响的国际性和区域性的收集品库协作网络主要有：国际农业研究磋商组织所属国际农业研究中心持有的粮食和农业植物遗传资源非原生境（异地）收集品网络、世界微生物菌种保藏联合会（World Federation of Culture Collections）、全球基因组生物多样性网络（Global Genome Biodiversity Network）、欧洲菌种保藏组织（European Culture Collections' Organization）、微生物资源研究基础设施（Microbial Resource Research Infrastructure）、亚洲微生物资源保护和可持续利用联合体（Asian Consortium for the Conservation and Sustainable Use of Microbial Resources）等。

biological collections）的概念，❶ 并就如何建立和加强这一网络制定出原则性的规定。这个网络可以直接支持和便利获取样品和样品收集品库，两个关键的措施是，一是参与网络的国家可以编订一份来自国家管辖范围以外区域海洋遗传资源的目录，❷ 二是拟定用于获取样品的示范协议——"材料转让协议"。❸ 除了海洋生物收集品库全球协作网络，国际上还提出了全球收集品（库）登记册（名录）的倡议，例如隶属于全球生物多样性信息网络（Global Biodiversity Information Facility）的"全球科学收集品（库）名录"（Global Registry of Scientific Collections），世界微生物数据中心的"全球微生物保藏机构数据库"（Culture Collections Information Worldwide）。"BBNJ 协定"也有必要在信息交换所机制下拟定一个海洋生物样品收集品（库）全球登记册或目录（a global registry/directory of marine collections）。这将是一个动态更新的和可引注的收集品（库）登记册，其可以加强已有收集品库的意识、支持海洋生物样品与样品收集品（库）的可发现性，以及增加海洋科学研究的机会。❹

第二种非货币惠益分享模式为数据和信息分享（交流）。"2019 年草案"和"2020 年草案修改稿"从三个方面考虑并处理了数据和信息分享（交流）的问题，一是在关于原地获取的案文中提出在作为开源平台的数

---

❶ Jane Eva Collins *et al.*, "Strengthening the Global Network for Sharing of Marine Biological Collections: Recommendations for a New Agreement for Biodiversity beyond National Jurisdiction," *ICES Journal of Marine Science* 78, no 1 (2021).

❷ 世界微生物菌种保藏联合会启动了"全球微生物菌种目录"国际合作计划，截至目前，来自 50 个国家和地区的 146 家微生物资源保藏中心将它们持有的超过 47 万株微生物资源纳入这份目录，这些微生物资源因此拥有了一个全球统一的数据门户。

❸ 微生物资源研究基础设施是一个泛欧洲的分布式研究基础设施（pan-European distributed research infrastructure），为了落实《名古屋议定书》第 20 条以及《欧洲议会和理事会关于在联盟内的名古屋议定书利用方遵守措施的第 511/2014 号条例》，其推出"关于获取和惠益分享的最佳做法手册"，其分别针对"材料保藏协议"（Material Deposit Agreement）和"材料转让协议"（Material Transfer Agreement）提出了最低要求和建议。类似地，欧洲菌种保藏组织为了在遵守《生物多样性公约》及其《名古屋议定书》的前提下提供生物材料的便利获取，专门制定了两份示范协议，一份是"材料保藏协议"，另一份是"材料转让协议"。See Gerard Verkley *et al.*, "New ECCO Model Documents for Material Deposit and Transfer Agreements in Compliance with the Nagoya Protocol," *FEMS Microbiology Letters* 367, no 5 (2020).

❹ Jane Eva Collins *et al.*, "Strengthening the Global Network for Sharing of Marine Biological Collections: Recommendations for a New Agreement for Biodiversity beyond National Jurisdiction," *ICES Journal of Marine Science* 78, no 1 (2021).

据库保存数据和相关信息的要求，二是分别在关于原地获取和惠益分享的案文中尝试性地提出处理经由电脑模拟的海洋遗传资源或数字序列信息或遗传序列数据问题的方案，三是将信息分享列为一种非货币惠益分享模式，同时罗列待分享的不同类型的信息。这两份草案可以说比较低限度地认可了有关数据和信息分享（交流）的某些最佳做法，这就是在公共数据库保存数据和信息并且以开放获取的方式提供它们。就国际上正在激烈争论的经由电脑模拟的海洋遗传资源或数字序列信息或遗传序列数据而言，这两份草案提出的处理方案存在内容不明确和流于原则化等问题。

事实上，随着 DNA 测序技术的不断发展进步，包括微生物学在内的生命科学逐渐变为数据科学。[1] 显然，源自海洋遗传资源样品的各类数据将会在研究和开发这种资源的过程中发挥日益重要的作用，相应地，"BBNJ 协定"应该对科学技术发展所带来的研究范式的转变作出积极的回应。相比于前两份草案，"2022 年草案进一步修改稿"在处理数据和信息分享（交流）问题的详细程度上有了进一步的加强。这主要体现在五个方面：其一，"2022 年草案进一步修改稿"区分了科学数据和信息，并且引入了科学界面向数据管理和共享而制定的准则——FAIR 数据原则（Findable，Accessible，Interoperable and Reusable Data Principles），即可发现、可访问、可互操作和可重复使用的数据原则，[2] 明确列出的科学

---

[1]　P. Becker *et al.*, "Public Microbial Resource Centers: Key Hubs for Findable, Accessible, Interoperable, and Reusable (FAIR) Microorganisms and Genetic Materials," *Applied and Environmental Microbiology* 85, no 21 (2019).

[2]　当代数据密集型科学（data-intensive science）面临诸多重大挑战，其中之一就是通过协助人以及他们的计算机代理人发现、获取、整合及分析适合任务的科学数据和其他学术性的数字对象，改进知识的发现。当前既存在管理良好、深度整合的专用型数据存储库（例如，生命科学领域的 GenBank 和 UniProt 和空间科学领域的 SIMBAD），也存在大量的多用途数据存储库（既包括某个机构建立的数据存储库，也包括开放的涵盖全球范围的数据存储库）。后者接纳了以多种格式存储的一系列不同的数据类型，它们并没有试图整合或协调保存的数据，而且对于数据保存的描述符施加了很少的限制，这就导致数据生态系统正在变得更加多样和很少整合，由此加剧了数据发现和重复使用的问题。为了克服人以及"与计算机有关的利益相关者"发现和重复使用数据的障碍，科学界提出了一套由业界商定的最低限度的指导原则和做法，即所有研究对象对于机器和人而言应该是可发现、可访问、可互操作及可重复使用的，这也被简称为 FAIR 指导原则。2016 年，FAIR 指导原则正式发布，其包括四项原则，每项原则又分为若干具体细则。以可发现原则为例，其包括四项细则：（元）数据被分配一个全球唯一且永久的标识符；数据被丰富的元数据所描述；元数据清楚明确地包括它描述的数据的标识符；（元）数据在可搜索的资源中被注册或索引。See Mark D. Wilkinson *et al.*, "The FAIR Guiding Principles for Scientific Data Management and Stewardship," *Science Data* 3, (2016). 另外，关于每项原则及其细则的具体说明和解释，可以在 https//www.go-fair.org/fair-principles 网站获取。

数据包括与海洋遗传资源有关的环境元数据（environmental meta-data）、分类学信息（taxonomic information）和数字序列信息等，[❶] 信息则指采集前和采集后信息（pre-collection and post-collection information）；[❷] 其二，明确了采集前和采集后信息作为非货币惠益的分享将通过信息交换所机制进行，其他信息，包括关于保存环境元数据、分类学信息和数字序列信息的存储库或数据库的信息、关于在何处可以找到利用成果（包括数字序列信息）的说明等也将通过信息交换所机制进行分享；其三，将可发现、可访问、可互操作和可重复使用的科学数据（包括数字序列信息）列为一种非货币惠益；其四，在非货币惠益分享的模式下处理了数字序列信息的保存和获取等问题；其五，提出用于限制获取数据和信息的合理条件。

如果仔细分析"2022年草案进一步修改稿"中关于信息和数据分享（交流）的案文，可以看出案文起草者应用了一个重要的科学最佳做法，这就是开放获取或访问（open access）原则。就采集前和采集后信息而言，"2022年草案进一步修改稿"将它们确定为待分享的非货币惠益，然而，由于这两类信息按照第10条案文是关于原地采集的事先通报和事后报告所需的信息，而且将通过信息交换所机制予以公开，因此，它们被确定为待分享的非货币惠益其实重复了第10条案文的内容，"BBNJ协定"有必要考虑精简拥有相同内容的案文。不仅如此，"BBNJ协定"还有必要考虑扩大待分享的信息类型。就科学数据而言，"2022年草案进一步修改稿"要求在考虑到这些领域的现行国际惯例的前提下将数据保存于公众可获得或可获取或开放获取的数据库（publicly available or accessible

---

[❶] 这三种数据来自欧盟2020年的文本建议，按照欧盟在谈判中曾经表达的观点，"BBNJ协定"要落实《海洋法公约》第244.2条有关"促进科学数据和信息流通"的规定。不过，"2022年草案进一步修改稿"用更为宽泛的数字序列信息取代了欧盟建议的遗传序列数据。环境元数据是描述采集的样品所处的海洋环境的数据，包括水深、温度、盐度、含氧、荧光、浑浊度等以及船舶的航行数据等。分类学信息一般包括：学名、属名、种名、16SrRNA序列、形态特征、生理生化特征、化学成分特征等。数字序列信息目前只是一个"占位符"，其包含的信息有待国际商定，对此可参见上文相关介绍。

[❷] "2019年草案"和"2020年草案修改稿"使用了出海考察前（pre-cruise）、出海考察后（post-cruise）、开展研究前（pre-research）和开展研究之后（post-research）四个术语，但"2022年草案进一步修改稿"放弃了这四个术语，使用了采集前和采集后两个术语。

or open access database），❶ 这里值得提出一个重要的问题，即作为数据获取或共享关键所在的数据标准和本体论（ontology），❷ "2022 年草案进一步修改稿"并没有处理这个问题，不过国际认可的数据标准和本体论的采用问题可以通过 FAIR 原则中的可重复使用原则得以解决。❸ 从这一点来看，作为科学最佳做法的 FAIR 原则被引入到"2022 年草案进一步修改稿"中是一个非常重要的举措，这为公众通过上述数据库获取数据或者作为一种非货币惠益而获取或共享数据确立了坚实的基础。就数字序列信息这一复杂的问题而言，"2022 年草案进一步修改稿"的案文同样体现了数字序列信息的开放获取或访问原则，这既是对科学最佳做法的认可，也是对现阶段国际讨论和谈判已取得共识的响应。❹ 同时也要指出，

---

❶　与采集样品有关的环境元数据可以在很多数据库中保存，如地质和环境数据 PANGAEA 网络、美国国家科学基金会主办的生物和化学海洋数据管理办公室（BCO-DMO）项目；在海洋中采集的海洋物种的出现记录（records of the occurrence of marine species）可以保存在隶属于全球生物多样性信息网络（GBIF）的海洋生物多样性信息系统（Ocean Biodiversity Information System），物种名称被记录在世界海洋物种名录（WoRMS）中并根据该名录得以确认；数字序列信息也可以在一系列数据库中保存，如保存核苷酸序列数据的国际核苷酸序列数据联盟（INSDC）、保存蛋白质序列数据的 UniProt 等。See Alex Rogers *et al.*, "Marine Genetic Resources in Areas beyond National Jurisdiction: Promoting Marine Scientific Research and Enabling Equitable Benefit Sharing," *Frontiers in Marine Science* 8, (2021).

❷　国际认可的数据标准和本体论包括：Darwin Core、Ecological Metadata Language、Gene Ontology、Environment Ontology、Biological Collections Ontology、GGBN Data Standard、OBIS-ENV-DATA、International Organization for Standardization 等等。See Muriel Rabone *et al.*, "Access to Marine Genetic Resources (MGR): Raising Awareness of Best-Practice through a New Agreement for Biodiversity beyond National Jurisdiction (BBNJ)," *Frontiers in Marine Science* 6, (2019).

❸　可重复使用原则包含的一条细则为（元）数据符合领域相关的业界标准。根据解释，重复使用数据将会比较容易，条件是数据是相似的，即同一类型的数据、数据以标准化的方式组织起来、已经确立的和可持续的文档格式、遵循一个共同的模板和使用共同的词汇表进行文献化。如果存在数据存档和共享的业界标准或最佳做法，应当遵守这些标准或做法。例如，许多业界拥有最低限量的信息标准。以基因表达数据为例，基因芯片时期的数据标注标准为微阵列实验最低限量信息（Minimum Information about Microarray Experiment, MIAME）。

❹　自 2018 年《生物多样性公约》缔约方大会第十四次会议以来，缔约方大会承诺启动一个进程，争取解决缔约方在分享利用数字序列信息所产生惠益上的分歧。当前各方正在"2020 年后全球生物多样性框架"（the Post-2020 Global Biodiversity Framework）的背景下就如何处理数字序列信息议题展开谈判，并向将于 2022 年 12 月召开的缔约方大会第十五次会议第二阶段会议提出建议。各方在谈判中显示出了一些趋同点，这包括维持开放获取或访问数据在关于数字序列信息的解决方案中具有高度重要性。See Digital Sequence Information on Genetic Resources, CBD/WG2020/4/3. 另外，很多专业人士也提出，任何未来关于数字序列信息的惠益分享制度必须保障开放的数据获取或访问。See Amber Hartman Scholz *et al.*, "Multilateral Benefit-sharing from Digital Sequence Information will Support both Science and Biodiversity Conservation," *Nature Communications* 13, no 1086 (2022).

"2022 年草案进一步修改稿"在处理科学数据的保存和共享问题时强调了"现行国际惯例"要发挥的作用，❶ 这似乎是一个有待进一步澄清的模糊用语，在这个问题上，"BBNJ 协定"应该考虑引入广泛采用和内涵清晰的相关最佳做法，以取代"现行国际惯例"。

第三种非货币惠益分享模式为技术转让。不同于关于获取样品与数据和信息分享（交流）这两种非货币惠益分享模式的案文，"2019 年草案"和"2020 年草案修改稿"中关于技术转让的案文可以说极其精简，即仅仅提及技术转让本身而无其他细节性内容。❷ 这种处理方式与技术转让问题的重要性是不相称的，更比不上《生物多样性公约》及其《名古屋议定书》和《粮食和农业植物遗传资源国际条约》中关于技术转让规定的详细程度。或许在谈判者们看来，无论关于技术转让的案文包含多少细节性内容，最后拟定的规则都会面临难以实施或实施严重不足的问题，而这已经在《海洋法公约》以及关于生物多样性和气候变化多边条约涉及技术转让规定的实施过程中充分显示出来。

尽管如此，"BBNJ 协定"仍然有必要在技术转让这一非货币惠益分享模式的问题上尽可能作出详细的规定。只有这样，未来这一模式的实施才会拥有明确方向和保障。具体而言，"BBNJ 协定"有必要处理技术转让的范式、技术的类型、技术转让的条件以及技术转让所需的供资等问题。在技术转让的范式问题上，"BBNJ 协定"要考虑转变技术转让的范式，即从单向的输送（例如双边的硬件捐赠）转变为多向的知识、技能和研究机会的交流，在这个意义上，技术转让类似于合作性的研究活动、培训、知识交流和技术开发。换一个角度说，这代表了一种广义的技术转让。❸ 这一转变有助于减弱知识产权保护对于技术转让施加的影响。

---

❶ 这里的"现行国际惯例"似乎涵盖了在开放获取的数据库中保存数据的要求不适用于机密性数据以及对数据的开放设置禁运期（embargo period）的惯例。

❷ 一个例外是，"2019 年草案"和"2020 年草案修改稿"第二部分第 7 条"目标"的案文中包含了与技术转让有关的目标，即在一切合法利益，除其他外，包括海洋技术持有者、供应者和接受者的权利和义务的限制下，促进海洋技术的发展和转让。

❸ See Harriet Harden-Davies, "Marine Genetic Resources beyond National Jurisdiction: an Integrated Approach to Benefit-Sharing, Conservation and Sustainable Use" (PhD diss., University of Wollongong, 2018), pp. 198–199.

在技术的类型问题上，"BBNJ 协定"需要列出可供转让的不同的技术类型，至于哪些技术会被列出，联合国教科文组织政府间海洋学委员会的《海洋技术转让标准和准则》可作为一个重要的参考，但考虑到这份文件适用于海洋技术，技术转让模式下的技术应该只与海洋遗传资源有关。❶ 在技术转让的条件问题上，"2022 年草案进一步修改稿"列出"根据共同商定的条件"，这是来自美国的文本建议，也是"2022 年草案进一步修改稿"关于技术转让案文的唯一细节性内容。这个条件无疑对于来自发达国家的技术持有方而言是有利的，发展中国家作为技术的受让方很有可能反对这个条件，为了避免双方争执不下，或许可以考虑借鉴《名古屋议定书》和《粮食和农业植物遗传资源国际条约》为技术的获取和转让所设立的条件。❷ 在技术转让所需的供资问题上，"BBNJ 协定"可以考虑在技术转让需要的供资和协定的财务机制之间建立起联系，以便利用协定财务机制筹集的财政资源资助技术转让活动。

第四种非货币惠益分享模式为能力建设。与技术转让案文相同的是，"2019 年草案"和"2020 年草案修改稿"中关于能力建设的案文也不包含细节性的内容，不过，第 7 条"目标"案文将建设发展中国家缔约方采集或获取和利用国家管辖范围以外区域海洋遗传资源的能力列为一项目标。❸ 既然能力建设被作为"海洋遗传资源，包括惠益分享问题"部分的一项目标而提出，那么这一目标的实现就不能依赖一个"标题化"的案文，而应该依赖包含了更多细节性内容的案文。值得注意的是，"2022

---

❶ 根据《生物多样性公约》第 16 条规定，作为技术转让标的的技术为保护和可持续利用生物多样性的技术或利用遗传资源且不对环境造成重大损害的技术。根据《粮食和农业植物遗传资源国际条约》第 13 条规定，作为技术转让标的的技术包括保存、鉴定、评价和利用多边系统中的粮食和农业植物遗传资源的技术。

❷ 《名古屋议定书》附件列举的一种非货币惠益提到，"根据公平和最有利的条件，包括商定的减让和优惠条件"（引号为著者所加，下同）向遗传资源的提供方转让知识和技术；《粮食和农业植物遗传资源国际条约》第 13.2 条之（b）(iii) 要求按照"公平和最有利的条件（包括共同商定的减让和优惠条件）"向发展中国家，特别是最不发达国家和经济转型国家提供和（或）便利相关技术的获取和转让。

❸ "2019 年草案"和"2020 年草案修改稿"还处理了已分享的惠益用于哪些活动的问题，其中提到的一类活动是建设采集或获取和利用国家管辖范围以外区域海洋遗传资源的能力，这个问题与作为非货币惠益分享模式的能力建设有所不同，值得注意的是，"2022 年草案进一步修改稿"没有保留关于已分享的惠益用于哪些活动问题的案文。

年草案进一步修改稿"对此进行了一定的补充,其提出两个能力建设的途径,它们是:资助专门的倡议和特别面向发展中国家的研究项目的伙伴关系机会。

能力建设实际上是所有有关海洋的国际条约的一个关键要素,但是已有的努力仍然是片段化的,其成果的实现也是缓慢的,❶ 由于科学和技术能力是获取和利用国家管辖范围以外区域海洋遗传资源的一个核心因素,"BBNJ 协定"因此有必要提出一个相对具体和充实的科学和技术能力建设解决方案。这一方案应该包括关于解决能力建设的驱动力、优先事项、途径以及所需供资等问题的具体规则。在能力建设的驱动力问题上,"BBNJ 协定"需要指出能力建设是基于发展中国家针对采集和利用国家管辖范围以外区域海洋遗传资源所表达出的需要,这意味着,能力建设是由在采集和利用海洋遗传资源的科学和技术能力方面存在很大不足的发展中国家所驱动的。在能力建设的优先事项问题上,"BBNJ 协定"需要明确列出能力建设的优先事项,这要求谈判各方识别并商定当前和未来一段时间发展中国家缔约方急需通过能力建设开发或加强的领域。在能力建设的途径问题上,尽管"2022 年草案进一步修改稿"列出了两个能力建设的途径,但是,有限的列举显然无法满足发展中国家的要求,"BBNJ 协定"可以考虑列出已经构成科学最佳做法的能力建设途径,如教育、培训、研究合作伙伴关系、技术支持等,也可以考虑采用概括式的方法处理能力建设的途径问题。在能力建设所需的供资问题上,"BBNJ 协定"可以考虑在能力建设需要的供资和协定的财务机制之间建立起联系,这与处理技术转让所需的供资问题所采用的方式是一致的,通过此种联系达到利用协定财务机制筹集的资金资助能力建设活动的目的。

在分析了上述四种非货币惠益分享模式后,还要对货币惠益分享模式进行说明并提出建议。上文在分析触发惠益分享的活动类别和惠益的类型时指出,商业化在当前阶段不宜被确定为触发惠益分享的活动,这个问题要留给缔约方大会在条件成熟时进行处理,同时考虑到货币惠益

---

❶ Alex Rogers *et al.*, "Marine Genetic Resources in Areas beyond National Jurisdiction: Promoting Marine Scientific Research and Enabling Equitable Benefit Sharing," *Frontiers in Marine Science* 8, (2021).

可以产生于研究和开发海洋遗传资源的活动，货币惠益仍可与非惠益类型相并列而成为惠益的一种具有法律意义的分类。"2022 年草案进一步修改稿"关于货币惠益分享模式的案文大体上也体现了这些建议。第 11 条备选案文Ⅱ第 7 段指出，货币惠益应通过缔约方大会确定的模式分享，例如：（a）阶段性付费；（b）特许权使用费；（c）缔约方大会根据获取和惠益分享机制的建议确定的其他形式。❶ 这个案文并没有将货币惠益直接与商业化联系起来，这意味着货币惠益并不总是来自商业化活动，案文提出的阶段性付费和特许权使用费这两种货币惠益可以产生于研究和开发海洋遗传资源的活动，❷ 尽管费用的数额无法跟分享商业化所产生的货币惠益数额相提并论。此外，如上文所述，上述案文提到了"缔约方大会根据获取和惠益分享机制的建议确定的其他形式"，这为未来缔约方大会处理分享商业化活动产生的货币惠益创设了法律空间，值得肯定。

这里还要指出一个问题，这就是"2022 年草案进一步修改稿"并没有处理分享利用来自海洋遗传资源的数字序列信息而产生的货币和非货币惠益问题。如上文所述，《生物多样性公约》等国际论坛正在围绕数字序列信息议题进行讨论和谈判，该议题具有"联动性"，需要协调一致的框架和方案来处理与数字序列信息有关的惠益分享问题。当前《生物多样性公约》缔约方大会涉及数字序列信息的谈判进程与"BBNJ 协

---

❶　获取和惠益分享机制（access and benefit sharing mechanism）是"2022 年草案进一步修改稿"增加的案文，这在前两份草案中没有出现过，其来自拉丁美洲核心国家等在政府间大会第四次会议上提出的建议。根据第 11 条之二的案文，该机制除其他外应作为根据第 11 条制定惠益分享准则、提供透明度并确保公正和公平地分享货币和非货币惠益的一种途径。

❷　产生于研究和开发活动的阶段性付费可以是这样两种情形：其一，"2020 年草案修改稿"提到了针对通过电脑模拟的海洋遗传资源（或数字序列信息或遗传序列数据）设置禁运期或保密期时分享货币惠益的要求，这实际上可以看作是在研究和开发活动中产生的一种阶段性付费；其二，有观点指出，可以考虑在利用方被授予专利时，要求其向信托基金支付所谓的"保护费"（protection fee），这也相当于是一种阶段性付费。特许权使用费可以是针对某些特定的研究成果（例如，经过鉴定的功能基因）申请并获得专利后，通过发放许可证而获得的费用，这在上文已有说明。

定"案文草案中有关数字序列信息问题的解决方案特别相关，❶前者的谈判结果将会对"BBNJ 协定"解决分享利用来自海洋遗传资源的数字序列信息所产生的货币和非货币惠益问题产生很大的影响。就此来说，当前的"BBNJ 协定"案文谈判进程必须密切关注《生物多样性公约》缔约方大会涉及数字序列信息的谈判进程和结果，❷并根据后者的谈判结果决定"BBNJ 协定"中的相关解决方案和措施。当前"BBNJ 协定"案文的谈判已经进入最后阶段，尽快完成谈判的压力将会导致谈判各方没有充裕的时间考虑如何解决有关海洋遗传资源数字序列信息的惠益分享问题，这个复杂的问题有可能留给缔约方大会后续考虑解决。

（五）知识产权

通过第二节的介绍和分析可知，发达国家和发展中国家在知识产权这个要素上存在根本的分歧，即"BBNJ 协定"是否应处理涉及国家管辖范围以外区域海洋遗传资源的知识产权问题，这关系到"BBNJ 协定"是否会拥有一个专门的知识产权条款。由于发达国家主张将知识产权问题交由世界知识产权组织和世界贸易组织处理，"2019 年草案"和"2020年草案修改稿"第 12 条所列出的案文几乎体现的是发展中国家的立场和观点。值得注意的是，"2022 年草案进一步修改稿"对前两份草案的案

---

❶ 这种相关性主要表现在：《生物多样性公约》框架下的遗传资源数字序列信息（digital sequence information on genetic resources）能够涵盖来自海洋（国家管辖范围以内的海洋）来源的遗传资源数字序列信息；从未来协同实施的角度考虑，《生物多样性公约》框架下的数字序列信息的内涵和外延要与"BBNJ 协定"中的海洋遗传资源数字序列信息的内涵和外延保持一致，因为作为它们来源的遗传资源会发生重合；当前各方就解决《生物多样性公约》框架下有关数字序列信息的惠益分享问题提出了多种备选方案，其中多边惠益分享机制代表了一种趋同的解决方案（但不排除经谈判后采用多边机制加双边机制的混合解决方案），由于国家管辖范围以外区域海洋遗传资源及其数字序列信息构成所谓的"全球公有物"，多边惠益分享机制显然更适合解决有关国家管辖范围以外区域海洋遗传资源数字序列信息的惠益分享问题。

❷ 当前各国正在"2020 年后全球生物多样性框架不限成员名额工作组"（the Open-ended Working Group on the Post-2020 Global Biodiversity Framework）内就如何处理数字序列信息议题展开谈判，截至 2022 年 6 月 26 日，已经召开了四次工作组会议，谈判取得了一些共识，但仍然有很多问题有待进一步商讨和谈判。虽然工作组第四次会议通过了关于数字序列信息的建议，但这份建议包含的附件，也就是供缔约方大会第十五次会议通过的关于数字序列信息的决定并不是最后的版本，大量的方括号充斥其中，这说明在 2022 年 12 月 7 日缔约方大会第十五次会议第二阶段会议召开之前还有很多艰巨的谈判任务需要完成。关于在《生物多样性公约》框架下针对数字序列信息问题谈判形成的有关成果，可参见工作组第四次会议文件（CBD/WG2020/REC/4/2）。

文进行了很大的改动，其删除了有关披露海洋遗传资源来源等对发展中国家有利的案文，只设立了一个案文，❶该案文吸收了欧盟的文本建议和前两份草案的相关表述。❷这种处理使得关于知识产权问题的下一步谈判变得复杂起来，何种内容的知识产权条款会出现在"BBNJ 协定"中将会面临很大的不确定性。

从已结束的谈判情况看，虽然发达国家试图将与国家管辖范围以外区域海洋遗传资源有关的知识产权问题抛给世界知识产权组织和世界贸易组织处理，然而，目前没有任何迹象表明，这两大国际组织会在已发起的谈判进程中愿意考虑并处理这个问题。实际上，世界知识产权组织"知识产权与遗传资源、传统知识和民间文学艺术政府间委员会"拟定的关于披露遗传资源来源的案文草案将国家管辖范围以外区域海洋遗传资源列为排除的对象，❸而世界贸易组织也没有表现出多大的以非传统方式过度延长其合法性的倾向，一种非常不可能的情况是，世界贸易组织"与贸易有关的知识产权理事会"将这些海洋遗传资源的国家管辖范围以外来源看作是修改 TRIPS 协定规定的充分理由。❹如果接受发达国家的建议，很有可能与国家管辖范围以外区域海洋遗传资源有关的知识产权问题无法在包括"BBNJ 协定"在内的国际法律文书中得到处理，而这会产生诸多对发展中国家不公平的结果，尤其是，发达国家的商业团体通过

---

❶　该案文的内容为：缔约方应尊重知识产权和机密性信息，以支持和符合世界知识产权组织和世界贸易组织主持缔结的相关协定所规定的缔约方权利和义务的方式实施本协定，并确保在知识产权方面不采取会损害国家管辖范围以外区域海洋遗传资源产生的惠益的分享［和可追溯性］的行动。

❷　2020 年欧盟提交的文本建议提出如下案文：缔约方应当在实施本协定的过程中以符合缔约方在相关协定下的权利和义务的方式尊重知识产权。应当以尊重主管权限和不干涉或修改已有法律文书的方式解释本规定。

❸　世界知识产权组织"知识产权与遗传资源、传统知识和民间文学艺术政府间委员会"拟定了两份涉及遗传资源来源披露问题的案文草案，第一份草案将来自国家管辖范围以外区域的遗传资源列为排除适用的对象（参见 WIPO/GRTKF/IC/40/6），第二份"关于知识产权、遗传资源以及与遗传资源相关的传统知识国际法律文书"草案由政府间委员会主席以个人名义编拟，作为对政府间委员会开展谈判的贡献，从这份草案的内容来看，其要解决的是国家管辖范围以内区域的遗传资源的来源披露问题（参见 WIPO/GRTKF/IC/42/5）。

❹　Siva Thambisetty, "Biodiversity beyond National Jurisdiction: (Intellectual) Property Heuristics," in *Marine Biodiversity of Areas beyond National Jurisdiction*, eds. Myron H. Nordquist and Ronan Long (Leiden:Brill, 2021), p. 139.

专利和其他知识产权制度独占国家管辖范围以外区域海洋遗传资源的利用所产生成果的趋势会不断得到加强；发展中国家无法了解国家管辖范围以外区域海洋遗传资源的利用情况，以及此种资源对于生命科学领域创新活动的贡献程度；分享国家管辖范围以外区域海洋遗传资源商业化利用所产生的货币惠益缺少必要的支撑。

可见，立足于发展中国家的角度，与国家管辖范围以外区域海洋遗传资源有关的知识产权问题应当在"BBNJ 协定"中占有一席之地。尽管发达国家不愿接受这种安排，但是，谈判各方，特别是发达国家在接下来的谈判中非常有必要重新审视并调整先前的立场，从而充分利用缔结"BBNJ 协定"的机会推出符合国际社会共同利益的解决知识产权问题的方案。以下三个方面的因素值得作为谈判各方重新审视和调整立场的重要参考，其一，世界知识产权组织和世界贸易组织无意处理与国家管辖范围以外区域海洋遗传资源有关的知识产权问题，将该问题抛给这两大国际组织处理的设想注定无法实现，而如果"BBNJ 协定"再不对知识产权问题进行规定，这样就会留下一个法律上的空白；其二，如果知识产权问题得不到处理，这实际上等于承认了这样一种现状，即发达国家的个人和公司从围绕遗传资源独占（monopolisation of genetic resources）的既有安排中受益最大，这跟国际社会达成的要解决海洋遗传资源的惠益分享问题的共识是背道而驰的；其三，从知识产权领域的相关发展趋势来看，针对微生物、基因组 DNA 和基因序列片段获得专利在大多数管辖区域是可能的，而且这些专利相当于对基因和相关数字序列信息的利用和商业开发的排他性独占权，这种独占问题的长期存在属性使得以这种方式的默许很有疑问，这应该让所有谈判各方停下来思考。❶ 总而言之，"BBNJ 协定"应该拥有专门的知识产权条款。

在明确了"BBNJ 协定"应该拥有专门的知识产权条款这一重要问题之后，接下来要指出并分析"BBNJ 协定"应该处理哪些具体的知识产权问题。具体而言，"BBNJ 协定"可以本着促进海洋科学研究原则的考虑，

---

❶ Siva Thambisetty, "Biodiversity beyond National Jurisdiction: (Intellectual) Property Heuristics," in *Marine Biodiversity of Areas beyond National Jurisdiction*, eds. Myron H. Nordquist and Ronan Long (Leiden:Brill, 2021), pp. 139–140.

对以下三个方面的问题进行处理和规定。

首先，"BBNJ 协定"可以重申一些涉及知识产权的重要原则性陈述。这包括在国际上具有共识性的陈述，例如，缔约方应当尊重知识产权，缔约方应当促进对知识产权充分和有效的保护等。这些陈述还包括，缔约方应当合作以确保知识产权支持而不违反"BBNJ 协定"的目标，缔约方应以符合相关知识产权国际协定所规定的权利和义务的方式实施"BBNJ 协定"，缔约方应确保以同其他相关知识产权国际协定相互支持的方式实施"BBNJ 协定"。之所以要重申这些重要的原则性陈述，因为这些陈述不仅强调了知识产权在国家管辖范围以外区域海洋遗传资源的惠益分享语境下发挥的重要作用，❶ 而且可以促使发达国家尽可能支持在"BBNJ 协定"中纳入一个专门的知识产权条款。

其次，"BBNJ 协定"可以要求缔约方对与国家管辖范围以外区域海洋遗传资源有关的知识产权（主要指专利）作出限制或设定例外情形。提出这个要求的主要理由在于减少知识产权对于创新活动的消极影响以及促进海洋科学研究。具体来说，近年来发达国家的私营部门通过专利加大了控制和独占海洋遗传资源的力度，❷ 尽管关于知识产权的国际和区域性条约以及大多数国家的知识产权法都确立了知识产权的限制或例外规则（例如，为了实验目的而使用专利技术不视为侵权），然而，相比于专利权所具有的强大效力，由于限制或例外规则的解释和适用易于引发争议，其在制约专利权的消极影响上能够发挥的作用有限，就此而言，涉及海洋遗传资源的专利显然会阻碍在专利受保护的国家进行的相关海洋科学研究活动。相应地，"BBNJ 协定"有必要从限制专利权的角度处理涉及国家管辖范围以外区域海洋遗传资源的知识产权问题。这种处理比起"2019 年草案"和"2020 年草案修改稿"从明确可专利性条件的角

---

❶ 这主要表现在，知识产权能够鼓励涉及国家管辖范围以外区域海洋遗传资源的研发、创新和投资，这对于开发惠及社会大众的商业产品是必不可少的，而且与商业化直接有关的货币惠益的产生需要知识产权的保障。

❷ 1988~2017 年，针对来自海洋物种的基因序列提出国际专利申请并获得专利的前 30 位专利持有者全部来自德国、日本、美国、英国、法国、加拿大、以色列、挪威等发达国家。See Robert Blasiak *et al.*, "Corporate Control and Global Governance of Marine Genetic Resources," *Science Advances* 4, no 6 (2018).

度处理知识产权问题更加体现了利益平衡和公平的理念。"BBNJ 协定"值得采用的一个方案是，其可以提出：缔约方应该在其国内法中规定，如研究与作为专利客体的某个海洋遗传资源创新有关，这项研究必须能够继续进行，即使为了商业目的或由某个商业实体进行这项研究。❶ 当然，缔约方在国内法中对专利作出的这种限制应当符合 TRIPS 协定的有关要求，即不得与专利的正常利用相冲突，而且在顾及第三方的合法利益的同时，也不得不合理地损害专利权人的合法利益。

最后，"BBNJ 协定"可以引入专利申请人披露其利用的国家管辖范围以外区域海洋遗传资源来源的要求。这是在发达国家和发展中国家之间最具争议的问题之一。虽然"2020 年草案修改稿"纳入了披露海洋遗传资源来源的案文，但这毕竟是发展中国家单方面建议的结果，其在未来的谈判中前途难料，经历了政府间大会第四次会议的谈判之后，"2022年草案进一步修改稿"删除了关于来源推定、来源披露以及不披露的后果问题的案文。尽管如此，"BBNJ 协定"仍可以引入专利申请人披露其利用的国家管辖范围以外区域海洋遗传资源来源的要求。这样处理的原因有两个：其一，正如上文所指出的那样，在科学研究中使用地理坐标指示样品的来源是一个标准的做法，这有利于提高海洋遗传资源利用的透明度，值得提倡并有必要使其转变为科学最佳做法。其二，以美国为首的发达国家为了在国际谈判中抵制引入一项新的披露（海洋）遗传资源来源的要求的努力，提出了一些听起来似乎很有说服力的理由，尤其是，这个要求增加了专利申请人和专利局的负担，制造了专利权效力上的不确定性（因为不遵守披露要求将会导致专利被宣告无效）等，但这些理由站不住脚。事实上，发达国家专利制度中的许多要求施加的负担和制造的不确定性与遗传资源披露要求比起来相等甚至更大，例如，美国联邦法规汇编第 37 编之 1.105（37 C.F.R 1.105）针对专利申请的审查所设立的"信息要求"（Requirements for Information），以及专利授权后的"重新审查"（Re-examinations）和"双方复审"（Inter Parties

---

❶ See Marcel Jaspars and Abbe E. L. Brown, "Benefit Sharing: Combining Intellectual Property, Trade Secretes, Science and an Ecosystem Focused Approach," in *Marine Biodiversity of Areas beyond National Jurisdiction*, eds. Myron H. Nordquist and Ronan Long (Leiden: Brill, 2021), pp. 115–116.

Review）等，然而，这些专利制度不仅继续存在而且蓬勃发展，并没有明确地显示出一个减弱的吸收额外的合理要求（包括披露遗传资源来源）的能力。❶

还要注意一个事实，随着《名古屋议定书》的深入实施，已经有 34 个国家和区域性性组织建立了遗传资源原产地（国）和来源披露要求，❷ 虽然这些要求主要针对的是国家管辖范围以内区域的遗传资源，但它们也可以在一些情形下产生国家管辖范围以外区域海洋遗传资源的来源得以披露的效果。❸ 实际上，尽管美国、日本、加拿大等发达国家反对披露遗传资源的来源，但来自这些国家的个人或机构如果在包括中国、印度、南非、印度尼西亚、德国、法国等国家申请专利，其有义务披露遗传资源的来源。这些都为"BBNJ 协定"引入披露国家管辖范围以外区域海洋遗传资源来源的要求提供了有利的因素。此外，在不遵守披露要求的后果这一争议性问题上，为了吸引更多的国家支持引入披露要求，"BBNJ 协定"可以选择不处理该问题，从而留给缔约方在国内法中进行规定。

（六）监测和透明度（可追溯性）

通过第二节的介绍和分析可知，发展中国家和发达国家在监测国家管辖范围以外区域海洋遗传资源利用的必要性和可行性上存在严重的分歧。为了支持和实现惠益分享，特别是货币惠益分享，发展中国家建议监测海洋遗传资源的利用情况，以及在海洋遗传资源价值链的各个环节

---

❶ Margo A. Bagley, "Of Disclosure 'Straws' and IP System 'Camels': Patents, Innovation, and the Disclosure of Origin Requirement," in *Protecting Traditional Knowledge: The WIPO Intergovernmental Committee on Intellectual Property and Genetic Resources, Traditional Knowledge and Folklore*, eds. Daniel F. Robinson, Ahmed Abdel-Latif and Pedro Roffe (New York: Routledge, 2017), p. 86.

❷ 这些国家包括中国、印度、南非、印度尼西亚、埃及、埃塞俄比亚、越南、赞比亚等发展中国家，以及德国、法国、意大利、瑞士、挪威、丹麦等发达国家，区域性组织包括欧盟和安第斯共同体。See WIPO, Key Questions on Patent Disclosure Requirements for Genetic Resources and Traditional Knowledge, Second Edition, 2020, pp. 61-93.

❸ 欧盟关于生物技术发明法律保护的第 98/44 号指令和德国、丹麦、比利时等国专利法要求专利申请人披露地理来源信息（information on geographical origin），这意味着，如果发明使用的生物材料来自国家管辖范围以外区域，该来源按理应当加以披露。中国《专利法》（2020 年修正）第 26 条第 5 款规定，"依赖遗传资源完成的发明创造，申请人应当在专利申请文件中说明该遗传资源的直接来源和原始来源；申请人无法说明原始来源的，应当陈述理由"。根据这一规定，如果某种遗传资源（如菌株）来自国家管辖范围以外区域，该区域作为其原始来源应当加以披露。

（包括采集、研究和开发以及商业化）跟踪和追溯（track and trace）国家管辖范围以外区域来源的海洋遗传资源。❶"2019 年草案"和"2020 年草案修改稿"关于监测的案文在很大程度上体现了发展中国家的建议，其提出设立中心化的监测机制或机构，以及通过不同的监测方式发现并定位在研究和开发中所利用的国家管辖范围以外区域的海洋遗传资源等方案。发达国家则强调跟踪和追溯海洋遗传资源会给研究人员带来沉重的负担，监测利用的成本是高昂的，而且与可能产生的货币惠益不相称。基于此，发达国家并没有针对监测问题提出具体的建议，这也与发达国家反对货币惠益分享具有极为密切的关系，不过，欧盟建议了所谓的"惠益分享透明度系统"，试图取代发展中国家提出的监测海洋遗传资源利用的思路和方案。作为一种备选的方案，欧盟的建议也被"2022 年草案进一步修改稿"第 13 条所吸收。❷

由此可见，"BBNJ 协定"是否会处理监测海洋遗传资源利用的问题仍然存在很大的不确定性，这与知识产权问题有相似之处。如果不作处理，发展中国家显然不会接受；如果处理，谈判各方还会像"2019 年草案"和"2020 年草案修改稿"那样继续在"监测"这个标题之下谈判相关的案文？抑或像"2022 年草案进一步修改稿"那样将标题改为"监测和透明度"（备选案文Ⅰ）或"惠益分享透明度系统"（备选案文Ⅱ），并谈判相关的案文？这将是谈判各方首先要解决的一个重要问题。

就这个问题而言，值得在一个整体性的制度框架之下进行考虑和解决。诚如上文所述，国家管辖范围以外区域海洋遗传资源具有生态、环境、科学、社会以及经济等方面的实际或潜在价值，相应地，海洋遗传

---

❶ 《生物多样性公约》缔约方大会建立的"2020 年后全球生物多样性框架不限成员名额工作组"正在评估与数字序列信息有关的政策选项，并针对一系列的问题征求专家的意见，这就包括跟踪和追溯（tracking and tracing）以及它们对于潜在的政策方法、选项或模式的含义。在 2022 年 5 月进行一次讨论中，一些专家强调，追溯是决定某个对象如何产生以及其去向哪里的能力，而跟踪决定了谁使用了一个特定的对象以及为了何种目的而使用。See Co-Leads' Report on the Work of the Informal Co-Chairs' Advisory Group on Digital Sequence Information on Genetic Resources since the Third Meeting of the Open-ended Working Group on the Post-2020 Global Biodiversity Framework, CBD/WG2020/4/INF/4, 10 June 2022.

❷ 欧盟建议的"惠益分享透明度系统"没有实质性的内容，其主要内容是通过信息交换所机制公开采集前和采集后通报，而这些内容都反映在了关于原地采集和惠益分享的案文之中。

资源继续作为不断扩大的一系列非商业和商业应用的焦点。正因为如此，"BBNJ 协定"应该确立一个宽广的关于海洋遗传资源的定义，从而反映出这种资源在科学和应用活动中的利用情况。进一步地，"BBNJ 协定"还应该同时纳入非货币惠益和货币惠益，并建立相对应的货币惠益分享模式。如果将海洋遗传资源的价值、定义以及惠益的类型和货币惠益分享模式这些要素作为一个整体性的制度所包含的要素来看待的话，它们并不完整，尚缺少一种制度，即旨在支持惠益分享的能够协助在海洋遗传资源与利用该资源所产生的研究成果和商业产品之间建立起联系的制度。发展中国家已经使用了"跟踪和追溯"或"监测海洋遗传资源的利用"来称呼和概括这一制度，而发达国家由于反对货币惠益分享，并没有考虑建立这一制度所涉及的问题，尽管欧盟提出了"惠益分享透明度系统"的名称，但其建议的具体案文无法达到设立这一制度的目的。不论使用哪个名称来概括这一制度，如果谈判各方已经就海洋遗传资源的定义、惠益的类型以及货币惠益分享模式达成了一致，应该在"BBNJ 协定"中构建出能够协助在海洋遗传资源与利用该资源所产生的研究成果和商业产品之间建立起联系的制度。就此而言，发展中国家和发达国家围绕监测海洋遗传资源利用或跟踪和追溯海洋遗传资源的必要性所发生的分歧就可以得到解决。

　　制度名称的选择固然重要，但更重要的问题在于，"BBNJ 协定"如何构建这一制度以及构建出的制度是否会达到设立该制度的预期目的，这是谈判各方需要细致考虑的问题。鉴于当前和在未来一段时期内针对国家管辖范围以外区域海洋遗传资源所进行的活动仍以科学研究为主，商业化虽然取得了一些突破，但距离通过商业化产生实质性的大量有待分享的货币惠益尚有很长的路要走，"BBNJ 协定"因此要构建的上述制度不能对海洋科学研究构成妨碍，要面向私营部门而非科研人员设立义务，换言之，"BBNJ 协定"应该通过认可和加强科学最佳做法，以及通过为私营部门设置激励和约束措施等方式，构建能够协助在海洋遗传资源与利用资源所产生的研究成果和商业产品之间建立起联系的制度。为了回避发展中国家和发达国家之间的争议，"BBNJ 协定"可以采取"务实的路径"，即放弃"监测""跟踪和追溯""惠益分享透明度系统"的名称，转而使用"可追溯性"（traceability）的名称，并基于可实现并能够实际运作的思路来构建可追溯性制度。❶ 具体来说，"BBNJ协定"中的可追溯性制度至少要包括以下两个方面的规则。

其一，"BBNJ协定"应该要求缔约方向国家管辖范围以外区域海洋遗传资源分配全球唯一标识符。这既是对于分配标识符这一科学最佳做法的认可，也是对于该做法的加强，因为"BBNJ协定"要求分配的是"全球唯一的"而非"本地的"标识符。上文已经指出，全球唯一标识符要满足可解析性、永久性、权威性和唯一性这四个标准。❷ 一般而言，在两种情形要分配全球唯一标识符，一是在原地采集海洋遗传资源之后，二是在生物样品库保藏海洋遗传资源之时。通过分配和使用全球唯一标识符，会将样品和标本与最初的采样事件（sampling event）以及环境元数据联系起来，不仅如此，还会将样品和标本与针对样品和标本所进行的实验室分析、发表的科学论文、测序所取得数据以及申请的专利等联系起来，这就有助于达到在采集、研究和开发的过程中追溯海洋遗传资源来源的目的。"2019年草案"和"2020年草案修改稿"都提出了向原地采集和异地获取的海洋遗传资源分配标识符的要求，但并没有指明分配的标识符应当为全球唯一标识符，而且"向异地获取的海洋遗传资源分配标识符"的措辞也存在一定的问题，正常的措辞应该是向保存于生物样品库中的海洋遗传资源分配标识符。

其二，"BBNJ协定"应该要求缔约方向商业产品的开发者（即海洋遗传资源的终端利用方）施加合理注意（due diligence）和报告义务。如上文所述，当海洋遗传资源成为商业应用的对象时，由于这个过程的机

---

❶ 有研究者指出，跟踪和追溯不同于可追溯性。前者强调的是沿着价值链的每个环节跟踪和追溯海洋遗传资源或者对海洋遗传资源的每一次流动进行跟踪和追溯，这类似于快递包裹跟踪系统；可追溯性强调在某些关键的环节追溯海洋遗传资源，其采用了利用方的合理注意路径，例如，当利用方发表论文或申请专利时，其必须拥有标识符，从而能够追溯到海洋遗传资源的来源，这类似于汽车召回系统。研究者还认为，跟踪和追溯是繁重和难以实现的，而可追溯性是可以实现的。See Fran Humphries, Muriel Rabone and Marcel Jaspars, "Traceability Approaches for Marine Genetic Resources under the Proposed Ocean (BBNJ) Treaty," *Frontiers in Marine Science* 8, (2021).

❷ 可解析性是指人或机器可以利用标识符直接发现数据对象或关于这些对象的信息，永久性是指保证标识符长期的可获得性，权威性是指标识符的综合处理（curation）和标准化，以使其保持长期存在，唯一性是指标识符是独一无二的。See Robert Guralnick *et al.*, "The Trouble with Triplets in Biodiversity Informatics: A Data–Driven Case against Current Identifier Practices," *PLoS ONE* 9, no 12 (2017).

密属性，它们更难以被追溯，这就需要谈判各方为私营部门在追溯海洋遗传资源来源的过程中充分发挥作用创造必要的空间。"BBNJ 协定"应该要求缔约方向终端利用方施加合理注意和报告的义务，从而促使终端利用方公布其开发的产品包含了来自国家管辖范围以外区域的海洋遗传资源。为了确保利用方履行义务，"BBNJ 协定"可以为它们设置激励和约束机制。所谓的激励机制这包括基于市场的激励和"声望经济"（prestige economy）激励，前者能够利用消费者对于沿着价值链的更大透明度和可持续性的需求，后者可以包括"BBNJ 协定"可能建立的有关"可信的国家管辖范围以外区域研究者"（trusted ABNJ researchers）的规则（如果这些研究者积极参与了惠益分享）。约束机制也相当于是一种透明度机制，这意味着，如果利用方不遵守报告义务，其会承担对其不利的后果。例如，通过《名古屋议定书》下的检查点，就含有与某个国家管辖范围以外区域的物种有关的信息（例如一个标识符）的产品向"BBNJ 协定"信息交换所机制发出警示，为了通过检查点，利用方的责任是要证实惠益分享。需要说明的是，为了使这个透明度机制能够运作，《名古屋议定书》和"BBNJ 协定"需要以协同的方式加以实施。❶

构建可追溯性制度可能面临的最大挑战是如何追溯与国家管辖范围以外区域海洋遗传资源有关的数字序列信息的来源，以便能够协助在数字序列信息与利用这些信息开发的产品之间建立起明确的联系。数字序列信息往往存储于开放获取的数据库之中，其独立于有形材料而被使用，这使得追溯信息的来源面临很多实际困难。❷ 当前"BBNJ 协定"谈判更多地考虑的是如何追溯作为有形材料的海洋遗传资源的问题，不过在

---

❶　Fran Humphries *et al*., "A Tiered Approach to the Marine Genetic Resource Governance Framework under the Proposed UNCLOS Agreement for Biodiversity beyond National Jurisdiction," *Marine Policy* 122, (2020).

❷　以遗传序列数据为例，INSDC 为提交的每条核苷酸序列数据分配一个登录号（accession number），该号码代表了全球唯一标识符，其会被出版物所引用，这使得通过登录号追溯序列数据变得可能，然而，研究人员在向 INSDC 提交核苷酸序列数据的时候往往不提及该数据来自某个物种的学名和采集地点（尽管指南经常建议背景数据应与序列一并上传），这不利于通过登录号追溯序列数据的来源。See Muriel Rabone *et al*., "Access to Marine Genetic Resources (MGR): Raising Awareness of Best-Practice through a New Agreement for Biodiversity beyond National Jurisdiction (BBNJ)," *Frontiers in Marine Science* 6, (2019).

《生物多样性公约》缔约方大会发起的进程中，各国谈判代表正在积极寻求解决分享利用数字序列信息所产生的惠益问题，其中就涉及跟踪和追溯的问题。从目前"BBNJ 协定"的谈判情况看，解决追溯数字序列信息来源问题的最佳时机尚未到来，如果在未来几年内国际社会在治理数字序列信息的议题上达成了一致，由"BBNJ 协定"缔约方大会解决追溯数字序列信息来源问题会水到渠成。

第四节　国家管辖范围以外区域海洋遗传资源国际法律规则的谈判与构建和我国的应对

自从 1977 年美国"阿尔文号"载人潜水器在东太平洋加拉帕戈斯洋脊断裂带首次发现热液喷口区以来，美、日、欧等发达国家凭借其掌握的海洋技术和资金优势，大力开展深海生物资源调查、采集、研究和开发以及商业化利用活动，通过数十年的努力确立了它们在这些活动上的领先地位。然而，这些活动的不断增多以及发达国家领先地位的日益强化引发了国际社会的广泛关注和深入讨论，各国不仅激烈地争论国家管辖范围以外区域海洋遗传资源的法律地位和应当适用的法律制度问题，而且发起了构建一套关于国家管辖范围以外区域海洋遗传资源的获取和惠益分享国际法律规则的谈判进程。

与陆地上的遗传资源一样，国家管辖范围以外区域海洋遗传资源是生物技术创新和生物产业发展的源泉，❶其被很多国家视为具有战略意义的资源，基于这些资源开发的各种产品能够产生巨大的经济社会效益。

---

❶ 海洋生物或海洋遗传资源为生物技术创新和生物产业发展作出重要贡献的典型例子有：深海热液喷口微生物，其含有一种能用于实验室扩增 DNA 的酶；发光水母，用于识别分子和细胞生物学中的表达的标记；马蹄蟹的血液，广泛用作一种化验试剂，因为它的凝血剂对微生物污染非常敏感；海绵，为当下许多抗病毒药物提供了结构性模板；红色海藻，数十年来已知其具有抗病毒属性，但尚未开发出商业产品；海蚯蚓，其拥有的外源血红蛋白被用作氧气载体，可以缓解急性呼吸综合征。See Julia Sigwart *et al.*, "Unlocking the Potential of Marine Biodiscovery," *Natural Product Reports* 38, no 7 (2021).

构建这套国际法律规则的谈判势必触动来自不同阵营的国家的核心利益，各国显然都会基于本国当前获取、研究和开发以及商业化利用海洋遗传资源的现状和未来的发展需要，寻求构建符合本国发展利益的国际法律规则。可以预见的是，未来达成的规则将会是不同国家之间的利益调和与权衡的结果，这套规则在实施过程中必定对各国从事国家管辖范围以外区域海洋遗传资源的调查、获取、研究和开发以及商业化利用活动产生深远的影响。

作为海洋大国，我国深海大洋事业当前处在快速发展之中，未来将努力建成深海生物资源研究和开发与商业化利用的强国。虽然我国在深海生物资源调查、获取、研究和开发等方面起步较晚，但自 20 世纪 90 年代末以来，我国以"追赶者"的姿态进入深海生物资源调查、获取、研究和开发等领域，经过 20 年左右的持续努力，我国在上述领域实现了跨越式发展并取得了令世界瞩目的成就。国家管辖范围以外区域海洋遗传资源的获取和惠益分享国际法律规则的谈判和构建事关我国深海大洋事业发展的核心利益，我国代表团全程参与了关于国家管辖范围以外区域海洋生物多样性的养护和可持续利用问题（即 BBNJ 问题）的特设工作组、预备委员会和政府间大会的磋商和谈判，在已经结束的谈判中，我国谈判代表基于我国当前在获取、研究和开发海洋遗传资源方面的现状及未来发展需求，充分表达了我国的立场和观点，实现了我国在国家管辖范围以外区域海洋遗传资源的获取和惠益分享问题上的谈判目标。根据 2022 年 8 月 26 日结束的政府间大会第五次会议上的最新谈判进展，政府间大会主席宣布本次会议休会，并将请求联大授权召开政府间大会第五次会议（第二阶段），这预示着"BBNJ 协定"极有可能在第五次会议（第二阶段）的谈判之后获得通过。在"BBNJ 协定"很可能不久出台的背景下，我国应当在谈判最后阶段寻求最大程度维护本国利益，同时也应当考虑为了未来"BBNJ 协定"的实施进行相应的筹备工作。

一、我国深海生物资源调查、获取、研究和开发的实际状况

总体上来看，在过去的 20 年左右的时间内，依托国家财政资金支持的深海大洋调查活动，借助先进的调查平台和装备技术，我国开展了 10

余个航次的生物资源调查及采样活动，获取了大量有价值的生物样品，建成了保藏样品和衍生资源的样品库及相关联的数据库。与此同时，我国研究人员在深海生物多样性基础研究、深海遗传资源应用研究和开发等方面也取得了显著的成果。然而，也必须指出，我国在深海遗传资源开发和商业化利用上与很早就开展这些活动的美、日、德等发达国家相比，存在比较大的差距。在未来，为了推动我国深海生物科学研究和深海生物产业发展迈向更为深入的阶段以及追赶世界先进水平，我国将加大深海生物资源调查、获取、研究和开发以及商业化利用的力度。以下从不同方面介绍和概述我国深海生物资源调查、获取、研究和开发的实际状况。

在调查平台和装备技术方面，我国的大洋科考船已经发展到第三代，目前"国家海洋调查船队"拥有46艘科考船。根据有关统计，我国拥有的长度超过60米的科考船数量排名世界第五。[1]以"蛟龙号"为代表的系列潜器被成功应用于深海生物资源的调查及采样活动之中，提高了获取生物样品的可靠性和准确性。通过研制和应用深海微生物原位培养装备，获得了大量高保真的微生物原位富集菌群和环境数据。通过使用优化分离培养等技术，获得了新的深海微生物菌种。

在采样区域和样品类型方面，我国通过大洋航次平台，在印度洋、大西洋和太平洋等海区以及多种深海特殊生境对深海生物资源进行了调查，先后在热液区、海山区、海沟、超深渊等区域开展了12个航次的生物资源调查和采样，采集的样品多数来自我国矿产资源的合同区与潜在合同区，覆盖三大洋八大区块700个站位。采集的样品类型包括沉积物、硫化物、氧化物、热液鱼、盲虾、蟹、螺及贻贝等多种类型。

在生物样品库和数据库的建设方面，经过十余年的努力，我国建成了大洋生物样品库和深海微生物菌种资源库。大洋生物样品库保藏了大洋"十一五""十二五""十三五"期间15个航次采集的生物样品，绝大

---

[1] 截至2019年6月，国际研究船舶数据库（International Research Vessel Database）记录的研究船舶数量居前10名的国家或区域性组织分别是俄罗斯、美国、欧盟、日本、中国、乌克兰、加拿大、挪威、澳大利亚和韩国。See Robert Blasiak *et al.*, "Chapter 23: Developments in the Exploration for and Use of Marine Genetic Resources," in *The Second World Ocean Assessment* (New York: United Nations, 2021), p. 372.

多数样品为沉积物。深海微生物菌种资源库于 2009 年建成，目前库藏海洋微生物菌种 2.2 万株，其中已分离鉴定的大洋来源的微生物菌种 9376 株，占库藏总量的 42.4%，分属于 444 个属，1443 个种，大洋微生物菌种主要是从来源于三大洋的沉积物和海水中分离鉴定而获得的。❶

在实物样品之外，我国建成了与大洋生物样品库和深海微生物菌种资源库相配套的信息管理系统和数据库。对于微生物菌种资源而言，数据库包含了按照一定的描述规范对菌种资源描述所产生的不同方面的信息数据。另外，我国还建立了一个深海微生物代谢物库及其数据库，库藏馏分达 1.5 万份。在生物多样性数据和基因组数据的提取方面，我国开展了大洋生物多样性、菌株基因组数据、环境样品宏基因组数据的提取工作，构建了第一个深海微生物宏基因组大片段基因库，获得了大量的关于大洋微生物菌株基因、宏基因组、宏转录组等方面的数据。❷

在海洋生物资源和生物多样性基础研究方面，从 2006 年起，我国鉴定并公开发表的海洋微生物新物种（包含来自深海大洋的物种）快速增加，在 2001 年 1 月至 2017 年 7 月，我国总共发表了约 622 个海洋原核微生物新物种（其中海洋细菌共 577 种，古菌 45 种），建立了 2 个目、8 个科、约 128 个属。近年来，随着"蛟龙号"等载人深潜器的应用，我国研究人员对来自深海热液、冷泉以及海山等生态系统的大型底栖生物展开了生态学和分类学等基础研究，发现了不同门类的新物种和新记录种。❸

在与海洋遗传资源有关的应用研究或面向产品开发的研究方面，依赖不断增加的研发投入，我国科研人员的论文产出尤为出色，在过去的

---

❶　参见高岩、李波：《我国深海微生物资源研发现状、挑战与对策》，《生物资源》2018 年第 1 期。李光玉等：《我国海洋微生物菌种资源保藏与共享服务现状》，《生物资源》2019 年第 2 期。

❷　参见刘诗瑶：《中国迈向深海科考中心》，《人民日报》2017 年 7 月 26 日第 12 版。张一玲、龙邹霞：《我国在深海生物资源探测方面取得重要成果》《积极获取深海海底大洋生物基因样品》，《中国海洋报》2017 年 7 月 24 日第 A1 版。

❸　参见穆大帅等：《我国海洋细菌新物种鉴定与资源研发进展》，《生物资源》2017 年第 6 期。李新正等：《深海大型底栖生物多样性研究进展及中国现状》，《海洋学报》2019 年第 10 期。

几十年间发表于国际同行评审科学期刊上的论文数量排名世界前列。❶
以海洋天然产物（marine natural products）为例，国外有关研究显示，
1979~2014 年，我国科研人员在两本国际深海领域权威科学期刊（《深
海研究第一辑：海洋学研究论文》和《深海研究第二辑：海洋学专题研
究》）共发表了 119 篇关于深海和海洋天然产物的研究论文，在发表论文
超过 50 篇的国家中排名第十三；1990~2013 年，我国科研人员在 Web of
Science 数据库收集的与深海（包括海洋天然产物）有关的科学期刊上发
表了 1194 篇论文，世界排名是第六。❷ 另外一项针对海洋天然产物的研
究指出，从 1993 年算起在不到 30 年的时间内，在快速的经济增长的支
撑下，中国已经成为最积极的从事海洋生物勘探的国家，其发表的论文
占 1993 年以来发表的论文总数的 19%，占 2010~2015 年发表的论文总
数的 31%。❸ 国内也有研究指出，1992~2019 年，我国科研人员发表的
海洋真菌和细菌天然产物的科学引文索引（SCI）论文排名世界首位，共
计 568 篇。❹ 再以海洋药物为例，有关研究指出，1980~2017 年，我国科
研人员共发表了 474 篇 SCI 论文，占全世界发文总量的 12.17%，居世界
第二位，该研究还提到，世界范围内关于海洋药物研究的论文数量呈逐
年上升趋势，中国在该领域的研究落后 14 年，但发展相对较快，尤其是
2012~2017 年中国发文量速度明显加快，2017 年发文量已占世界发文量

---

❶ 科学文献反映了其所在学科的科学活动，学科的计量研究是科学学重要研究方向之一，
具有很强的方法论意义和政策价值。文献计量分析的结果可以为科技发展态势的预测和科技发展
的宏观决策提供有价值的定量参考依据。参见张灿影等：《冷泉系统研究国际发展态势分析》，《海
洋科学》2018 年第 10 期。

❷ See Paul Oldham *et al.*, Valuing the Deep: Marine Genetic Resources in Areas beyond National
Jurisdiction, Defra Final Report Version One, 2014, p. 76.

❸ See Miguel Leal *et al.*, "Fifty Years of Capacity Building in the Search for New Marine Natural
Products," *PNAS* 117, no 39 (2020). 需要指出的是，这项研究对于论文所涉及的海洋天然产物的地理
来源并没有限定，这就难以展示出不同国家针对各自专属经济区以外来源的天然产物所发表的论
文情况，尽管如此，这项研究也有助于预测不同国家在深海天然产物研究方面的态势和潜力。

❹ 参见马丽丽等：《海洋微生物来源天然产物研究现状与态势》，《热带海洋学报》2021 年第
5 期。这项研究同样没有限定海洋真菌和细菌的地理来源，但考虑到深海拥有更为特殊的生态系
统以及生存于其中的各种极端微生物，我国科研人员发表的论文肯定涉及深海来源的真菌和细菌，
因此不分地理来源的关于海洋真菌和细菌天然产物的我国论文产出也能够大体反映我国在深海天
然产物研究方面的态势和潜力。

的 18.8%。❶

在深海遗传资源应用潜力评估和开发利用方面，我国推出了很多有份量的成果。尤其是，我国科研人员完成了 4000 余株微生物菌种资源在海洋药物、生物农药、环保、生物技术、工业酶应用等方面的潜力评估，申请国际国内专利 200 多件，分离鉴定了数十个具有抗肿瘤、抗衰老、抗氧化或抗菌、抗病等活性的小分子化合物，多项研究成果已经完成应用示范，部分实现了产业化应用。❷但是，从与深海遗传资源开发和商业化利用有关的两个关键指标来看，即拥有在多个国家受保护的来自海洋物种的基因序列专利情况和开发基于深海遗传资源的商业产品的状况，❸我国要想赶上国际先进水平还有很长的路要走。❹

通过梳理和概述我国深海生物资源调查、获取、研究和开发的实际状况，可以看出，我国深海生物科学研究在过去不到 30 年的时间内实现了跨越式发展，我国已经进入国际深海生物科学研究舞台的中央，正在成为国际深海生物科学研究领域具有影响力的国家。但也要清醒地看到，我国在实现深海生物资源研究成果商业化应用的道路上仍面临重重阻碍。与我国全面启动深海生物资源调查和获取的时间基本上同步，包括海洋遗传资源在内的国家管辖范围以外区域海洋生物多样性的养护和可持续利用问题被提上了国际讨论和谈判的议程，对于我国而言，如何一边充分利用谈判的"窗口期"加快深海生物资源调查、获取、研究和开发的进度，另一边结合我国在这些活动上所处的状况和未来发展需求力争创

---

❶　参见吕阳：《国际海洋药物研究动态与发展趋势》，《海洋科学》2018 年第 10 期。这项研究与前面提到的两项研究存在类似的问题。

❷　参见刘诗瑶：《中国迈向深海科考中心》，《人民日报》2017 年 7 月 26 日第 12 版。

❸　据统计，2005~2019 年，中国海洋药物和生物制品产业年均增值超过 10%，在全球规模上处于上升阶段，但尚未形成真正不可替代的核心产品和产业，这种局面亟待打破。参见张宇：《环境模拟技术与原位试验技术在深海生物研究中的应用与展望》，《前瞻科技》2022 年第 2 期。

❹　与我国在海洋天然产物和药物方面的发文量居世界前列正相反，根据在国际上被广泛引用的两项研究得出的结果，在 1991~2009 年授予的共计 677 项关于海洋基因序列专利的国际权利要求中，我国作为来源国拥有的与来自海洋生物的序列有关的专利权利要求仅为 1 项，排名第 20；1988~2017 年，根据《专利合作条约》提出国际专利申请并已获授权的前 30 名海洋基因序列专利持有者均为来自发达国家的公司或研究机构。See Sophie Arnaud-Haond *et al.*, "Global Genetic Resources: Marine Biodiversity and Gene Patents," *Science* 331, no 1521 (2011). Robert Blasiak *et al.*, "Corporate Control and Global Governance of Marine Genetic Resources," *Science Advances* 4, no 6 (2018).

设对我国有利的国际法律规则，其意义就显得格外重要。

二、我国在特设工作组、预备委员会和政府间大会讨论与谈判中的基本立场和观点及评价

如上所述，在特设工作组的讨论中，以美国和日本为代表的发达国家与以 77 国集团和中国（the Group of 77 and China）为代表的发展中国家在国家管辖范围以外区域海洋遗传资源应当适用的法律制度问题上各执一端，前者主张适用公海自由原则，后者主张适用人类共同继承财产原则。尽管我国不是 77 国集团的成员，但对以 77 国集团和中国的名义提出的立场表达了支持。❶值得注意的是，我国在特设工作组和预备委员会的讨论和谈判中并没有在这个根本问题上单独表达国家立场。

这一谈判策略的采用值得肯定。我国作为快速发展中的海洋大国，既拥有与其他发展中国家相同的利益，也拥有有别于其他发展中国家的利益，在国际规则的谈判过程中需要采取合适的方式表达或展示自己的立场。由于我国正在加快推进深海生物资源的调查和获取活动，同时在研究和开发以及商业化利用上努力追赶世界先进水平，人类共同继承财产原则对于我国而言可能并不是一个最优的选择。人类共同继承财产原则强调要通过一个国际机构对海洋遗传资源进行集体管理，这样就会改变长期以来在公海和"区域"从事海洋遗传资源调查和获取活动基本上不受规制的局面，而且如果坚持和落实这一原则，在未来有可能导致对获取、研究和开发以及商业化利用国家管辖范围以外区域海洋遗传资源的活动实行全流程式的规制和管理。毫无疑问，这种潜在的规制方案意味着从事这些活动的国家及其国内实体将要承担不同方面或轻或重的义务，由此产生限制性的效应。

鉴于我国从事的深海生物资源调查和获取以及随后的研究和开发活动具有明显的科学研究属性，我国在特设工作组的讨论中重点强调了海洋科学研究与正在讨论的海洋遗传资源问题的关联性。我国就此提出了

---

❶ 1991 年在联合国环境和发展大会筹备会上，中国同 77 国集团首次以"77 国集团和中国"的名义共同提出立场文件，这一合作模式逐渐扩展到经济、社会、联合国财政和预算等诸多领域。

一些更具体的观点，这包括：各国从事海洋科学研究的自由应当得到保障；应当尊重各国开展海洋科学研究活动的权利；惠益分享不能弱化非商业性的海洋科学研究。

2017年3月，在预备委员会第三次会议召开前夕，我国向预备委员会提交了"中国政府关于国家管辖范围以外区域海洋生物多样性养护和可持续利用国际文书草案要素的书面意见"。首先要指出的是，这份重要文件依然没有针对国家管辖范围以外区域海洋遗传资源应当适用的法律制度问题表明立场。但这并不妨碍我国在"海洋遗传资源，包括惠益分享问题"上提出具体的观点和建议。

这份重要文件主要就海洋遗传资源的定义、获取和惠益分享三个问题提出了我国的观点和建议。就定义而言，海洋遗传资源的定义应包括四个要素，即来自海洋的动物、植物和微生物或其他来源；含有遗传功能单位的遗传材料；具有实际或潜在的价值；源自国家管辖范围以外区域。衍生物是生物化学合成的产物，不含有遗传功能单位，而且《生物多样性公约》和《粮食和农业植物遗传资源国际条约》关于遗传资源的定义本身都没有包括衍生物。就原地获取而言，原地获取活动本质上落入《海洋法公约》规定的国家管辖范围以外区域科学研究的范畴，应适用自由获取的安排，以促进海洋遗传资源的开发和可持续利用。就惠益分享问题而言，有关海洋遗传资源的惠益分享的安排应当总体有利于国家管辖范围以外区域海洋生物多样性的养护和可持续利用，鼓励海洋科学研究，促进全人类对海洋遗传资源的惠益分享；在充分照顾发展中国家的关切和需求的前提下，应优先考虑样品的便利获取、信息交流、技术转让和能力建设等非货币惠益分享机制，同时，对探讨建立货币惠益分享机制持开放态度。

从特设工作组和预备委员会的讨论和谈判情况看，我国在国家管辖范围以外区域海洋遗传资源应当适用的法律制度问题上选择了回避，在很大程度上可以说转向了"务实的路径"，这与欧盟的态度和立场颇为近似。我国明确地将原地获取的属性确定为《海洋法公约》下的海洋科学研究活动，指出获取不应受到限制，可在自愿基础上向信息交换所机制通报获取的相关情况，这个观点体现了"务实的路径"，非常契合我国深海生物资源调查和获取的实际状况，而且有利于推动形成相对宽松和自由的从事原地获取活动的国际制度环境。在惠益分享问题上，我国正是考虑到当前尚无证据显示国家管辖范围以外区域海洋遗传资源的商业化利用已具备相当的规模，因此提出在充分照顾发展中国家的需求和关切的前提下，优先考虑非货币惠益分享机制，并愿意探讨货币惠益分享机制，这也体现了"务实的路径"。然而，在知识产权和监测海洋遗传资源利用这两个重要问题上，我国并没有一以贯之地提出能够体现"务实的路径"的观点，所表达的观点意图排除在国际文书中考虑并处理这两个问题，这似乎接近于发达国家的观点，有反思的必要。

在政府间大会的谈判中，我国围绕政府间大会主席起草的《主席对讨论的协助》和《主席对谈判的协助》文件以及"BBNJ 协定"案文草案更加有的放矢地表达了观点和建议。涉及"海洋遗传资源，包括惠益分享问题"部分的主要观点是：在海洋遗传资源的定义问题上，我国建议删除海洋遗传资源备选定义中的"遗传和生物化学特性"；在属物和属时适用范围问题上，我国主张"BBNJ 协定"不应适用于衍生物和作为商品的鱼类，以及"BBNJ 协定"应适用于其生效后采集的海洋遗传资源；在获取海洋遗传资源问题上，我国支持自由获取原地条件下的海洋遗传资源，向秘书处通报获取的情况，以及建议制定关于获取的准则或行为守则并在国内立法中予以采用，但我国不支持通报异地获取或者自由和开放的异地获取；在惠益分享问题上，我国支持优先处理非货币惠益分享问题，建议货币惠益仅在大规模商业化出现时予以分享，我国还建议授权缔约方大会管理海洋遗传资源和惠益分享事宜，并在可能的情况下设立一个自愿信托基金；在知识产权问题上，我国建议将知识产权问题排除在"BBNJ 协定"之外，将其交由世界贸易组织和世界知识产权组织予以处理；在监测海洋遗传资源利用的问题上，我国对于"BBNJ 协定"案文草案中关于监测机构或机制的设置以及监测所牵涉的成本表达了关切。

总体上看，我国在政府间大会谈判中提出的观点和建议重复了之前在特设工作组和预备委员会讨论和谈判中的观点和建议，这种前后一致和自然衔接的谈判方式中规中矩，但是，考虑到政府间大会的谈判目标已经变为缔结"BBNJ 协定"以及在其他国际论坛上相关议题的谈判现状等因素，我国采取的重复之前特设工作组和预备委员会讨论和谈判中的观点和建议的策略存在一些不足，值得反思。具体来说，其一，从我国在定义和适用范围上表达的观点看，我国支持偏向狭窄的海洋遗传资源定义和"BBNJ协定"适用范围，这接近于发达国家的观点，与我国作为发展中国家的身份有所不合，不利于在谈判最后阶段进行立场协调并达成利益权衡（trade-offs）。其二，在数字序列信息的问题上，我国没有发出自己的声音，数字序列信息的国际治理需要各方的参与，我国是重要的利益相关者，❶ 应当提出具有包容性的方案。其三，尽管我国建议优先处理非货币惠益分享，并指出不同的非货币惠益分享模式，然而，我国并没有进一步提出处理不同的非货币惠益分享模式的具体方式及相关方案，从某种意义上说，这也使我国失去了为解决海洋遗传资源这一"BBNJ协定"中最具争议和最复杂的议题贡献中国方案的机会。❷ 其四，从我国在知识产权和监测问题上表达的观点来看，我国似乎不愿以建设性的方式处理这两个问题，这实际上又跟发达国家的观点很接近，但是，这两个问题关系到发展中国家的核心利益，采取这种方式可能会疏远我国与发展中国家的关系，无法展示出更加积极地推动谈判达成协定的姿态。

---

❶ 美国的GenBank是国际核苷酸序列数据库联盟（INSDC）三大核苷酸序列数据库之一，其最多的用户来自美国，占所有用户的22.69%，其次是中国，占所有用户的15.42%，同时来自中国的数据索取量最多。另外，根据在向GenBank提交数据时填写的作为生成数据的生物体的来源国，生成非人类的核苷酸序列数据（non-human nucleotide sequence data）的生物体来自中国的最多。See Fabian Rohden *et al.*, Combined Study on Digital Sequence Information (DSI) in Public and Private Databases and Traceability, CBD/DSI/AHTEG/2020/1/4, 31 January 2020.

❷ 1966年成立的世界微生物数据中心（WDCM）是全球微生物领域最重要的实物资源数据中心，2010年，WDCM正式落户于中国科学院微生物研究所，由中方团队进行运营和维护，这标志着我国在微生物学研究领域国际影响力的大幅提升。WDCM建设和维护了与微生物资源相关的一系列重要数据库，包括全球微生物保藏机构数据库、全球微生物菌种目录、全球微生物参考菌株数据库以及微生物资源引用数据库等。WDCM的架构和发起的倡议为构建"BBNJ协定"案文草案中的获取样品与数据分享这两种非货币惠益分享模式提供了有益的参考，然而，WDCM的经验在"BBNJ协定"的谈判中并没有引起各方的重视。关于WDCM的架构及其发起的倡议的相关介绍，可参见刘柳、马俊才:《国际微生物大数据平台的应用与启示》,《中国科学院院刊》2018年第8期。

三、"BBNJ 协定"出台背景下的我国谈判和筹备未来实施的建议

截至 2022 年 8 月 26 日政府间大会第五次会议休会，延续了 18 年之久（从联大设立特设工作组算起）的 BBNJ 问题国际讨论以及"BBNJ 协定"谈判没有迎来政府间大会主席期望的历史性突破——完成谈判并通过协定文本。各方对此均表达了失望之情，不过，经过主席与各国代表就前进之路进行磋商后，各国代表决定在政府间大会第五次会议第二阶段继续进行谈判，以期结束这一马拉松式的漫长讨论和谈判。尽管还有很多极具争议的问题摆在各国代表们的面前，但正如政府间大会主席所指出的那样，代表们非常接近于到达终点线，她重申了她曾作出的要让大会跨过终点线的承诺。❶

这些最新的谈判进展表明，政府间大会第五次会议第二阶段的谈判很有可能是达成"BBNJ 协定"的最后机会。可以预计，各国必定会利用这次机会力争达成各种妥协和权衡，会尽最大努力通过一份符合国际社会期待的"BBNJ 协定"。对于我国而言，一方面，要结合"BBNJ 协定"最后阶段谈判的需要考虑针对南北之间争议最大的海洋遗传资源问题研拟方案，使其既能保障我国在海洋遗传资源的获取和惠益分享方面的利益，又能在一定程度上顾及发展中国家的关切和需求，另一方面，要面向"BBNJ 协定"出台后实施的需要考虑针对相关事宜开展筹备工作，以便为协定在我国的顺利实施创造有利的条件。

（一）海洋遗传资源应当适用的法律制度

从"2020 年草案"和"2022 年草案进一步修改稿"的相关内容可以看出，政府间大会主席选择在"海洋遗传资源，包括惠益分享问题"部分回避处理这个最具争议的问题，但目前还保留了在关于"一般原则和方法"的案文中提及人类共同继承财产的可能性。一些发展中国家在政府间大会第五次会议谈判中继续要求在"BBNJ 协定"中落实人类共同继

---

❶ IISD Earth Negotiations Bulletin, Summary of the Fifth Session of the Intergovernmental Conference on an International Legally Binding Instrument under the UN Convention on the Law of the Sea on the Conservation and Sustainable Use of Marine Biodiversity of Areas beyond National Jurisdiction, August 2022.

承财产原则。这个问题或许会成为第五次会议第二阶段谈判中最困难的一个问题，如果要让发展中国家接受在"BBNJ协定"中不出现人类共同继承财产的字眼，发达国家可能需要在若干具体问题上作出更多和更大的让步。由于在政府间大会第五次会议之前谈判中我国没有明确主张国家管辖范围以外区域海洋遗传资源应适用人类共同继承财产原则，为了确保立场的一致性，以及避免因调整立场而带来的一系列连锁效应，我国在第五次会议第二阶段的谈判中不宜随谈判情势发生变化而更改这一立场，同时应继续采取"务实的路径"，建议各方从促进海洋科学研究的原则出发解决获取和惠益分享等具体问题。这不仅切合我国当前和未来较长时期内的发展需求，而且有助于兼顾发展中国家在非货币惠益分享问题上的需要。

（二）定义和适用

在海洋遗传资源的定义上，我国在预备委员会和政府间大会的谈判中倾向于直接参照《生物多样性公约》中的遗传资源定义而起草的海洋遗传资源定义。这是一个偏向狭窄的定义，与美、欧等发达国家的建议的定义基本一致。同时，我国还主张"BBNJ协定"不应适用于衍生物，将我国在海洋遗传资源定义和衍生物适用问题上的观点结合起来看的话，实际上我国的观点就与《生物多样性公约》的规定站在了一条线上。这里要指出的是，我国关于海洋遗传资源定义的观点存在一些问题，包括：这个定义主要服务于发达国家的利益，因为其具有限缩海洋遗传资源的利用方所承担的义务的作用，而我国作为发展中海洋大国还不至于跨入发达国家的行列；《生物多样性公约》关于遗传资源的规定经由《名古屋议定书》得到了进一步的发展，而《名古屋议定书》已经间接地扩大了遗传资源定义所涵盖的物质（遗传资源包括其遗传组成和生物化学组成）；在跨界情形下，国家管辖范围以外区域的海洋遗传资源与国家管辖范围下的海洋遗传资源将会是相同的，作为《名古屋议定书》的缔约方，我国支持一个与《名古屋议定书》所适用的海洋遗传资源具有不同的内涵的海洋遗传资源定义不合法理。综合起来看，我国有必要调整在海洋遗传资源定义上所持有的观点。

当然，这一调整不仅仅涉及一个海洋遗传资源定义的问题，还会牵涉我国在衍生物的适用以及"利用海洋遗传资源"定义问题上的观点。从《名古屋议定书》的谈判过程来看，利用遗传资源、生物技术和衍生物这三个术语的定义紧密相关，它们联合起来发挥了扩大解释《生物多样性公约》中的遗传资源定义的作用。其实，发达国家和发展中国家在《名古屋议定书》的术语及其定义的谈判中曾经取得过共识，这为"BBNJ 协定"的谈判提供了先例，我国可以援引《名古屋议定书》的规定表明自己的观点，这就是，"BBNJ 协定"中的海洋遗传资源定义可以跟《生物多样性公约》中的遗传资源定义保持一致（除了增加海洋来源的限定词以外），但这需要我国放弃"BBNJ 协定"不应适用于衍生物的观点，以及支持引入"利用海洋遗传资源"的定义并使其与《名古屋议定书》中的"利用遗传资源"定义保持一致。如果我国不放弃在衍生物适用问题上的观点，而且考虑到我国在之前的谈判中并没有就"利用海洋遗传资源"的定义表达观点，我国会不自觉地退回到《生物多样性公约》的制度环境之中。如果发达国家或大多数国家不愿参考并利用《名古屋议定书》提供的先例解决海洋遗传资源的定义问题，这只能会使谈判更加复杂并增大谈判失败的风险。

在"BBNJ 协定"是否适用于数字序列信息的问题上，我国在此前的谈判中没有明确表达过观点，❶ 这与《生物多样性公约》等国际论坛正在就此进行讨论和谈判而且尚未达成共识有一定关系。然而，不同国际论坛上发展中国家的谈判代表实际上已经意识到，随着各种"组学"（omics）、基因测序及合成等技术的迅猛发展，如果不将数字序列信息纳入关于遗传资源的获取和惠益分享法律制度的适用范围，这将会给该制度制造一个明显的漏洞，从而使惠益分享无法实现，❷ 正在谈判中的国家管辖范围以外区域海洋遗传资源的获取和惠益分享制度也不能例外。从

---

❶ 需要指出的是，我国在"中国政府关于国家管辖范围以外区域海洋生物多样性养护和可持续利用国际文书草案要素的书面意见"中提到获取海洋遗传资源包括通过电脑模拟方式的分析（*in silico* analysis），并简要界定了这种获取的含义，但没有进一步指出这种获取的运作方式。从"2019 年草案"和"2020 年草案修改稿"中的有关案文来看，作为数字序列信息获取的海洋遗传资源和通过电脑模拟方式获取的海洋遗传资源相互可以替换。

❷ Sarah Laird *et al.*, "Rethink the Expansion of Access and Benefit Sharing," *Science* 367, no 6483 (2020). Fabian Rohden and Amber Hartman Scholz, "The International Political Process around Digital Sequence Information under the Convention on Biological Diversity and The 2018–2020 Intersessional Period," *Plants People Planet* 4, no 1 (2021).

这个角度来说，我国应该明确支持将数字序列信息纳入"BBNJ 协定"的适用范围。

　　但至于如何解决数字序列信息的获取和惠益分享问题，由于各国在预备委员会和政府间大会的会议上并没有投入相对较多的谈判时间考虑并解决"BBNJ 协定"中的数字序列信息的获取和惠益分享问题，以及不同的国际论坛需要一个关于数字序列信息的"协调化解决方案"（harmonized solution），❶ 包括我国在内的参与"BBNJ 协定"谈判的国家需要参照《生物多样性公约》下的谈判达成的成果，特别是《生物多样性公约》缔约方大会第十五次会议通过的"2020 年后全球生物多样性框架"以及关于遗传资源数字序列信息的决定，然后基于《生物多样性公约》缔约方大会提出的解决方案而商定处理"BBNJ 协定"中的数字序列信息问题的方案，这是最为理想的结果。但如果在政府间大会第五次会议第二阶段谈判开始前"2020 年后全球生物多样性框架"还没有被通过，或许只能将这个问题留给"BBNJ 协定"缔约方大会或其他机制待上述框架通过后再行商定解决方案。❷

　　在属时适用范围的问题上，即"BBNJ 协定"是否适用于其生效前采集但在其生效后利用的海洋遗传资源，我国在此前谈判中也没有明确表达过观点。从政府间大会第五次会议的谈判情况看，发达国家和发展中国家在这个问题上存在严重的对立，其很可能会对谈判的进程和结果产生较大的影响。我国在这个问题上可以说拥有实质性的利益，因为我国已经采集和保藏了一定数量的来自国家管辖范围以外区域的海洋遗传资源，如果"BBNJ 协定"适用于其生效前采集但在生效后利用的资源，那么我国就有义务分享利用这些资源所产生的惠益，包括提供获取、分享数据以及分享货币惠益等。对于我国而言，以下三种谈判方案可供选择：

---

　　❶　See Amber Hartman Scholz *et al.*, "Multilateral Benefit-sharing from Digital Sequence Information will Support both Science and Biodiversity Conservation," *Nature Communications* 13, no 1086 (2022).

　　❷　《生物多样性公约》缔约方大会第十五次会议第二阶段会议的时间目前已经确定为 2022 年 12 月 7 日至 19 日，这次会议将会通过"2020 年后全球生物多样性框架"以及关于遗传资源数字序列信息的决定，该框架和决定将包含关于数字序列信息的解决方案，但政府间大会第五次会议第二阶段会议的时间有待商定，这两次会议能否间隔召开将会对"BBNJ 协定"中的数字序列信息问题的谈判产生重要影响。

其一，在属时适用范围的问题上仍然不发表观点，由发达国家和发展中国家就此进行谈判和利益互换，当然我国也要接受最终的谈判结果；其二，我国明确提出"BBNJ 协定"只适用于其生效之后采集的海洋遗传资源，不接受任何有关溯及力的安排；其三，作为一种中间方案，我国可以建议，"BBNJ 协定"适用于其生效之前采集并在生效后利用的海洋遗传资源，但在货币惠益分享的问题上，要与"BBNJ 协定"生效后采集的海洋遗传资源区别对待。

（三）国家管辖范围以外区域海洋遗传资源的原地采集

经过政府间大会第四次和第五次会议的谈判，大多数国家在规制原地采集海洋遗传资源的问题上达成了一致，这就是原地采集须向信息交换所机制发出出海考察前（采集前）和出海考察后（采集后）通报。这意味着，"BBNJ 协定"案文草案中关于原地采集的案文基本上可以定型，当然不同国家在通报的信息类型和时限上还会存在一些争议，但这些争议已经不会改变关于原地采集案文的核心内容。我国在此前的谈判中主张自愿通报原地获取的相关情况，但没有提出要通报哪些方面的具体情况，同时，在政府间大会第四次和第五次会议谈判中，我国也没有对"2020 年草案修改稿"和"2022 年草案进一步修改稿"中的强制性通报要求及通报的信息类型和时限提出不同或反对的意见，这都表明，我国可以接受目前谈判已经形成的关于原地采集的案文。既然如此，我国有必要面向"BBNJ 协定"的未来实施而在原地采集所需的事前和事后通报方面开展筹备工作。

这一方面的筹备工作主要围绕现行国内法律制度的考察及完善而展开。首先来考察我国现行法律制度的内容。我国 2016 年颁布实施的《深海海底区域资源勘探开发法》（以下简称《深海法》）与国家管辖范围以外区域海洋遗传资源的原地采集活动具有密切的关系。尽管《深海法》没有明确提及生物资源，但其对深海科学技术研究涉及的有关问题作出了原则性规定，❶ 如果基于《海洋法公约》的规定进行解释，《深海法》第四章"科学技术研究与资源调查"关于科学技术研究的规定可以涵盖生物资源。《深海海底区域资源勘探开发资料管理暂行办法》（以下简称

---

❶ 参见《深海海底区域资源勘探开发法》第 15 条和第 16 条。

《资料管理办法》）是实施《深海法》关于汇交深海海底区域资源勘探、开发和相关环境保护、科学技术研究、资源调查活动所取得各类资料的规定的部门规章。在有关科学技术研究的信息的事前提交上，《深海法》和《资料管理办法》没有提出在从事深海科学技术研究活动之前提交相关信息的要求，但规定了为深海科学技术研究、资源调查活动提供专业服务以及促进深海科学技术交流、合作及成果共享而建立深海公共平台共享合作机制的问题，这暗含了向深海公共平台共享合作机制提交有关深海生物资源科学研究的各种信息的要求，不过这并不涉及有关信息的对外提供问题。在科学技术研究所取得资料的事后汇交上，《深海法》和《资料管理办法》对于深海海底区域科学技术研究所取得资料的汇交和国际交换（对外提供）问题进行了规定。根据规定，包括原始资料、成果资料和实物样品信息在内的深海资料应按照时限向国家深海资料管理机构进行汇交，属于"公开使用的资料"，深海资料管理机构可以直接参加国际交流或对外提供。

考虑到我国采纳的是将国际条约转化为国内法的方式实施国际条约，基于未来在国内实施"BBNJ协定"的要求，《深海法》和《资料管理办法》关于科学技术研究以及科学技术研究所取得资料的汇交和国际交流的规定可以成为我国未来实施"BBNJ协定"关于原地采集所需的事先通报和事后报告的国内法律制度。然而，上述规定还有不足之处，需要通过制定新的实施性规则和修改已有的实施性规则加以完善。具体的完善措施包括：一是将深海海底区域生物资源的原地采集活动纳入深海科学技术研究的范围；二是明确要求在开展深海海底区域生物资源的原地采集活动前向深海资料管理机构提交各类信息，并要求深海资料管理机构向"BBNJ协定"建立的信息交换所机制提交这些信息；三是对照最后通过的"BBNJ协定"文本列出的事前和事后通报的信息，列举需要在开展采集活动前提交的信息类型以及在采集后汇交的信息类型；四是对照最后通过的"BBNJ协定"文本，规定事前提交信息和事后汇交信息的时限。

（四）公正和公平的惠益分享

从政府间大会第四次和第五次会议的谈判情况看，发达国家和发展中国家在货币惠益分享的问题上仍然存在很大的争议，这在"海洋遗传资源，包括惠益分享问题"部分所有具有争议的问题中应该仅次于国家管辖范围以外区域海洋遗传资源应当适用的法律制度问题。与此同时，谈判也显示了各方在非货币惠益分享问题上的争议相对较小，在结束谈判的压力之下达成一致是完全可能的。各方在非货币惠益分享问题的谈判上不仅需要确定非货币惠益分享的不同模式或形式，而且要考虑如何更加细化规定这些不同模式或形式，以使它们满足可实际运作的要求。实际上，各方已经能够确定的非货币惠益分享模式或形式包括获取样品、数据和信息分享（交流）、技术转让和能力建设。通过参考其他关于遗传资源的国际文书的实施情况，从易于实现的角度可以将这四种不同的非货币惠益分享模式排列为获取样品、数据和信息分享（交流）、能力建设和技术转让，换言之，发展中国家能够依据"BBNJ协定"的规定实现非货币惠益分享面临难度最大的是技术转让，接下来依次为能力建设、数据和信息分享（交流）和获取样品。从实际谈判情况看，要求分享惠益的国家对于获取样品与数据和信息分享（交流）的关注和强调要多于技术转让和能力建设。

由于"BBNJ协定"中的非货币惠益分享模式已经确定，以及获取样品与数据和信息分享（交流）预计将是"BBNJ协定"实施中受关注更多的非货币惠益分享模式，我国因此要面向这两种模式的实施开展相关的筹备工作，此类工作主要围绕我国现行法律制度和实际做法的审视、完善及改进而展开。

首先来看获取样品的问题。《深海海底区域资源勘探开发样品管理暂行办法》（以下简称《样品管理办法》）是实施《深海法》关于汇交深海海底区域资源勘探、开发和相关环境保护、科学技术研究、资源调查活动所取得深海样品的规定的部门规章，其规定了深海样品的汇交和国际交换的问题。在汇交的问题上，《样品管理办法》要求向深海样品管理机构汇交深海样品，同时要求深海样品管理机构提供样品国内共享服务。在国际交换的问题上，《样品管理办法》只是规定了深海样品国际交换的管理和实施机构，并没有对如何进行国际交换作出具体规定。根据国内的实践，深海生物资源样品的国际共享（交换）通常由国内保存（藏）样品的机构和其他国家的机构或人员进行双边协商并达成和履行共享协议而实现，这种共享发生在逐案的基础之上，要实现共享需花费较高的成本。事实上，从目前国内深海生物资源样品保存（藏）机构和关联数据库的建立和运行情况来看，样品的国内共享是能够实现的，但是，由于受到不同方面因素的制约，样品国际共享实现的程度相当有限。❶

面向未来实施"BBNJ协定"的需要，有必要对我国现行法律制度进行完善，以及对相关的实际做法加以改进。具体的完善和改进措施包括：一是将保存（藏）深海生物资源样品的机构确定为在国内和国际范围内均可提供样品开放获取的样品库；二是制定关于对外提供（国际共享）样品的要求和程序的规则；三是在线发布可对外提供的来自国家管辖范围以外区域的深海生物资源样品的目录；四是向"BBNJ协定"建立的信息交换所机制通报保存（藏）这些样品的样品库的信息。

其次来看数据和信息分享（交流）的问题。《资料管理办法》对深海科学技术研究所取得的资料（包含与深海生物资源样品有关的数据）的汇交、保管和国际交换进行了规定。在汇交和保管的问题上，为了推进国内共享利用，《资料管理办法》要求向深海资料管理机构汇交数据，并要求该机构建立深海资料数据库和深海资料与信息共享服务平台。在国际交换的问题上，《资料管理办法》规定了深海资料国际交换的管理和实施机构，并在区分"公开使用的资料"和"非公开使用的资料"的基础上设定了对外提供的条件。在实践中，与深海生物资源样品有关的数据在一定程度上实现了国内共享，但此类数据的国际共享面临很多方面的挑战，例如，缺少支持和保障国际共享的政策法规，数据采集尚未采用国际通行的数据格式和标准，某些数据由于具有涉密性而无法实现国际共享等。

面向未来实施"BBNJ协定"的需要，有必要完善关于深海资料汇交、保管和国际交换的规定，这包括：提出建立可以在国内和国际范围内提供数据开放获取的数据库的要求；制定关于向国际开放获取数据库提交与深海生物资源样品有关的数据（集）的要求和程序的规定。不仅如此，还须改进当前的实际做法，尤其是，基于开放科学的理念，鼓励

---

❶ 中国海洋微生物菌种保藏管理中心于2011年实施共享服务以来，共享用户数量逐年增长，国内用户为244家，而国外用户仅有22家，国际共享菌株数量仅为58株。参见李光玉等：《我国海洋微生物菌种资源保藏与共享服务现状》，《生物资源》2019年第2期。

和支持国内科研机构和人员采用科学数据管理和共享的 FAIR 原则；鼓励和支持国内科研机构和人员在拥有广泛影响力的国际开放获取数据库发布与深海生物资源样品有关的数据（集）。

就技术转让和能力建设这两种非货币惠益分享模式而言，案文草案的一个明显的变化，即从"2019 年草案"和"2020 年草案修改稿"对这两种模式的"标题化处理"到"2022 年草案进一步修改稿"包含了某些细节性的内容，反映出有关的案文还存在进一步谈判的空间，不过即使"BBNJ 协定"最后作出了细化规定，也很难改变这两种模式，特别是技术转让无法获得充分实施的状况。对于我国而言，可以站在发展中国家的立场上，建议在案文中加入更多对发展中国家有利的内容，例如列举更为实用的能力建设的途径。

在具有很大争议的货币惠益分享的问题上，我国曾在政府间大会第一次会议的谈判中支持仅在大规模商业化时分享货币惠益，这个观点体现了"务实的路径"，值得我国在政府间大会第五次会议第二阶段的谈判中继续坚持，因为的确当前没有关于国家管辖范围以外区域海洋遗传资源正在被大规模商业化利用的证据，谈判分享货币惠益的比率欠缺必要的基础。即使在"BBNJ 协定"中确立了分享商业化所得货币惠益的模式及比率，但由于不存在商业化的成功范例，这样的规定其实不具有任何实质性的意义，何况在目前的谈判阶段提出的任何付款比率都是草率的，这需要付款方代表介入付款率的谈判和协商，而且这又会经历比较艰难的谈判过程。● 进一步地，我国可以表示支持"2022 年草案进一步修改稿"提到的"缔约方大会根据获取和惠益分享机制的建议确定的其他形式"，并且指出这个"其他形式"实际上能够涵盖未来在大规模商业化出现时由缔约方大会确定的形式，如"商业化的产品销售价值的一定

● 《粮食和农业植物遗传资源国际条约》关于货币惠益分享问题的谈判过程或许能够提供一些启示。在 2001 年通过《粮食和农业植物遗传资源国际条约》之时，各方只是商定了分享商业化所得货币惠益的模式，但此时并没有商定分享货币惠益的具体百分比，该条约第 13.2 条同时规定，管理机构应在其第一次会议上按商业惯例确定付款水平、形式和方式；从 2002 年 10 月至 2006 年 4 月，由不同领域的专家组成的专家工作组通过谈判确定了付款的比率，载有该付款比率的《标准材料转让协议》在 2006 年 6 月召开的管理机构第一次会议上获得通过。

比例"。❶

（五）知识产权

如上所述，我国在预备委员会和政府间大会的谈判中建议将知识产权问题交由世界贸易组织和世界知识产权组织予以处理，相应地，我国在知识产权问题上也没有提出过具体的观点。由于"2022 年草案进一步修改稿"删除了"2020 年草案修改稿"中具有争议性的关于可专利性条件和披露海洋遗传资源来源的案文，而只保留了一个带有维持现状特点的关于知识产权的案文，这相当于采纳了某些发达国家和我国的立场和观点。然而，从政府间大会第五次会议谈判的情况看，发展中国家并不接受回避和简化处理知识产权问题的倾向和安排。显然，从推进谈判达成协定的角度来说，关于知识产权问题的案文中有必要纳入符合发展中国家利益的案文，除非其他案文给予了发展中国家很大的利益倾斜。

而对于我国而言，值得反思先前提出的关于将知识产权问题交由专门组织处理的建议。正如上文所指出的那样，与国家管辖范围以外区域海洋遗传资源有关的知识产权问题并不在专门组织的谈判议程之上，如此一来，我国的建议就发挥不出建设性的作用，并给有些国家留下一个推卸谈判任务的印象。在接下来关于知识产权问题的谈判中，我国应该考虑对发展中国家的关切和需求予以照顾，建议"BBNJ 协定"引入披露海洋遗传资源来源的要求，同时建议"BBNJ 协定"在不遵守披露要求的后果问题上不作规定。这些建议是务实的，能够兼顾发展中国家和发达国家的利益。具体来说，披露海洋遗传资源的来源其实并不会给专利申请人增加负担，发达国家的担忧是不必要的；考虑到发达国家最不能接受的是不遵守披露来源要求将导致申请被驳回或已授予的专利被宣告无效，我国可以站在中间立场上建议"BBNJ 协定"对此不作规定，而留待国内法进行规定，这也有助于争取到某些发达国家的支持，这些国家是通过专利法之外的救济和制裁措施处理不遵守披露要求的问题；我国

---

❶ "2022 年草案进一步修改稿"第 13 条备选案文 II "惠益分享的透明度系统"之中出现了一个值得关注的案文，其内容为：缔约方大会应定期评估和审查基于利用国家管辖范围以外区域海洋遗传资源的产品的商业化问题。如果由此产生实际和大量的货币惠益，缔约方大会将探讨替代方法，以便确定最适当的相关财政捐资方法。这个案文会对接下来关于货币惠益分享问题的谈判产生何种影响有待观察。

《专利法》明确要求专利申请人披露完成发明创造所依赖的遗传资源的来源，这里的遗传资源可以被解释为涵盖了国家管辖范围以外区域海洋遗传资源，既然海洋遗传资源来源披露要求得到了我国《专利法》的认可，我国建议在"BBNJ 协定"中引入这一要求也顺理成章。

（六）监测和透明度（可追溯性）

上文指出，"2022 年草案进一步修改稿"第 13 条包括两组案文，即备选案文Ⅰ"监测和透明度"和备选案文Ⅱ"惠益分享的透明度系统"。从政府间大会第五次会议的谈判情况来看，各方在监测问题上的争议依然很大，而且出现了放弃关于"监测"的现有案文而重新起草关于"透明度和可追溯性"问题的案文的倾向。面对案文可能发生的如此重大的变化，我国是否需要改变先前谈判中在监测问题上表达观点不多且比较笼统的谈判方式，以及是否需要提出更明确的观点，这些问题值得审慎考虑。

考虑到我国深海生物科学研究能力在国际上处于前列，如果"BBNJ 协定"最后选择了监测的案文，这无疑会为我国从事深海生物科学研究的相关主体带来一定的负担（其实最后商定的关于原地采集和惠益分享的规则也会给相关主体带来负担），从这个角度来说，正在出现的放弃关于"监测"的案文的谈判趋势是符合我国利益的。但换个角度来说，放弃关于"监测"的案文又达不到一个整体性制度的运作要求，在这个意义上，我国应该坚持围绕"监测"机制或机构以及监测方式等问题谈判有关案文，并尽力确保最后形成的案文符合科学最佳做法及其所设定的义务适度且合理，这也是科学界建议的"可追溯性"规则应当满足的标准。不仅如此，我国作为发展中的海洋大国，如在谈判中坚持围绕"监测"机制或机构和监测方式谈判有关案文，这也是对发展中国家的立场和观点的支持，是推动形成一个公平和有效的海洋遗传资源利用秩序所必需的。在具体的观点上，我国可以建议监测海洋遗传资源利用的机制为信息交换所机制；建议应向原地采集的和在样品库保存（藏）的海洋遗传资源分配全球唯一标识符，以方便在采集、研究和开发的过程中追溯其来源；建议要求保存（藏）海洋遗传资源数据和样品的数据库和样品库向信息交换所机制通报异地获取的情况；建议采取必要措施要求海洋遗传资源的终端利用方公布其所开发的产品基于国家管辖范围以外区域的海洋遗传资源。

参考文献

一、英文著作

[1] Elisa Morgera, Matthias Buck and Elsa Tsioumani (eds.), *The 2010 Nagoya Protocol on Access and Benefit-Sharing in Perspective: Implications for International Law and Implementation Challenges* (Leiden: Martinus Nijhoff Publishers, 2012).

[2] Jerome H. Reichman, Paul F. Uhlir and Tom Dedeurwaerdere, *Governing Digitally Integrated Genetic Resources, Data, and Literature: Global Intellectual Property Strategies for a Redesigned Microbial Research Commons* (New York: Cambridge University Press, 2016).

[3] Evanson Chege Kamau, Gerd Winter and Peter-Tobais Stoll (eds.), *Research and Development on Genetic Resources: Public Domain Approaches in Implementing the Nagoya Protocol* (New York: Routledge, 2015).

[4] Ipek Kurtböke (ed.), *Microbial Resources: from Functional Existence in Nature to Applications* (London: Academic Press, 2017).

[5] Evanson Chege Kamau and Gerd Winter (eds.), *Common Pools of Genetic Resources: Equity and Innovation in International Biodiversity Law* (Abingdon: Earthscan, 2013).

[6] Lawrence Gostin, *Global Health Law* (Cambridge: Harvard University Press, 2014).

[7] Stefania Negri (ed.), *Environmental Health in International and EU Law: Current Challenges and Legal Responses* (Abingdon: Routledge, 2020).

[8] Elisa Morgera, Elsa Tsioumani and Matthias Buck, *Unraveling the Nagoya Protocol: A Commentary on the Nagoya Protocol on Access and Benefit-sharing to the Convention on Biological Diversity* (Leiden: Brill, 2014).

[9] Sam Halabi and Rebecca Katz (eds.), *Viral Sovereignty and Technology Transfer: The Changing Global System for Sharing Pathogens for Public Health Research* (Cambridge:

Cambridge University Press, 2020).

［10］Tomas Heidar (ed.), *New Knowledge and Changing Circumstances in the Law of the Sea*, (Leiden: Koninklijke Brill NV, 2020).

［11］Malcolm R. Clark *et al.* (eds.), *Biological Sampling in the Deep Sea* (Hoboken: Wiley Blackwell, 2016).

［12］Myron H. Nordquist and Ronan Long (eds.), *Marine Biodiversity of Areas beyond National Jurisdiction* (Leiden: Brill, 2021).

［13］Sarah Louise Lothian, *Marine Conservation and International Law: Legal Instruments for Biodiversity beyond National Jurisdiction* (New York: Routledge, 2022).

［14］Lawrence Martin *et al.* (eds), *Natural Resources and the Law of the Sea: Exploration, Allocation and Exploitation of Natural Resources in Areas under National Jurisdiction and Beyond* (New York: Juris Publishing, 2017).

［15］Florian H. Th. Wegelein, *Marine Scientific Research: The Operation and Status of Research Vessels and Other Platforms in International Law* (Leiden: Martinus Nijhoff Publisers, 2005).

［16］Keyuan Zou and Anastasia Telesetsky (eds.), *Marine Scientific Research, New Marine Technologies, and the Law of the Sea* (Leiden: Brill, 2021).

［17］Alexander Proelss (ed.), *United Nations Convention on the Law of the Sea: An Commentary* (Munich: Verlag C.H. Beck, 2017).

［18］Elisa Morgera and Kati Kulovesi (eds.), *Research Handbook on International Law and Natural Resources* (Northampton: Edward Elgar Publishing Ltd., 2016).

［19］Daniel F. Robinson, Ahmed Abdel-Latif and Pedro Roffe, *Protecting Traditional Knowledge: The WIPO Intergovernmental Committee on Intellectual Property and Genetic Resources, Traditional Knowledge and Folklore* (New York: Routledge, 2017).

［20］Bevis Fedder, *Marine Genetic Resources, Access and Benefit Sharing: Legal and Biological Perspectives* (New York: Routledge, 2013).

［21］Thomas Greiber *et al.*, *An Explanatory Guide to the Nagoya Protocol on Access and Benefit-sharing, International Union for Conservation of Nature and Natural Resources* (Gland: IUCN, 2012).

［22］Marta Chantal Ribeiro (ed.), *30 Years after the Signature of the United Nations Convention on the Law of the Sea: the Protection of the Environment and the Future of the Law of the Sea* (Lisbon: Coimbra Editora, 2012).

［23］Marta Diaz Pozo, *Patenting Genes: The Requirement of Industrial Application*

(Northampton: Edward Elagr Publishing Ltd., 2017).

[24] Charles Lawson, *Regulating Genetic Resources: Access and Benefit Sharing in International Law* (Northampton: Edward Elgar Publishing Ltd., 2012).

[25] Salvatore Arico (ed.), *Ocean Sustainability in the 21st Century* (Cambridge: Cambridge University Press, 2015).

[26] D. Vidas (ed.), *Law, Technology and Science for Oceans in Globalisation* (Leiden: Martinus Nijhoff Publishers, 2010).

二、英文论文、报告、会议文件及其他

[1] Jörg Overman and Amber Harman Scholz, "Microbiological Research under the Nagoya Protocol: Facts and Fiction," *Trends in Microbiology* 25, no 2 (2017).

[2] P. Becker *et al.*, "Public Microbial Resource Centers: Key Hubs for Findable, Accessible, Interoperable, and Reusable (FAIR) Microorganisms and Genetic Materials," *Applied and Environmental Microbiology* 85, no 21 (2019).

[3] Kevin McCluskey *et al.*, "The U.S. Culture Collection Network Responding to the Requirements of the Nagoya Protocol on Access and Benefit Sharing," *American Society for Microbiology* 8, no 4 (2017).

[4] Tomas Greiber, "Implementation of the Nagoya Protocol in the European Union and in Germany," *Phytomedicine* 53, (2019).

[5] Raquet Hurtado–Ortiz *et al.*, "Implementation of the Nagoya Protocol within the Collection of Institut Pasteur," *Access Microbiology* 1, no 2 (2019).

[6] Serge Casaregola *et al.*, "An Information System for European Culture Collections: the Way Forward," *SpringerPlus* 5, no 1 (2016).

[7] David Smith *et al.*, "Explanation of the Nagoya Protocol on Access and Benefit Sharing and its Implication for Microbiology," *Microbiology*, no 163 (2017).

[8] Linhuan Wu *et al.*, "World Data Centre for Microorganisms: An Information Infrastructure to Explore and Utilize Preserved Microbial Stains Worldwide," *Nucleic Acids Research* 47, (2017).

[9] Andrey Yurkov *et al.*, "DSMZ: the European Union's First Registered Collection under the Nagoya Protocol," *Microbiology Australia* 40, no 3 (2019).

[10] Gerard Verkley *et al.*, "New ECCO Model Documents for Material Deposit and Transfer Agreements in Compliance with the Nagoya Protocol," *FEMS Microbiology Letters* 367, no 5 (2020).

［11］Thedi Ziegler *et al.*, "65 Years of Influenza Surveillance by a World Health Organization-coordinated Global Network," *Influenza Other Respi Viruses* 12, no 5 (2018).

［12］Endang R Sedyaningsih *et al.*, "Towards Mutual Trust, Transparency and Equity in Virus Sharing Mechanism: The Avian Influenza Case of Indonesia," *Annals Academy of Medicine Singapore* 37, no 6 (2008).

［13］David Fidler, "Influenza Virus Samples, International Law, and Global Health Diplomacy," *Emerging Infectious Disease* 14, no 1 (2008).

［14］David Fidler and Lawrence Gostin, "The WHO Pandemic Influenza Preparedness Framework: A Milestone in Global Governance for Health," *The Journal of the American Medical Association 306*, no 2 (2011).

［15］Lawrence Gostin *et al.*, "The Global Health Trilogy: Towards a Safe, Healthier and Fairer World," *Lancet* 390, (2017).

［16］Lawrence Gostin *et al.*, "Virus Sharing, Genetic Sequencing, and Global Health Security," *Science* 345, no 6202 (2014).

［17］Michelle Rourke, "Viruses for Sale: All Viruses Are Subject to Access and Benefit-sharing Obligations under the Convention on Biological Diversity," *European Intellectual Property Review* 69, no 2 (2017).

［18］Michelle Rourke, "Access by Design, Benefit if Convenient: A Closer Look at the Pandemic Influenza Preparedness Framework's Standard Material Transfer Agreements," *The Milbank Quarterly* 97, no 1 (2019).

［19］Michelle Rourke *et al.*, "Policy Opportunities to Enhance Sharing for Pandemic Research," *Science* 368, no 6492 (2020).

［20］Carolina dos S Ribeiro *et al.*, "Threats to Timely Sharing of Pathogen Sequence Data," *Science* 362, no 6413 (2018).

［21］Claudia Seitz, "Genetic Material and Sequence Data to Protect Global Health in the Light of Pandemic Outbreaks: Mapping the Legal Landscape under European and International Law," *European Journal of Health Law* 27, no 3 (2020).

［22］Krishna Ravi Srinivas, "Regimes in Conflict? Controversies over Access and Benefit Sharing and Sharing of Virus Samples," *European Journal of Risk Regulation* 8, no 3 (2017).

［23］Sam Halabi, "Viral Sovereignty, Intellectual Property, and the Changing Global System for Sharing Pathogens for Infections Disease Research," *Annals of Health Law* 28, (2019).

［24］Adam Kamradt-Scott and Kelley Lee, "The 2011 Pandemic Influenza Preparedness

Framework: Global Health Secured or a Missed Opportunity?" *Political Studies* 59, (2011).

［25］José Esquinas-Alcázar, "International Treaty on Plant Genetic Resources for Food and Agriculture," *Plant Genetic Resources Newsletter*, no 139 (2004).

［26］Cary Fowler, "Regime Change: Plant Genetic Resources in International Law," *Outlook on Agriculture* 33, no 1 (2004).

［27］H. David Cooper, "The International Treaty on Plant Genetic Resources for Food and Agriculture," *Review of European Community & International Environmental Law* 11, no 1 (2002).

［28］Xiaoyong Zhang, "Access to Plant Genetic Resources for Food and Agriculture and Benefit-sharing in China: Legal Framework, Current Practices and Future Developments," *Review of European Community & International Environmental Law* 21, no 2 (2012).

［29］Petra Drankier *et al.*, "Marine Genetic Resources in Areas beyond National Jurisdiction: Access and Benefit-Sharing," *The International Journal of Marine and Coastal Law* 27, (2012).

［30］Elisabeth Druel and Kristina Gjerde, "Sustaining Marine Life beyond Boundaries: Options for An Implementing Agreement for Marine Biodiversity beyond National Jurisdiction under the United Nations Convention on the Law of the Sea," *Marine Policy* 49, (2014).

［31］Sophie Arnaud-Haond *et al.*, "Global Genetic Resources: Marine Biodiversity and Gene Patents," *Science* 331, no 1521 (2011).

［32］Robin Warner, "Protecting the Diversity of the Depths: Environmental Regulation of Bioprospecting and Marine Scientific Research beyond National Jurisdiction," *Ocean Yearbook* 22, (2008).

［33］L. A. de La Fayette, "A New Regime for the Conservation and Sustainable Use of Marine Biodiversity and Genetic Resources beyond the Limits of National Jurisdiction," *The International Journal of Marine and Coastal Law* 24, (2009).

［34］Dire Tladi, "State Practice and the Making and (Re)Making of International Law: The Case of the Legal Rules Relating to Marine Biodiversity in Areas beyond National Jurisdiction," *Marine Biodiversity Jurisdiction* 1, no 1 (2014).

［35］Dire Tladi, "The Common Heritage of Mankind and the Proposed Treaty on Biodiversity in Areas beyond National Jurisdiction: The Choice between Pragmatism and Sustainability," *Yearbook of International Environmental Law* 25, no 1 (2015).

［36］Dire Tladi, "An Institutional Framework for Addressing Marine Genetic Resources under the Proposed Treaty for Marine Biodiversity in Areas beyond National Jurisdiction,"

International Environmental Agreements: Politics, Law and Economics 19, (2019).

［37］Matthias Buck and Claire Hamilton, "The Nagoya Protocol on Access to Genetic Resources and Benefit-sharing Arising from Their Utilization to the Convention on Biological Diversity," *Review of European Community & International Environmental Law* 20, no 1 (2011).

［38］Arianna Broggiato, "Marine Genetic Resources beyond National Jurisdiction – Coordination and Harmanisation of Governance Regimes," *Environmental Policy and Law* 41, no 1 (2011).

［39］Arianna Broggiato *et al.*, "Fair and Equitable Sharing of Benefit from the Utilization of Marine Genetic Resources in Areas beyond National Jurisdiction: Bridging the Gaps between Science and Policy," *Marine Policy* 49, (2014).

［40］Arianna Broggiato *et al.*, "*Mare Geneticum*: Balancing Governance of Marine Genetic Resources in International Waters," *The International Journal of Marine and Coastal Law* 33, (2018).

［41］Muriel Rabone *et al.*, "Access to Marine Genetic Resources (MGR): Raising Awareness of Best-Practice through a New Agreement for Biodiversity beyond National Jurisdiction (BBNJ)," *Frontiers in Marine Science* 6, (2019).

［42］Jane Eva Collins *et al.*, "Strengthening the Global Network for Sharing of Marine Biological Collections: Recommendations for a New Agreement for Biodiversity beyond National Jurisdiction," *ICES Journal of Marine Science* 78, no 1 (2021).

［43］Jane Eva Collins, Thomas Vanagt and Isabelle Huys, "Stakeholder Perspectives on Access and Benefit-Sharing for Areas beyond National Jurisdiction," *Frontiers in Marine Science* 7, (2020).

［44］Elisa Morgera, "Fair and Equitable Benefit-Sharing in a New International Instrument on Marine Biodiversity: A Principled Approach towards Partnership Building?" *Maritime Safety and Security Law Journal*, no 5 (2018–19).

［45］David Leary, "Marine Genetic Resources in Areas beyond National Jurisdiction: Do We Need to Regulate Them in a New Agreement," *Maritime Safety and Security Law Journal*, no 5 (2018–19).

［46］David Leary, "Moving the Marine Genetic Resources Debate Forward: Some Reflections," *The International Journal of Marine and Coastal Law* 27, (2012).

［47］David Leary, "Agreeing to Disagree on What We Have or Have not Agreed on: The Current State of Play of the BBNJ Negotiations on the Status of Marine Genetic Resources in Areas beyond National Jurisdiction," *Marine Policy* 99, (2019).

［48］Gaute Voigt-Hanssen, "Current 'Light' and 'Heavy' Options for Benefit-Sharing in the Context of the United Nations Convention on the Law of the Sea", *The International Journal of Marine and Coastal Law* 33, (2018).

［49］Robert Blasiak *et al.*, "Corporate Control and Global Governance of Marine Genetic Resources," *Science Advances* 4, no 6 (2018).

［50］Robert Blasiak *et al.*, "Scientists Should Disclose Origin in Marine Gene Patents," *Trends in Ecology & Evolution* 34, no 5 (2019).

［51］Amber Hartman Scholz *et al.*, "Multilateral Benefit-sharing from Digital Sequence Information will Support both Science and Biodiversity Conservation," *Nature Communications* 13, no 1086 (2022).

［52］Sylvain Aubry *et al.*, "Bringing Access and Benefit Sharing into the Digital Age," *Plants People Planet* 4, no 1 (2021).

［53］Sarah Laird *et al.*, "Rethink the Expansion of Access and Benefit Sharing," *Science* 367, no 6483 (2020).

［54］Alex Rogers *et al.*, "Marine Genetic Resources in Areas beyond National Jurisdiction: Promoting Marine Scientific Research and Enabling Equitable Benefit Sharing," *Frontiers in Marine Science* 8, (2021).

［55］Stephen Minas, "Marine Technology Transfer under a BBNJ Treaty: A Case for Transnational Network Cooperation," *AJIL Unbound* 112, (2018).

［56］Elizabeth M. De Santo *et al.*, "Stuck in the Middle with You (and Not Much Time Left): The Third Intergovernmental Conference on Biodiversity beyond National Jurisdiction," *Marine Policy* 117, (2020).

［57］Charles Lawson and Michelle Rourke, "Digital Sequence Information as a Marine Genetic Resource under the Proposed UNCLOS legally Binding Instrument," *Marine Policy* 122, (2020).

［58］Charlotte Salpin and Valentina Germani, "Patenting of Research Results Related to Genetic Resources from Areas beyond National Jurisdiction: The Crossroads of the Law of the Sea and Intellectual Property Law," *Review of European Community & International Environmental Law* 16, no 1 (2007).

［59］Eve Heafey, "Access and Benefit Sharing of Marine Genetic Resources from Areas beyond National Jurisdiction: Intellectual Property—Friend, Not Foe," *Chicago Journal of International Law* 14, no 2 (2014).

[60] Claudio Chiarolla, "Intellectual Property Rights and Benefit Sharing from Marine Genetic Resources in Areas beyond National Jurisdiction: Current Discussions and Regulatory Options," *Queen Mary Journal of Intellectual Property* 4, no 3 (2014).

[61] Claudio Chiarolla, "Intellectual Property from a Global Environmental Law Perspective: Lessons from Patent Disclosure Requirements for Genetic Resources and Traditional Knowledge," *Transnational Environmental Law* 3, no 3 (2019).

[62] Fran Humphries, Muriel Rabone and Marcel Jaspars, "Traceability Approaches for Marine Genetic Resources under the Proposed Ocean (BBNJ) Treaty," *Frontiers in Marine Science* 8, (2021).

[63] Fran Humphries *et al.*, "A Tiered Approach to the Marine Genetic Resource Governance Framework under the Proposed UNCLOS Agreement for Biodiversity beyond National Jurisdiction," *Marine Policy* 122, (2020).

[64] Robert Guralnick *et al.*, "Community Next Steps for Making Globally Unique Identifiers Work for Biocollections Data," *ZooKeys* 494, (2015).

[65] A.B.M. Vadrot *et al.*, "Who Owns Marine Biodiversity? Contesting the World Order through the 'Common Heritage of Humankind' Principle," *Environmental Politics* 31, no 2 (2021).

[66] Morten Walløe Tvedt and Ane Jørem, "Bioprospecting in the High Seas: Regulatory Options for Benefit Sharing," *The Journal of World Intellectual Propety* 16, no 3–4 (2013).

[67] Ane Jørem and Morten Walløe Tvedt, "Bioprospecting in the High Sea: Existing Rights and Obligations in View of a New Legal Regime for Marine Areas beyond National Jurisdiction," *The International Journal of Marine and Coastal Law* 29, (2014).

[68] Marjo Vierros *et al.*, "Who Owns the Ocean? Policy Issues Surrounding Marine Genetic Resources," *Limnology and Oecanography Bulletin* 25, no 2 (2016).

[69] Harriet Harden-Davies, "Deep-sea Genetic Resources: New Frontiers for Science and Stewardship in Areas beyond National Jurisdiction," *Deep-Sea Research II* 137, (2017).

[70] Harriet Harden-Davies and Paul Snelgrove, "Science Collaboration for Capacity Building: Advancing Technology Transfer through a Treaty for Biodiversity beyond National Jurisdiction," *Frontiers in Marine Science* 7, (2020).

[71] Marjo K. Vierros and Harriet Harden-Davies, "Capacity Building and Technology Transfer for Improving Governance of Marine Areas both beyond and within National Jurisdiction," *Marine Policy* 122, (2020).

[72] Tullio Scovazzi, "The Negotiations for a Binding Instrument on the Conservation and Sustainable Use of Marine Biological Diversity beyond National Jurisdiction," *Marine*

Policy 70, (2016).

[73]Natalie Y. Morris-Sharama, "Marine Genetic Resources in Areas beyond National Jurisdiction: Issues with, in and outside of UNCLOS," *Max Plank Yearbook of United Nations Law Online* 20, (2017).

[74]Joanna Mossop, "Towards a Practical Approach to Regulating Marine Genetic Resources," *European Society of International Law Reflections* 8, no 3 (2019).

[75]Anna Deplazes-Zemp, "'Genetic Resources': An Analysis of a Multifaceted Concept," *Biological Conservation* 222, (2018).

[76]Mark D. Wilkinson *et al.*, "The FAIR Guiding Principles for Scientific Data Management and Stewardship," *Science Data* 3, (2016).

[77]Julia Sigwart *et al.*, "Unlocking the Potential of Marine Biodiscovery," *Natural Product Reports* 38, no 7 (2021).

[78]Miguel Leal *et al.*, "Fifty Years of Capacity Building in the Search for New Marine Natural Products," *PNAS* 117, no 39 (2020).

[79]Marcel Jaspars *et al.*, "The Marine Biodiscoverty Pipeline and Ocean Medicines of Tomorrow," *Journal of the Marine Biological Association of the United Kingdom* 96, no 1 (2016).

[80]Fabian Rohden and Amber Hartman Scholz, "The International Political Process around Digital Sequence Information under the Convention on Biological Diversity and The 2018– 2020 Intersessional Period," *Plants People Planet* 4, no 1 (2021).

[81]Robert Guralnick *et al.*, "The Trouble with Triplets in Biodiversity Informatics: A Data-Driven Case against Current Identifier Practices," *PLoS ONE* 9, no 12 (2017).

[82]Harriet Harden-Davies, "Marine Genetic Resources beyond National Jurisdiction: an Integrated Approach to Benefit-Sharing, Conservation and Sustainable Use" (PhD diss., University of Wollongong, 2018).

[83]Sarah Laird and Rachel Wynberg, A Fact-Finding and Scoping Study on Digital Sequence Information on Genetic Resources in the Context of the Convention on Biological Diversity and the Nagoya Protocol, CBD/DSI/AHTEG/2018/1/3, 2018.

[84]Elizabeth Karger, Pierre du Plessis and Hartmut Meyer, Digital Sequence Information on Genetic Resources (DSI): An Introductory Guide for African Policymakers and Stakeholders, 2019.

[85]Collin K. Khoury *et al.*, Estimation of Countries' Interdependence in Plant Genetic Resources Provisioning National Food Supplies and Production Systems, The International

Treaty Research Paper 8, FAO, 2015.

[86] Ximena Flores-Palacios, Contribution to the Estimation of Countries' Interdependence in the Area of Plant Genetic Resources, Background Study Paper No. 7, FAO, 1998.

[87] FAO, Introduction to the International Treaty on Plant Genetic Resources for Food and Agriculture, Educational Module I, 2011.

[88] Salvatore Arico and Charlotte Salpin, Bioprospecting of Genetic Resources in the Deep Seabed: Scientific, Legal and Policy Aspects, UNU-IAS Report, 2005.

[89] Glen Wright, Julien Rochette, Kris Gjerde, Isabel Seeger, The Long and Winding Road: Negotiating a Treaty for the Conservation and Sustainable Use of Marine Biodiversity in Areas beyond National Jurisdiction, IDDRI Studies No 08/2018.

[90] Wael Houssen, Rodrigo Sara and Marcel Jaspars, Digital Sequence Information on Genetic Resources: Concept, Scope and Current Use, CBD/DSI/AHTEG/2020/1/3, 29 January 2020.

[91] Fabian Rohden et al., Combined Study on Digital Sequence Information (DSI) in Public and Private Database and Traceability, CBD/DSI/AHTEG/2020/1/4, 2020.

[92] Gurdial Singh Nijar, The Nagoya ABS Protocol and Pathogens, Policy Brief No. 4, South Centre, 11 March 2011.

[93] George M. Garrity et al., Studies on Monitoring and Tracking Genetic Resources, UNEP/CBD/WG-ABS/7/INF/2, 2009.

[94] Marcel Jaspars, Fran Humphries and Muriel Rabone, Tracing Options for Marine Genetic Resources from within National Jurisdictions, Commonwealth Secretariat, 2021.

[95] Marcel Jaspars, Muriel Rabone and Fran Humphries, Traceability of MGR in the New BBNJ Treaty, Deep Ocean Stewardship Initiative Policy Brief, 2022.

[96] Carlos M. Correa, Access to and Benefit Sharing of Marine Genetic Resources beyond national Jurisdiction: Developing a New Legally Binding Instrument, Research Paper, South Centre, 2017.

[97] Elisa Morgera, Study on Experiences Gained with the Development and Implementation of the Nagoya Protocol and Other Multilateral Mechanism and the Potential Relevance of Ongoing Work Undertaken by Other Process, including Case Studies, UNEP/CBD/ABS/A10/EM/2016/1/2, 22 December 2015.

[98] Robert Blasiak et al., The Ocean Genome: Conservation and the Fair, Equitable and Sustainable Use of Marine Genetic Resources, World Resources Institute, 2020.

[99] United Nations, The First Global Integrated Marine Assessment (World Ocean Assessment I), 2016.

[100] United Nations, The Second World Ocean Assessment, 2021.

[101] Siva Thambisetty, Intellectual Property and Marine Genetic Resources: Navigating Article 10–13 in the BBNJ Draft Treaty, LSE Policy Briefing 48, March 2022.

[102] Paul Oldham *et al.*, Valuing the Deep: Marine Genetic Resources in Areas beyond National Jurisdiction, Defra Final Report, 2014.

[103] Petra ten Hoopen *et al.*, Ocean Sampling Day Handbook, 2016.

[104] WIPO, Key Questions on Patent Disclosure Requirements for Genetic Resources and Traditional Knowledge, Second Edition, 2020.

[105] WFCC, Information Document on Access to *Ex-situ* Microbial Genetic Resources within the Framework of the Convention on Biological Diversity, 1996.

[106] WFCC, TRUST–Transparent User-friendly System of Transfer, March 2016.

[107] CBD, Implementing the Nagoya Protocol in Microbiology: Gaining Trust, Building Trust, UNEP/CBD/NP/COP–MOP/1/INF/8, 18 September 2014.

[108] WHO, The Public Health Implication of Implementation of the Nagoya Protocol, Report by the Director–General, EB148/21.

[109] WHO, Implementation of the Nagoya Protocol and Pathogen Sharing: Public Health Implication, Study by the Secretariat of the WHO, 2016.

[110] WHO, Approaches to Seasonal Influenza and Genetic Sequences Data under the PIP Framework: Analysis, 2018.

[111] WHO, Report on Influenza Virus Sharing (Implementation of Decision WHA 72(12), Paragraph 1(a)), 2020.

[112] WHO, Facilitating Access and Benefit–Sharing (ABS) for Pathogens to Support Public Health, Workshop Report, 2018.

[113] WHO, Report of 2016 PIP Framework Review Group, 2017.

[114] WHO, New Technologies Using Genetic Sequence Data, 2018.

[115] CBD, Digital Sequence Information on Genetic Resources, CBD/WG2020/3/4/Add.1, 26 November 2021.

[116] CBD, Co–Lead's Report on the Work of the Informal Co–Chair's Advisory Group on Digital Sequence Information on Genetic Resources, CBD/WG2020/3/INF/8, 18 November 2021.

[117] FAO–ITPGRFA, Background on the Work Undertaken by the *Ad Hoc* Advisory Committee on the Funding Strategy, and Its Future Development, IT/OWG–EFMLS–1/14/3, 2014.

[118] FAO–ITPGRFA, Report of Implementation and Operations of the Multilateral System, IT/

GB–9/22/9.1, 2022.

[119] FAO–ITPGRFA, Report of Implementation and Operations of the Multilateral System, IT/GB–8/19/8.1 Rev.1, 2019.

[120] FAO–ITPGRFA, Report on the Implementation of the Multilateral System, IT/GB–6/15/8, 2015.

[121] FAO–ITPGRFA, Report of the Fifth Session of the Governing Body of the International Treaty on Plant Genetic Resources for Food and Agriculture, IT/GB–5/Report, 2013.

[122] FAO–ITPGRFA, Report of the Third Meeting of the *Ad Hoc* Open–ended Working Group to Enhance the Functioning of the Multilateral System during the 2014–2015 Biennium, IT/OWG–EFMLS–3/15/Report, 2015.

[123] FAO–ITPGRFA, Developments of a Subscription System for User of Plant Genetic Resources for Food and Agriculture under the Treaty: Background Information, IT/OWG–EFMLS–3/Inf.5, 2015.

[124] FAO–ITPGRFA, Consolidated Report on the Deliberation of the *Ad Hoc* Open–ended Working Group to Enhance the Functioning of the Multilateral System during the 2014–2015, IT/GB–6/15/6/Rev.2, 2015.

[125] FAO–ITPGRFA, Co–Chair's Proposal from the Outcomes of the Meeting of the *Ad Hoc* Working Group to Enhance the Functioning of the Multilateral System, IT/GB–7/17/31, 2017.

[126] FAO–ITPGRFA, Third Draft Revised Standard Material Transfer Agreement: Methodology Used in Its Preparation, IT/OWG–EFMLS–6/17/3.2, 2017.

[127] FAO–ITPGRFA, Measures to Enhance the Functioning of the Multilateral System (Resolution 2017/2), IT/GB–7/17/Res2, 2017.

[128] FAO–ITPGRFA, Improving the Standard Material Transfer Agreement to Increase User–based Payments and to Make It More User–friendly: Background Information, IT/OWG–EFMLS–3/15/Inf.6, 2015

[129] FAO–ITPGRFA, Options for Introducing a Termination Clause, IT/OWG–EFMLS–3/15/Inf.7, 2015.

[130] FAO–ITPGRFA, Expansion of the Access and Benefit–sharing Provisions of the International Treaty: Legal Options, IT/OWG–EFMLS–6/15/Inf.4, 2017.

[131] FAO–ITPGRFA, Report from the Friends of the Co–Chairs Group on Scope of the Multilateral System, IT/OWG–EFMLS–6/17/Inf.5, 2017.

[132] FAO–ITPGRFA, Report of the *Ad Hoc* Open–ended Working Group to Enhance the

Functioning of the Multilateral System, IT/GB–7/17/7, 2017.

[133] FAO–ITPGRFA, Proposal for an Amendment of the International Treaty, IT/GB–7/17/8, 2017.

[134] FAO–ITPGRFA, Report of the Second Meeting of the *Ad Hoc* Open–ended Working Group to Enhance the Functioning of the Multilateral System, IT/OWG–EFMLS–2/17/7, 2014.

[135] FAO–ITPGRFA, Enhancing the Functioning of the Multilateral System: Measures beyond the Elaboration of the Revised Standard Material Transfer Agreement, IT/OWG–EFMLS–5/16/5, 2016.

[136] FAO–ITPGRFA, Opinions and Advice of the *Ad Hoc* Technical Advisory Committee on the Multilateral System and the Standard Material Transfer Agreement, 2015.

[137] IISD Earth Negotiations Bulletin, Summary of the Eighth Session of the Governing Body of the International Treaty on Plant Genetic Resources, November 2019.

[138] UNGA, Report on the Work of the United Nations Open–ended Informal Consultative Process on Oceans and the Law of the Sea at Its Eighth Meeting, A/59/122.

[139] UNGA, Chair's Streamlined Non–paper on Elements of a Draft Text of an International Legally–binding Instrument under the United Nations Convention on the Law of the Sea on the Conservation and Sustainable Use of Marine Biological Diversity of Areas beyond National Jurisdiction.

[140] UNGA, Report of the Preparatory Committee Established by General Assembly Resolution 69/292: Development of an International Legally Binding Instrument under the United Nations Convention on the Law of the Sea on the Conservation and Sustainable Use of Marine Biological Diversity of Areas beyond National Jurisdiction, A/AC.287/2017/PC.4/2, 31 July 2017.

[141] UNGA, Draft Text of an Agreement under the United Nations Convention on the Law of the Sea on the Conservation and Sustainable Use of Marine Biological Diversity of Areas beyond National Jurisdiction, A/CONF.232/2019/6, 17 May 2019.

[142] UNGA, Revised Draft Text of an Agreement under the United Nations Convention on the Law of the Sea on the Conservation and Sustainable Use of Marine Biological Diversity of Areas beyond National Jurisdiction, A/CONF.232/2020/3, 18 November 2019.

[143] UNGA, Further Revised Draft Text of an Agreement under the United Nations Convention on the Law of the Sea on the Conservation and Sustainable Use of Marine Biological Diversity of Areas beyond National Jurisdiction, A/CONF.232/2022/5, 1 June 2022.

[144] IISD Earth Negotiations Bulletin, Summary of the First Session of the Intergovernmental

Conference on an International Legally Binding Instrument under the UN Convention on the Law of the Sea on the Conservation and Sustainable Use of Marine Biodiversity of Areas beyond National Jurisdiction, September 2018.

[145] IISD Earth Negotiations Bulletin, Summary of the Second Session of the Intergovernmental Conference on an International Legally Binding Instrument under the UN Convention on the Law of the Sea on the Conservation and Sustainable Use of Marine Biodiversity of Areas beyond National Jurisdiction, April 2019.

[146] IISD Earth Negotiations Bulletin, Summary of the Third Session of the Intergovernmental Conference on an International Legally Binding Instrument under the UN Convention on the Law of the Sea on the Conservation and Sustainable Use of Marine Biodiversity of Areas beyond National Jurisdiction, September 2019.

[147] IISD Earth Negotiations Bulletin, Summary of the Fifth Session of the Intergovernmental Conference on an International Legally Binding Instrument under the UN Convention on the Law of the Sea on the Conservation and Sustainable Use of Marine Biodiversity of Areas beyond National Jurisdiction, August 2022.

[148] UNGA, Textual proposals submitted by delegations by 20 February 2020, for consideration at the fourth session of the Intergovernmental conference on an international legally binding instrument under the United Nations Convention on the Law of the Sea on the conservation and sustainable use of marine biological diversity of areas beyond national jurisdiction (the Conference), in response to the invitation by the President of the Conference in her Note of 18 November 2019 (A/CONF.232/2020/3).

[149] Report of the PharmaSea WP6 Stakeholder Workshop on Option for an Access and Benefit-sharing Regime for Marine Genetic Resources from Areas beyond National Jurisdiction, 2014.

[150] IUCN Information Papers for the Intersessional Workshop on Marine Genetic Resources, 2013.

[151] IUCN Comments on Revised Draft Text of an Agreement under the United Nations Convention on the Law of the Sea on the Conservation and Sustainable Use of Marine Biological Diversity of Areas beyond National Jurisdiction, 20 February 2020.

[152] Deep-Ocean Stewardship Initiative Policy Brief, Intellectual Property Rights: Implications for Deep-Ocean Stewardship, July 2020.

[153] Digital Sequence Information on Genetic Resources, CBD/WG2020/4/3.

[154] CBD, Co-Leads' Report on the Work of the Informal Co-Chairs' Advisory Group on

Digital Sequence Information on Genetic Resources since the Third Meeting of the Open-ended Working Group on the Post-2020 Global Biodiversity Framework, CBD/WG2020/4/INF/4, 10 June 2022.

[155] Elta Smith, Digital Sequence Information: An Evidence Review, A Report submitted by ICF Consulting Service Limited, 14 August 2020.

三、中文译著、专著、论文和报纸文章

[1] Ellen Rosskam、Ilona Kickbusch:《全球卫生谈判与导航——全球卫生外交案例研究》, 郭岩等译, 北京大学医学出版社, 2014。

[2] Peter Castro、Michael E. Huber:《海洋生物学》(第6版), 茅云翔等译, 北京大学出版社, 2011。

[3] 迈伦·H.诺德奎斯特主编《1982年〈联合国海洋法公约〉评注(第四卷)》, 吕文正、毛彬主编, 海洋出版社, 2018。

[4] 路易斯·B.宋恩等:《海洋法精要》, 傅崐成等译, 上海交通大学出版社, 2014。

[5] 巴里·E.卡特、艾伦·S.韦纳:《国际法(下)》, 冯洁菡译, 商务印书馆, 2015。

[6] 张小勇:《遗传资源国际法问题研究》, 知识产权出版社, 2017。

[7] 刘旭、张延秋主编《中国作物种质资源保护与利用"十二五"进展》, 中国农业科学技术出版社, 2016。

[8] 刘旭主编《中国生物种质资源科学报告(第二版)》, 科学出版社, 2015。

[9] 中川淳司:《生物多样性公约与国际法上的技术规限》, 钱水苗译,《环球法律评论》2003年夏季号。

[10] 刘柳、马俊才:《国际微生物大数据平台的应用与启示》,《中国科学院院刊》2018年第8期。

[11] 范国梅等:《国家微生物科学数据中心数据资源服务与应用》,《微生物学报》2021年第12期。

[12] 卢新雄等:《中国作物种质资源安全保存理论与实践》,《植物遗传资源学报》2019年第1期。

[13] 黎裕等:《基于基因组学的作物种质资源研究:现状与展望》,《中国农业科学》2015年第17期。

[14] 王述民等:《中国粮食和农业植物遗传资源状况报告(I)》,《植物遗传资源学报》2011年第1期。

[15] 王述民等:《中国粮食和农业植物遗传资源状况报告(II)》,《植物遗传资源学报》2011年第2期。

［16］王富有：《中国作物种质引进与流出研究》，《植物遗传资源学报》2012 年第 3 期。

［17］王述民、张宗文：《世界粮食和农业植物遗传资源保护与利用现状》，《植物遗传资源学报》2011 年第 3 期。

［18］高岩、李波：《我国深海微生物资源研发现状、挑战与对策》，《生物资源》2018 年第 1 期。

［19］李光玉等：《我国海洋微生物菌种资源保藏与共享服务现状》，《生物资源》2019 年第 2 期。

［20］穆大帅等：《我国海洋细菌新物种鉴定与资源研发进展》，《生物资源》2017 年第 6 期。

［21］李新正等：《深海大型底栖生物多样性研究进展及中国现状》，《海洋学报》2019 年第 10 期。

［22］张灿影等：《冷泉系统研究国际发展态势分析》，《海洋科学》2018 年第 10 期。

［23］马丽丽等：《海洋微生物来源天然产物研究现状与态势》，《热带海洋学报》2021 年第 5 期。

［24］吕阳：《国际海洋药物研究动态与发展趋势》，《海洋科学》2018 年第 10 期。

［25］李光玉等：《我国海洋微生物菌种资源保藏与共享服务现状》，《生物资源》2019 年第 2 期。

［26］张宇：《环境模拟技术与原位试验技术在深海生物研究中的应用与展望》，《前瞻科技》2022 年第 2 期。

［27］陈连增、雷波：《中国海洋科学技术发展 70 年》，《海洋学报》2019 年第 10 期。

［28］刘诗瑶：《中国迈向深海科考中心》，《人民日报》2017 年 7 月 26 日第 12 版。

［29］张一玲、龙邹霞：《我国在深海生物资源探测方面取得重要成果》，《中国海洋报》2017 年 7 月 24 日第 A1 版。

［30］张一玲、龙邹霞：《积极获取深海海底大洋生物基因样品》，《中国海洋报》2017 年 7 月 24 日第 A1 版。